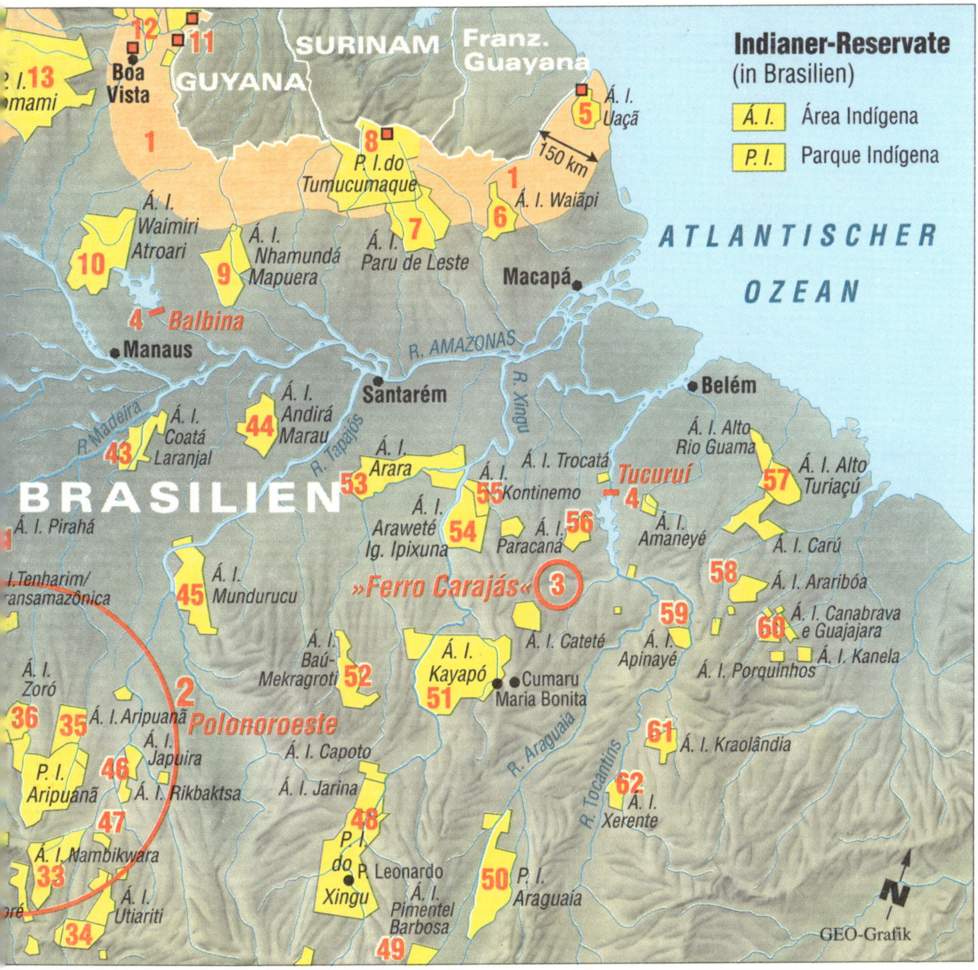

Map labels

Indianer-Reservate
(in Brasilien)

Á. I. Área Indígena

P. I. Parque Indígena

SURINAM
Franz. Guayana
GUYANA
12
11
13
Boa Vista
mami
1
Á. I. Waimiri Atroari
10
Á. I. Nhamundá Mapuera
9
4 Balbina
Manaus
8
P. I. do Tumucumaque
7
Á. I. Paru de Leste
5 Á. I. Uaçá
150 km
6 Á. I. Waiãpi
Macapá

ATLANTISCHER OZEAN

R. AMAZONAS
R. Madeira
R. Tapajós
R. Xingu
Santarém
Belém
Á. I. Andirá Marau
44
Á. I. Coatá Laranjal
43
Á. I. Arara
53
Á. I. Trocatá
55 Kontinemo
Tucuruí
4
Á. I. Alto Rio Guama
57 Á. I. Alto Turiaçú
BRASILIEN
Á. I. Pirahá
Á. I. Araweté Ig. Ipixuna
54 Bide
Á. I. Paracaná
56
Á. I. Amaneyé
Á. I. Carú
Á. I. Araribóa
I. Tenharim/ Transamazônica
45 Á. I. Mundurucu
»Ferro Carajás« 3
58
Á. I. Canabrava e Guajajara
60
Á. I. Kanela
Á. I. Zoró
36
35
2 Polonoroeste
Á. I. Aripuanã
Á. I. Baú-Mekragroti
52
Á. I. Kayapó
51
Á. I. Catetê
Cumaru Maria Bonita
Á. I. Apinayé
59
Á. I. Porquinhos
46 Á. I. Japuira
Á. I. Capoto
R. Araguaia
61
Á. I. Kraolândia
P. I. Aripuanã
47 Á. I. Rikbaktsa
Á. I. Jarina
48
P. I. do Xingu
R. Tocantins
62
Á. I. Xerente
33 Á. I. Nambikwara
34
Á. I. Utiariti
oré
P. Leonardo
Á. I. Pimentel Barbosa
49
50
P. I. Araguaia
Ýnã
N
GEO-Grafik

Legend / list

33 Anũsú, Nakayandé
34 Haliti, Anũsú
35 Panderey, Kura
36 Panderey
37 Paiterite
38 Karo, Kire
39 Pairan'di
40 Kagwahív
41 Hiai Tìihí
42 Kankite
43 Weidjényã
44 Midínyẽ
45 Weidjényã
46 Rikbaktsá
47 Enawêne Nawê
48 Ap'apats, Apỳ'ap, Waujá, Ye, Mehináku, Amai, Nahukwa, Kukura, Kuikuro, Panara, Mẽ, Me-be-ngo-kre, Awayã u.a.

49 Auwẽ-uptabi
50 Ýnã
51 Me-be-ngo-kre
52 Me-be-ngo-kre
53 Opinatkom, Šipai
54 Bide
55 Awaëté
56 Awareté
57 Ka'apor-tê, Awa
58 Tén'tê-har
59 Apinajê
60 Tén'tê-har, Mehĩ
61 Mehĩ
62 Açwẽ

Militärbasen
Staudämme

W0180932

Wolfgang Müller
Die Indianer Amazoniens

Wolfgang Müller

Die Indianer Amazoniens

Völker und Kulturen
im Regenwald

Verlag C. H. Beck München

Mit 55 Abbildungen im Text und 1 Karte

Für Anette
mit Dank für ihre Geduld
und Unterstützung

Die Deutsche Bibliothek – CIP-Einheitsaufnahme

Müller, Wolfgang :
Die Indianer Amazoniens : Völker und Kulturen im
Regenwald / Wolfgang Müller. – München : Beck, 1995
ISBN 3 406 39756 5

ISBN 3 406 39756 5

© C. H. Beck'sche Verlagsbuchhandlung (Oscar Beck) München 1995
Gesamtherstellung: Offizin Andersen Nexö Leipzig GmbH
Gedruckt auf säurefreiem,
aus chlorfrei gebleichtem Zellstoff herstelltem Papier
Printed in Germany

Inhalt

Für euch, Kinder der Wissenschaft und der Weisheit, haben wir dieses geschrieben. Erforschet das Buch und suchet euch unsere Ansicht zusammen, die wir verstreut und an mehreren Orten dargetan; was euch an einem Orte verborgen bleibt, das haben wir an einem anderen offengelegt, damit es faßbar werde für eure Weisheit.

Heinrich Cornelius Agrippa von Nettesheim
De oculta philosophia (1510)

Vorwort

«Ach», wunderte sich die Dame, «Sie schreiben ein Buch über Amazonas-
indianer? Ich dachte, die wären längst alle tot. Gab es da nicht diese
schrecklichen Gemetzel? Oder verwechsle ich das jetzt mit den Inkas?»
Das Lächeln meiner Gesprächspartnerin verriet Unsicherheit. Ich setzte
ihr auseinander, daß im größten Tropenwaldgebiet der Erde sehr wohl
noch Eingeborene ihr Auskommen fänden, nicht wenige sogar zäh an
Überlieferungen festhielten. Genozide Aktionen, Völkermord also, do-
zierte ich, gehörten der Vergangenheit an. Im Gegenteil, überall stiegen
die Geburtenziffern, aber die Waldbewohner gewärtigten neue Bedro-
hungen, allen voran die Vernichtung ihres angestammten Lebensraumes.
   Europäer, Deutsche zumal, pflegen die Urbevölkerung Amerikas in ein
romantisierendes Gewand zu kleiden – sterbende Rasse, edle Wilde und
Öko-Heilige, angesiedelt irgendwo zwischen «Marlboro Country» und
«Barcardi Feeling», umweht vom Duft, der Freiheit und Abenteuer
verheißt. Das Bild unseres lieben, zeitlosen Winnetou mag ebensowenig
verblassen wie der von Bürgerprotest und Studentenrevolte hochge-
haltene, bisweilen fast ins Religiöse verklärte Freiheitskampf eines Sitting
Bull oder Geronimo. Und «uralte» Weisheiten indianischer Schamanen,
Heilsbotschaften an Zivilisationsmüde, haben im Esoterikzeitalter die-
selbe Konjunktur wie fernöstliche Lehren. Fast alles, was uns in den
Sinn kommt, wenn von Indianern die Rede ist, beruht auf Projektionen
und Irrtümern, einer grotesken Verwechslungskomödie. Schon der
Sammelbegriff etikettiert eine Mogelpackung, denn «Indianer» sind das
Konstrukt eurozentrischen Denkens, mundgerechtes Instrument zur
intellektuellen Domestizierung immenser Völker- und Kulturenvielfalt,
deren Varianzbreite selbst der Vergleich zwischen Tiroler Bergbauern und
Höflingen im kaiserlichen China nur unzureichend beschreibt. Fällt der
Name «Indianer», assoziieren die meisten von uns, gefüttert mit Karl
May- und Lederstrumpf-Geschichten und gefesselt von Heroen aus der
Werkstatt Hollywoods, nur einen Ausschnitt dieses Spektrums – die Le-
bens- und Leidenswelt nordamerikanischer Plains-Stämme: Berittene, mit
Federhauben geschmückte Krieger, die Planwagen überfallen und von
blauberockten Soldaten zur Raison gebracht werden, in Stangenzelten
hausende Bisonjäger oder «Rothäute», die mit dem Skalpmesser den
Irokesenschnitt ihrer Feinde coiffuren. Hinter solchen Recken verküm-
mern Südamerikas Autochthone zu Zufallsbekannten. Nackt sollen sie
sein, und man hat davon gehört, daß einige Kannibalen und Kopfjäger
gewesen sind.

Daß gerade die deutsche Öffentlichkeit so wenig über Amazoniens Indianer weiß, überrascht. Denn es waren vor allem Landsleute, Forscher und Reisende wie Alexander von Humboldt, Carl Philipp von Martius, Maximilian Prinz zu Wied, Karl von den Steinen, Theodor Koch-Grünberg, Curt Unkel oder Max Schmidt, die ethnografische Pionierarbeit leisteten und mit seit alters in Umlauf befindlichen Legenden aufräumten. Vielfarbige, oft bizarre Blüten trieb bis dahin die europäische Fantasie vor dem Hintergrund halb mythischer, halb realer Kenntnisse – Amazonen, Menschen ohne Kopf, tierähnliche Kreaturen, denen man verbale Verständigung absprach, dann wieder Hüter unermeßlicher Schätze, Paradieskinder und Tapfere, die sich der Versklavung durch Freitod entzogen. In ihrer Heimat, den scheinbar grenzenlosen tropischen Wäldern und Savannen, wähnte man versunkene Städte unbekannter Zivilisationen, El Dorado, den Jungbrunnen und die Insel der Seligen.

Was ist von derlei Hirngespinsten und Vermutungen geblieben? Woher eigentlich stammen die Völker Amazoniens? Wodurch zeichnen sich die Kulturen dieser Menschen aus? Wie leben und überleben sie in einer Zeit, da Planierraupen im Wald eine neue, künstliche Ordnung schaffen, Straßen in die entlegensten Winkel gebaut werden und ungeheure Wasserkraftwerke den Kollaps eines unersetzlichen Ökosystems heraufbeschwören?

Antworten auf all jene Fragen will das vorliegende Buch geben. Unausweichlich ist dies Unterfangen ein Balanceakt auf schmalem Grad, der zwischen den Ansprüchen einer in Laien und Fachleute geteilten Leserschaft verläuft. Insofern bietet das Werk einen Kompromiß. Eine erschöpfende Darlegung verbot sich schon aus Platzgründen. So wurden Einzelaspekte ausgewählt und anhand von Beispielen erläutert. Dabei war manche Vergröberung in Kauf zu nehmen, und die eine oder andere wissenschaftliche Intarsie blieb notgedrungen auf der Strecke. In der einschlägigen Literatur bisher stiefmütterlich behandelte Themen sind ausführlicher dargestellt, entsprechend konnte die Beschäftigung mit häufiger aufbereiteten Sachzusammenhängen impressionistischer ausfallen. Im Text finden sich aber Zitate und Verweise, die den Benutzer des Bandes ermuntern sollen, tiefer in die Materie einzudringen. Referenzen beziehen sich auf Schlüsselwerke und Synthesen, deren Lektüre weitere Facetten erschließt. Fachausdrücke habe ich auf das notwendige Minimum beschränkt. Wer trotzdem über dieses oder jenes Wort stolpert, dem sei der Blick in das angehängte Glossar empfohlen.

Der Aufbau des Buches ist dahin ausgelegt, komplexe Problem- und Sinnkonstellationen aufzuschließen und sie allgemeinverständlich weiterzureichen. Deskriptive Erfordernisse mußten gegen analytische und theoretische Momente abgewogen werden, galt es doch, indigene Kulturen nicht nur zu beschreiben, sondern auch in ihrem Wirkungsgefüge zu erklären. Jede Interpretation ist auf Widerlegbarkeit ausgerichtet, der Grundforderung für wissenschaftliches Argumentieren. Wo sie zu spekulativ erscheint, mag der Hinweis auf die Meinung anderer Sachverständiger genügen.

Die traditionellen Kulturen der Amazonasindianer stehen im Mittelpunkt der Arbeit. Solche Systeme waren jedoch nie vollständig geschlossen. Zu allen Zeiten flossen, manchmal dem Druck des Stärkeren gebeugt, äußere Anregungen ein. Sie trugen zur Vielfarbigkeit des indianischen Amerika bei, förderten Entwicklungen, verbogen und zerstörten aber auch Bewährtes. Unsere Gesamtübersicht klammert darum Kulturwandel nicht aus, sondern schlägt, wann immer es geboten scheint, mit Querverweisen Erklärungsbrücken zur kolonialen Vergangenheit wie zu den Problemen der Gegenwart. Beiden Schenkeln des historischen Rahmens sind zudem eigene Kapitel gewidmet.

Als vor 500 Jahren spanische Glücksritter dem Abendland die Neue Welt entdeckten, schien das Schicksal der autochthonen Bevölkerung besiegelt. In Ibero-Amerika schlugen Seuchen, beutelüsterne Marodeure, Assimilierung an die Erobererschicht, soziale Entwurzelung und Trübung ethnischer Identität durch missionarische Indoktrinierung tiefe Wunden. Doch die Indianer haben, allen Unkenrufen zum Trotz, überlebt, präsentieren sich vitaler denn je, rücken als Multiplikatoren «grünen» Gewissens die Vergewaltigung der tropischen Wälder in unser Bewußtsein.

Ich lade Sie ein zum Streifzug durch die faszinierende Welt eines noch immer weithin unerforschten Erdteils und zum Tête-à-tête mit seinen Ureinwohnern. Vielleicht verlieren deren Kulturen am Ende etwas von ihrer Distanz und bescheren Einsichten, die auch den alltäglichen Umgang mit dem Fremden, Unverstandenen und Ausgegrenzten beeinflussen könnten. Von diesem unbescheidenen Wunsch sind die nachstehenden Ausführungen geleitet.

August 1994   *Wolfgang Müller*

Erstes Kapitel

Der historische Hintergrund

«Weiter hat man mir erzählt, daß sie, wenn sie im Krieg Gefangene machen, sich jederzeit mit ihnen paaren, diese aber zum Schluß unweigerlich umbringen. Denn man sagt ihnen nach, daß sie sehr grausam und blutrünstig sind, besonders denen gegenüber, die in ihr Land einzudringen drohen.»

Sir Walter Raleigh
The discoverie of the large, rich and bewtiful empire of Guiana (1595)

Orellana und die Amazonen

Irgendwo um 1560 im westlichen Südamerika. Wabernder Nebel hängt in den Kronen knorriger Baumriesen. Wenn der Wind den Schleier lüftet, öffnet sich der Blick auf eine wild zerrissene Landschaft, scheinbar friedlich und unberührt seit undenklicher Zeit. Doch die Idylle trügt. Eine Kaskade tausender Menschen quillt auf steilem Bergpfad zu Tal. Rufe und Flüche hallen im Wald wider. Jemand spielt auf einer Andenflöte traurige Weisen. Buntbemützte Hochlandindianer treiben Packlamas vor sich her, verfolgen ausbrechende Schweine. Spanische Fußsoldaten ächzen unter der Last ihrer Kettenhemden und Lederwämse. Im schwülen Treibhausdunst quält jeder Schritt.

Mit solchen Einstellungen beginnt Werner Herzogs Film «Aguirre». Lope de Aguirre, die zwielichtige Hauptperson des Streifens, ist eine historische Figur – einer der vielen Glücksritter, die sich der Suche nach dem sagenhaften Goldland, von dem Inka-Erzähler berichteten, verschrieben. Im Film verschwimmen Fakten und Fiktion. Aguirre endete nicht, mit Pfeilen gespickt, auf trudelndem Floß, sondern gelangte über den Rio Huallaga und den Rio Marañón zum Amazonas, den er bis zu dessen Mündung befuhr. Der Tod des skrupellosen Mannes gibt zu vielerlei Legenden Anlaß. Eine Version besagt, seine eigenen Leute hätten den Despoten beseitigt, eine weitere behauptet, er sei im Kampf mit regulären spanischen Truppen gefallen. Das Kinostück jedenfalls setzt dem Falschen ein Denkmal. Die Krone der Entdeckung Amazoniens gebürt Francisco de Orellana. Immerhin geraten die Eingangssequenzen des Leinwandepos zum Déjà-vu jener anderen, geschichtsträchtigeren Expedition.

Man schreibt das Jahr 1541. Das Inka-Imperium liegt am Boden, der Goldhunger der Spanier aber ist noch immer ungestillt. Die Geschichte von El Dorado, einem märchenhaft reichen Fürsten, den seine Untertanen mit Goldstaub salben sollen, macht die Runde. Wo mochte dieser Monarch residieren? Einige vermuten die Hauptstadt des Goldlandes im Norden, andere östlich der Anden. Jenseits der Kordilleren, dies weiß man, gibt es einen weniger geheimnisumwitterten Schatz – Nelkenzimt, mit dem der Inka-Hof seine Speisen würzen ließ. Auch Gewürze versprachen hohe Gewinne, vorausgesetzt, es gelang, sie in ausreichender Menge nach Europa zu schaffen. Diese Perspektive muß den Statthalter von Quito, Gonzalo Pizarro, beflügelt haben, eine Expedition in den Osten auszurüsten. An seine Seite beruft der Bruder des Peru-Eroberers Francisco Pizarro einen weitläufigen Verwandten, Francisco de Orellana aus Trujillo in der Extremadura. Am Weihnachtstag 1541 bricht der Troß in Quito auf. 210 Spanier, 4000 indianische Träger in Ketten, 5000 lebende Schweine als Verpflegung und große Lamaherden setzen sich in Marsch.

Bald weicht der anfängliche Enthusiasmus bitterer Ernüchterung. Die erhofften Zimtbäume findet man so weit verstreut, daß lohnende Ausbeute kaum möglich scheint. Außerdem wird das Gelände immer unwegsamer. Unter erheblichen Mühen bewältigen Spanier und Hochlandindianer die Serpentinen des Anden-Ostabfalls. Eines Tages erreichen sie den Rio Coca. Ihre Nahrungsvorräte sind aufgebraucht. Pizarro entschließt sich zum Bau eines Schiffes. Eingeschüchterte Flußindianer hatten ausgesagt, weiter im Osten gebe es ein «reiches und bevölkertes Land», das den «Omagua» gehöre. Deren Frauen behängten sich mit Goldschmuck, und alle lebten sie in Saus und Braus. Da war es wieder, das Zauberwort Gold, doch stärker wirkte wahrscheinlich die Aussicht, bei den Omagua Proviant fassen zu können.

Orellana wird zum Führer eines Vorauskommandos bestimmt und segelt an Bord der Brigantine mit 60 Mann Besatzung ab. Seine Order lautet, Verpflegung aufzunehmen und den Rio Coca wieder anzulaufen. Doch die unberechenbare Strömung reißt das Häuflein Spanier mit sich fort. An Umkehr ist nicht zu denken. Während Pizarro, des zermürbenden Wartens müde, den Rückzug ins Hochland antritt, erkundet Orellana die unbekannten Ufer tropischer Gefilde. Auf das avisierte Paradies stößt er freilich nicht. Die Schiffer leiden erbärmlichen Hunger. Ausgekochte Gürtel und Schuhsohlen müssen herhalten, um die knurrenden Mägen zu besänftigen. Als auch das nicht mehr hilft, überfallen die darbenden Soldaten Indianerdörfer, nehmen sich, was sie brauchen. Den gewaltigen Wasserweg, in den man inzwischen eingebogen ist, nennt die Mannschaft nach ihrem Kapitän – Rio Orellana.

Daß der Strom diesen Namen nicht behielt, liegt an einer Episode, die Bruder Gaspar de Carvajal, Chronist der Orellana-Expedition, aufzeichnete. Als die Irrfahrer wieder einmal eine Ansiedlung ausplündern wollen, erhalten die Verteidiger Verstärkung von aufopferungsvoll kämpfenden Frauen. Jene Amazonen setzen den Angreifern so zu, daß diese schleunigst mit ihrem Gefährt das Weite suchen. Acht Monate nach ihrer Trennung von Pizarro sichten Orellana und seine Schar den Atlantik, weitere zehn

Monate später treffen sie auf den Antillen ein. Fantasiebegabten Nachgeborenen erschien das Gefecht mit den Furien glaubhaft genug, um den neu entdeckten Strom umzubenennen. Seitdem heißt er Amazonas. Die Namensgebung beeinflußt hat gewiß auch der Umstand, daß Einheimische spätere Reisende eindringlich vor «Amaçunu» warnten, was man natürlich als Mahnung verstand, sich vor den Amazonen in acht zu nehmen. Das Wort bedeutet jedoch «Wasserwolkenlärm» und nimmt Bezug auf die Pororoca, eine verheerende Gezeitenwelle, die vom Meer her zweimal monatlich dem Amazonas entgegenläuft.

Die Begegnung Europas mit der Neuen Welt war eine Annäherung an das Fremde – an eine Natur und an Völker, die den eigenen Erfahrungshorizont sprengten. Verzeihlich ist daher, daß die Konquistadoren Unbekanntes mit Geläufigem zu erklären suchten. So wohl auch im Falle der Amazonen. Einige südamerikanische Waldindianer verstießen Frauen (und Männer) aus der Gemeinschaft, wenn diesen Verfehlungen, etwa Ehebruch, nachgewiesen werden konnte. Wollten die Geächteten in der Wildnis bestehen, mußten sie kooperieren, sich Fähigkeiten aneignen, die sonst Männer auszeichneten. Dies hatte auch zu geschehen, wenn bei Überfällen geflohene Frauen ins heimatliche Dorf zurückkehrten und es niedergebrannt, ihre Gatten abgeschlachtet oder verschleppt fanden. Womöglich sind an dem von Carvajal erwähnten Scharmützel solche Heroinen beteiligt gewesen, oder die Spanier gerieten an Verzweifelte, die in höchster Todesangst zu den Waffen griffen und sich an die Seite der Krieger stellten. Eventuell ließ man sogar weibliche Streiter antreten, um den Gegner zu verhöhnen. Wie auch immer, dieses für Europäer der damaligen Zeit unbegreifliche Verhalten drängte nach für jedermann nachvollziehbarer Erläuterung.

Weder Orellana noch seine Mannen verfügten über humanistische Bildung. Von den Amazonen der antiken Sage, die sich eine Brust abschnürten, um beim Pfeilschuß unbehindert zu sein, hatte darum wahrscheinlich noch keiner etwas gehört. Stattdessen verschlangen des Lesens mächtige Soldaten sicher die populären «novelas de caballería», Ritterromane, deren Held *Amadís de Gaula* (Amadis aus Wales) gewesen ist. In den ständig fortgeschriebenen Romanen besteht Amadis unzählige Abenteuer. So ficht er u. a. gegen die «schwarzen Amazonen von Kalifornien». Es darf angenommen werden, daß sich Orellana und Carvajal hieran erinnert fühlten, als beherzte Frauen ihren Trupp angriffen.

Persönliche Standortgebundenheit wird im Blick auf angemessene Wahrnehmung und Beurteilung exotischer Kulturen meist zum Hindernis. Bewußt oder unbewußt fließen in die Fremderfahrung Wertungen ein, die von Emotionen und dem kulturellen Hintergrund des Betrachters gefiltert sind. Der Amazonenmythos stellt ein solches Phänomen dar. Wissenschaftlich in unserem Sinn war das Verhalten der streitbaren Frauen nicht zu deuten, also entsann man sich obskurer Quellen, die gleichwohl, da in aller Munde, für die nötige Vertrautheit mit dem Gesehenen sorgten. Eigene Taten erstrahlten zudem im Glanz ritterlicher Ideale von Tapferkeit und Überwindung schrecklicher Gefahren, wenn man die alte Mär in eine neue, geheimnisvolle Umgebung verlegte.

Die Indianer im Spiegel des Abendlandes

Die Beschäftigung mit dem Wesen fremder Völker, mit ihren Sitten und Gebräuchen hat in Europa Tradition. Bereits um 500 v. Chr. unternahm Hekataios von Milet den Versuch, die Berichte antiker Reisender in einer geografisch-ethnografischen «Erdbeschreibung» zusammenzufassen. Griechische Völkerkundler interessierte zuallererst, was auffallend von ihrer eigenen Lebensart abstach und ihnen insofern als besonders typisch für eine fremde Kultur erschien. Vom Standort des Beschauers aus entwickelte sich eine Hierarchie der Andersartigkeit, die, je weiter der Blick zur Peripherie des Erdkreises schweifte, immer groteskere Züge annahm. An der Grenze der damals bekannten Welt waren die «Barbaren» (wörtl. etwa «Stammelnde», d. h. Menschen ohne rechte Sprache) angesiedelt, deren Verhalten am meisten von dem der Griechen abwich. Das, was man nur vom Hörensagen kannte, verwuchs und verkrümmte sich gar zu pferdefüßigen «Hippopoden», schlappohrigen «Panuatiern», schwellköpfigen «Makrokephalen», «Skiapoden» – Einbeinern, denen ihre gigantischen Füße, in Rückenlage, als Sonnenschirm dienten – und dergleichen Fabelvölkern mehr (K. E. Müller, 1992).

Fantasiegebilde wie die geschilderten bewiesen ein zähes Leben. Bis ins späte 17. Jh. waren sie nur schwer von realen Entdeckungen zu korrigieren. Kreaturen, die daran zweifeln ließen, ob ihnen tatsächlich das Prädikat des Menschseins zukam, konnte man leicht furchtbare Eigenschaften andichten. Und was für Geschichten brachten Reisende aus der Neuen Welt mit! Schon Kolumbus hatte, wenngleich mit Fragezeichen, von einer einäugigen Rasse gesprochen, andere verschafften sich mit Erzählungen über die *Ewaipanoma*, Menschen ohne Kopf, Aufmerksamkeit bei ihrem Publikum. Von Zwergen und Riesen war die Rede, von den menschenaffenartig behaarten *Mapinwari* und Völkern, deren Füße nach hinten weisen sollten. Vieles von dem, was kolportiert wurde, entsprang blanker Fabulierfreude oder wurzelte im Substrat der Kulturvolk-Barbaren-Antithese antiker Autoren, doch verarbeiteten Amerikafahrer auch Legenden ihrer indianischen Gastgeber (Magaña, 1982). Mit derlei Spekulationen versehen, warf der renommierte Gelehrte Paracelsus 1520 die Frage auf, ob die Bewohner der Neuen Welt überhaupt Nachkommen von Adam und Eva seien, ein unerhörter Gedanke immerhin, da er den Wahrheitsgehalt der Heiligen Schrift zu untergraben drohte.

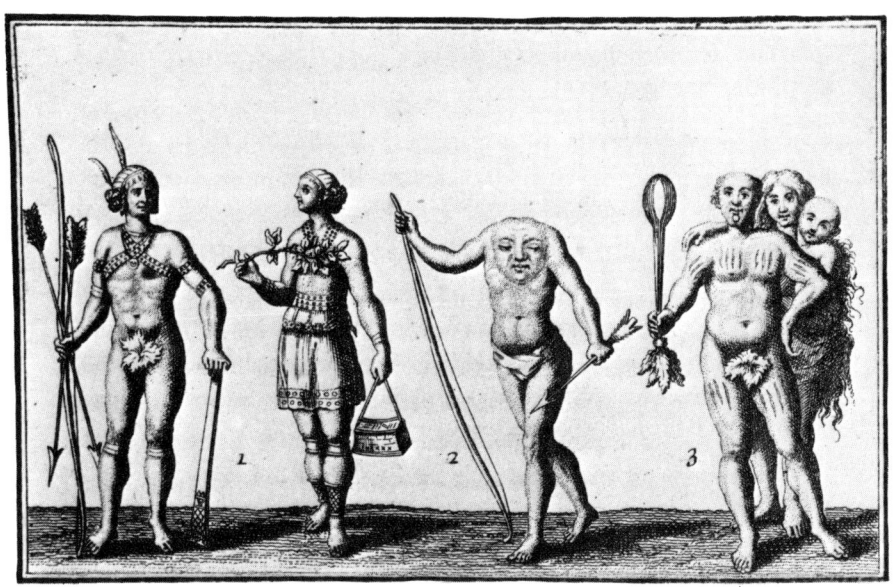

1. Menschen und Monster:
Wie selbstverständlich erscheinen in frühen Reisewerken über die Neue Welt
abartige anthropoide Kreaturen, etwa die kopflosen «Ewaipanoma»,
die hier neben Kalinya und Abaëté gestellt sind.

Zwar wanderten die bizarrsten Zerrbilder nach und nach auf die Müllhalde der Geschichte, manche Fabel aber hielt sich hartnäckig. Der Amazonenmythos gehört ebenso hierzu wie Unterstellungen von Gesetzlosigkeit, tierhafter Sexualität, Inzest und geistiger Beschränktheit. Sehr früh allerdings gesellten sich zu den Negativklischees Karikaturen, die das Ideal «natürlicher» Lebensweise priesen. Hatten die Entdecker nicht auch von lieblichen Landschaften geschwärmt, deren Bewohner im Überfluß schwelgten und denen, kraft der Gnade Gottes, ein Dasein frei von Beschwerden in vollkommener Glückseligkeit beschert war? Wohl als Projektion eines Mangelempfindens in der eigenen Kultur strickte die abendländische Tradition daher an dem Muster tugendhaft-wonnevoller Bonvivants in elysischen Gefilden. Mit Besorgnis erfüllte die Baumeister jener Vision allein der Umstand, daß es sich bei den so Gelobten um Heiden handelte – ein Stigma, das man baldmöglichst zu löschen gedachte.

Die Parität der Stereotypen – einerseits der ungeschlachte, bestialische Wilde, andererseits das unverdorbene Naturkind – durchzieht als roter Faden den literarischen Zuschnitt früher Amerikaerlebnisse und deren qualifizierende Aufbereitung durch Daheimgebliebene. «Sie gehen nackt einher, kennen weder Maße und Gewichte noch das verderbenbringende Gold; kurz, sie leben in einem Goldenen Zeitalter, ohne Gesetze, ohne betrügerische Richter, ohne Bücher, zufrieden mit den Gaben der Natur und unbekümmert um die Zukunft», formulierte der am spanischen Hof wirkende italienische Humanist Pietro Martire d'Anghiera, der als offizieller Chronist und Mitglied des Indienrates Informationen über die iberischen Unternehmungen in Übersee bündelte und sie, gespiegelt durch die Brille des Zeitgeistes, weitergab. «Sie fressen Menschenfleisch, wie ihr scheußliches Aussehen beweist …», heißt es dagegen in einem Brief des Kolumbus, den dieser 1503 während seines Jamaika-Aufenthaltes abfaßte. Beide Facetten der Fremdwahrnehmung finden sich oft im selben Traktat, bezogen etwa auf Gastgeber und deren Feinde oder der Notwendigkeit gebeugt, eigenes Vorgehen zu legitimieren.

Maßgeblich an der früh einsetzenden Einteilung amerikanischer Ureinwohner in «edle» und «barbarische Wilde» war Kolumbus' Landsmann Amerigo Vespucci beteiligt (Gewecke, 1992). Der Florentiner Patriziersohn, dem gutzuschreiben ist, daß er mit der Vermutung, die neu entdeckten Länder jenseits des Atlantik seien der Vorgarten Chinas, aufräumte, hatte mit seinem *Mundus Novus*-Brief und den *Quatuor Navigationes* im 16. Jh. durchschlagenden publizistischen Erfolg. Auch er reüssierte mit Schilderungen arkadischer Natur und in paradiesischer Unschuld lustwandelnder Eingeborener, unterhielt seine Leser gleichzeitig aber mit makabren, streckenweise gar obszönen Details angeblicher indianischer Verhaltensweisen. Mit Promiskuität, überbordender weiblicher Libido und Menschenfresserei servierte Vespucci seinen Zeitgenossen ein Menü ausgesuchter Perversionen, das die europäische Norm nur schwer verdaute.

Besonders populär wurde die Vorstellung, Südamerikas Bewohner seien notorische und lustvolle Kannibalen. «Sie essen selten anderes Fleisch als Menschenfleisch», schreibt Vespucci, «dasselbe zu fressen sind sie so inhuman und unzüchtig, daß sie darin alle unvernünftigen Tiere übertreffen». Die Schauerlichkeit solchen Tuns illustrieren Holzschnitte in den Büchern, die über die Abenteuer des Florentiners Zeugnis ablegen (Vespucci, 1509). Mit der handwerklichen Meisterschaft und dem stoischen Gleichmut von Metzgern sieht man auf den Bildern Indianer menschliche Körper tranchieren, derweil im Hintergrund portionierte Gliedmaßen vom Gebälk einer Hütte baumeln, denn dort wollte Vespucci «gesalzenes Menschenfleisch» gesehen haben, «so wie es bei uns Brauch ist, Speck und Schinken aufzuhängen».

Vor allem Anthropophagie und die Nacktheit der Indianer, hinter der Europäer ungezügeltes sexuelles Verlangen argwöhnten, lieferten Vorwände, um die Eingeborenen zur Keuschheit des Christentums zu bekehren – oder Verweigerer auszurotten. Das verderbte Wesen, das man den Bewohnern der Neuen Welt zumaß, wurde, neben wirtschaftlichen Er-

2. In den Ikonen der Entdeckerzeit verschmelzen die Stereotypen:
paradiesische Nacktheit verbindet sich mit zugeschriebenem Kannibalismus.
Gemälde von Zacharias Wagner, um 1635

wägungen, zum Rechtfertigungsmotiv ihrer Knechtung. Kaum, daß das Abendland wähnte, einen irdischen Paradiesgarten gefunden zu haben, zerstörte es ihn durch die Hölle eigener, noch mittelalterlichen Konventionen verpflichteter Werte.

Während zur selben Zeit in ihrer Heimat die Scheiterhaufen der Inquisition loderten, und Tausende von «Ketzern» und «Hexen» im Namen eines ungnädigen Christengottes verbrannten, gingen Konquistadoren gegen die «Barbarei der Wilden» vor. «Die Gestalt des Indianers und die der Hexe ebenso wie die gesellschaftlichen Praktiken der Unterdrückung von Frauen und Indianern waren austauschbar. Die Haltung gegenüber der fremden Kultur ist immer nur ein Spiegel der Haltung gegenüber den unterdrückten Bereichen der eigenen Kultur. Es war dieselbe Projektion der exzessiven Sexualität auf die Hexen, die auch das Bild des Indianers bestimmte, und in beiden Fällen wurde damit das Verfallensein an den Teufel erklärt. Die schwarze Messe, die zum Wesen der Hexenkultur deklariert wurde, tauchte wieder in den Menschenopfern und dem Kannibalismus auf, die als Kern der indianischen Kulturen aufgefaßt wurden» (Erdheim, 1987).

Bemerkenswert freilich sind die bei genauerer Betrachtung auffallenden rezeptiven Nuancen des geschilderten Indianerbildes in Europa. Ein durch politische Zwistigkeiten und Glaubenskonflikte aufgeheiztes Klima war dafür verantwortlich, daß die Aufnahme von Informationen, etwa des Kannibalismusvorwurfs, selektiv und unter ideologischen Vorzeichen erfolgte. Dementsprechend las man in den protestantischen, spanienfeindlichen Regionen überwiegend Werke, die das Positive indianischer Kulturen betonten, wohingegen katholische Autoren «wider die Verderbtheit der Wilden» eiferten und mit ihren Hetzschriften im mutterkirchlichen Konfessionsgebiet für Furore sorgten. Das im deutsch-niederländischen Sprachraum verfestigte Klischee vom «edlen Roten Mann» ankert, verstärkt durch den Zivilisationspessimismus der Romantik, in solchen Strömungen.

Einmal mehr macht dies deutlich, «daß sich die Darstellung des Fremden nur zum Teil an dessen tatsächlichem Erscheinungsbild orientiert. In gleichem Maß unterliegt sie dem Wissen und Empfinden, Wollen und Denken desjenigen, der sie schafft» (Wendt, 1989).

Die ersten Kolonien

1557 erschien in «Marpurg ... uff Fasnacht» die «Wahrhafftige Historia und Beschreibung eyner Landtschafft der Wilden/Nacketen/Grimmigen Menschenfresser Leuthen/in der Newen Welt America gelegen» des Hombergers Hans von Staden. Hinter dem umständlichen Titel verbergen sich die Reiseerlebnisse eines Mannes, der einmal nicht als Landsknecht, Matrose oder Verwaltungsbeamter gen Westen fuhr, sondern – was ihn damals vor vielen auszeichnete – um «Indiam zu besehen». Aus seiner Hand stammen die ersten authentischen Berichte über das Phänomen des Kannibalismus, da er selbst in Brasilien von *Abaëtë* (Küsten-Tupí) gefangengenommen worden war und das Martyrium der Opfer aus eigener Anschauung kannte. Staden, den französische Kaufleute zum guten Schluß auslösten, bemühte sich, auch wenn es ihm an Einsicht in zeremonielle Zusammenhänge fehlte, um die sachliche Wiedergabe des Gesehenen. «Sie essen ihre Feinde nicht, weil sie Hunger haben, sondern aus Haß und großer Wut», schrieb der Hesse und setzte damit einen Kontrapunkt zu den Hirngespinsten einiger Zeitgenossen.

Stadens «Historia» wurde zum vielfach aufgelegten Bestseller. Schließlich kam sie in einer kolorierten Ausgabe auf den Buchmarkt, mit Abbildungen des Kupferstechers Théodore de Bry aus den Spanischen Niederlanden, der sich als Glaubensasylant in Frankfurt am Main niedergelassen hatte. De Brys Druckgrafik-Serien (*America*, 1590–1634) und die seines Kollegen Levinus Hulsius (*Schiffahrten*, 1598–1650) formten über ein halbes Jahrhundert Europas widersprüchliche Vorstellungen von der Neuen Welt samt ihren Bewohnern. So war de Brys Kunst natürlich den gängigen Stereotypen seiner Zeit verhaftet, doch geißelte er – als Protestant antispanisch gesonnen – auch die Greuel der Konquistadoren. Indianer erscheinen in seinem Œuvre immer wieder als die bedauernswerten Opfer kolonialer Knechtschaft.

Begonnen hatte der Leidensweg der Ureinwohner Südamerikas am 12. Oktober 1492, als Christoforo Colombo vor der Bahamas-Insel Guanahaní Anker werfen ließ. Der Genuese Colombo, den seine iberischen Auftraggeber «Colón», den Besiedler, nannten, machte dieser Bezeichnung alle Ehre. «Im Namen Ihrer christlichen Majestäten von Kastilien und Aragón» trat er den einheimischen *Taíno* entgegen und nahm deren Land für die spanische Krone in Besitz. Ein Jahr später begab sich Kolumbus auf seine zweite Seefahrt, in deren Verlauf er bis 1496 Jamaika und Puerto Rico nebst den Kleinen Antillen ansteuerte. Erst auf seiner dritten Reise (1498–1500) erreichte er im Gebiet von Trinidad und der Orinoco-Mündung südamerikanisches Festland.

Kolumbus ist nicht der Entdecker Amerikas gewesen! Das waren die Vorfahren der Alteingesessenen vor ca. 15000 Jahren. Noch betrat er als erster Europäer den Doppelkontinent. Skandinavische Seeleute, die es um 990 zur Passamaquoddy Bay, nahe der Grenze des heutigen US-Bundesstaates Maine zum kanadischen New Brunswick, verschlug, kamen ihm zuvor (Wahlgren, 1986). Selbst die glückliche Ankunft in Westindien, einschließlich der ersten Landsichtungen, gehörte nicht zu seinen Verdiensten, sondern ging auf das Konto von Martín Alonso Pinzón aus Palos de la Frontera, des Kapitäns der Kolumbus' Hauptschiff begleitenden *Niña* (Coín Cuenca, 1992). Was sich der Genuese allerdings als – fragwürdigen – Erfolg ans Revers heften könnte, ist, die Schleusen der europäischen Kolonisierung und Ausbeutung Amerikas geöffnet zu haben. Und er schärfte das Bewußtsein der Zeitgenossen für eine größere, buntere Welt. So konnte bereits 1494 Sebastian Brant in seinem *Narrenschiff* dichten:

> «Ouch hatt man sydt jnn Portigal
> Vnd jnn hispanyen vberall
> Golt/jnseln funden/vnd nacket lüt
> Von den man vor wust sagen nüt»

Die Reisen Amerigo Vespuccis (1499–1500, 1501–1502) korrigierten zwar den Irrtum, Kolumbus sei irgendwo an den Gestaden Asiens gelandet, über die Ausdehnung der Neuen Welt aber vermochte sich noch niemand eine klare Vorstellung zu machen. Etwa zu selben Zeit wie Vespucci war auch der Portugiese Pedro Álvares Cabral im südwestlichen Atlantik unterwegs. Seine Flotte kreuzte vor der Westküste Afrikas, kam jedoch vom Kurs ab und fand am 22. April 1500 auf der Höhe des späteren Bahía festes Land. Cabral hielt seine Entdeckung zunächst für eine weitere große Insel, die er «Terra de Santa Cruz» taufte. Erst später im 16. Jh., als die Küsten nach immer neuen Anfahrten allmählich Kontur gewannen, bürgerte sich der Name Brasilien ein. Diese Bezeichnung leitet sich von *Pau brasil* ab, dem

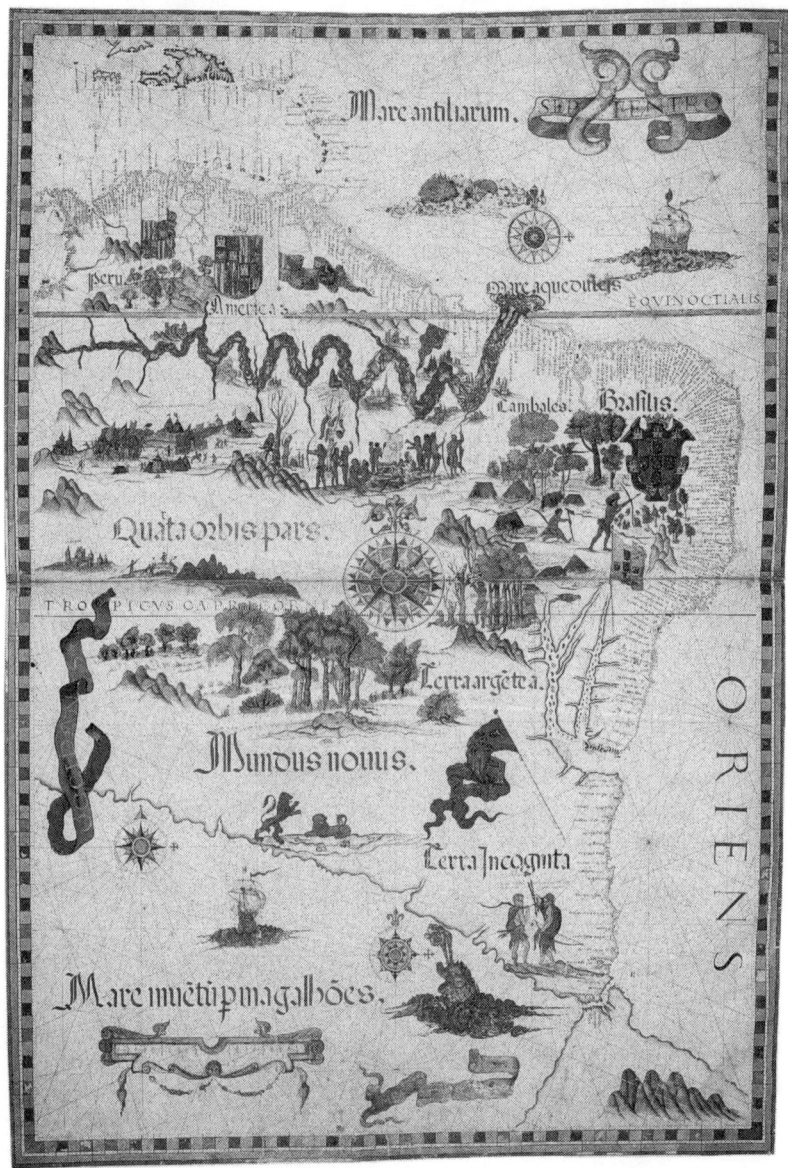

3. *Südamerika-Atlas des Portugiesen Diogo Homem, 1558.*
Die Ostküste zeigt nach vielen Anfahrten bereits deutliche Kontur,
während das Innere der «Neuen Welt» Raum für wilde Fantasien bietet

«Glutholz» *(Caesalpinia echinata)*, auf das Cabral seinerzeit im Tropenwald des südamerikanischen Ostens stieß, und das sich als von unschätzbarem Wert bei der Farbstoffgewinnung erwies.

Weniger Abenteuerlust und forscherisches Ungestüm trieben zur Erkundung der Fremde als vielmehr handfeste wirtschaftliche Interessen. Man suchte neue Wege zu den reichen Gewürzländern Asiens, da der arabische Zwischenhandel den Warenfluß ins Unbezahlbare verteuert hatte. Die Entente von Portugiesen und Spaniern gegen den gemeinsamen islamischen Gegner freilich war von Anfang an brüchig. Beide Seemächte suchten einander auszustechen; jedes Mittel schien ihnen bei der Verwirklichung ihrer Ziele recht. So mußte 1494 Papst Alexander VI. einschreiten und eine Demarkationslinie zwischen den Einflußsphären der Streithähne festlegen. Dieser Meridian verlief 370 Meilen westlich der Kapverdischen Inseln. Er teilte das noch völlig unbekannte Südamerika im Bereich der Amazonasmündung. So vollzog sich die spätere Durchdringung der tropischen Tiefländer aus zwei Hauptrichtungen. Die Spanier stießen von Westen her über die Andenkette vor, während Portugal seine Ansprüche von dem schmalen brasilianischen Küstensaum aus geltend machte.

Spanische Entradas wie die von Francisco de Orellana oder von Pedro de Ursua und Lope de Aguirre in das Herz der grünen Wildnis beschränkten sich auf Ausnahmen; sie führten zunächst noch nicht zu dauerhafter europäischer Ansiedlung. Zu riesig war der amazonische Raum und zu gering das menschliche Potential einer Kolonisierung. Die Lusitanier hingegen fanden an der Küste günstigere Bedingungen vor. Der Handel mit Brasilholz florierte. *Degredados* – exilierte Häretiker, Deserteure, wegen Meuterei ausgesetzte Matrosen und Sträflinge – bildeten den Bodensatz der neuen Kolonie. Sie verrichteten die Arbeit in den Holzfällercamps, nahmen sich Indianerinnen zu Frauen. Zunächst noch mit Billigung des portugiesischen Königs waren im Land auch französische Kaufleute aktiv. Deren Tätigkeit, böse Zungen sprachen von Spionage, gebar die Idee eines «Antarktischen Frankreich» *(la France antarctique)* als Zufluchtsort hugenottischer Glaubensflüchtlinge, die in den 1555 unternommenen französischen Kolonisierungsversuch an der Bucht des heutigen Rio de Janeiro mündeten. Interne Zwistigkeiten aber erlaubten den Portugiesen die Rückeroberung dieses Fleckens. Versprengte französische Siedler errichteten daraufhin in Maranhão, nahe der Amazonasmündung, Handelsstationen. Doch 1616, mit der Gründung des lusitanischen Belém, wurde auch jener letzte französische Außenposten ausradiert (Miller Bailey & Nasatir, 1968).

Eine größere Gefahr für die portugiesischen Übersee-Besitzungen in Amerika stellten holländische Bemühungen dar, an der brasilianischen Küste Fuß zu fassen. 1630 überrannten die «Wassergeuzen» das Gebiet um Pernambuco. Zuhilfe kamen ihnen Wirren auf der iberischen Halbinsel, wobei Spanien sich vorübergehend Portugal einverleibte. Unter dem libe-

4. *Europäer weiden sich an der Nacktheit und dem monströsen Gesichtsschmuck einer Indianerin. Kupferstich von T. de Bry (1590–1634)*

ralen Regime des als Gouverneur eingesetzten Prinzen Moritz von Nassau war der niederländischen Kolonie sogar eine kurze Blüte beschieden. Als der Prinz 1644 aber im Streit mit der allmächtigen Holländischen Westindien-Kompanie sein Amt zur Verfügung stellte, erhoben sich die portugiesischen Untertanen gegen ihre ausländischen Herren. 1654 gelang es ihnen endlich, das Joch der Fremdbestimmung abzuschütteln (Miller Bailey & Nasatir, 1968).

In die Querelen der europäischen Mächte wurde auch die indigene Bevölkerung verwickelt. Vor allem Franzosen und Portugiesen buhlten um die Gunst einzelner Stämme. Sie beschenkten deren Anführer und hetzten Dörfer gegeneinander auf. Hans von Staden entging dem frühen Tod bei einer franzosenfreundlichen Gruppe nur deshalb, weil er vorgab, die Portugiesen nicht zu mögen. Weiße und Einheimische koexistierten zunächst ohne größere Konflikte. Aber nach und nach nahmen die Übergriffe zu. Europäische Niederlassungen entstanden, dazu Forts, die die Umgebung sicherten. Man benötigte Arbeitskräfte, Bedienstete. Bei ihren indianischen Nachbarn hielten sich die Kolonisten schadlos. Männer wurden zum Häuserbau zwangsverpflichtet, Frauen ihren Familien entrissen, um sexuelle Bedürfnisse zu stillen. «Anfangs trieben die Fremden nur Handel mit uns», klagte ein betagter Indianer dem Missionar Claude d'Abbeville, «und wollten gar nicht hier leben. Damals schliefen sie mit unseren Töchtern, unseren Weibern … was wir als große Ehre ansahen … Doch als ihnen die eigenen Sklaven ausgingen, verlangten sie nach unseren Kindern» (zit. nach Hemming, 1978).

Der Traum vom Goldland

Kaum jemand nimmt zur Kenntnis, daß auch Deutsche an der gewaltsamen Öffnung des tropischen Südamerika beteiligt waren. Das Augsburger Handels- und Bankhaus der Welser hatte Kaiser Karl V. mit Finanzspritzen auf den Thron geholfen und erhielt dafür *Coriana*, den Küstenstreifen des heutigen Venezuela, als Pfand. 1529 traten die Deutschen zur Verwaltung ihres Lehens an. Damals landeten 400 Söldner unter dem Befehl des Ambrosius Ehinger in der Bucht von Coro. Ehinger oder «Dalfinger», wie er in spanischen Quellen heißt, stammte aus Ulm und bestand seine Feuertaufe in der Neuen Welt als welserischer Faktor auf Hispaniola. Von Anfang an ging er mit größter Härte gegen die um Coro siedelnden *Kanketí* (Caquetío) vor. Diese aruakische Volksgruppe betrachtete die Aktivitäten der Fremden in ihrem Land voller Mißtrauen. Einige Landsknechte gerieten in Hinterhalte und wurden von den Kanketí getötet. Kurzerhand ließ Ehinger daraufhin wahllos Indianer fangen und als Sklaven nach Hispaniola deportieren. Eine Brandmarke wies sie als «Cariba» aus, dem seit Kolumbus geläufigen Synonym für Menschenfresser. Das aber waren die Kanketí gewiß nicht. In ihrer Sprache bedeutete *Kariwa* «hellhäutiger (Feind)», eine Bezeichnung, die die Soldaten sicher oft hörten. Das Wort bestärkte sie in der Ansicht, man habe Kannibalen vor sich.

Ehinger unternahm zwei Expeditionen ins Landesinnere, wo er einen Zugang zum «Südmeer» vermutete. Dort, am Pazifik, lockten Schätze, von denen nach dem Untergang des Inka-Reiches überall gemunkelt wurde. Eine tödliche Pfeilwunde, die der Schwabe beim Rückzug vom Rio Magdalena empfangen hatte, setzte seinen Hoffnungen jedoch ein jähes Ende. 1534 übernahm Nikolaus Federmann als Generalkapitän die Führung der Kolonie (Friede, 1961). Auch er war dem Wahn verfallen, ein unbekanntes Goldland finden zu können. Im Wettlauf mit zwei spanischen Armeen erreichte der Welser von Coro aus 1539 tatsächlich das Gebiet der *Muiska* (Chibcha) im jetzigen Kolumbien. Das Ausmaß der Reichtümer allerdings erfüllte nicht annähernd die Erwartungen. In Spanien feierte man Jímenez de Quesada als Eroberer der Muiska-Domäne, Federmann hingegen, dessen Marsch höchste Anerkennung verdient hätte, wurde nach Augsburg zitiert, wo man ihm wegen Unterschlagung den Prozeß machte (Martinez

Rivas, 1986). Anfang der vierziger Jahre des 16. Jhs. durchstreifte Philipp von Hutten, der letzte deutsche Konquistador, die Savannen und Wälder im Süden Corianas. Erfolglos, denn abermals entpuppten sich Verheißungen neuer Goldländer als Fantome. Den Welsern brachte ihr Besitz kein Glück. 1555, nach einer Flut von Beschwerden über die Behandlung indianischer Schutzbefohlener, kündigte der Kaiser die deutsche Statthalterschaft, und Venezuela fiel an Spanien zurück.

Im fernen Kolumbien träumte derweil ein anderer von den Schätzen «El Dorados». Antonio de Berrio hatte an den Muiska-Feldzügen teilgenommen und war 1581 zum Gouverneur des ehemaligen Kleinfürstentums Chita bestellt worden. Nach Berrios Informationen, die sich aus allerlei Gerüchten speisten, lag das Goldland im Osten. Diego de Ordaz, der als erster den Orinoco befuhr, hörte dort von gewaltigen Burgen, Schlössern und Zitadellen aus Stein. Nach heutiger Kenntnis muß es sich um Tepuis gehandelt haben, bizarre Tafelberge und Felszinnen im Grenzgebiet Venezuelas zu Guyana, die in der Imagination zu Palästen mächtiger Herrscher wuchsen. Sie aufzuspüren, fühlte sich Berrio berufen. In knapp zehn Jahren stieß der Konquistador auf drei Expeditionen tief in die Wildnis am Orinoco vor, die mysteriösen Steinstädte aber blieben verschollen (Hemming, 1978).

Als Berrio nach unsäglichen Strapazen auf Trinidad eintraf, bereitete ihm das Schicksal hier eine weitere Demütigung. Er geriet in englische Gefangenschaft. Kein Geringerer als Sir Walter Raleigh, Freibeuter und Günstling Ihrer Majestät, Königin Elizabeth I., hatte von Berrios Unternehmungen Wind bekommen und glaubte den Spanier im Besitz geheimer Aufzeichnungen, die den Weg ins Goldland wiesen. Raleigh war nach einer Affäre bei Hofe in Ungnade gefallen. Nun brannte er darauf, die Scharte auszuwetzen und seiner Gebieterin die Reichtümer «El Dorados» zu Füßen zu legen. Mit dem widerspenstigen Berrio an Bord brach Sir Walter zum Orinoco auf. Doch die einsetzende Regenzeit machte alle Vorstöße ins Landesinnere zunichte. Zurück in England, schlachtete der Abenteurer seine Vision in einem aufsehenerregenden Buch, «The discoverie of the large, rich and bewtiful empire of Guiana», aus. Darin belebte er den Amazonenmythos, fabulierte von den kopflosen *Ewaipanoma*, glitzernden Edelsteinbergen und vielerlei Absonderlichkeiten mehr. Als Elizabeth 1603 starb, sah sich Raleigh ohne Protektion. Man bezichtigte ihn des Komplotts gegen den Nachfolger seiner Gönnerin und warf ihn in den Tower. Erst zwölf Jahre später kam er wieder frei. Sofort plante der Besessene, zutiefst überzeugt von der Existenz des Märchenreiches *Manoa* im Hinterland des Orinoco, die Rückkehr dorthin. Dieses Mal wähnte er sich kurz vor seinem Ziel, dem sagenhaften See *Parima*, der die Goldstadt umgeben sollte. Aber der Hitzkopf legte sich mit der spanischen Besatzung eines Forts an, was Abmachungen zwischen ihm und König James VI. verletzte. Der Monarch beabsichtigte nicht, den Frieden zwischen beiden

Großmächten zu gefährden. Er ließ daher ein Exempel statuieren. Raleigh wurde in Ketten nach England geschafft und schließlich hingerichtet (Hemming, 1978).

Sein Tod beendete keineswegs alle Spekulationen um die Goldländer unter dem Äquator. 1925 z. B., als der englische Oberst Percy Fawcett im Quellgebiet des Rio Xingú verschwand, flammten sie wieder auf. Fawcett gab vorher an, auf Spuren einer präkolumbischen Hochkultur in Innerbrasilien gestoßen zu sein (Sick, 1958). Abenteuer und Legenden ziehen Menschen stets in ihren Bann. Beeindruckt war noch Ende der 8oer Jahre ein namhafter deutscher Fernsehjournalist, der sich zur «Cidade Velha das Pedras», einer angeblichen Steinstadt in Nordbrasilien, führen lassen wollte. Zeugnisse der erwarteten Zivilisation fand der Mann leider nicht, seine Reputation als ernstzunehmender Reporter hingegen hat seitdem gelitten.

Sklavenjäger und Missionare

Noch lange nach Gründung der ersten europäischen Kolonien an der südamerikanischen Atlantikküste behauptete sich die Fama, Brasilien sei eine Insel, umschlossen vom Amazonas im Norden und den Flußsystemen des Rio de la Plata, des Rio Paraná und des Rio Paraguay im Süden. All diese Gewässer entsprängen, so der Mythos, in dem verwunschenen See *Paitití* an der Schwelle des Goldlandes El Dorado. Für die Portugiesen galt als ausgemacht, daß ihnen die unerforschten Weiten zwischen beiden Wasserarmen zustanden, auch wenn Spanien gemäß dem 1494 ergangenen Schiedsspruch von Tordesillas den Löwenanteil Amazoniens beanspruchte. Nach allgemeiner Auffassung waren der Amazonas und die Flüsse der Paraná-Paraguay-Senke die Schlüssel zum Eintritt ins Innere des Kontinentes, und die iberischen Mächte wetteiferten um ihren Besitz.

Es gehörte zum spanischen Plan, die portugiesischen Konkurrenten von zwei Seiten aus in die Zange zu nehmen. Vorstöße von Westen her, aus dem Andenhochland, kamen allerdings nur schleppend voran. Erst 1561 gelang es Kastilien, sich in *Alto Perú*, dem heutigen Bolivien, festzusetzen. Am Rio de la Plata verbuchten die Ostiberer indes schnelle Erfolge. Von 1536 bis 1539 erkundete Juan de Ayolas die Gegend an den nördlichen Zuflüssen des «Silberstroms». In seiner Begleitung befand sich der Straubinger Landsknecht Ulrich Schmidel, dessen 1567 erschienene «Wahrhafftige und liebliche Beschreibung der fuernemen Indianischen Landtschafften vnd Insulen» zur Chronik der Ayolas-Expedition geriet. 1537 erbauten die Spanier inmitten der Wildnis ein Fort, das sie Asunción nannten (Hemming, 1978). Heute wuchern an dieser Stelle die urbanen Metastasen der Hauptstadt Paraguays.

Juan de Ayolas fand bei einer Schlacht gegen aufständische *Mak'a* (Payaguá) den Tod. Zu dessen Nachfolger als Statthalter Asuncións bestimmte der spanische König Álvar Nuñez de Vera, genannt «Cabeza de Vaca». Dieser außergewöhnliche Mann hatte für Aufsehen gesorgt, als er und drei andere Schiffbrüchige in fünfjähriger Odyssee Süd-Texas durchquerten, ehe sie 1536 das spanische Grenzland im gerade eroberten Mexiko erreichten. Nun lag eine neue Herausforderung vor Cabeza de Vaca. Er entschied sich zum Fußmarsch auf Asunción. Dabei passierte seine Schar die grandiosen Iguaçú-Wasserfälle im späteren Dreiländereck von Paraguay, Argentinien und Brasilien. Der damals bereits sechzigjährige Spanier schätzte und bewunderte die Indianer. Er verbot seinen Soldaten deshalb jegliche Übergriffe. Ohne Verluste zog er schließlich in Asunción ein. Aber auch dort hielt es den Abenteurer nicht lange. Am oberen Rio Paraguay hörte er von der schier unglaublichen Entrada Aleixo Garcias, die der Portugiese 1524 an der Spitze einer zweitausendköpfigen Streitmacht aus *Avá Waraní* (Chiriguano) zur Ostgrenze des damals noch bestehenden Inka-Imperiums unternahm. Spontan beschloß der Rastlose, es Garcia gleichzutun. Doch dieses Mal besiegte die Natur Cabeza de Vaca. Noch vor den ersten Anden-Vorbergen mußte er umkehren. Bei seiner Ankunft am Paraguay erwartete ihn ein neuer Nackenschlag. Die *Ediwu Adegi* (Caduvéo), gefürchtete Krieger aus dem Gran Chaco, hatten das Grenzfort Los Reyes überrannt und ein weiteres Vordringen der Spanier zunächst vereitelt (Hemming, 1978).

Dann aber strömten mehr und mehr weiße Kolonisten in das Land zwischen Paraná und Paraguay. Ihre Ansiedlungen bildeten den Grundstock der spanischen Provinz *Guairá*. Den Siedlern folgten jesuitische Missionare. Klimagunst, Bodenfruchtbarkeit, die Umgänglichkeit der dort lebenden *Avá Katú-eté* (Chiripá-Nhandéva), *Mbe'a* (Mbyá) und *Paí* (Cayová) sowie der entschiedene Wille der Jesuiten, ihre Autorität mit duldsamer Beharrlichkeit zu festigen, ließen ein beispielloses Experiment reifen. Erklärtes Ziel der Missionare war der «Gottesstaat», wo indianische Christen in Agrarsiedlungen (Reduktionen) zusammengefaßt und frei von nationaler Kontrolle geleitet werden sollten. Was jedoch Utopisten zu allen Zeiten als Muster einer friedvollen, klassenlosen Gesellschaft bejubelten, war bei näherem Hinsehen doch wieder nur schamlose Bereicherung unter dem Deckmantel christlicher Nächstenliebe, kulturelle Entwurzelung und paternalistische Bevormundung (Bitterli, 1991). Immerhin garantierten die Reduktionen den Indianern relativen Schutz vor Sklavenjägern und eine gewisse Prosperität.

Weiter im Osten hatte unterdessen die Zahl portugiesischer Ansiedlungen stark zugenommen. Menschliche Arbeitskräfte jedoch standen nicht mehr in ausreichender Menge zur Verfügung, denn durch harte Fron auf den Plantagen, verheerende Seuchenzüge und «Strafexpeditionen», die gelegentliche Überfälle rächten, waren die einheimischen *Abaëté* (Küsten-Tupí) der Ausrottung nahe. Regelmäßig tauchten daher brasilianische Sklavenfänger in den Jesuitenmissionen am Rio Paraguay auf, oder sie jag-

5. *Indianische Opfer: Conquistadoren greifen ein Dorf an.*
Kupferstich von T. de Bry (1590–1634)

ten Menschen im Rückraum des Küstengebirges. Besonders taten sich dabei die Einwohner von São Paulo hervor. Paramilitärische Zucht hielt die Kommandos der Paulistaner zusammen. Sie operierten meist in der Truppenstärke eines Fähnleins (port. *bandeira*) und nannten sich darum auch «Bandeirantes». Sklavenfang ist der wichtigste Antrieb ihrer Beutezüge gewesen, daneben sondierten die Paulistaner aber auch unbekanntes Terrain und suchten nach Bodenschätzen. Manche dieser tollkühnen Erkundungen dauerten Jahre. Eine der längsten, die 1613 tief ins Herz Amazoniens führte, hat der Feldkaplan Pedro Domingues aufgezeichnet. Er und seine Begleiter marschierten von São Paulo aus nordwärts, durchquerten die Trockenwälder des heutigen Minas Gerais und Goiás bis zum Quellgebiet des Rio Tocantins. Dessen Lauf folgten sie bis zur Einmündung in den Araguaia. Dort machten sie kehrt, befuhren den Araguaia flußaufwärts und erreichten über Land wieder den Ausgangspunkt ihrer Entdeckungsreise (Hemming, 1978). Derlei Streifzüge bereicherten das geografische Wissen der damaligen Zeit enorm, aber sie brachten entsetzliches Leid über die, die als Opfer der Sklavenjagden ausersehen waren.

Sklavenfang spielte auch bei der Erschließung des Amazonastals eine maßgebliche Rolle. 1616 hatten die Portugiesen Belém gegründet, und es sollten bald weitere Niederlassungen in Maranhão, Ceará und Pará folgen. Die Kolonisten beteuerten, sie wären zu arm, um afrikanische Sklaven zu kaufen. Indianische Arbeitskräfte seien ohnehin besser geeignet, weil ihnen das Klima behage und sie sich im Land auskannten. Zwar existierte eine juristische Hürde, die allein die Versklavung aufrührerischer Eingeborener oder von Kannibalen gestattete, solche im fernen Europa ersonnenen Gesetze wurden allerdings in Übersee nach Gutdünken ausgelegt.

Noch konnten die Menschenjäger freilich nicht über das ganze Territorium ausschwärmen, auf dem ihr Auge begehrlich ruhte. Der im Vertrag von Tordesillas mit Spanien vereinbarte Grenzverlauf verhinderte dies. Und es gab ausländische Konkurrenz. Holländische Kaufleute bauten Forts an der Mündung des Rio Xingú und am Rio Paru. Auch England zeigte nach dem unglücklichen Prolog Walter Raleighs wieder Interesse an Amazonien. 1627 wurde in London die *Guiana Company* ins Leben gerufen, und der Ire Bernard O'Brien, der zuvor eine wagemutige Expedition durch Ost-Guayana führte, zum Generalbevollmächtigten jener Handels- und Siedlungsgesellschaft ernannt. Den Portugiesen gelang es aber, sämtliche Kolonisierungsversuche von Briten und Niederländern am Unterlauf des Amazonas rasch zu unterbinden. 1631 kapitulierte die Besatzung des letzten englischen Postens nahe Macapá. Bei der Abwehr der Fremden hatte sich der Gouverneur von Pará, Bento Maciel Parente, besonders ausgezeichnet. Zum Dank erhielt der notorische Sklavenjäger von König Felipe IV. ein Gebiet von der Größe Frankreichs im heutigen Amapá als Erbkapitanat. Dieser Freibrief berechtigte Parente und seine Söhne zur Ausbeutung tausender Indianer (Hemming, 1978).

Bereits die Gründung Beléms verstieß gegen den Vertrag von Tordesillas. Parentes Kapitanat *Cabo do Norte* verschob die Demarkationslinie zwischen Spanien und Portugal wieder ein Stück nach Westen, was wegen der damals währenden spanischen Hegemonie auf der iberischen Halbinsel bei Hofe hingenommen, ja gefördert wurde. Lusitanische Nationalisten wie Jacomé Raimondo de Noronha, der Gouverneur von Maranhão, planten jedoch insgeheim den Bruch des Paktes mit dem ungeliebten spanischen Bruder. Alles Trachten der Schwärmer galt der Restauration Portugals und der Gewinnung Amazoniens für das Mutterland. Stillschweigend beauftragte Jacomé Raimondo daher Kapitän Pedro Teixeira mit der Erkundung des riesigen Stromgebietes. Teixeiras Order lautete, den Amazonas bis zur spanischen Provinz Quito zu befahren und an geeigneter Stelle ein Grenzfort zu errichten. Am 28. Oktober 1637 trat der Portugiese die Mission an. Tatsächlich glückte der Husarenstreich. Spanien sah diesem Treiben machtlos zu. Weil Portugal noch während Teixeiras Reise seine Unabhängigkeit erstritt, waren den iberischen Nachbarn die Hände gebunden. Zähneknirschend verzichtete man auf die Entsendung von

Truppen an den oberen Amazonas. Den Anspruch auf weite Teile jener Region aber ließen die Spanier nicht fallen.

Pedro Teixeira wurde nach seiner Rückkehr stürmisch gefeiert. In den Freudentaumel mischte sich allerdings ein Wermutstropfen. Ausgerechnet Manoel Teixeira, der Bruder des Nationalhelden und Generalvikar von Maranhão, beklagte auf dem Totenbett, daß seit Ankunft der Portugiesen am unteren Amazonas «zwei Millionen Indianer» auf Pflanzungen und im Krieg mit den Eroberern ihr Leben ließen. Auch wenn die Zahl übertrieben scheint, Zerstörung und Leid, die die Weißen anrichteten, waren es nicht.

Manoel Teixeira stand mit seiner Kritik beileibe nicht allein. In dem Jesuiten Antonio Vieira hatten Brasiliens Ureinwohner einen weiteren prominenten Fürsprecher. Vieira stammte aus ärmlichen Verhältnissen. Seine Jugend verbrachte er als Zögling eines jesuitischen Kollegs in Bahía. Schon früh interessierte sich der Novize für Sprachen. So lernte er die Mundart der Küsten-Tupí und Kimbundu, das Idiom schwarzer Sklaven aus Angola. Nach seiner Ordination 1635 wurde Vieira Missionar. Daneben huldigte er literarischen Neigungen und bewies politisches Engagement, indem er die niederländische Okkupation geißelte. Mit dem Dankgottesdienst, den er anläßlich des holländischen Rückzugs hielt, zementierte er seinen Ruf als populärer Prediger. Als Portugal das spanische Joch abschüttelte, berief man Vieira nach Lissabon, wo er sich rasch das Vertrauen des neuen Herrschers, João IV., erwarb. Seinem Einfluß bei Hofe ist ein königliches Edikt zuzuschreiben, das die unsäglichen Arbeitsbedingungen, denen sich Eingeborene in der Kolonie ausgesetzt sahen, abschaffen sollte. Aus Übersee gingen aber bald Meldungen ein, denen zufolge obrigkeitliche Verfügungen recht eigenwillige Interpretationen erfuhren. Vieira beschloß daher, die Sache der Indianer noch energischer zu verfechten. Wo konnte dies besser geschehen als in Südamerika selbst? Was er dann allerdings in Maranhão erlebte, überstieg seine Befürchtungen. Betroffen schrieb der Jesuit 1653 seinem Monarchen: «Die in Dörfern hausenden Indianer sind zwar nominell frei, doch mir dünkt, sie sind Gefangene, mehr noch als die, die in den Häusern von Portugiesen leben … Für gewöhnlich leisten sie Fron auf Tabakpflanzungen, notabene der grausamsten aller Möglichkeiten, in Brasilien das Tagwerk zu vollbringen. Hier zwingt man sie, Leuten zu dienen und Tätigkeiten zu verrichten, die sie freiwillig nie tun würden; und sie sterben dortselbst aus schierer Verzweiflung. Verheiratete Frauen werden den Heimatdörfern entrissen und dazu genötigt, in privaten Haushalten aufzuwarten … zum größten Kummer ihrer Gatten … (Männer) können ihre Rodungen nicht länger betreuen. Sie, ihre Weiber und Kinder leiden Hunger und gehen zugrunde» (zit. nach Hemming, 1978). Ferner bemängelte Vieira, daß die Vorstände indianischer Gemeinschaften keine Eingeborenen seien, sondern von der Kolonialverwaltung ernannt würden. Meist handelte es sich dabei um pensionierte Hauptmänner portugiesischer Mameluckenregimenter.

In einer flammenden Predigt forderte der streitbare Kirchenmann «Christen, Notabeln und das Volk von Maranhão» auf, die Ketten der Ungerechtigkeit zu sprengen und jenen ihre Würde zurückzugeben, die sie unterdrückt und versklavt hätten. Doch fielen seine Worte auf wenig fruchtbaren Boden. Zu mächtig war die Lobby der Grundbesitzer, und auch der König beugte sich schließlich wirtschaftlichem Kalkül. Nachdem zunächst Befehl erging, alle Sklaven zu befreien, korrigierte sich João IV. Am 17. Oktober 1653 ließ er Sklavenhaltung wieder zu, ja er erweiterte sogar den juristischen Rahmen, der Menschenjagd unter bestimmten Voraussetzungen genehmigte.

Antonio Vieira war enttäuscht. Er widmete sich nun stärker der Seelsorge, hörte aber nicht auf, Mißstände anzuprangern. Wie seine jesuitischen Brüder, die weite Missionsreisen bis zu den *Gurašaja* (Guajajara) am Rio Pindaré, den *Awayã* (Juruna) am unteren Xingú oder den *Ỹnã* (Karajá) am Araguaia unternahmen, machte er sich aber unfreiwillig zum Erfüllungsgehilfen von Kolonisten und Verwaltungsbeamten. Hatten freie Indianer erst einmal ihrer überlieferten Religion abgeschworen, erlagen diese verunsicherten Menschen schnell den Verlockungen der europäischen Zivilisation. Man schwatzte ihnen ihr Land ab, mißbrauchte ihre Arbeitskraft und preßte sie unter dem Vorwand, ein gottgefälliges Werk zu tun, in truppenähnliche Haufen, die gegen unbotmäßige Waldstämme zu Felde zogen.

Nach und nach ereilte dieses Schicksal alle Indianer am unteren Amazonas. Nur die Bewohner der Rieseninsel Marajó im Delta des Stromes verteidigten hartnäckig ihre Unabhängigkeit. Drei Gruppen waren dort beheimatet – die an der gesamten Nordostküste Brasiliens ansässigen *Lokono* (Aruã), die Tupí sprechenden *Ngahív* (Ingaíba) und die gefürchteten *Anajá*. Kolonisten und Militärs unternahmen ungezählte Versuche, die Unbezähmbaren zu «befrieden», wie es im offiziellen Jargon noch heute heißt, wenn freie Indianer in die nationale Gesellschaft eingegliedert werden sollen. Zuletzt wandte man sich an Antonio Vieira. Der vertrat die Überzeugung, daß den Eingeborenen, wenn es gelänge, sie zum Christentum zu bekehren, die Sklaverei erspart bliebe. Also stellte er sich der Aufgabe. Kraft seiner Redekunst, seiner Persönlichkeit – und einer Flut von Geschenken – vollbrachte er das Unglaubliche. Die feindlichen Anführer erschienen zur Festmesse und empfingen der Reihe nach die Taufe. Einer jedoch, der Häuptling Piye, erhob mahnend die Stimme: «Wir sind allzeit Freunde und Diener der Portugiesen gewesen. Wenn Freundschaft und Gehorsam litten, dann trugen daran die Weißen Schuld, nicht unsere Leute. Es liegt also jetzt bei den Portugiesen, Versprechen, die sie so oft brachen, bindend zu machen oder zu erneuern – und nicht bei mir und meinem Volk, denn wir hielten uns stets an Gelöbnisse» (zit. nach Hemming, 1978).

Zunächst blieben die Konvertiten vor großer Not verschont. Ihre geistlichen Hirten konzentrierten sie in Reduktionen und lehrten sie Viehzucht. Dann aber verbreiteten sich Pocken und andere Seuchen. Tausende Indianer siechten dahin. Und sie mußten immer häufiger Übergriffe weißer Siedler abwehren. In Brasilien und Europa formierte sich derweil die Front derjenigen, denen die sozial- und glaubensreformerischen Experimente der Jesuiten zu waghalsig erschienen. Teile des Klerus und Vertreter der Kolonisten argwöhnten, ihnen werde die Kontrolle über das Land und die Schafe der christlichen Herde entzogen. Es waren dies Vorboten einer Entwicklung, die 1773 zur formellen Auflösung des Ordens durch den Papst führte. Doch bereits 1661 rebellierten in Maranhão Siedler gegen die Jesuiten. Viele Brüder flohen, andere – auch Antonio Vieira – wurden arretiert. Ihr Missionswerk lag brach; die indianischen Christen blieben schutzlos zurück. Aus der Haft entlassen, reiste Vieira nach Lissabon, um das Schlimmste zu verhüten. Und wieder bewirkte seine Überzeugungskraft den Umschwung. 1680 verfügte König Pedro II. die Aussetzung der Indianersklaverei. Auf Vieiras Betreiben hin schaffte man Arbeitskräfte aus Schwarzafrika an den Amazonas. Tragischerweise erkannte der Menschenfreund nicht die Absurdität, geschehenes Unrecht durch die Ausbeutung einer anderen Rasse wettzumachen. Für die Eingeborenen am Unterlauf des Stromes kam indes jede Hilfe zu spät. Von Sklavenjägern gezehntet und von Krankheiten dahingerafft, schmolz ihre Zahl mehr und mehr zusammen. Die letzten gingen in der örtlichen Mischlingsbevölkerung auf.

Aber der Leidensweg der Amazonas-Indianer hatte gerade erst begonnen. Im Osten machte die portugiesische Kolonisierung rasante Fortschritte. Missionare unternahmen auf der Suche nach «verirrten Seelen» immer ausgedehntere Reisen, und Sklavenjäger trieben weiterhin ihr Unwesen. Auch am oberen Amazonas schlugen die Brandungswellen der europäischen Zivilisation ständig neue Lecks in indianische Wohngebiete. Die Spanier nisteten sich zwischen 1530 und 1560 am Andenostrand ein. Nach und nach beugten sie die hier beheimateten Waldstämme unter ihre Hoheit. Für Siedler fällten die Eingeborenen Bäume, versorgten sie mit Nahrungsmitteln und wuschen Gold. Wer sich gegen den Zwang auflehnte, gewärtigte drakonische Strafen: Kampfhunde zerfleischten Aufsässige, Frauen schnitt man die Brüste ab. Trotzdem kam es in der Montaña, dem Waldgebirge am Osthang der Kordilleren, fortgesetzt zu bewaffneten Revolten. Kastiliens Sendboten trafen dort auf Bevölkerungsgruppen, die schon vorher die Abwehr einer Übermacht geprobt hatten. Nie war es den Inka gelungen, ihre Reichsgrenze weiter nach Osten zu verschieben und die widerborstigen Waldindianer der Kapitale in Cuzco zu unterwerfen.

1536 nahm der Konquistador Gonzalo Diaz de Piñeda Kontakt zu den *Paisa* (Quijo) im heutigen Ecuador auf. Diese Volksgruppe beherrschte damals das Gebiet zwischen den Flüssen Coca und Napo. Die Spanier hatten deren alte Feinde, die Inka, besiegt. Daher empfing man die Neuankömmlinge zunächst mit offenen Armen. Doch bald ging den Paisa auf, daß die Fremden nur den eigenen Vorteil sahen. Junge Männer wurden eingefangen und zur Feldarbeit für Weiße gepreßt. Dann erschienen seltsame Gestalten in langen Kutten, die ihnen predigten, sie seien des Teufels, wenn sie ihrem überlieferten Glauben nicht entsagten. Das war noch nicht einmal den Inka-Emissären eingefallen. Schließlich erhoben sich die Paisa gegen ihre Unterdrücker. Namentlich die Bigotterie der Priester brachte den Stein ins Rollen. Unter Indianern kursierte das Gerücht, die Spanier achteten die Gebote des Christentums gering, und ihr Gott zürne ihnen deswegen. Er betrachte die Eingeborenen als Werkzeug seiner Rache und wolle, daß man die Europäer samt und sonders töte. So eroberten und zerstörten die Paisa 1578 die spanischen Ansiedlungen Archidona, Ávila und Baeza. Alle Einwohner kamen um. Mit fürchterlichen Schlägen zahlte die Staatsmacht zurück. Wahllos wurden Indianer gefoltert, Hunderte gehängt. Jamundí, den Anführer des Aufstandes, peinigte man so lange mit glühenden Zangen, bis er die versammelten Stammesgenossen aufforderte, für ihn zu beten und künftig den Fremden Gehorsam zu leisten. Den Marburger Ethnologen Mark Münzel erinnert dieser Vorgang an stalinistische Schauprozesse, «in denen zum Tode Verurteilte linientreu die Weisheit ihrer Richter lobten» (Münzel, 1985).

Erfolgreich verlief 1599 die Rebellion der *Šwar* (Shuara) gegen eine Erhöhung des ihnen auferlegten Goldtributes. Unter dem charismatischen Führer Kirrupa schlossen viele der sonst isoliert lebenden Grüppchen ein Trutzbündnis. Der Hauptangriff galt der Goldgräberstadt Logroño, wo den Aufständischen der spanische Provinzgouverneur in die Hände fiel. Sie brachten den Mann um, indem sie ihm geschmolzenen Goldstaub einflößten. Wie Pater Juan de Velasco, der 1789 ältere Dokumente zusammenfaßte, hinzufügt, fragten ihn die Šwar dabei hämisch, ob er nun endlich genug Gold bekomme. In den nächsten Tagen gelang es der Allianz, die wichtigsten spanischen Niederlassungen einzunehmen. Überlebende flohen ins sichere Hochland. Strafexpeditionen, die der spanische Vizekönig und die Audienz von Quito in das Gebiet entsandten, stießen ins Leere. Die Šwar hatten sich längst in unzugängliche Wälder abgesetzt (Mader, 1992).

Der Šwar-Aufstand beeindruckte die Spanier. Bis 1630 unterblieb jeglicher Kolonisierungsversuch in der Region. Dann traten wieder Missionare auf den Plan. An den Flüssen Napo, Huallaga, Ucayali, Marañón und Solimões wurden Reduktionen aus dem Boden gestampft (San Roman, 1945; Branco, 1950). Jesuiten und Franziskaner wetteiferten darum, ihren Zöglingen rigorose Disziplin beizubringen und sie zu «nützlicher» Arbeit anzuhalten. Wie wohlmeinende Chronisten vermelden, soll ihr Glaubenseifer Berge versetzt haben. Tatsächlich unterschied sich das altväterliche Regime der Patres grundsätzlich von den Schrecken, die Indianer auf dem Besitz weißer Grundherren erwarteten. Und die Ordensmänner scheuten nicht den Konflikt mit der Obrigkeit, wenn ihren Schutzbefohlenen Un-

6. *Indianer töten einen Weißen, indem sie ihm geschmolzenes Gold einflößen.*
Kupferstich von T. de Bry (1590–1634)

heil drohte. Gleichwohl begünstigte das Zusammenleben vieler Menschen in den Reduktionen die Ausbreitung von Ansteckungskrankheiten. Allein 1660 sollen im Missionsgebiet an den Quellflüssen des Amazonas 44 000 getaufte Indianer an Pocken gestorben sein. Ständige Umsiedlungen forderten weitere Opfer. Solche Deportationen fanden meist statt, um verfeindete Gruppen voneinander zu trennen, oder um eine Gemeinschaft dem Einfluß eines konkurrierenden Ordens zu entziehen (Münzel, 1985). Den Franziskanern wird nachgesagt, daß sie das Evangelium mitunter recht drastisch vermittelten. Säumigen Meßbesuchern etwa stand Auspeitschung bevor. Einige Verbände kehrten darum den Reduktionen den Rücken. Im Wald nahmen sie ihre alte Lebensweise wieder auf. Da sie jedoch manche Annehmlichkeit der Zivilisation schätzen gelernt hatten – z. B. Metallwerkzeuge –, suchten nicht wenige abermals die Nähe zu Europäern. Die Geschichte der meisten indigenen Völker dieser Gegend zeichnet daher unstetes Hin und Her aus, in dem Stämme sich teilten, einander erneut fanden oder mit Fremden zusammengewürfelt wurden. Wieder andere Volksgruppen verweigerten kategorisch ihre Bekehrung. 1664 revoltierten die *Napisar* (Cocama) am unteren Rio Ucayali. Auch der Su-

perior des Missionssprengels Maynas erlitt dabei das Martyrium. Drei Jahre
später standen die Reduktionen am Rio Napo in Flammen, und in der
Zeit danach scheiterten immer wieder Anläufe, den freiheitsliebenden
Šwar Gottes Wort einzupflanzen.

Eine der schillernsten Figuren jener Epoche war der böhmische Jesuit
Samuel Fritz. Sein ganzes Leben lang ist dieser Mann ein loyaler Vasall der
spanischen Krone gewesen. Die eigenmächtige Grenzziehung der Portugiesen am oberen Amazonas empfand er als schmerzende Anmaßung. Auf
mehreren Expeditionen flußabwärts bemühte sich Fritz deshalb um Zugang zu den Stämmen, die er gegen die Usurpatoren zu mobilisieren gedachte. Von schwerer Krankheit genesen, stand er in dem Ruf, unsterblich
zu sein. Derlei Legenden kamen seinen Absichten entgegen. Viele Indianer, insbesondere die in teils verfeindete Sektionen aufgespaltenen *Yapisava* (Omagua) am Mittellauf des Stromes, empfingen das Sakrament der
Taufe. Sie wurden Fritz' treueste Gefolgsleute.

Den konkurrierenden portugiesischen Karmelitern behagten die Umtriebe der «Gesellschaft Jesu» nicht im mindesten. Sie versäumten daher
keine Gelegenheit, ihre Widersacher zu verleumden. Schließlich fruchte-
ten die Beschwerden beim Gouverneur von Pará. Portugiesisches Militär
zog auf. Sollte sich Pater Samuel wieder auf vermeintlich brasilianischen
Boden wagen, hatten die Soldaten den Befehl, ihn zu fangen und vor den
König in Lissabon zu schaffen. Fritz reiste hierauf nach Quito, wo er um
Schutz für seine Missionen bat. Derweil streuten Karmeliter das Gerücht
aus, die Spanier würden alle Indianer in den Reduktionen töten. Das goß
Wasser auf die Mühlen derjenigen Yapisava, die das Christentum ablehn-
ten. Payoreva, einer ihrer Anführer, schmiedete sogar ein Bündnis mit den
wilden *Čeči* (Cammuri), *Ñixámwẽ* (Yagua) und *Duuxunagu* (Tukuna), das
darauf zielte, die Jesuiten zu verjagen. 1701 kehrte Fritz an der Seite spanischer Truppen zurück. Payoreva und andere Aufrührer wurden verhaftet, Kultgegenstände verbrannt. Wenig später glückte Payoreva die Flucht
aus dem Gefängnis. Heimlich stahl er sich in Fritz' Mission San Joaquín de
Omaguas am Rio Marañón, wo er bis auf zehn Abtrünnige alle Indianer
überreden konnte, mit ihm in die Wälder zu kommen. Hier setzte er seine
Guerilla fort.

Pater Samuel wich an den Rio Solimões nahe der heutigen peruanischen Stadt Pebas aus, unternahm gleichwohl aber jede Anstrengung, um
das Vertrauen der Yapisava zurückzugewinnen. Inzwischen bekleidete er
das Amt eines Provinzials. Sein Statthalter am Marañón, der Sarde Gio-
vanni Sanna, bot Payoreva weiterhin die Stirn. Zuguterletzt schloß Sanna
mit den Rebellen Frieden. Sie folgten ihm in Reduktionen stromaufwärts
– bis auf Payoreva und einige Getreue, die das Exil in Pará vorzogen.

Nun packte Fritz der Übermut. 1709 setzte er sich an die Spitze einer
spanischen Einheit, die den Amazonas bis zur Mündung des Rio Negro
befuhr. Portugiesische Kolonisten und Missionare flohen in hellem Ent-

setzen. Neutrale Yapisava, die noch in der Gegend lebten, suchte der Provinzial von der Notwendigkeit ihrer Übersiedlung nach Perú, wo sie Stammesgenossen treffen würden, zu überzeugen. Fast wäre sein Vorhaben noch gescheitert, als Soldaten die Frau eines Häuptlings vor aller Augen vergewaltigten, am Ende aber trat der Jesuit die Heimreise in Begleitung zahlloser Kanus an.

Portugal konnte diese Demütigungen nicht hinnehmen. Ein Stoßtrupp wurde gebildet, der Fritz und Sanna gefangensetzen sollte. Fritz entkam, aber Sanna ging den Portugiesen bei Mayvite in die Falle. Der Sarde mußte sich vor König João V. verantworten. Hinterher schickten ihn seine Oberen nach Japan, wo er die Kreise der Mächtigen nicht länger störte. João und Fernando VI. von Spanien betraten unterdessen das diplomatische Parkett. In aufreibenden Verhandlungen suchte man nach Lösungen des schwelenden Grenzkonfliktes. 1750 war es soweit. Der Vertrag von Madrid sah den Rio Javarí als definitive Trennlinie beider Herrschaftsbereiche vor (Hemming, 1978). Seitdem scheidet sich weit oben am Amazonas das Spanisch sprechende vom Portugiesisch sprechenden Südamerika, und Brasilien nimmt über ein Drittel des gesamten Subkontinentes ein.

Massaker und Aufstände

Pater Fritz' Auftritte am oberen Amazonas spalteten die «Gesellschaft Jesu» in zwei Lager. Die einen unterstützten ihn im Glauben, dem böhmischen Confrater läge zuallererst das Wohlergehen seiner indianischen Schützlinge am Herzen, andere hielten ihn für einen Unruhestifter, der den Orden in Verruf bringe. Nicht wenige der in Brasilien wirkenden Brüder vermieden es, Partei zu ergreifen, denn sie fürchteten, durch Vertreibung um die Früchte ihres Bekehrungswerkes gebracht zu werden. So fielen zwar Fritz' Reduktionen am Solimões an die Karmeliter, die meisten Jesuiten auf portugiesischem Territorium indes arbeiteten weiterhin ungestört.

Am unteren Rio Xingú regierte die «Gesellschaft» ein Imperium blühender Missionen. Es diente als Ausgangsbasis für die Erkundung unbekannter Gebiete. Fortwährend wurden Dependencen gegründet, insbesondere am Rio Madeira, der von allen Nebenflüssen des Amazonas der zugänglichste war. Am Unterlauf des Madeira erfolgte zunächst die Bekehrung der «Tupinambarana», einer Abteilung der *Abaëté* (Küsten-Tupí). Diese Splittergruppe floh bereits anfangs der Kolonialzeit ins brasilianische Hinterland und gelangte nach unglaublich langer Wanderung zu ihren historischen Wohnsitzen im Flußdreieck von Madeira und Amazonas. Gute Beziehungen pflegten die Jesuiten auch zu den östlich der Tupinambarana-Reduktionen ansässigen *Midínyẽ* (Mawé). Weiter im Süden allerdings stieß man auf die *Tora* (Matanawí), die mit ihren Kanuflottillen den ganzen Strom beherrschten und Weißen äußerst feindselig entgegen-

traten. Bis zum Amazonas führten die Raubzüge der Tora, wo sie Händler
überfielen, die Kakao flußabwärts schifften. 1715 gelang portugiesischem
Militär ein vernichtender Schlag gegen die Piraten. Die Tora, einst «zahl-
reich wie Insekten», wurden fast aufgerieben. Nur wenigen glückte die
Flucht in abgelegene Wälder (Hemming, 1978).

Die Niederlage der Tora öffnete den Madeira umfassender Erforschung
und Evangelisierung. Pater João de Sampaio, unter dessen Ägide die
Tupinambarana-Missionen stolz auf über tausend «dienende und kämp-
fende» Zöglinge blicken konnten, sandte auf der Suche nach freien
Indianern, die er der Obhut seiner Kirche anzuvertrauen gedachte, Expeditionen bis zu den Quellen des Stromes. Eine berührte gar spanisches
Hoheitsgebiet im heutigen Bolivien. Auf viele Eingeborene übten die
neugegründeten Reduktionen einen unwiderstehlichen Reiz aus. Die
unterschiedlichsten Stämme lebten dort friedlich Seite an Seite. Und es
verbreitete sich die Kunde von Wunderstoffen, Äxten mit eisernen Klingen z. B. oder Spiegeln. Die Missionare galten als Hüter jener Objekte,
deren Erwerb Teilhabe an den scheinbar außergewöhnlichen Fähigkeiten
der Europäer versprach.

Unter dem Eindruck solcher Verlockungen verließen daher immer
mehr Trupps ihre Heimatdörfer und baten in den Reduktionen um Aufnahme. Andere, die die Patres aus der Gewalt von Sklavenjägern befreiten,
indem sie die unglücklichen Opfer für Geld auslösten, stießen hinzu.
Ganze Landstriche am Madeira waren nun menschenleer. Portugiesische
Kolonisten sollten das Vakuum auffüllen. Doch statt dessen erwuchs Siedlern und Missionaren ein mächtiger Gegner. Zug um Zug hatten die *Buxura'en* (Mura), überaus kriegerische Bewohner der südlichen Wälder,
verwaisten Boden in Besitz genommen. Ihrer Angriffswut widerstand
kaum eine Mission in der Gegend. Nahezu ungehindert konnten die Buxura'en ab 1740 nach Norden ausschwärmen. Im Osten stoppten die *Weidjényã* (Mundurukú), auch sie Nutznießer der Entvölkerungspolitik, den
Vormarsch, aber westwärts bedrohten Kriegskanus der Buxura'en Ansiedlungen entlang der Flüsse Negro und Japurá. Erst Ende des 18. Jhs. beendeten brutale Massaker der portugiesischen Armee die Vorherrschaft der
Immigranten am mittleren Amazonas.

Eine andere Volksgruppe, die zu Beginn des 18. Jhs. aufhorchen ließ,
waren die *Oré Manaw* (Manao). Deren Dörfer lagen am Rio Negro, doch
kontrollierten sie Handelswege, die vom Amazonas bis Holländisch-Gua-
yana reichten. Von weit her bezogen sie Schmuckstücke aus Gold, was
natürlich die Begehrlichkeit so mancher Abenteurer weckte. Schon Walter Raleigh hatte von ihnen gehört und sie zu den Bewohnern seines Fa-
belreiches Manao erhoben. Den Portugiesen paßte nicht, daß die Oré
Manaw rege Kontakte zu ihren alten Widersachern, den Niederländern,
unterhielten. Jene bemühten sich noch immer um Einfluß bei den nördlichen Waldstämmen. Ob sie auch die Oré Manaw aufwiegelten, ist un-

7. Horrorszenario der Entdecker: Čóto («Cumaner») schlachten Missionare ab.
Kupferstich von T. de Bry (1590–1634)

klar. Jedenfalls revoltierten diese 1723 gegen Portugal, und ihr schneidiger Anführer Ajurikapa enthüllte dabei provozierend das Banner der Holländischen Westindien-Kompanie. Maßvolle Versuche, Ajurikapa zum Einlenken zu bewegen, schlugen fehl. 1728 faßten ihn Häscher nach hartem Kampf. Gefesselt wurden er und 300 seiner Anhänger in Boote nach Belém verfrachtet, wo die Aufrührer der Prozeß erwartete. Noch ehe sie aber die Stadt erreichten, entspann sich ein Handgemenge zwischen Gefangenen und Bewachern. Die Soldaten richteten ein entsetzliches Blutbad an. Ajurikapa sprang in Ketten aus seinem Kanu in den Fluß. Er ward nie wieder gesehen (Hemming, 1978). In Brasilien stellt man ihn nun gern als Muster eines indianischen Helden hin: Ein Häuptling, der sich der Sklaverei durch Freitod entzog.

Die Oré Manaw unterwarfen sich danach den Portugiesen. Karmeliter richteten für sie Missionen am mittleren Rio Negro ein. Einige Familien aber zogen nach Barra am Amazonas. Später entstand dort der Hafen von Manaus. Heute gibt es keine Oré Manaw mehr. Und nur im Namen der pulsierenden Metropole Amazoniens lebt die Erinnerung an Ajurikapas Volk fort.

Während in Brasilien die indigene Bevölkerung des Amazonastales Schritt für Schritt zurückgedrängt wurde, portugiesische Kolonisten frei gewordenes Land besetzten und vorher unbekannte Völker ins Licht der Geschichte traten, gerieten auch weiter westlich immer mehr Waldstämme in den Sog der abendländischen Zivilisation. Um 1730 wirkten am unteren und mittleren Rio Ucayali in Ost-Perú 40 Geistliche, die über ein Heer von 10000 Neophyten geboten. Ermöglicht hatte dies eine Interessengemeinschaft aus Missionaren und *Koníbo* (Conibo). Letztere beherrschten seit präkolumbischer Zeit das Ucayalibecken, die zentrale Verbindung zwischen Montaña und tropischem Tiefland. Um ihre Machtposition zu festigen, suchten die Koníbo Zugang zu europäischen Handelswaren. Diese Güter konnten sie weitervertreiben und so ihr Prestige bei Anrainern heben. Da die Herren des Ucayali in einwohnerstarken Großdörfern lebten, witterten Ordensleute eine Chance, Tausende von Heiden zum Christentum zu bekehren. Unseligerweise hielten mit den begehrten Waren auch epidemische Krankheiten am Fuß des Waldgebirges Einzug. Folge war ein demografischer Aderlaß, der an der Aufgabe von Großdörfern ablesbar ist und in der anschließenden Missionsperiode noch an Dramatik zunahm (Frank, 1987). Erneut bewahrheitete sich, was heutzutage Kritiker veranlaßt, den Doppelsinn des Wortes «Reduktion» (von lat. *reducere* = heimführen; aber auch vermindern, reduzieren) aufzuspießen. Wieder und wieder, zuletzt 1770, standen die Koníbo gegen Fremdbestimmung und Glaubensfanatismus auf, zogen jedoch stets den kürzeren. Von den herben Populationseinbußen, die sie trafen, profitierten anfangs ihre Nachbarn, die *Honikobo* (Shipibo) und *Wariapana* (Setebo). Auf Kosten der Koníbo breiteten sie sich am Ucayali aus. Später fusionierten alle drei Gruppierungen, um den grassierenden Bevölkerungsschwund einzudämmen.

Nachdem Missionare das Gebiet der Koníbo unter ihre Kontrolle gebracht hatten, stand ihnen der Weg zum oberen Ucayali offen. Hier siedelten Aruak-Völker, deren unüberschaubare Zahl die Seelenfänger lockte. Da trat 1742 im Gran Pajonal, einer Region wasserreicher Höhensavannen inmitten tropischer Bergwälder, ein Mann auf, der den einheimischen *Ašéninka* (Nord-Campa) predigte, er sei von Gott gesandt, um die Eingeborenen Amazoniens von Knechtschaft und fremder Willkür zu erretten. Der Mann hieß Juan Santos und behauptete, in direkter Linie von Atahuallpa, dem letzten Inkaregenten, abzustammen. Nach einer Weile legte er sich den Namen «Pachakútij», Welterschütterer, bei – in Anlehnung an den großen Reformator des Inkareiches. Santos' ganzes Streben galt der Wiedererweckung dieses Imperiums. Für Europäer war darin kein Platz, und eine eigenständige indianische Kirche sollte das Heil der Untertanen gewährleisten.

Unter den Montana-Stammen fand Juan Santos bald Anhänger. Selbst entflohene schwarze Sklaven schlossen sich seiner Bewegung an. Binnen kurzem war das Heer des neuen Inka über alle Franziskaner-Missionen der Gegend hinweggerollt. Im fernen Lima glaubte man noch, die Angelegenheit mit Hochland-Milizen rasch bereinigen zu können. Santos aber eilte von Sieg zu Sieg. Es heißt, daß er in Verbindung mit der englischen Pazifikflotte stand und aus dieser Quelle auch Waffen erhielt. 1751 eroberte die Indianerarmee den letzten Halt der Spanier am Kordillerenrand, die Festung Sonomoro. Nun hoffte Juan Santos Atahuallpa auf einen allgemeinen Aufstand der Andenvölker, doch diese Erhebung blieb aus. Immerhin war dem größten Teil der peruanischen Montaña über hundert Jahre lang Freiheit von kolonialer Bevormundung beschieden. Um den Tod des «Welterschütterers» ranken sich die buntesten Legenden. 1755 oder 1756, so die populärste Version, erlag er den Verletzungen eines Steinschleuderwurfes, abgegeben von einem seiner Getreuen, der die Unverwundbarkeit des Führers unter Beweis stellen wollte (Gippelhauser, 1992). Juan Santos' historische Bedeutung liegt in dem Versuch, Hoch- und Tieflandindianer in einer Abwehrfront gegen die spanischen Unterdrücker zusammenzufassen. Noch heute hält sich unter peruanischen Waldstämmen die Fama, er sei gar nicht gestorben, sondern nur entrückt, und werde eines Tages wiederkehren, um an den Weißen fürchterliche Rache zu nehmen.

Neue Grenzen, altes Leid

Wie geschildert, setzte der 1750 zwischen Spanien und Portugal geschlossene Vertrag von Madrid eine bindende Demarkationslinie, die die Herrschaftsgebiete beider Mächte in Südamerika voneinander schied. In der jesuitischen Missionsdomäne am Oberlauf des Rio Uruguay schlug die Nachricht von der Neuregelung wie eine Bombe ein. Sämtliche Reduktionen westlich des Flusses fielen an Portugal! Hierin sahen die betroffenen Guaraní-Völker eine Bedrohung ihres blühenden Gemeinwesens, denn über Generationen hatten sie den Raubzügen brasilianischer «Bandeirantes» getrotzt, und fürchteten nun, sie wären den Sklavenjägern schutzlos ausgeliefert. Ohne Zaudern griffen sie zu den Waffen. Im sogenannten Traktatkrieg (1751–1756) leisteten die sieben Missionsdörfer («Sete Povos») den vereinigten Streitkräften der Spanier und Portugiesen heroischen Widerstand, unterlagen aber zum Schluß. Auch Jesuiten sollen an den Kämpfen beteiligt gewesen sein, was – Fabel oder nicht – ihr künftiges Schicksal auf dem Subkontinent mitbestimmte.

Weiteres Unheil braute sich derweil am Amazonas zusammen. Zur Überwachung der im Madrider Vertrag getroffenen Vereinbarungen schickte Portugal einen neuen Gouverneur nach Maranhão und Groß-Pará. Francisco Xavier de Mendonça Furtado hatte den Auftrag, sich ein Bild von den Verhältnissen in der Kolonie zu machen und darauf zu ach-

ten, daß das 1748 endlich verabschiedete Gesetz zur Abschaffung der Indianersklaverei eingehalten wurde. Mendonça Furtado unterhielt regelmäßige Briefkontakte zu seinem Stiefbruder Sebastião José de Carvalho e
Mello, dem späteren Marquis von Pombal, der nach 1755 das Land zwischen Atlantik und Mittelmeer mit diktatorischen Vollmachten regierte.
Vor allem beschwerte sich der Gouverneur über die Arbeit der Jesuiten.
Sie seien aufsässig und lehnten weltliche Kontrolle strikt ab. In den Reduktionen herrschten sie unumschränkt, mischten sich gar in die privaten
Dinge ihrer Schützlinge ein und behandelten sie wie Leibeigene. Darüberhinaus förderten die Patres die Unwissenheit der Indianer, indem sie
diese in Nheengatú, einer Verkehrssprache auf Tupí-Grundlage, unterrichteten, nicht aber auf Portugiesisch. Aus derlei Vorwürfen leitete Mendonça Furtado die Folgerung ab, die Selbstherrlichkeit der «Gesellschaft
Jesu» könne nur gebrochen werden, wenn man ihre Patronage über indianisches Gebiet kündige (Hemming, 1978).

In den Tiraden des Gouverneurs schwangen alte Forderungen weißer
Grundbesitzer nach Vertreibung der Jesuiten mit, und sie munitionierten
eine in Europa und Übersee immer unverblümtere Tendenz zur Diskreditierung des Ordens. Zu hören waren bei der allgemeinen Kritik gleichermaßen theologische und politische Argumente. Der Mutterkirche mißfielen die scholastischen Ansätze zur Aufklärung, die die Jesuiten
verfochten. Andere neideten ihnen Erfolge als geistliche Berater an den
Königshöfen oder verdammten ihr Verhalten in den Kolonien, wo sie oft
gegen die Obrigkeit Stellung bezogen (Fischer, 1987). So kam es, wie es
kommen mußte. Nach Verboten in Portugal (1759) und Spanien (1767)
verfügte die höchste Kircheninstanz 1773 die Auflösung der «Gesellschaft
Jesu». Erst 1814 wurde dieser Entscheid, der nur in Preußen und Rußland
unbeachtet geblieben war, durch päpstliches Edikt wieder zurückgenommen.

Die Ausweisung der Jesuiten aus Lateinamerika leitete dort den Verfall
der von ihnen aufgebauten Missionen ein. Viele Indianer kehrten in die
Wälder heim. Ein Teil aber blieb vor Ort und partizipierte an der Umwandlung der Reduktionen in Handelsplätze. Weiße Kleinunternehmer
siedelten sich an, und es entstanden vorindustrielle Betriebe, die die ehemaligen Missionszöglinge beschäftigten. Damals übernahmen europäische
Kolonisten von den Eingeborenen eine Reihe Kulturgüter, beispielsweise
Maniokanbau, während die Ureinwohner mancherorts die traditionelle
Bedarfdeckungswirtschaft aufgaben und fortan marktorientiert produzierten (Münzel, 1985). Diese Phase endete in Brasilien 1835 mit der *Cabanada*, dem «Häusleraufstand» entrechteter Kleinbauern und Proletarier.
Jene Unzufriedenen bildeten eine neue gesellschaftliche Schicht, in der
sich zunehmend auch Indianer und Indianermischlinge wiederfanden.

Unterdessen rückte die Pioniergrenze unaufhaltsam auf der Landkarte
Amazoniens vor. Bisher waren ja lediglich die Küstenstriche des tropischen

Südamerika und das Amazonastal selbst unterworfen. Allenfalls die Unterläufe einiger Nebenflüsse hatten Missionare bereist und dort Festungen ihres Glaubens errichtet. Der weite Rückraum jedoch verschloß sich noch europäischer Kolonisierung. Es wurden aber unablässig Schritte zu dessen Öffnung unternommen. Etliche der hier beheimateten Stämme leisteten verzweifelten Widerstand. Andere, so die *Weidjényã* (Mundurukú) vom Rio Tapajós, paktierten mit den Weißen gegen ihre Nachbarn im Hinterland.

Zu den grimmigsten Gegnern der Neo-Brasilianer gehörten die *Panara* (Süd-Kayapó). Dieses Wandervolk durchstreifte ein riesiges Territorium zwischen den Oberläufen der Flüsse Paraná und Paraguay. Anfangs des 18. Jhs. war in der Gegend Gold gefunden worden, und Tausende von Schürfern brachen nach Goiás und Mato Grosso auf, um ihr Glück zu machen. Die Panara sahen sich eingekesselt, zumal portugiesisches Militär mit ihren Erzfeinden, den *Bóe* (Boróro), eine Allianz einging. Bóe und Portugiesen überfielen unablässig friedliche Lager. Ihre Zermürbungstaktik aber scheiterte, denn die Opfer drehten den Spieß um. Kein Siedler und kein Goldsucher konnte fortan seines Lebens sicher sein. 1751 attackierten Trupps der Savannenkrieger sogar die Stadt Goiânia. Erst in den 70er Jahren des 18. Jhs., als das Goldfieber abebbte, kehrte Ruhe ein. Es wurde eine Friedhofsruhe, denn eingeschleppte Epidemien forderten ihren Zoll, und weiße Viehzüchter verfolgten in den nächsten Jahrzehnten die letzten freien Verbände. Lange hielt man die Panara für ausgerottet, doch kürzlich kam heraus, daß die 1974 in der Serra do Cachimbo kontaktierten «Kreenakróre» versprengte Reste dieser Volksgruppe sind.

Die Panara gehören zur Jê-Sprachfamilie, deren Mitglieder noch in unseren Tagen zäh an überlieferten Werten festhalten und ihren Resistancegeist pflegen. Auch die *Kãíngãgn* (Kaingang) im südöstlichen Brasilien zählen zu dieser Gruppierung. Um Sklavenjäger zu entgehen, flohen sie bereits früh in die Wälder des Zwischenflußgebietes von Paraná und Uruguay. Anders als die meisten Stämme, zeigten sie sich an europäischer Handelsware kaum interessiert, was die Kontaktaufnahme mit ihnen sehr erschwerte. Ihre Erfahrungen mit den «Bandeirantes» hatten die Kãíngãgn äußerst mißtrauisch gemacht, und so beantworteten sie alle Annäherungsversuche mit Waffengewalt. Zu Beginn des 19. Jhs., als Pflanzer in ihrem Lebensraum Kaffeeplantagen anlegten, wurden regelrechte Vernichtungsfeldzüge gegen sie organisiert. Konterattacken erstickten Regierungssoldaten in Blut. Den Kaffeebaronen gestattete man gar die Versklavung Gefangener – ein unglaublicher Vorgang, da in ganz Brasilien Sklavenhaltung offiziell seit über einem halben Jahrhundert verboten war. Schließlich erlahmte die Widerstandskraft der Kãíngãgn. Man internierte sie in Konzentrationslagern, wo ihre Anpassung an die dominante Kultur erzwungen werden sollte. Einige Unbeugsame allerdings hielten ihre Häscher bis 1911 in Atem (Moreira Neto, 1975).

Es kann hier unmöglich auf alle Einzelheiten des indianischen Abwehrkampfes gegen die vordringende Zivilisation an der Schwelle des 19. Jhs. eingegangen werden. Die wenigen Beispiele verdeutlichen aber, wie hoffnungslos die Lage der Alteingesessenen geworden war. Die Zahl der Weißen hatte sich inzwischen ins Uferlose vermehrt, und selbst in entlegenen Regionen wüteten Seuchen, begünstigt in ihrer Ausbreitung durch Fernhandel und den ständig zunehmenden Verkehr auf dem Labyrinth der Wasserwege. Zum endgültigen Verhängnis jedoch wurde den Indianern Amazoniens die Erfindung eines amerikanischen Chemikers.

Kautschuk

Im Jahre 1839 war dem Chemo-Techniker Charles Nelson Goodyear die Vulkanisation eines zähflüssigen Milchsaftes gelungen, den Montaña-Indianer seit langem aus bestimmten Bäumen gewannen, um daraus Kleber und Abdichtungen herzustellen. Die Eingeborenen nannten den Latex *kaa o-ču* (= Holztränen). Jener «Kautschuk» sollte zu einem der wichtigsten Rohstoffe des heraufdämmernden Industriezeitalters werden. Wie sich zeigte, lieferte der Parakautschukbaum *(Hevea brasiliensis)* das beste Naturgummi. Besonders üppig gedieh dieses Gewächs im westlichen und inneren Amazonasbecken.

Inmitten des Kautschukvorkommens liegt Manaus, damals ein verschlafener Ort mit wenigen tausend Seelen. Binnen kurzem aber platzte die Ansiedlung aus allen Nähten. Als sich die ungeahnten Verwendungsmöglichkeiten des obskuren Baumsaftes herumgesprochen hatten, zogen, raschen Reichtum vor Augen, Abertausende von der brasilianischen Küste in die Wälder. War ein Kautschukbaum gefunden, ritzten die Männer seine Rinde winkelförmig ein. Zwei bis fünf Stunden dauerte es, bis sich das Auffanggefäß am Ende einer zentralen Rinne mit Latex füllte. Jeder Zapfer kontrollierte eine ganze Anzahl Bäume. Abends kochte er seine Ernte über schwelendem Feuer zu dicken Ballen ein, die man dergestalt leichter transportieren konnte. Von Manaus aus wurden sie rund um den Globus verschifft.

Bald kamen zwei Drittel des Welt-Kautschukbedarfs aus der Stadt am Amazonas. Ortsansässige Landbesitzer und gewitzte Geschäftsleute profitierten von dem Boom. Sie hielten sich Scharen von Latexzapfern *(Seringueiros)*, die unter Einsatz ihres Lebens das begehrte «weiße Gold» aus der Baumrinde molken. Jede Tonne Kautschuk, die zu jener Zeit den Hafen von Manaus verließ, brachte, wie es hieß, sieben Sammlern den Tod. Ungerührt aber meißelten die Gummibarone an ihrem eigenen Denkmal. Das Manaus der Wohlhabenden nahm es an Pracht mit allen Metropolen der Erde auf. Als eine der ersten Städte verfügte es über eine elektrische

Straßenbahn, besaß um die Wende zum 20. Jh. bereits ein verzweigtes Telefonnetz und gönnte sich den Luxus eines pompösen Opernhauses, zu dessen Eröffnung kein Geringerer als Enrico Caruso am Amazonas gastierte (George, 1985).

1888 erreichte die Kautschukhysterie ihren Höhepunkt. Der englische Tierarzt und Erfinder John Boyd Dunlop hatte den pneumatischen Gummireifen entwickelt, und die Nachfrage nach Latex nahm schwindelerregende Dimensionen an. Zuerst waren die Seringueiros im Osten Amazoniens tätig gewesen. Nun drangen sie über die Unterläufe des Rio Xingú und des Rio Tapajós bis zu den Flüssen Purús und Juruá vor. Ende des 19. Jhs. konzentrierte sich die Sammelaktivität auf das brasilianisch-peruanische Grenzland.

Der Parakautschukbaum wächst auch in Peru. Dort herrschte einer der brutalsten Gummibarone, der bolivianische Staatsbürger Carlos F. Fitzcarrald («Fitzcarraldo»). Auf einer vergilbten Karte hatte der Abenteurer einen Isthmus zwischen den Flußsystemen des Rio Madre de Dios und des Rio Ucayali entdeckt. An jener nur zwölf Kilometer breiten Engstelle ließ er eine Trasse durch den Regenwald schlagen und seinen Flußdampfer von 1000 *Matsigenka*-Indianern auf Rollen in den Rio Manú, einen Zulauf des Madre de Dios, ziehen. Die reichen Kautschukvorkommen der Region konnten nun bequem ausgebeutet und über den Rio Urubamba zum Hafen Iquitos geschafft werden. Sein Trick sicherte Fitzcarrald entscheidende Marktvorteile, die ihm ein Vermögen einbrachten (Otzen, 1991).

Am härtesten traf der Kautschukboom die Ureinwohner Amazoniens. Sie waren als Latexzapfer gesucht, weil sie sich im Wald auskannten und am besten mit den Widrigkeiten des Milieus zurechtkamen. Kein Indianer aber verließ freiwillig seine Felder, um Rohgummi zu sammeln. Also veranstaltete man Menschenjagden auf noch nicht integrierte Stämme, in deren Heimat zudem die meisten Kautschukbäume standen. Wer die Massaker überlebte, wurde zur Zwangsarbeit verschleppt. Manche Unternehmen legten gar «Zuchtfarmen» an, wo gefangene Indianerinnen dafür sorgen sollten, daß der Strom der Arbeitskräfte nicht versiegte (Münzel, 1985).

Deportationen und Gemetzel brachten zahlreiche Waldstämme an den Rand der Ausrottung. Ihre Situation besserte sich erst anfangs des 20. Jhs., als die Briten den Weltmarkt mit Kautschuk aus ihren südostasiatischen Kolonien überschwemmten und so das Gummimonopol der Südamerikaner brachen. Vorausgegangen war dem eine Nacht- und Nebelaktion des englischen Malers und Hobby-Botanikers Henry Alexander Wickham. 1876 hatte er *Hevea*-Samen aus Brasilien geschmuggelt. Da die Samen nur kurz keimfähig sind, hielt man das vorher für ausgeschlossen, und die südamerikanischen Gummibarone wähnten sich sicher. Doch eigens zu diesem Zweck war der Dampfer «Amazonas» mit der damals leistungsstärksten Maschine ausgerüstet worden. Er brachte die Samen in Rekordzeit nach Großbritannien. In Gewächshäusern zog man daraus Jungpflanzen, die auf die weite Reise nach Burma und Malaya gingen. Knapp 40 Jahre dauerte es, bis die Bäumchen erntereifen Kautschuk abwarfen.

Um ihre amerikanischen Konkurrenten vollends aus dem Feld zu schlagen, enthüllten die am Südostasiengeschäft beteiligten Handelsgesellschaften schonungslos alle Greuel, die in Brasilien und Peru stattfanden. Zutage kam ein widerlicher Sumpf aus Folter, Auspeitschung und Mord. Mancherorts, so übereinstimmende Berichte, umgab ein Kordon aus verwesenden Leichenteilen die Arbeitslager. Den grausigen Höhepunkt der Kampagne bildete die Entdeckung, daß Aufseher in den Sammelgebieten am Rio Putumayo Menschen, die ihr Tagessoll verfehlten, zur Abschreckung bestialisch hinrichteten (Münzel, 1985).

Nach 1911 flaute der Kautschukboom in Südamerika ab, flackerte aber während des 2. Weltkrieges, als den Alliierten durch die japanische Invasion der Zugang zu den asiatischen Plantagen versperrt war, noch einmal auf. Allerdings kam es nun nicht mehr zu den früheren Exzessen, weil sich inzwischen die Eingliederung der Indianer in die Kapitalwirtschaft weitgehend vollzogen hatte. An die Stelle der traditionellen Subsistenzökonomie trat vielfach Lohnarbeit, und indianisches Land geriet in die Hand von Weißen. Jetzt zeigten Eingeborene eher Bereitschaft, als Latexzapfer in den Dschungel zu gehen. Ferner gab es kaum noch freie Gruppen, die die Nutzung ihrer Wälder hätten vereiteln können. Das Schicksal dieser versprengten Reste erfüllte sich erst in unserem Jahrhundert.

Der Marsch nach Westen

Schon immer ist die Motivation, in jeden Winkel des tropischen Südamerika vorzurücken, vielschichtig gewesen. Abenteuerlust, Forscherdrang und Schatzsuche stand seit jeher die Not der Menschen gegenüber, die am Geburtsort kein Auskommen mehr fanden und darum gezwungen waren, sich anderswo eine neue Existenz aufzubauen. Hinzu kamen ökonomische und militärische Erwägungen. Die Zerschlagung des Kautschukmonopols wirkte in den jungen Staaten des Subkontinentes traumatisch, spiegelte sie doch, wie sehr man vom launischen Weltmarkt abhing und äußeren Beschränkungen unterlag. In der ersten Hälfte des 20. Jhs. wurden deshalb Stimmen lauter, die autarke und flexible Volkswirtschaften forderten. Der immense Reichtum an Bodenschätzen sollte als Pfand hierfür dienen. Um sie heben zu können, brauchte man aber eine bessere Infrastruktur und die Stärkung der Regionalentwicklung.

Noch im Zenit des Kautschukbooms nahm daher die brasilianische Regierung etliche Planungsvorhaben zur Struktursanierung in Angriff. Sie betrafen durchweg hinterwäldlerische Teile des Riesenlandes und berührten viele «weiße Flecken» auf der Karte Amazoniens. Zu den ehrgeizigsten Projekten gehörte die Führung einer Telegrafenlinie von Cuiabá, der Hauptstadt des Bundesstaates Mato Grosso, nach Santo António do Madeira, dem jetzigen Porto Velho, im Território Federal do Guaporé. Verantwortlich für den reibungslosen Ablauf der Arbeiten zeichnete der damalige Major des militärischen Ingenieurcorps Cândido Mariano da Silva Rondon. 1912 konnte der Telegraf durch das heutige Rondônia in Betrieb genommen werden. Seiner Trasse folgten neo-brasilianische Siedler, die sich überall in der Gegend niederließen (Roquette-Pinto, 1954). Unausweichlich kam es zur Konfrontation mit der indigenen Bevölkerung. Rondon hatte das vorausgesehen und 1910 die Gründung eines amtlichen Indianerschutzdienstes (*Serviço de Proteção ãos Índios*, SPI) angeregt. Nach seinen Vorstellungen sollte diese Einrichtung die letzten freien Waldindianer behutsam der westlichen Zivilisation angleichen. Es galt, ihre angestammten Kulturen so lange wie möglich zu bewahren, ohne allerdings das eigentliche Ziel aus den Augen zu verlieren – ihre Erziehung zu guten Staatsbürgern und willigen Arbeitskräften. Immerhin setzte Rondons Engagement ein Zeichen. Seine humanistischen Ideale bildeten den Kontrapunkt zur damals gängigen Auffassung, Eingeborene seien unnütze Störenfriede, die den Fortschritt und Brasiliens Aufstieg zur lateinamerikanischen Hegemonialmacht hemmten.

Während des 2. Weltkrieges und danach nahm die Schubkraft der zentralstaatlichen Förderungsansätze zur Regionalentwicklung Amazoniens zu. Unter dem Motto «exploração, desbravamento, aproveitamento» (= Erkundung, Zivilisierung, Urbarmachung) rüstete sich Brasilien zur Erschließung der verbliebenen Wildnis. Getúlio Vargas, der energische Präsident, gab den Startschuß zum «Marsch nach Westen» (*Marcha para o Oeste*), und er formulierte den Entwicklungsplan, der 1946 in der Landesverfassung festgeschrieben wurde (Davis, 1977).

An der Peripherie Amazoniens und in schwer zugänglichen Kernzonen lebte derzeit noch eine Reihe indianischer Volksgruppen, die nie Kontakt mit Europäern hatte. Andere waren in den Wirren der Missionsperiode an die Oberläufe der Ströme geflohen, wo sie sich versteckten. Vor allem letztere erwiesen sich als unversöhnliche Feinde der Weißen. Nun beschnitt die expandierende Pioniergrenze ihren Aktionsradius, und manche wurden aus der Isolation ihrer Refugien in die industrielle Gegenwart katapultiert.

Die größte Herausforderung der Nachkriegszeit bildete die dauerhafte Erschließung Zentralbrasiliens. Erstmalig sollte der gesamte Raum durchquert werden. Ausgangspunkt der sog. Roncador-Xingú-Expedition war der Rio Araguaia. Von dort aus wollte man über den Rio das Mortes das Quellgebiet des Xingú erreichen, zum Rio Tapajós vorstoßen und schließlich eine Landverbindung zum Amazonas herstellen. Sieben Jahre verstrichen, bis 1950 endlich der Tapajós in Sicht kam. Unterwegs hatte man die Strecke in Etappen aufgeteilt und eine Postenstaffette zu Stops einer transbrasilianischen Fluglinie ausgebaut (Sick, 1957).

Als Folge der Öffnung Zentralbrasiliens strömten Tausende landloser Bauern in die Region. 1949 landeten 26 Flugzeuge pro Woche auf der holprigen Rollbahn des Grenzstädtchens Anápolis in Goiás. An Bord befanden sich Siedlerfamilien aus den Elendsgebieten des brasilianischen Nordostens, die amtlicher Propaganda vertrauten, in den Wäldern des Westens erwarte sie eine bessere Zukunft. Die Binnenwanderung nach Amazonien erschien der Regierung als das kleinere Übel, denn sie scheute den Konflikt mit der mächtigen Grundbesitzer-Lobby, die sich jeder Agrarreform nach Kräften widersetzte. Ungleiche Bodenverteilung, unsichere Rechtsverhältnisse und die Benachteiligung sozial Schwacher in den ökonomisch veritablen Landstrichen des Ostens und Nordostens aber bildeten die Ansatzstellen für Verarmung und Unzufriedenheit der Massen. Um den immer stärkeren Druck von unten zu kanalisieren, empfahl man den Verelendeten darum Amazoniens «leeren Raum» als neue Heimstätte und offerierte das Rezept gelenkter Agrarkolonisation auf wirtschaftlich ungenutzten Flächen, den *Terras devolutas* (Davis, 1977).

Allerdings übersahen die Verantwortlichen, daß die Regenwälder des Westens keineswegs menschenleer waren und deren Böden zwar nicht nach europäischem Muster, aber trotzdem überaus effektiv von Indianern bewirtschaftet wurden. So stellten sich unerwartete Probleme ein. Diesen letzten Akt des historischen Dramas der Unterwerfung Amazoniens und seiner Bewohner wollen wir uns für ein späteres Kapitel aufsparen, denn er spielt auch in der Gegenwart. Unser Blick soll zunächst allein den ehemaligen Herren des Landes gelten, der vielhundertfachen Buntheit ihrer Anpassungen an den Lebensraum, ihren sozialen und theologischen Entwürfen sowie ihrer Genese, die nunmehr 15000 Jahre zurückliegt.

Zweites Kapitel

Die ersten Amerikaner

Die «alten Menschen» am Beginn der Zeit waren arm und hungrig. Sie besaßen keine Felder. Bäume, deren Früchte sie hätten ernten können, gab es noch nicht auf Erden …

Aus dem Schöpfungsmythos der So'to

«Ein junges Geschlecht, kaum älter als tausend Jahre …»

Am Kamm einer Anhöhe kauert reglos ein Mann. Er trägt Mokkasins, Hose und weit geschnittenes Oberteil aus Rentierfell. Um den Hals hat er einen Lederriemen geschlungen, an dem ein Amulett baumelt. Wieder und wieder blickt der Mann zur Sonne. An ihrem tiefsten Punkt, um Mitternacht, flammte sie noch hell am nördlichen Horizont und verschwand endlich – bereits erneut steigend – für ein paar Stunden hinter dem nächsten Bergrücken. Dessen langer Schatten liegt noch immer über der breiten Talsohle, auf deren Grund ein Netz von Bächen glitzert. Ihre Quelle ist der große Gletscher im Talschluß.

Auf einmal kommt Bewegung in die einsame Gestalt. Schnaubend zieht der Späher Luft durch die Nase. Dann hastet er zurück zu der Mulde, wo drei Gefährten auf ihn gewartet haben. Mehrmals stößt er erregt ein kehliges Wort aus, formt dazu mit einem Arm, den er an seinen Kopf hält, einen Rüssel. Der Jüngste der Zurückgebliebenen greift nach dem Beutel neben sich und holt daraus einige Dungballen hervor. Alle legen die Kleidung ab. Sie schmieren den Kot auf ihre Haut. Schließlich laufen sie gebückt zu jener Kuppe, wo der Kundschafter Wache hielt.

Unten im Tal, keinen Kilometer vom Ansitz der Männer entfernt, grasen acht massige Tiere. Es sind Mammuts, Elefanten mit warmem Fell und wuchtigen Stoßzähnen. Man hat eine Junggesellengruppe aufgespürt – Bullen, die sich jetzt, im Sommer, von den Kühen und deren Kälbern fernhalten. Sachlich beratschlagen die Jäger, was zu tun ist. Als das Ergebnis feststeht, schleichen sie zu Paaren, jede Deckung der flechtenverkrusteten Felsbrocken im Gelände ausnutzend, auf die Herde zu. Nach einer Weile erheben sich zwei. Sie gehen ganz offen und scheinbar unbeteiligt über die Tundra. Sofort ertönt aus dem Kreis der Tiere schrilles Trompeten. Dennoch erfolgt keine rasche Flucht, da sich die Menschen ruhig verhalten. Immerhin beobachten die Mammuts unablässig ihre Gegenüber. Sie wittern sie nicht, denn der Wind trägt ihnen nur den Geruch der eigenen Art zu. Trotzdem werfen die Elefanten nervös die haarigen Rüssel auf. Und dann entscheiden sie sich zum Rückzug. Behäbig, als wüßten sie um ihre

Stärke, stapfen die Kolosse davon. Wieder begleiten die Jäger sie – in gehöriger Distanz, aber mit der unverkennbaren Absicht, dem Marsch der Giganten eine bestimmte Richtung zu geben. Ganz in der Nähe befindet sich eine Moorlinse. Schwankende Torfmoospolster umrahmen das wäßrige Auge des Moores, und die lustigen weißen Schöpfe von Wollgräsern kaschieren seinen tückischen Morast. Dorthin wollen die Treiber die Herde lotsen, aber die Mammuts kennen die Gefahr und weichen der Falle aus.

Plötzlich springen die beiden verborgenen Männer aus ihrem Versteck. Sie johlen und schwenken ein mitgebrachtes Kleidungsstück. Die Herde gerät in Panik. Sechs der Tiere jagen in vollem Lauf auf ein Zwergbirkengestrüpp los. Hier ist sicherer Boden, und sie sind gerettet. Zwei andere aber preschen ins Moor. Beide brechen ein. Der jüngere Bulle hat Glück. Er faßt Grund und wühlt sich aus dem Schlamm. Ängstlich trompetend sucht er das Weite. Sein Leidensgenosse jedoch, ein Veteran mit geborstenem Stoßzahn, schaufelt sein eigenes Grab. Jede verzweifelte Anstrengung sich zu befreien läßt ihn tiefer und tiefer absacken. Fast das ganze hintere Drittel steckt bereits in der zähen Brühe. Nun halten die Jäger den Zeitpunkt des Angriffs für gekommen. Konzentriert schleudern sie ihre Speere. Voller Schmerz schreit das getroffene Geschöpf. Aber es verendet nicht gleich. Fast dreißig Minuten dauert es, bis der alte Bulle verblutet ist.

Die Männer müssen jetzt schnell handeln. Fieberhaft brechen sie Weidenzweige und bauen daraus eine Rutschbahn, auf der sie zu dem Kadaver robben. Sie können nur die aus dem Torfschlick ragenden Teile bergen, aber auch diese Ausbeute lohnt. Eilends wird das verwertbare Fleisch, dazu etliche Knochen und das Elfenbein aufgeschichtet. Zwei Jäger bleiben vor Ort, um gierige Füchse, Vielfraße oder Kolkraben zu verscheuchen, die übrigen machen sich in das ein paar Stunden entfernte Lager auf, wo sie Hilfe für den Abtransport holen wollen. Dank dem Herrn aller Mammuts, der sie so reich beschenkte!

Unsere Geschichte ist natürlich erfunden, denn niemand weiß genau, wie sich eine Mammutjagd vor 12000 oder mehr Jahren in Alaska zugetragen hat. Daß aber damals bereits Menschen in der Neuen Welt lebten und dem Großwild der Steppentundra nachstellten, steht fest. Diese Erkenntnis reifte freilich über Jahrhunderte, und sie wurde zu allen Zeiten von den bizarrsten Hirngespinsten über den Ursprung der Ersten Amerikaner konterkariert.

Das 16. Jh. war ein Marktplatz der Vermutungen. Welch göttlichem Plan verdankten die Autochthonen des Doppelkontinentes ihre Abkunft? Waren sie überhaupt Menschen? Und falls doch, woher stammten sie? Einige Autoren ließen phönikische Seefahrer in Amerika landen, andere machten aus den Indianern Nachkommen der «Zehn verschollenen Stämme Israels», die der assyrische König Sargon II. 721 vor Christus in alle Winde zerstreute. Daneben wurden auch ernsthaftere Argumente vorgetragen, etwa von dem Dominikanerpater Bartolomé de Las Casas, der konstatierte, für ihn stehe außer Frage, «daß die Bewohner dieser Inseln und vom Festland auf ein sehr hohes Alter zurückblicken». Doch auch er stützte sich, wie alle Gelehrten seiner Zeit, notgedrungen auf die einzigen verfügbaren Quellen – Ethnografien antiker Autoren und die Heilige Schrift. So glaubte man die Ersten Amerikaner verwandt mit den vertrauten Völkerschaften des Altertums: Tataren, Skythen und biblischen Hebräern (Fagan, 1993).

Ein paar Jahrzehnte nach Las Casas wunderte sich der englische Philosoph und Staatsmann Francis Bacon über die dünne Populationsdecke in der Neuen Welt, «denn Ihr müßt zugeben, daß die Bewohner Eures America ein junges Geschlecht sind, kaum älter als tausend Jahre, gewiß aber jünger als die übrige Erdbevölkerung».

Mochte man hinsichtlich des Alters der amerikanischen Ureinwohner geteilter Auffassung sein, so herrschte bald die einhellige Meinung, daß auch sie dem Paradiesgarten entsprossen. Wie aber gelangten sie in die Neue Welt? Hatten sie den Ozean überquert, oder gab es in der Vergangenheit Landverbindungen? 1589 legte der spanische Jesuit José de Acosta ein bemerkenswertes Buch vor, seine *Historia Natural y Moral de las Indias*. Es sei völlig ausgeschlossen, schrieb er, daß «Menschen zur See, verschlagen durch die Launen des Windes», Amerika erreichten. Vielmehr hätten sie «vertrieben von Hunger oder einem anderen üblen Geschick» aus Asien dorthingefunden – zu Fuß, wie der Jesuit hinzufügte. Da seinerzeit die Existenz der Beringstraße noch unbekannt war, sind die Spekulationen Acostas schon erstaunlich. Auch wenn die Scholastiker ihn der Ketzerei ziehen, seine Ansicht hat sich durchgesetzt: Die Neue Welt wurde während des letzten Glazials von Jägertrupps aus Sibirien über den damals exponierten amerasischen Isthmus besiedelt.

Skylla und Charybdis

Es war *Homo sapiens sapiens*, der anatomisch moderne Mensch, der die Westliche Hemisphäre als erster betrat. Seine Ankunft dort setzte den Schlußpunkt hinter eine lange Reise, die vor etwa 150 000 Jahren in Schwarzafrika, wo unsere direkten Vorfahren lebten, ihren Anfang nahm (Reichholf, 1990; Fagan, 1991; Lewin, 1992).

Die Frage, wann genau und wie der Mensch zuerst seinen Fuß auf den Doppelkontinent setzte, ist noch heute Gegenstand hitziger, oft polemisch geführter Debatten. Es stehen sich zwei wissenschaftliche Lager gegenüber, die mit unterschiedlichen chronologischen Szenarien aufwarten. Der englische Archäologe Brian M. Fagan, der sich intensiv mit dem Problemkreis der Einwanderung beschäftigte, vergleicht diesen Disput mit einem «gefährlichen Kurs zwischen Skylla und Charybdis. Beiderseits des akademischen Ozeans lauern leidenschaftliche Emotionen und widersprüchliche Aussagen». Gestützt auf eine Handvoll Fundstätten, überwiegend in Mittel- und Südamerika (u. a. Pendejo und Tlapacoya in Mexiko, Pikimachay in Perú, Toca do Boqueirão da Pedra Furada in Brasilien und Monte Verde in Chile), glaubt die eine Partei, *Homo sapiens* habe vor rd. 30 000 Jahren die Beringstraße überschritten, während die andere Fraktion eine Landnahme um 15 000 v. h. (vor heute) für wahrscheinlicher hält (Fagan, 1987; Meltzer, 1989; Dillehay & Collins, 1991; Gruhn & Bryan, 1991; Lynch, 1991).

Obwohl seit über einem Jahrhundert emsig nach archäologischen Zeugnissen für die Anwesenheit von Menschen früher als vor 15 000 Jahren gesucht wird, ist das Ergebnis enttäuschend. Alle Stein- und Knochenartefakte, denen man einst ein Alter bis zu 40 000 Jahren zubilligte, darunter das vielzitierte nordamerikanische Material aus Old Crow, Calico Hills, Lewisville oder Santa Rosa Island, sind wegen Unsicherheiten bei der chronometrischen Bestimmung (Störungen der Stratigrafie, Kontaminierung des Fundgutes) nicht zu akzeptieren. Dasselbe gilt für kritische, bisher sehr alt eingeschätzte Schädelfragmente – z. B. aus Laguna Beach oder Del Mar in Kalifornien –, die nun, dank verbesserter Meßverfahren, zuverlässig auf nur ca. 5000 Jahre datiert werden konnten.

Ins Wanken geriet jedoch der bis vor kurzem noch mehrheitlich vertretene Lehrsatz, die Angehörigen des Clovis-Komplexes (11 600–10 700 v. h.) seien die ersten Bewohner der eisfreien Teile Amerikas gewesen. Das ihnen angelastete Verschwinden der pleistozänen Megafauna – angeblich Beweis frühester menschlicher Präsenz – entpuppt sich mehr und mehr als kompliziertes Zusammenspiel natürlicher (Klimawechsel, Faunenvermischung) und anthropogener Faktoren (Martin & Klein, 1984).

Außerdem verdichten sich die Hinweise, daß Menschen bereits zwischen 14 000 und 12 000 v. h. den Doppelkontinent durchstreiften. Vor vielleicht 13 955 Jahren begingen sie den Meadowcroft-Abri in Pennsylvania, hinterließen vor 13 250 Jahren Waffenspitzen aus Obsidian und einige Abschläge in der Fort Rock-Höhle (Oregon), schlachteten vor 12 800 Jahren im venezolanischen Taima-Taima einen jungen Höckerzahnelefanten und schlugen um 11 500 v. h. oder etwas früher am Chinchihuapi-Bach unweit Monte Verde in Mittelchile ein Waldlager auf. Erwähnen muß man noch spektakuläre Funde aus wassergefüllten Einsturzdolinen in Florida, die eventuell, wie auch das Schädelbruchstück von Midland in Texas («Midland Minnie») auf ein Alter von 12 000 Jahren zurückblicken. Daß bisher so wenige Stätten bekannt wurden, überrascht keineswegs. Zu dünn ist die damalige Bevölkerungsdecke gewesen, und die Menschen verloren sich in einem geografischen Raum von gewaltigen Ausmaßen.

Woher stammten diese Pioniere? Vor 35 000 Jahren zogen, wie wir aus Grabungen russischer Archäologen wissen, Jäger mit jungpaläolithischen Kulturen auf der Steppen-Tundra an den Oberläufen der Flüsse Jenisej,

Angara und Lena umher. 10 000 Jahre später breitete sich die auf Jagd und Sammelökonomie gegründete Tradition von Mal'ta/Afontova Gora über das Baikalseegebiet zum Amur aus (Fiedel, 1987). Von dort wandten sich offenbar Populationen seewärts, wo sie sich auf Meeressäugerjagd oder einen wirtschaftlichen Pendelverkehr zwischen Küste und Binnenland verlegten. Bis 15 000 v. h. stießen die Jäger langsam entlang der vom Japanstrom (Kuro-shio) erwärmten Festlandkante nach Nordostasien vor. Der Werkzeugkatalog jener Gruppen enthält in Kern- und Klingentechnik gefertigte Seiten- und Endschaber sowie bifazial, also beidflächig beschlagene Klingen. Um 14 300 v. h. lagerten Verbände, die solches Gerät führten, am Uški-See auf der Kamtschatka-Halbinsel. Anscheinend gelangten einige Vertreter spätestens 12 000 v. h. nach Alaska, wo man ihnen den sogenannten Nenana-Komplex zumißt. Die Fundstellen dieses Kulturzusammenhangs – Dry Creek I, Walker Road, Moose Creek und Owl Ridge – datieren zwischen 11 800 und 11 010 v. h. (Hoffecker, Powers & Goebel, 1993).

Im Verlauf der Jüngeren Dryas, dem letzten eiszeitlichen Kälteeinbruch (11 000–10 500 v. h.), wurden in Alaska die Werkzeuge des Nenana-Komplexes von Mikroklingen-Industrien abgelöst. Das Herkunftsgebiet dieser abweichenden Technologie ist wieder Nordostasien – eine riesige Fläche zwischen Lena, Nordchina und Japan. Sie läßt sich durch kleine, keilförmige Kerne und davon abgeschlagene winzige Klingen, die wohl als Einsätze in Holz- oder Geweihschäften fungierten, definieren. Besonders bedeutsam für die Besiedlung Amerikas erwies sich eine Variante vom Aldan, einem Arm der Lena. Hier liegen die Djuchtai-Höhle und mehrere Freilandstationen, deren kultigener Nachlaß mit Entsprechungen in Alaska (Denali-Komplex) verknüpft scheint. Wie erwähnt, folgen dort Denali-Mikroklingen auf Artefakte des Nenana-Zusammenhangs.

Hielt man die Träger der Djuchtai-Kultur und ihrer Ableger noch vor ein paar Jahren für die ersten Amerikaner, so muß dies heute angesichts der Vorfunde revidiert werden. Um so mehr, als sich wahrscheinlich vom Nenana-Komplex der weiter im Süden verbreitete Clovis-Horizont ableiten läßt. Aber es bleiben Fragen. Wie sind die vor Clovis in Nord- und Südamerika vermuteten Kulturmanifestationen einzustufen, und gab es nur eine Einfallspforte ins Herz der Neuen Welt? In Alaska angekommen, sahen sich die Erstsiedler nämlich einem unerwarteten Hindernis gegenüber: der gigantischen transkontinentalen Barriere aus zwei zusammengewachsenen Gletscherschilden, die den Zugang zu wärmeren Breiten sperrte. Erst vor etwa 15 000 Jahren öffnete sich die Schranke wie ein Reißverschluß und gab eine Passage zwischen der Laurentischen Eismasse im Osten und dem Kordilleren-Gletscherdom frei, durch die die Paläo-Indianer auf der Fährte ihres Jagdwildes nach Süden ausschwärmen konnten.

Ob dieser eisfreie Korridor aber die einzige Traversale gewesen ist, wird von nicht wenigen Forschern bezweifelt. Menschlichen Pionieren bot die

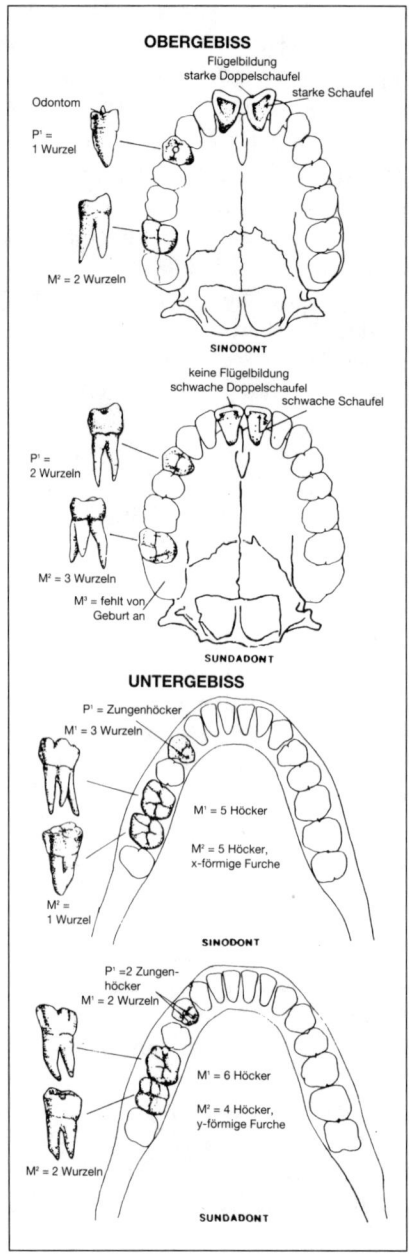

8. Sundadonter (mongolider) und sinodonter Zahnbau der Nordostasiaten und Indianer im Vergleich

amerikanische Westküste ähnlich gute, wenn nicht bessere Lebensbedingungen als das Inland. Im gesamten Nordpazifik bis weit nach Südamerika herrschten ähnliche Milieuverhältnisse. Anpassungen an verschiedene Habitate waren demnach unnötig, und die Ausbreitung von Jägertrupps konnte rasch vonstatten gehen, vorausgesetzt, sie verfügten über seegängige Boote. Weil die Bering-Landbrücke den Zustrom von Wasser polaren Ursprungs in den Pazifik verhinderte, bestrich der Kuro-shio selbst die Gestade des amerikanischen Nordwestens. Es dürfte insofern genügend eisfreie Buchten gegeben haben, die Robbenschlägern und Eiersammlern als Stationen dienten.

Denkbar ist, daß «Seefahrer» aus dem maritimen Randbereich Sibiriens schon ab 15000 v. h. an der Ostküste Beringias verkehrten, angelockt vom ungeheuren Nahrungsreichtum des nordpazifischen Litorals und geleitet vom Feuerschein oder den Rauchsäulen aktiver Vulkane. Ihre Strandlager jedoch sind untergegangen, verschlungen vom steigenden Meer im Postglazial. Da uns deswegen kein datierbares Fundgut zur Verfügung steht, läßt sich weder ihre Existenz belegen noch der exakte Zeitpunkt ihres Übertrittes in die Neue Welt abschätzen.

Neuerdings versuchen auch Genetiker, Zahnmorphologen und Sprachforscher, mehr Licht in die verworrene Ursprungsgeschichte der Ersten Amerikaner zu bringen. In ihrer Erbstruktur und im Zahnbau («sinodontes Muster») ähneln sie nordostsibirischen Völkern, mit denen sie zudem zahlreiche somatische Merkmale teilen. Aus dem Mosaik «europoider» und mongolider Merkmale zog man den Schluß, eine frühe Immigrationswelle sei von prä-mongoliden Bevölkerungselementen getragen worden, denen später alt-mongolide Siedler folgten. Forscher, die bei vielen tausend Indianern in Nord-, Mittel- und Südamerika die allotypischen Veränderungen der Gammaglobuline – Eiweiße, die im Blutserum Antikörperfunktion erfüllen – untersuchten, wollen herausgefunden haben, daß sich in der Neuen Welt tatsächlich zwei Ursprungspopulationen mischten (Suarez, Crouse & O'Rourke, 1985). Der schwedische Genetiker Svante Pääbo und sein Münchner Team näherten sich dem Problem von anderer Seite. Sie analysierten den mutativen Wandel der Mitochondrien-DNS in der Erbsubstanz amerikanischer Ureinwohner. Dieses Verfahren erlaubt das schnelle Erfassen von Unterschieden im genetischen Code verwandter Populationen. Interessant das Fazit der Münchner Wissenschaftler: In drei Schüben strömten ausgangs der Eiszeit Menschen aus Asien auf den Doppelkontinent. Die erste Welle überflutete Nord- und Südamerika. Mit der zweiten brandeten Völker heran, die den amerikanischen Nordwesten in Besitz nahmen. Eine dritte Woge schließlich spülte die Vorfahren der Eskimos an neues Land. Zu vergleichbaren Resultaten kamen auch der Zahnmorphologe Christy Turner und der Linguist Joseph H. Greenberg (Greenberg et al., 1986).

Doch so einleuchtend sie klingt, an der Dreiwellenhypothese scheiden sich die Geister. Es mag in der Tat eine genetische und dentalmorphologische Dreiteilung der indigenen Populationen Amerikas existieren. Wer aber garantiert uns, daß derlei Differenzen nicht schon in Asien ausgeprägt wurden, und Mitglieder ein und derselben Verwandtschaftsgruppe zu ganz verschiedenen Zeiten die Neue Welt betraten? Insbesondere Greenbergs Massenvergleich von Wörtern (Lexikostatistik), der Gefahr läuft, bloßen Analogien, oberflächlichen Übereinstimmungen also, aufzusitzen, und die Auswahl seines Materials haben zu harscher Kritik geführt. Wie eine Synthese anderer Arbeiten (u. a. Campbell & Mithun, 1979; Key, 1981; Klein & Stark, 1985; Matteson et al., 1972) zeigt – ihr liegt unsere Sprachenübersicht am Schluß dieses Buches zugrunde –, läßt sich die Vielfalt altamerikanischer Idiome auch alternativ gliedern. Ergebnis sind nur zwei Sprachblöcke, die allerdings eine ausgeprägte interne Klüftung aufweisen. Geht man von jener inneren Segmentierung aus, wird ein Mehrfaches an Einwanderungsbewegungen – wenigstens vier bis fünf Schübe – wahrscheinlich. Darüberhinaus zeichnen sich geografisch weiter gespannte Beziehungen ab (Shevoroshkin, 1990; Ruhlen, 1991).

Die Frage stellt sich, wie dieser vorläufige Befund, der nichts weiter sein kann als eine rohe Behelfsskizze, zu deuten ist? Möglich wäre, daß in grauer Vorzeit die Sprecher von Vorformen nordpazifisch-altindianischer Idiome (vgl. Sprachgliederung) mit Menschen uralischer Sprache (Finno-Ugrier) einen Zusammenhalt bildeten, der von den Ahnen turk-mongolischer Völker gesprengt wurde. Deren Vorstoß erzeugte in Nordostasien einen, wie ich annehme, erheblichen demografischen Druck und zwang zur Abwanderung großer Bevölkerungsteile. Betroffen waren mutmaßlich auch Mitglieder der zweiten großen Sprachgemeinschaft, die ursprünglich in dem Raum zwischen Ostchina, Japan und Amurgebiet siedelten. Vielleicht brachen die Angehörigen des penutoiden Phylums als erste nach Amerika auf, gefolgt von Sprechern «altindianischer» Mundarten. Die Sprachen des vorgenannten Blocks sind nämlich heute überwiegend in Randzonen des Doppelkontinents verbreitet, was als Zeichen chronologisch gestaffelter Verdrängung gewertet werden darf. Den Vertretern des penutoiden Zweiges wären demnach die über ganz Amerika verstreuten archäologischen Zeugnisse des Vor-Clovis-Horizontes zuzuschreiben, während die Nenana- und Clovis-Komplexe (sowie die Kulturen mit «Fischschwanz-Waffenspitzen» in Südamerika) auf «Altindianer» zurückgingen. Die Vorläufer der Na-Dene hätten dann die sogenannte Altarktische Tradition (ca. 8000 bis 5000 v. Chr.), zu der auch der Denali-Komplex zählt, in der Neuen Welt eingebürgert. In mehreren Schüben sickerten zuletzt, zwischen 9000 und 4000 v. h., Proto-Eskimos und Verwandte in die Westliche Hemisphäre ein, wo sie noch siedlungsfreies Terrain am Rand der Ökümene besetzten.

In der neuen Heimat

Die Ausbreitung unserer Art in der Neuen Welt vollzog sich rasant. Bereits um 10675 v. h. lagerten Menschen unter dem Höhlendach von Los Toldos auf der patagonischen Steppe. Vertraut man darauf, daß die Einwanderung nach Amerika gegen 15000 v. h. einsetzte, standen *Homo sapiens* weniger als 5000 Jahre zur Verfügung, um von Alaska bis ins südliche Argentinien zu gelangen. Angesichts der ungeheuren Entfernung ist dies eine auffällig knapp bemessene Spanne. Hätten die recht, die glauben, der nordamerikanische Clovis-Komplex bilde die früheste Kulturmanifestation südlich der Binnenvergletscherung, beschränkte sich der Vorstoß gar nur auf einen Zeitrahmen von rd. 1000 Jahren – eine wenig überzeugende Vorstellung.

Folgt man der Hypothese, daß zwei Wanderwege nach Süden existierten – der eine am Litoral beider Teilkontinente entlang und ein anderer durch die Passage zwischen den zurückweichenden Eispanzern –, lösen sich manche zeitliche Ungereimtheiten auf. Gesetzt den Fall, einige Pioniere wählten die Route längs der Festlandkante, so ist dort mit ihrem raschen Vorwärtskommen zu rechnen. Der Tisch war an der Küste überreich gedeckt. Allenthalben gab es Robbenkolonien, Brutstätten der verschiedensten Vogelarten sowie ein üppiges Angebot eßbarer Weichtiere, Stachelhäuter (Seeigel, Seegurken etc.) und Tange. Da aber andererseits nur wenig Wirtschaftsfläche zur Verfügung stand, dürfte in Gunsträumen der demografische Druck schnell zugenommen und immer wieder zur Abspaltung einzelner Scharen, die sich Neuland erschlossen, geführt haben. Etliche verschlug es sicher auch ins Binnenland, wo sie irgendwann auf Vertreter der zweiten großen Einwandererwelle stießen. Jene sind wohl mehrheitlich Großwildjäger gewesen, wenngleich uns der archäologische Befund alternative Wirtschaftsformen möglicherweise vorenthält. Der postglaziale Klimawandel hatte die Hauptbeute der Jäger jedoch stark dezimiert. Gerade die allerjüngste Episode im pleistozänen Wechselbad von Kalt- und Warmzeiten war besonders schwerwiegend und leitete örtlich ein ausgeprägtes Jahreszeitenklima ein. Ökologische Umwälzungen, die nachhaltig Verteilung und Zusammensetzung der Pflanzendecke betrafen, zeigten Wirkung. Auf diese Instabilität konnten sich die meisten Großsäuger, extrem angepaßte Arten, nicht einstellen. Sie starben aus. Dem schwindenden Wild nachziehend, legten die Jagdtrupps schließlich enorme Entfernungen zurück. Ihr ausgedehnter Aktionsradius brachte sie auch in Kontakt mit anderen Menschen. Vielleicht resultierte aus dem Zusammenprall unterschiedlicher Bevölkerungsgruppen ebenfalls demografischer Druck. Namentlich im Frühholozän, als der Meeresspiegel rapide anstieg und ehemalige Küstenstriche versanken, muß es zu fluchtartigen Migrationen landeinwärts und zur Verdrängung ortsansässiger Populationen gekommen sein.

Über all das können wir, gestützt auf magere Bodenfunde und vage Indizien wie heutige Sprachverteilungen, nur spekulieren. Festeren Grund betritt die Forschung erst mit der Auswertung früher Kulturzusammenhänge. Diese beginnen sich ab 11500 v.h. allerorts immer deutlicher abzuzeichnen. Der archäologische Nachlaß indianischer Pioniere ist für Nordamerika gut dokumentiert (vgl. etwa Carlisle, 1988; Fagan, 1993) und muß hier nicht vertieft werden. Leider steht dem bislang nur fragmentarisches Wissen über die ersten Südamerikaner entgegen. Es ist daher nicht einfach, ein lebendiges Bild ihrer Kulturen zu entwerfen. Die folgende Darstellung wird so notgedrungen ausschnittartig ausfallen und manche Frage unbeantwortet lassen.

Als ältester Beleg für die Anwesenheit von Menschen auf dem südlichen Teilkontinent gelten gegenwärtig Waffenspitzenbruchstücke, die man bei Taima-Taima (Venezuela) zwischen den Knochen eines jungen Höckerzahnelefanten entdeckte. Das Tier verendete um 12800 v.h., wie mittels ^{14}C-Datierung des erhaltenen Mageninhalts festgestellt werden konnte (Gruhn & Bryan, 1984). Die Speerarmierungen – es handelt sich um sogenannte «El Jobo-Spitzen» – machen einen recht primitiven Eindruck. Sie sind lanzettförmig und besitzen keine Schäftungsrinne (Kannelure). Einige Fachleute halten sie für intrusiv, also später durch Wassereintrag in das Skelett geschwemmt, aber die Zahl derjenigen, die die Fundumstände anerkennen, wächst.

Für reichlich Wirbel sorgten zuletzt Grabungen des Pariser *Centre National de Recherche Scientifique* im trockenen nordostbrasilianischen Bundesstaat Piauí. Niède Guidon, die wissenschaftliche Leiterin, will in Schotter- und Sandprofilen das Abri Toca do Boqueirão da Pedra Furada auf 40000jährige «Feuerstellen» gestoßen sein, ferner auf Artefakte aus anstehendem Quarz (Guidon & Delibrias, 1986). Kritiker halten dagegen, daß das Material der fraglichen Schichten womöglich über Bäche von außerhalb herbeigeführt wurde. Die eingelagerten Asche- und Holzkohlelinsen wiederum könnten ebensogut auf natürlich entstandene Brände zurückgehen. Selbst die vermeintlichen Werkzeuge überzeugten nur wenige Kenner paläolithischer Steingeräteherstellung. Immerhin scheint mittlerweile konsensfähig, daß vorgefundene Felsmalereien maximal 12000 Jahre alt sind. Stilistisch ähneln sie Piktogrammen unter der Balme von Perna, denen man das gleiche Alter einräumt, und die als früheste Zeugen der Felsbildkunst ganz Amerikas gelten (Bahn, 1991).

Auch eine Reihe weiterer brasilianischer Stätten, darunter Toca de Esperança, Alice Boër, Lapa Vermelha und Sitio do Meio, soll nach Ansicht der Ausgräber die Präsenz von Menschen in Amerika zwischen 40000 und 20000 Jahren v.h. untermauern. Einigen Fundorten wird sogar ein noch höheres Alter bescheinigt. Soweit erkennbar, liefert jedoch keiner der genannten Plätze dafür stichhaltige Beweise (Lynch, 1990). Seriöser sind Fundassemblagen aus dem Trockenflußbett des Touro Passo in Ostbrasilien. Dort förderte man die Gebeine ausgestorbener Großsäuger − des Riesengürteltiers *Pampatherium*, des Panzertiers *Glyptodon*, der Bodenfaultiere *Glossotherium* und *Scelidotherium*, des Höckerzahnelefanten *Stegomastodon* sowie des nashornartigen Notoungulaten *Toxodon* − zutage. Sie waren mit Artefakten und Überresten von Lagerfeuern vergesellschaftet. Arroio Touro Passo wird auf 11 040 v. h. datiert.

Weiter westlich, in Mittelchile, legte Tom Dillehay eine bemerkenswerte altindianische Siedlung frei. Die Rede ist von der Station Monte Verde. Dillehay zufolge sind zwei Kulturschichten nachweisbar. Der jüngere Horizont wurde anhand von Holz-, Knochen- und Holzkohleproben in die Spanne zwischen 12 500 und 11 500 v. h. verwiesen. Er erfreut sich in Fachkreisen zunehmender Akzeptanz. Monte Verdes Bewohner lebten in rechtwinkligen, wohl mit Häuten abgedeckten Behausungen, deren Pfostenlöcher über die Art der Konstruktion Aufschluß geben. Lehmverstrichene Kochstellen kamen ans Licht und eine wie das Brustbein eines Vogels gestaltete Struktur, die eine abseits stehende, unter Umständen zeremoniellen Zwecken vorbehaltene Rundhütte umschloß. Ferner wurden die Knochen erlegter Leierzahnelefanten *(Cuvieronius)* sowie Überbleibsel wild wachsender Nutzpflanzen geborgen. Bei letzteren handelte es sich um verkohlte Stengel und Samen der Totorabinse *(Scirpus californicus)* nebst zerkauten Blättern des Boldostrauches *(Peumus boldus)*, dem man in Chile noch heute Heilkräfte zumißt. Lediglich einfaches Gerät aus Holz und Stein, etwa krude Chopper (Spalter), stand den Menschen bei der Nahrungszubereitung und handwerklichen Tätigkeit zur Verfügung (Dillehay, 1988). Die unterste Fundschicht − sie soll 33 000 Jahre alt sein − ist Gegenstand scharfer Kontroversen. Noch hat die archäologische Jury kein abschließendes Urteil gefällt, doch widerspricht der Anschein der These, daß Menschen zu diesem frühen Zeitpunkt hier verkehrten.

Auch aus West-Perú kennt die Forschung mittlerweile archäologische Stätten (Guitarrero, Pachamachy, Telarmachay, Quirihuac), für die ein Alter um 12 000 v. h. wahrscheinlich ist. Die Bewohner der Region benutzten Speere mit eigentümlichen rhombischen Steinspitzen. Sie dienten der Jagd auf Andenhirsche, Kameliden, Kleinsäuger und Vögel. Etwas später erscheinen in Fundgebieten nördlich (von Chiapas in Mexiko bis Ecuador) und südlich (Patagonien) von Perú Projektilköpfe mit Kannelure und fischgestaltigem Umriß, die man als Fortentwicklungen nordamerikanischer Clovis-Prototypen ansehen kann. Die disjunkte Verbreitung dieser «Fischschwanz-Spitzen» in Südamerika stützt übrigens unsere Vermutung, daß Zuwanderer mit «altindianischen» Sprachen örtlich auf eine Vorbevölkerung stießen, die sie umgehen mußten.

Lange Zeit zeichneten Archäologen ein Kulturbild der Ersten Amerikaner, das Großwildjäger mit einem eigens auf jene Subsistenzform abgestimmten lithischen Waffenarsenal sowie entsprechenden Schlachtwerkzeugen darstellte. Inzwischen hat dieses Gemälde kräftige Korrekturen

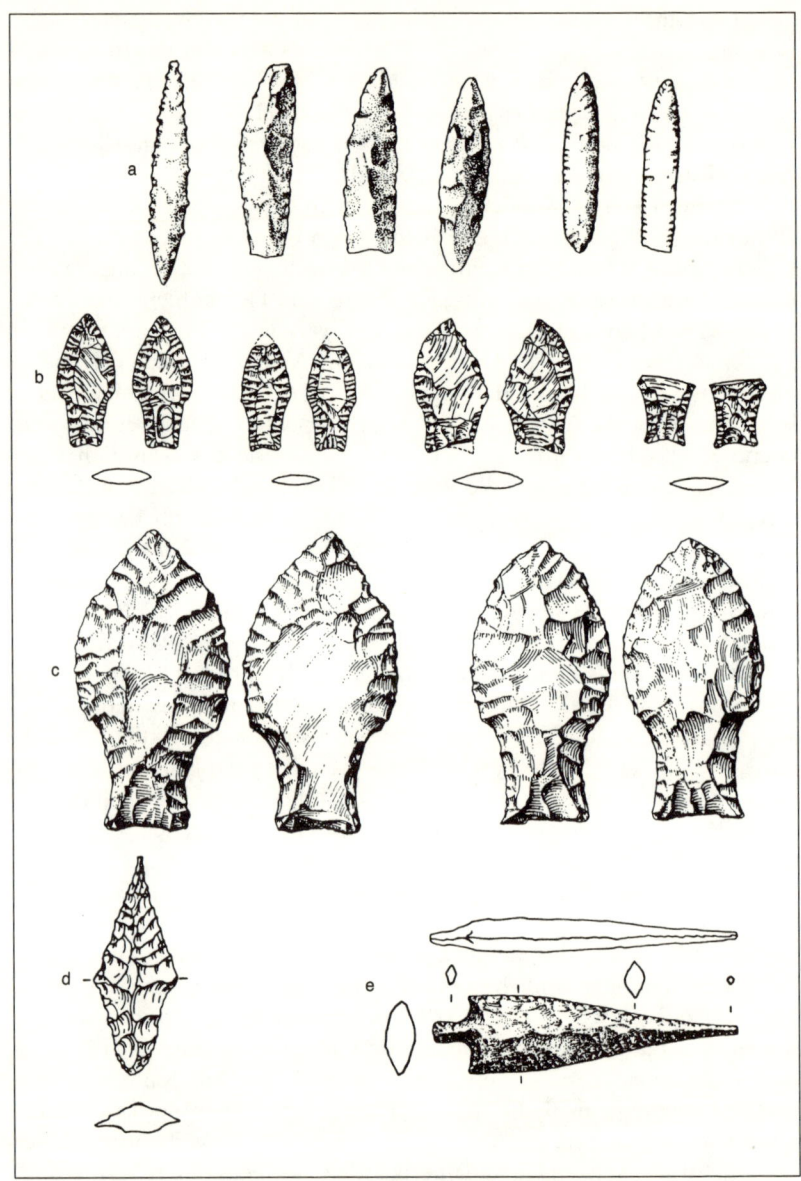

9. Frühe Projektilspitzen aus Südamerika
a) El Jobo (Venezuela). b) Fischschwanzspitzen aus Obsidian, El Inga (Ekuador).
c) Fischschwanzspitzen aus Basalt, Fell's Cave (Chile). d) Rhombische Projektil-
spitze, Guitarrero-Höhle (Perú). e) Paiján-Spitze, Pampa de los Fósiles (Perú).

erfahren, denn wir wissen nun, daß indianische Pioniere von Beginn an höchst unterschiedliche ökonomische Strategien erprobten. Einige hatten sich tatsächlich auf die Jagd von Großsäugern spezialisiert, andere hingegen brachten vorwiegend Niederwild zur Strecke oder lebten – z. B. an der peruanischen Küste – von marinen Ressourcen. Auch der Genuß pflanzlicher Nahrung spielte, wie Aufsammlungen in Meadowcroft (Pennsylvania) oder Monte Verde verraten, eine weit größere Rolle als früher angenommen. Monte Verde lieferte zudem Hinweise, daß die Verwendung von Gerätschaften aus Holz in ähnlichem Umfang wie steinbearbeitende Techniken zur Entwicklung paläo-indianischer Kulturen beitrug.

Unter dem Dach des Regenwaldes

Wann der Mensch in Amazonien Fuß faßte, ist ungewiß. Die großen Wälder sind jungfräuliches archäologisches Terrain, und das feuchte Klima verhindert die Erhaltung von Gerätschaften aus organischem Material, die gerade in diesem Milieu, wo es kaum verwertbares Gestein gibt, von Bedeutung gewesen sein müssen. Um uns dennoch eine ungefähre Vorstellung von den Vorgängen machen zu können, sind wir wieder auf Indizien – die Auswertung paläo-ökologischer und linguistischer Befunde – angewiesen. Hinzu gesellen sich später auch archäologische Zeugnisse.

Das Altholozän (griech. *holós* «ganz», *kainós* «neu»), also die Spanne zwischen 8000 und 5500 v. Chr., war überall auf der Erde eine Epoche öko logischer Umbrüche. Es wurde zusehends wärmer, und die eiszeitlichen Gletscher tauten vollends ab. Gleichzeitig hob sich der Meeresspiegel. Das Wasser der Ozeane überschwemmte vorher trockene Schelfstufen. Im heutigen Amazonien breitete sich Regenwald aus. Auf dem Höhepunkt der letzten Vereisung gedieh feuchter Tropenwald nur in wenigen, niederschlagsreichen Refugien am Anden-Ostrand sowie an einigen Stellen Guayanas und im Amazonastal (Simpson & Haffer, 1978). Nun eroberte er die weiten Grasländer und Trockensavannen zwischen den Rückzugsgebieten. Auch danach, zuletzt vor 3500 Jahren, kam es wiederholt zu klimabedingten Fluktuationen, die breite Schneisen durch den geschlossenen Baumbestand frästen. Für das pleistozäne Großwild, das auf offene Lebensräume mit bestimmter Pflanzenzusammensetzung angewiesen war, bedeutete die zunehmende Bewaldung das Ende. Menschliche Populationen, die auf der Fährte des Wildes kreuz und quer über die Savannen zogen, wurden vom Dschungel regelrecht eingeschnürt und voneinander isoliert. Nur so ist die extreme sprachliche Zersplitterung südamerikanischer Indianer zu erklären.

Allmählich aber paßten sich einige Gruppen ihrer veränderten Umwelt an. Jägern bietet der neuweltliche Tropenwald kein sonderlich gutes Revier. Amazonische Säugetiere sind in der Regel klein, weil die mangelhafte

Mineralstoffversorgung der Bäume (vgl. Kapitel 4) auf den alten, ausgewitterten Böden des Amazonasbeckens die Evolution ausgesprochener
Blattfresser, wie wir sie auf anderen Kontinenten vorfinden, nicht zuließ.
Früchte und Insekten bilden daher die Hauptmahlzeit der Säuger. Die
Erfüllung nahrungsenergetischer Optima ist unter solchen Bedingungen
freilich nicht gewährleistet und das Größenwachstum von Tieren demzufolge begrenzt. Ferner zwingt sie die Art der Nahrungssuche mit ihrer
starken Ausrichtung auf fruchtende Bäume oder Stellen explosiver Insek-
tenvermehrung (Blütenbesucher) zu hoher Mobilität, die feste Territorien
nur in Ausnahmefällen gestattet (Reichholf, 1989). Der Jäger kann sich also
nicht darauf verlassen, standorttreue Populationen, die leichte Beute versprechen, anzutreffen.

So blieben den Erstsiedlern im Regenwald nur zwei Alternativen:
Seßhaftwerdung entlang der mit Nährstoffen angereicherten Flüsse und
Nutzung limnischer Ressourcen, insbesondere von Fischen, sowie Kultivierung wild wachsender Pflanzen. Dem unbefangenen Betrachter stellt
sich die zielgerichtete Vermehrung von Wildpflanzen bis hin zu ihrer Domestizierung als revolutionäre Neuerung dar. Doch wie schon der große
englische Kulturanthropologe Edward Tylor 1883 bemerkte, «erweckt
Landwirtschaft nicht den Eindruck einer besonders schwierigen oder aus-
gefallenen Erfindung, denn selbst der roheste Wilde, vertraut mit den Le-
bensumständen der von ihm gesammelten Nutzpflanzen, dürfte wissen,
daß an bestimmten Plätzen ausgebrachte Samen oder Wurzeln weiter-
sprießen und Früchte tragen werden». Sicher können wir die Kenntnis
solcher Zusammenhänge auch bei jenen Bevölkerungsgruppen vorausset-
zen, die in Amazonien, umzingelt von Urwald, um ihre Existenz rangen.

Um selektive Nutzwirkung zu erzielen, impliziert Anbau vorsätzliche
Eingriffe in den Biozyklus von Pflanzen. Die Domestizierung wild wachsender Spezies war nicht die Entdeckung eines genialen Individuums, sondern entwickelte sich durch Versuche und Irrtümer beim Einbringen und
Verbrauchen bevorzugter Wildarten, und sie schritt in der mehr oder weniger bewußten Auswahl von Saatgut und Setzlingen fort. Das Problem
menschlicher Gemeinschaften vor Augen, den Lebensunterhalt im feucht-
tropischen Südamerika allein mit Jagd oder Fischfang zu bestreiten, ent-
warf der amerikanische Archäologe Donald D. Lathrap (1977) das Szenar
einer amazonischen Mutterkultur, in deren Rahmen sich der Landbau
entfaltet haben soll, und die von ihrem mutmaßlichen Entstehungszen-
trum am Mittellauf des Stromes auf weite Teile des Subkontinents aus-
strahlte. Im 7. Jt. v. Chr., so Lathraps Überlegung, hätten die ersten Pflanzer ihnen genehme Varianten örtlich vorhandener Wildmaniokbestände
zunächst gefördert, sie dann in die Nähe ihrer Behausungen gebracht, und
die Kultigene schließlich auf fruchtbaren Schwemmlandböden angebaut.
Dieser Prozeß, der den Menschen viel Zeit für Hege und Pflege abver-
langte, sei Auslöser ihrer Seßhaftwerdung gewesen.

Grundsätzlich ist Lathraps Idee sicher richtig. Ob die von ihm skizzierte «Regenwald-Tradition» *(tropical forest culture)* aber jene geografische Spannweite erreichte, die der Forscher annimmt, muß bezweifelt werden, zumal er in Begleitung seiner Nutzpflanzen weitere kulturelle Innovationen, z. B. Keramikgefäße, bis an die Küste Ecuadors «reisen» läßt. Tatsächlich geht die Mehrzahl der Fachleute gegenwärtig von der polyphyletischen Entstehung des Feldbaus in Südamerika aus, und auch die Erfindung der Töpferei erfolgte wohl unabhängig voneinander an verschiedenen Brennpunkten des Teilkontinents (Haberland, 1991).

Aus archäologisch gründlicher untersuchten Waldgebieten wie dem Osten Nordamerikas wissen wir, daß von der Wildpflanzenkultivierung bis zur Domestizierung Jahrtausende vergehen können. Im Stadium der Kultivierung hat der Mensch bereits in den Lebensrhythmus der Arten eingegriffen, etwa durch Verbesserung der Wachstumsbedingungen (Niederhalten von Konkurrenz, Auflockern des Bodens) oder Ausbringen an erwünschten Standorten. Im weiteren Verlauf verlieren die gehegten Sorten zunehmend die Fähigkeit, sich selbständig zu vermehren. Sie sind auf umfassende Pflege angewiesen. Mit dem Verzicht auf sofortigen Verzehr zugunsten späterer Fortpflanzung und längerfristiger Ernten sowie genetischer Zuchtwahl, die hauptsächlich der Veredelung von Kultigenen zwecks Steigerung oder Stabilisierung der Erträge dient, beginnt die Phase der Domestizierung (Ford, 1985).

Wahrscheinlich genügte auch südamerikanischen Waldbewohnern anfangs die Kultivierung bestimmter Gewächse. Diese ergänzten den frugalen Speisezettel in höchst willkommener Weise. Daneben fischten die Menschen ausgiebig, trieben etwas Jagd und suchten regelmäßig ihnen bekannte Vorkommen von Fruchtbäumen auf. Zu echten Pflanzern, die Gärten anlegten und darin domestizierte Arten zogen, wurden sie erst vor vielleicht 4000 Jahren. Indirekte Hinweise dafür erbrachten Grabungen in der prähistorischen Siedlung Tutishcainyo am Ostfuß der peruanischen Anden, wo Donald Lathrap Behälter zur Aufbewahrung von Maniokbier und dazu passende Trinkgefäße bergen konnte. Jünger dürften flache Tonplatten *(budares)* aus Venezuela sein, auf denen man – wie der Analogievergleich mit rezenten Kulturen nahelegt – Maniokfladen röstete. All das spricht für intensiven Anbau, dem aber wohl ein langes Experimentierstadium vorausging.

Sicher noch keine Bauern waren die ersten Keramikproduzenten Südamerikas, wenngleich jene Molluskensammler und Niederwildjäger Nutzpflanzen gewiß schon kultivierten. Früher hielt man das Erscheinen gebrannter Ware und Landbau für untrennbar miteinander verbunden. Wie allerdings das Beispiel vorgeschichtlicher Eskimos lehrt, ist diese Verknüpfung nicht zwingend. Die ältesten Keramikfunde der Neuen Welt stammen aus Nordwestkolumbien (San Jacinto), wo sie auf 6600 Jahre v. h. datiert wurden. Das Datum ist kalibriert, d. h. mittels dendrochronologischer Vergleichswerte geeicht; ihm entspricht eine Zeitstellung von 5750 Jahren

v. h. auf ^{14}C-Basis. Bei der San Jacinto-Ware handelt es sich um wenig verzierte, mit Pflanzenfasern gemagerte Scherben. Sandgemagert dagegen sind die dellen- und ritzdekorierten Tecomates, die man im weiter westlich gelegenen Monsú entdeckte. Forscher billigen ihnen ein – kalibriertes – Alter von 6175 Jahren zu. Unabhängig hiervon entstand die Töpferkunst an der Küste Ecuadors (San Pedro-Phase der Valdivia-Kultur). Dort kamen, wie in Meeresnähe nicht anders zu erwarten, sandgemagerte Gefäßbruchstücke ans Licht. Experten verweisen sie in den Zeitraum von 6100 v. h.

An Überlegungen, wie von derlei Prototypen spätere amazonische Keramiktraditionen abzuleiten sind, fehlt es nicht. Über Handelsketten gelangten Töpfereiprodukte oder die Kenntnis der Fertigungsvorgänge wohl vom Orinoco zum Amazonas. Danach wurde Ost-Perú zur Drehscheibe einer charakteristischen Keramikgattung, der «Tradition mit eingefaßter (zonierter) Schraffur». Erstmalig tritt sie in Tutishcainyo (ca. 2000–1600 v. Chr.) und am Rio Pastaza (um 1900 v. Chr.) auf. Formal ähnliche Tongefäße förderten Archäologen auch am mittleren Amazonas (Jauarí; undatiert) und auf der Insel Marajó (980 v. Chr.) zutage. Die Fundplätze markieren unter Umständen Stationen einer Migration von Aruak-Verwandten aus dem Andenvorland. Triebfeder der Vorstöße könnte gewachsener Bevölkerungsdruck infolge geänderter Anbaumethoden gewesen sein. Ich sehe in den Sprechern aruakoider Idiome die ersten echten Bauern Amazoniens. Sie hatten das Stadium der Wildpflanzenkultivierung längst durchschritten. Wie wir uns erinnern, fand man in Tutishcainyo Tonbehälter, die der Zubereitung von Maniokbier *(Masato)* dienten. Dieses Getränk wird heute aus der ungiftigeren Abart des Knollengewächses gebraut. So drängt sich die Vermutung auf, daß es jene Variante war, die den Erfolg der Pflanzer begründete.

Maniok *(Manihot esculenta)* ist ein um 3 m hohes Wolfsmilchgewächs mit bis zu 5 kg schweren Wurzelknollen. Beim Süßmaniok (var. *aypi)* konzentriert sich das toxische Blausäureglykosid Linamarin vornehmlich in den unbrauchbaren Blättern und Stengeln sowie in der Außenhaut der kartoffelähnlichen Knollen. Vor dem Verzehr braucht man letztere also nur zu schälen. Man kann die Blähwurzeln auch dämpfen oder läßt einen mit Wasser versetzten Brei fermentieren. Anders beim Bittermaniok (var. *utilissima)*. Hier enthalten alle Pflanzenteile das Gift. Bittermaniok muß demnach in aufwendiger Prozedur genießbar gemacht werden. In historischer Zeit geschah das meist durch Schälen, Reiben und Auspressen. Zum Entsaften der Rohmasse verwenden Waldindianer noch immer einen geflochtenen Schlauch *(Tipití)*, den man an einen Ast oder Hausbalken hängt und kraft der Hebelwirkung eines Stockes am unteren Ende in die Länge zieht. Durch die Kontraktionen fließt dann der linamarinhaltige Saft ab. Übrig bleibt kalorienreiche Maniokstärke *(Tapioka)*, aus der auf den erwähnten *budares* schmackhaftes Fladenbrot gebacken wird.

Kurioserweise erfreut sich Bittermaniok größerer Beliebtheit als sein harmloser Zwilling. Der höhere Arbeitsaufwand indes lohnt, denn die giftige Abart ergibt wesentlich mehr Stärke. Wo das Entbitterungsverfahren erfunden wurde, steht noch nicht fest. Denkbar aber wäre, daß dahingehende Experimente im fruchtbaren Schwemmland des Amazonas glückten.

Annähernd zeitgleich, jeweils um 200 v. Chr., erscheint in der Fundsequenz weit auseinanderliegender archäologischer Stätten – am Anden-Ostrand Perus (Hupa Iya-Phase von Tutishcainyo) und im venezolanischen Maracaibo-Becken (Las Tortolitas) – unverwechselbare Keramik mit kurvilinearen Ornamenten und figürlichen Appliken *(adornos)*. Das Ursprungszentrum dieser «barrancoiden Ware» muß sich demnach zwischen beiden Eckpunkten befunden haben, wahrscheinlich am mittleren Amazonas, unweit der Einmündung des Rio Negro, der den Weg nach Norden weist. Las Tortolitas wiederum bildet laut Bischof (1990) ein Relais zu Kulturen des beginnenden 1. nachchristlichen Jahrtausends weiter westlich (Malambo) sowie in Zentral- und Ost-Venezuela (Santa Ana, El Palito). In den Herstellern barrancoider Keramik sieht die Forschung heute Proto-Aruaken. Sie hatten die ältesten bekannten *budares* in Gebrauch, verstanden es also, Bittermaniok zu verwerten.

Bereits um 600 v. Chr., vielleicht sogar noch früher, fertigten Menschen am unteren Orinoco Keramik mit weißer Musterung auf rotem Grund – die sog. «saladoide Ware». Als Aruaken nach Norden vorstießen, kreuzte sich die Tradition mit barrancoiden Elementen. Die allem Neuen gegenüber aufgeschlossenen Zuwanderer brachten saladoides Tongeschirr via Nordvenezuela (El Mayal, 155 n. Chr.) und Trinidad auf die Großen Antillen (200–500 n. Chr.). Auch die Kunst der Bittermaniokentgiftung gelangte mit den Aruaken in die Karibik. Allenthalben stimulierte das Verfahren nun die Entfaltung indigener Kulturen und trug entscheidend zur Expansion anderer ethnischer Gruppen bei.

Die Erforschung altamerikanischer Sprachen ist noch im Fluß. Sie hat aber in den vergangenen Jahren gute Fortschritte gemacht und Ergebnisse geliefert, die auch die Vorgeschichte Amazoniens erhellen. So wissen wir heute, daß drei der am weitesten verbreiteten ethno-linguistischen Gruppierungen des tropischen Südamerika – die karibische, die Tupí- und die Jê-Familie – recht nahe miteinander verwandt sind (Davis, 1985; Rodrigues, 1985). Wahrscheinlich gehörten sie einst einem Dialektkontinuum an, das sich beiderseits des Amazonas im Osten des Subkontinentes erstreckte. Als im Altholozän die Bewaldung zunahm, wurden die Ursprungsbevölkerungen in Savannen-Enklaven zusammengepfercht, wo sie sprachliche Eigenarten ausbildeten. Wie Linguisten und Ökologen herausfanden, existierten solche Refugien im Gehrungspunkt Roraimas, Süd-Venezuelas und Guyanas (Region der Gran Sabana), im Hinterland des Rio Guaporé sowie zwischen Ostbolivien und dem Brasilianischen Schild. Im Grasgürtel am Südrand Amazoniens vermutet man dementsprechend die Urheimat der Jê-Völker, während am Rio Guaporé wohl das Radiationszentrum der Tupí lag, und sich in der Gran Sabana die Genese der Kariben vollzog.

Wie die glottochronologischen Untersuchungen von Layrisse und Wilbert (1966) ergaben, erfolgte die Differenzierung karibischer Idiome in drei Schüben: 2500–1000 v. Chr., 1000–400 v. Chr. und 400 v. Chr. – 1000 n. Chr. Anhand dieser Periodisierung, die sich dank archäologischer Befunde (Cruxent & Rouse, 1958–1959) erhärten läßt, können wir die Vorgeschichte der karibischen Völkergemeinschaft in groben Zügen rekonstruieren. Die erste Phase deckt sich mit dem letzten großen Waldrückgang, der um 1500 v. Chr. seinen Höhepunkt erreichte. Einige Proto-Kariben nutzten dies scheinbar zu Vorstößen nach Ost-Kolumbien, Brasilianisch-Guayana und ins Xingú-Becken. Jene Verbände waren Jäger und Sammler, denen die weiten Savannen jetzt reiche Nahrung boten. Während der zweiten Etappe hielt Süßmaniokbau in Amazonien Einzug. Die neue Subsistenztechnik zeitigte ein demografisches Hoch, das die Abwanderung weiterer Populationen aus dem Kerngebiet erzwang. Im Verlauf der dritten Phase schließlich gelangte die Kenntnis der Bittermaniokverarbeitung zu den Kariben. Wieder wuchs die Bevölkerung sprunghaft an, und es kam zu Abspaltung von Gruppen, die sich andernorts niederließen (vgl. auch Durbin, 1985).

Die Prozesse, die zu Segmentierung und Dispersion der übrigen Sprachfamilien des ost-südamerikanischen Stammes (vgl. Sprachgliederung) führten, kennen wir nicht so genau. Immerhin dürfte feststehen, daß auch deren Verzweigung mit dem kurzfristigen Zurückweichen der Tropenwälder um 1500 v. Chr. einsetzte. Bittermaniokbau bildete, so wird angenommen, den Antrieb der ausgedehnten Tupí-Wanderungen. In einer Art Zangenbewegung stieß die Ost- oder Tupí/Guaraní-Gruppe aus dem Raum zwischen Guaporé und oberem Xingú zum Amazonas und über das Paraná-Becken zum Atlantik vor. Zu Beginn der christlichen Zeitrechnung hatte der südliche Arm den heutigen brasilianischen Bundesstaat Paraná erfaßt. Geschliffene Steinbeile, Lippenpflöcke aus Aventurin und bestimmte Keramikdekors (rote und schwarze Muster auf weißer Grundierung) sind archäologische Wegmarken dieser Migration (Meggers, 1974). Um 1200 n. Chr. finden sich Fundstätten der Tupí/Guaraní-Tradition auch in Bahía. Noch in der frühen Kolonialperiode hielt die nordwärts gerichtete Tupí-Expansion an, wie aus gleichlautenden Berichten europäischer Chronisten hervorgeht. Weißen gegenüber gaben die Indianer zu verstehen, sie seien auf der Suche nach einem irdischen Paradies, «wo man kein Übel kenne, wo Grabstöcke von allein die Erde wendeten und Körbe sich ohne menschliches Zutun mit Speisen füllten» (Métraux, 1927).

Auslöser solcher Zuge mögen auch die Aktivitäten der europäischen Eroberer selbst gewesen sein. So hatten jesuitische Missionare im 17. und

18. Jh. versucht, die am unteren Xingú siedelnden Vorfahren der *Teko* (Emerillon), *Yane* (Waiãpi) und *Zoé* (Apama) in Reduktionen zusammenzufassen. Dieses Vorhaben scheiterte jedoch letztendlich, und die Indianer flohen in unzugängliche Wälder jenseits des Amazonas. Yane und Teko verschlug es bis Französisch-Guayana, die Zoé wurden erst kürzlich am Rio Curuati im Norden Parás wiederentdeckt, nachdem man sie jahrzehntelang ausgestorben glaubte.

Bis ein wirklich detailgetreues und fundiertes Bild indianischer Vorgeschichte in Amazonien entsteht, werden noch Jahre vergehen. Die interdisziplinäre Zusammenarbeit von Archäologen, Ethnologen, Linguisten, Historikern und Ökologen ist hierzu nötig. Noch verschwimmen die Umrisse alter Kulturen im Nebel der Zeit, aber da und dort nehmen Schemen bereits festere Gestalt an. Dies gilt insbesondere für eine Reihe gänzlich unerwarteter kultureller Regungen, auf die Forscher im Regenwald stießen.

Versunkene Kulturen

Als Walter Raleigh Elizabeth I. die Vorzüge des fabelhaften Manoa ausmalte, damit sie die Finanzierung einer Militärexpedition bewillige, schrieb er, die englischen Soldaten würden «dort sehr reiche und schöne Städte, mit goldenen Bildnissen geschmückte Tempel und mehr Gräber voller Schätze finden als Cortez in Mexiko oder Pizarro in Peru». Es sei ein leichtes, den «Inka von Guyana», wie Raleigh den vermeintlichen Herrscher Manoas nannte, zu bezwingen, «denn er verfügt in seinem ganzen Reich weder über Kanonen noch über eiserne Waffen ... Und wo die Südgrenze von Guyana an das Gebiet der Amazonen stößt, werden dadurch diese Kriegerinnen den Namen einer Jungfrau hören, die es nicht nur vermag, Ihr eigenes Land und das Ihrer Nachbarn zu verteidigen, sondern auch in große und weit entfernte Reiche einzudringen und sie zu erobern».

Wie die Geschichte lehrt, kam es nicht zu diesem ruhmvollen Feldzug, und Manoa wurde nie entdeckt. El Dorado, Manoa, Paitití – die Begriffe sind austauschbar. Sie stehen symbolisch für eine seit Jahrhunderten ungebrochene Suche nach geheimnisumwitterten Dschungelstädten und sagenhaften Kulturen, die kühne Abenteurer aus ihrem Dornröschenschlaf zu wecken hofften. Leider endeten derlei Unterfangen erfolglos. Und dennoch, es gibt sie, die vom Regenwald überwucherten Zeugen längst versunkener Zivilisationen, die steinernen Siedlungen, in denen einst pralles Leben pulste, und die Tempel, wo man fremdartigen Göttern huldigte. Versteckt liegen sie in der «Ceja de la Selva», der Augenbraue des Waldes, wie die Peruaner die von dichter tropischer Vegetation bedeckte Oberkante des Andenostrands nennen, und sogar, wenngleich weniger eindrucksvoll, entlang der schlammigen Ufer des Amazonas. Archäologen waren es, die

10. «*El Dorado*»: *Ein Muiska-Fürst wird mit Goldstaub gesalbt –*
Ansatzpunkt vieler Legenden und Hirngespinste.
Kupferstich von T. de Bry (1590–1634)

den Schleier der Legenden lüfteten und den wahren Kern alter Mythen
enthüllten.

Hoch über einem namenlosen Fluß zwischen dem Rio Abiseo und dem
Rio Pajatén thronen die erst 1963 per Zufall entdeckten Ruinen von Gran
Pajatén. Der Fundort, in den der Dschungel noch immer seine grünen
Klauen schlägt, überwältigt den staunenden Betrachter durch die geniale
Überblendung landschaftlicher und baulicher Konstellationen. «Vom
höchsten Punkt eines L-förmigen Bergsporns, überragt von einer 400 m
hohen senkrechten Felswand, schmiegen sich steingemauerte Terrassen
jeder Kurve des steilen Geländes an, so daß die ganze Urwaldschlucht zu
einem kunstvollen Architekturgebilde umgestaltet ist. Verbindungstreppen
schwingen sich fächerförmig von einem Niveau zum andern» (Wurster,
1991). Imposant auch die Gebäude: In Lehmmörtel verlegte Schiefer- und
Kalksteinplatten waren die konstruktiven Elemente faßförmig nach außen
gebauchter Häuser. Umlaufende Holzträger stützten, wie anhand der Pfostenlöcher nachgewiesen werden konnte, Kegeldächer mit weitem Über-
stand. Besonders reizvoll präsentieren sich figurale Steinfriese – stilisierte
Menschen mit angedeutetem Federkopfputz, Greifvögel und geometri-

sche Ornamente. Auch die benachbarten Totentürme von Los Pinchudos weisen dieselben Schmuckformen auf. Als Sensation stufen Wissenschaftler trotz des feuchten Klimas erhaltene Holzskulpturen unter dem Kraggesims einer Ruhestätte ein. Bei jenen anthropomorphen Schnitzereien mit stark betontem Phallus (daher auch der Name «Los Pinchudos») handelt es sich wahrscheinlich um Totenwächter. Pajatén und seine Nekropole datieren in vorinkaische Zeit. Ihre Erbauer sind unbekannt, doch gehörten sie vermutlich einer amazonischen Bevölkerungsgruppe an, die Beziehungen zu den alten Hochkulturen der Anden pflegte. Sicher dagegen ist, daß Pajatén unmittelbar vor Ankunft der Spanier dem expandierenden Inka-Imperium zum Opfer fiel und sich dort kurz Siedler aus dem Hochland niederließen.

Im Einzugsgebiet des Rio Utcubamba am Rand des peruanischen Departements Amazonas begegnen uns weitere faszinierende Hinterlassenschaften früherer Bewohner. Das französische Forscherpaar Reichlen und der peruanische Archäologe Frederico Kauffmann Doig sind in der Region auf regelrechte Totenstädte gestoßen, die teilweise, Schwalbennestern gleich, an schroffen Felsen kleben. Die Totenhäuser der Klippennekropole Revash über dem reißenden Rio Santo Tomás ziert bunte Bemalung; sie wurden an geeigneter Stelle sogar stockwerkweise errichtet: ein funeraler Mikrokosmos, der Verblichenen denselben Wohnkomfort wie im vorherigen Leben bescherte.

Von ganz anderer Art erwies sich das Bestattungsbrauchtum der Leute von Chipurik, einer Plateausiedlung im Tal des Rio Luya. Auf Felsbändern in schwindelnder Höhe fanden die Archäologen monumentale Lehmsarkophage in menschlicher Gestalt vor, die man über mumifizierte Leichname gestülpt hatte. Manche der Plastiken aus der Zeit um 1400 n. Chr. waren mit einer helmartigen Kopfbedeckung ausstaffiert, die, ähnlich einer Pickelhaube, spitz zulief und als Befestigung einer Schädeltrophäe diente (Kauffmann Doig, 1984). Chipuriks Einwohner praktizierten demnach Kopfjagd – nichts aufregendes in dieser Gegend, denn noch historische Montaña-Völker schnitten ihren Feinden das Haupt ab, wodurch sie ihr gesellschaftliches Ansehen steigerten (vgl. Kapitel 6).

Enge gemauerte Gassen, ein uneinnehmbar scheinender Ortsbering und ein gewaltiges trapezförmiges Stadttor sind nur einige der Wunder von Cuelap. Dieses Bollwerk aus der Zeit zwischen 1000 und 1400 n. Chr. duckt sich in 3000 m Höhe auf einen Felsbuckel am Rio Utcubamba. 420 meist runde Steingebäude boten zur Blüte Cuelaps etwa 3000 Menschen vom Volk der Čila (Chillón) Obdach. Am höchsten Punkt der Siedlung erhebt sich «El Tintero», das Tintenfaß, wie Archäologen einen Massivbau mit nach außen geneigten Wänden und schmalem Einstieg im Scheitel scherzhaft tauften. Jener Sakralturm, in dessen Innern Opferriten vollzogen wurden, birgt die Gebeine hochrangiger Personen. Gewöhnliche Sterbliche wurden von den Čila in der steinernen Hinterfüllung der Stadt-

*11. Vom Material
zur Form:
Waujá-Frau töpfert*

mauer beigesetzt. Auch Cuelap kapitulierte um 1400 vor der anrückenden Inka-Armee.

An den Prallhängen der Mündung des Rio Tapajós in den Amazonas, weit ab vom bisherigen Schauplatz, bückte sich früh in diesem Jahrhundert ein Mann eifrig nach Tonscherben, die das bei Überschwemmungen anstürmende Wasser aus der Uferböschung wusch. Der Sammler hieß Curt Unkel und stammte aus Jena, wo er eine Optikerlehre abgeschlossen hatte. In Brasilien erlag Unkel der Faszination einheimischer Kulturen, deren Erforschung er sich fortan autodidaktisch widmete. Nach seiner Adoption durch eine Guaraní-Gruppe nahm er den indianischen Namen Nimuendajú (= Der, der sich [bei uns] einen Platz geschaffen hat) an. Curt Unkel-Nimuendajú wurde zu einem der besten Kenner südamerikanischer Waldstämme und Doyen der brasilianischen Ethnologie. Im Regenwald erfüllte sich auch sein Schicksal. Von der letzten seiner vielen Expeditionen kehrte er nicht wieder zurück.

Die Scherben, die Nimuendaju am Rio Tapajós auflas, gehörten zu einer Keramikgattung, die sich durch Vorliebe für ausgefallene Applika-

12. Die alte Töpferkunst lebt: Waujá-Mann bestreicht Tonbottich mit Farbe

tionen, Zierleisten, Bügel und Henkel auszeichnete. Nahe Santarém geborgene Gefäße mit solchen Schmuckformen, die zu den Glanzlichtern indianischen Kunstschaffens überhaupt zählen, werden in die Zeit um 1300 n. Chr. datiert. Wahrscheinlich dienten sie als Prunkbehälter, in denen man die Knochenasche von Toten mit Maisbier mischte, und woraus Trauernde den Trank in pietätvollem Zeremoniell schöpften. Bezeugt ist dieser Brauch von den historischen *Apỳkawa* (Tapajós), die das Erbe der Santarém-Kultur antraten. Auch andere komplexe Riten, handwerkliches Spezialistentum und strenge gesellschaftliche Schichtung überlieferten europäische Chronisten von jener Volksgruppe. Wie ihre Handelspartner, die am Nordufer des Amazonas ansässigen *Anawišana* (Taruma, Aruaki), siedelten die Apỳkawa auf den plateauartigen Erhebungen der *Terras Prêtas*. Hierbei handelt es sich um anthropogene Schwarzerdeflecken (komprimierte humose Hausabfälle und sonstiger Müll) von mehreren hundert Metern Ausdehnung im saisonal überfluteten Hinterland der Flüsse.

Von der Zeitwende bis in die Gegenwart wird in Zentralamazonien Keramik mit schwarzer und/oder roter Bemalung auf weiß geschlemmter Oberfläche hergestellt. Ausgangsformen dieses «Polychromen Horizontes» sehen Archäologen im Hochland Kolumbiens (Hilbert, 1968), doch erscheint die ethnische Trägerschaft keineswegs einheitlich, und die Tradition zerfällt in etliche Subphasen. Lediglich die stilistische Konstanz der Guarita-Variante mit ihren charakteristischen Gefäßtypen, die durch Randprofile, umlaufende Körperleisten und Riefendekor ausgewiesen sind, läßt auf einen homogenen Kulturzusammenhang, gebildet vielleicht von Tupí-Sprechern, schließen. Guarita ist zeitlich in das ausklingende erste nachchristliche Jahrtausend einzuordnen. Belege stammen von zahlreichen Fundplätzen entlang des Amazonas, darunter Manacapurú, Lago Araçá, Coarí, Caiambé und São Joaquim.

Eine frühere Manifestation des «Polychromen Horizontes» ist ab 400 n. Chr. mit der Marajoara-Phase der Kultursequenz auf Marajó liiert. Neben einfacheren Gefäßen für den Alltagsgebrauch verwendeten die damaligen Bewohner der Insel aufwendig hergestellte, reich verzierte Bestattungsurnen, die prominenten Mitgliedern der hierarchisch gegliederten Gesellschaft vorbehalten waren. Unter den Grabbeigaben fanden sich auch zunächst rätselhafte dreieckige Tonschalen, die man nun als Tangas deutet – nach Maß gearbeitete Schambedeckungen für Frauen. Die Stücke dieser «Damenkonfektion» wurden mit Schnüren angelegt, die durch Bohrungen der Tondreiecke liefen.

Die Marajoara-Bevölkerung, vermutlich Vorfahren der historischen *Anajá*, siedelte auf angeschütteten Erdhügeln *(Tesos)* rings um den Araríé-See im Zentrum der Insel. Auf einem der Erdwerke, dem 10 m hohen und 255 m langen «Teso de bichos», wohnten schätzungsweise 600–700 Personen. Ihre Häuser errichteten sie aus luftgetrockneten Lehmziegeln. Um 1300 n. Chr., so die übliche Version, beendeten aus Guayana eingefallene *Lokono* (Aruã) die Hochblüte dieser für das amazonische Kerngebiet einzigartigen Lebensform. Einer anderen Auffassung zufolge, kollabierte die Marajoara-Kultur erst im Ansturm der Europäer.

Hiermit beschließen wir unseren Streifzug durch die Vorgeschichte Amazoniens. Wer den Gegenstand vertiefen möchte, sei an die zusammenfassenden Arbeiten von Hilbert (1968) sowie Meggers und Evans (1983) verwiesen. Im nächsten Kapitel wird uns ein Thema beschäftigen, das ebenso wie die komplizierte Abfolge prähistorischer Kulturen Generationen von Forschern in Verwirrung stürzte – das verwickelte «Who is Who» indigener Völker.

Drittes Kapitel

Who is who?

«Die Liste Nr. 5 – sechs Unterhemden, sechs Unterhosen, sechs Ta-
schentücher – hat den Forschern seit je zu denken gegeben, besonders
wegen des völligen Fehlens von Socken.»
Woody Allen
Getting even (1966)

Im Labyrinth der Irrtümer

Zu Beginn unseres Jahrhunderts legten auf Initiative der brasilianischen
Regierung wagemutige Männer eine Telegrafenlinie von Cuiabá im Staat
Mato Grosso nach Santo Antonio do Madeira. Die Trasse führte durch
weithin unerschlossenes Gebiet, in dem damals noch zahlreiche Indianerstämme ohne Berührung mit Weißen lebten. 1912 gelang dem Leiter des
Bautrupps, Cândido Mariano da Silva Rondon, und zwei Begleitern die
Aufnahme friedlicher Kontakte zu den Bewohnern eines der isolierten
Dörfer. Als schweres Handicap bei dem Zusammentreffen erwies sich, daß
keiner die Sprache des anderen verstand. Zu welch grotesken Mißverständnissen es dadurch kam, soll eine Episode verdeutlichen, die den Aufzeichnungen Rondons entnommen ist. Wie er schreibt, gesellte sich zu
dem Knäuel gestikulierender Eingeborener und Brasilianer eine Gruppe
von zehn Indianern, die unerwartet die Szene betrat. «Wir erfuhren später», berichtet Rondon (1916), «daß diese Personen aus dem Dorf der
Taganinis stammten, das unweit der Stelle, wo wir uns befanden, liege.
Außerdem, so wurde uns beschieden, gäbe es weitere Ansiedlungen in
jener Savannenregion, in denen die Tauitês, Minis und Tachiuvitês hausen». Die Indianer, auf die man gestoßen war, gehörten zum Volk der
Nakayandé (Nord-Nambikwara). In deren Mundart bedeuten die Wörter
Tagnani, Tauitê, Mini und Tachiuvitê nichts anderes als «mein Bruder»,
«mein Sohn», «Vater» und «mein Enkel». Es ist anzunehmen, daß einige
Nakayandé, als ihre Gäste auf die Neuankömmlinge zeigten und wissen
wollten, wer jene seien, ihre von der Jagd heimkehrenden Verwandten vor-
stellten. Die Brasilianer aber vermuteten, daß es sich bei den so Bezeichneten um Angehörige verschiedener Stämme aus der Nachbarschaft
handelte. Dieser Irrtum durchzieht bis in jüngste Zeit völkerkundliche
Abhandlungen und sprachsystematische Kompendien (vgl. z. B. Voegelin
& Voegelin, 1977).

In der einschlägigen Literatur wimmelt es von dergleichen Fehlbenen-
nungen. Schuld daran ist der unselige Brauch, daß Ethnologen vom

Schreibtisch aus und oft in völliger Verkennung der tatsächlichen Verhältnisse Volksnamen prägen. Sie begründen ihre Entscheidung meist mit
historisch gewachsenen Namenstraditionen, also der Sprachpraxis von
Nichtindianern vor Ort, oder berufen sich auf Fachkollegen, die ein
Ethnonym zuerst verwendeten. Dabei spielt keine Rolle, ob die Benen-
nung auf eine Verwechslung zurückgeht, man sie bei einer Nachbargruppe
aufschnappte oder sie das richtige Endonym, die Eigenbezeichnung der
Betreffenden, widerspiegelt. So entstand ein Sammelsurium falscher,
mißverständlicher oder doppeldeutiger Etiketten, das jeden Versuch, die
wahre Identität einer ethnischen Gemeinschaft festzustellen, zum Abenteuer werden läßt.

Die Kennung Nambikwara («Loch-im-Ohr-Leute») etwa, die man den
Mitgliedern einer kleinen Sprachfamilie vom oberen Rio Guaporé ver-
lieh, und zu der auch die von Rondon kontaktierten Nakayandé gehören,
bezieht sich eigentlich gar nicht auf die Gemeinten, sondern ist ein abfäl-
liges Epitheton, das Tupí-Sprecher auf die weiter nördlich siedelnden *Rikbaktsá* münzten.

Ein jüngeres Opfer nomenklatorischer Verwirrung sind die am Igarapé
Ipixuna in Pará ansässigen *Bide*. Der Waldläufer João Carvalho traf diese
vorher nur vom Hörensagen bekannte Gruppe 1976 auf der Rodung eines brasilianischen Pflanzers, wohin sie vor indianischen Widersachern geflohen war. In ihrem Bemühen, dem Weißen zu erklären, warum sie Schutz
suchten, gebrauchten die Bide das Wort *awi-heté*, das sich mit «wahre
Feinde» übersetzen läßt. Carvalho indes verstand «Araweté» und glaubte,
dies sei der Eigenname der Flüchtlinge. Obwohl man inzwischen die
wirklichen Zusammenhänge kennt, hat sich «Araweté» als Bezeichnung
der Indianer vom Igarapé Ipixuna sogar in Fachbüchern eingebürgert.

Es wäre ein leichtes, die Liste derart haarsträubender Namengebungen
zu verlängern, doch mögen die genannten Fälle hier genügen. Ein weiteres Problem, da sich demjenigen stellt, der bei der irreführenden Nomen-
klatur südamerikanischer Stämme den Überblick bewahren will, bilden Tautonomien und Synonyme. Nicht weniger als sechs verschiedene
Ethnien aus dem Zwischenflußgebiet von Japurá, Negro und Inírida
(Brasilien/Kolumbien) heißen nach einem aruakischen Schimpfwort für
zurückgezogen lebende Waldbewohner «Makú». So entsteht der Eindruck, sie alle seien Angehörige ein und desselben Volkes, und dementsprechend hat man sie in der älteren ethnografischen Literatur auch beschrieben.

Noch großzügiger gehen manche Wissenschaftler mit dem Begriff
«Arara» um. Gruppen, die diesen Namen tragen, sind über ganz Amazonien verstreut. Wer dadurch in Konfusion gerät und sich hilfesuchend an
ein Speziallexikon wendet, erhält unter Umständen folgende Auskunft:
«Der Terminus Arara wird seit mehr als einem Jahrhundert von Europäern
für eine Anzahl eng verwandter Waldindianer benutzt, die beiderseits des

oberen Xingú sowie zwischen Jiparaná und dem Tapajós-Fluß anzutreffen sind. Auch bekannt als Yuma, Kre-akarôre, Apiacá, Apingui, Karo, Urukú und Parirí, nennen die Arara sich selbst Opinadkom und gehören zur größeren Gruppe der Kayapó-Indianer. Man darf sie nicht mit den Koaiá aus dem westlichen Rondônia oder den Mondé sprechenden Arara, die zusammen mit den Gaviãos nahe Ji-Paraná wohnen, verwechseln» (Olson, 1991). Nichts von dem, was der Autor in vermeintlich klärender Absicht vorbringt, stimmt! Weder gibt es eine Beziehung der erwähnten Stämme zueinander, noch siedeln sie in den angegebenen Landstrichen. «Yuma» ist ein Synonym für die *Bora-hã* an Mucuim und Rio Ipixuna, Zuflüssen des Rio Purús; sie sprechen Tupí. Bei den «Kre(en)-ak(a)rôre» handelt es sich um Reste der *Panara* (Süd-Kayapó), also um Jê. Die *Apiaká* sind ein weiteres Tupí-Volk aus dem Einzugsgebiet des Rio Juruena. *Karo* hingegen lautet das Endonym der Urukú oder Ramarama im Hinterland des Rio Roosevelt. Einige Vertreter teilen unweit des Ji-Paraná eine Reservation mit der zugewanderten Ikonéèç-Sektion (Gavião) der *Kire* (Tuparí), doch ordnen Linguisten das Idiom der Karo nicht dem Mondé-Spektrum zu, sondern halten es für eigenständig. Warum Olson die nirgends «Arara» genannten *Kurateg* (Koaiá) vom oberen Rio Mequens hier zitiert, bleibt sein Geheimnis. Das einzige Ethnos, das tatsächlich die Eigenbezeichnung *Opinatkom* führt, zählt zur karibischen Familie und wurde erst kürzlich am unteren Rio Irirí wiederentdeckt. Auf diesen Verband nehmen auch die Synonyme «Apingui» und «Parirí» Bezug.

In fast jedem Buch über südamerikanische Indianer steht zu lesen, auf dem Subkontinent seien vor Ankunft der Europäer über tausend verschiedene Sprachen gesprochen worden. Nimmt man aber eine der Übersichten zur Hand, auf die sich solche Schätzungen berufen, z. B. das Werk des Linguisten Cestmir Loukotka (1968), wird nach eingehender Prüfung klar, daß ein hoher Prozentsatz der dort zusammengestellten Namensnennungen Synonyme sind. Darunter verbergen sich vielfach Bezeichnungen von Dörfern oder Verwandtschaftsverbänden sowie Wortschöpfungen von Nachbarn. Je mehr Anrainer ein Ethnos hat, desto schillernder ist das Kaleidoskop kursierender Namen. Andere Europäer nennen uns Deutsche entsprechend der Sprachzugehörigkeit ja auch «Allemands», «Germans», «Tedeschi», «Tyske», «Nemci» usw. oder – weniger schmeichelhaft – «Boche», «Krauts» etc. Ein Besucher aus einer fernen Galaxis hätte vermutlich seine Schwierigkeiten herauszubekommen, daß all jene Etiketten nur einem einzigen Volk gelten. Ebenso ergeht es dem ethnologisch interessierten Laien, der in der Namensflut südamerikanischer Stämme ertrinkt.

Wer oder was ist ein Indianer?

Mancher wird bei dieser Überschrift stutzen und denken, daß die Antwort doch eigentlich klar sei: Indianer sind die Ureinwohner Amerikas, die sich durch Sprache und Kultur von später hinzugekommenen Europäern, Afrikanern und Asiaten unterscheiden. Als Kolumbus die Neue Welt betrat, konnte diesbezüglich auch kein Zweifel aufkeimen. Inzwischen aber setzte intensive Rassenmischung ein, einheimische Mundarten verlöschen, und die Kulturen der Alteingesessenen erfuhren mannigfache Deformierungen bis hin zur Übernahme völlig neuer Werte und Sachgüter. Da in den meisten Ländern Lateinamerikas Eingeborenen noch immer der Makel des «Primitiven», «Zurückgebliebenen» und «Unzivilisierten» anhaftet, ihnen gelegentlich sogar blanker Haß entgegenschlägt, leugnen viele ihr Indianersein und streifen, nach Bedarf, andere Identitäten über. Davon abweichend akzeptieren Mischlinge, so regional in Brasilien, neuerdings die Indianerrolle, da diese nun gesicherte Landrechte verspricht, während wieder andere – detribalisierte Bewohner amazonischer Städte und Slums – ihre Idianität abgelegt haben, obwohl Herkunft und somatische Besonderheiten vom Gegenteil zeugen.

Daß daher eine objektive ethno-historische Rekonstruktion und Erfassung indigener Gruppen aufgrund «exakter» Daten in Gebieten mit lebhafter ethnischer Tektonik, wozu gerade Lateinamerika mit seinen vielschichtigen Assimilierungs- und Überlagerungsgesellschaften gehört, schwierig ist, liegt auf der Hand. Wenn wir trotzdem der Frage nachgehen wollen, welche indianischen Gemeinschaften heute noch in Amazonien und seinen Randgebieten leben, brauchen wir eine operable Typologisierung. «Jede fragliche Gruppierung sollte über gemeinsame historische Traditionen verfügen (hierbei ist unerheblich, ob derlei Traditionen bis in die Vorkolonialzeit zurückreichen oder das Produkt jüngerer ethnogenetischer Prozesse sind), sie muß durch das Bewußtsein ihrer Einheit («Wir-Gefühl») sowie durch entsprechende Abgrenzungsmechanismen ausgezeichnet sein und schließlich spezifische sozio-kulturelle Handlungsmuster besitzen, die sie – gegebenenfalls durch Unterstützung einer eigenen Sprache oder Sprachvariante – von anderen Segmenten der nationalen Gesellschaft abheben» (Müller, 1984). Wollte man strenger verfahren und z. B. die Beherrschung einer altamerikanischen Mundart als alleiniges Kriterium gelten lassen, müßte man zu große Härten verantworten. Der Großvater einer Familie wäre dann unter Umständen als Indianer einzustufen, wohingegen seine Enkel im Sieb der definitorischen Vorgabe hängenblieben.

Von größter Wichtigkeit bei der Herausgrenzung ethnischer Einheiten ist die emische Kategorisierung, also die Selbsteinschätzung der Betreffenden. Diesem Punkt hat die Forschung bisher viel zu wenig Beachtung geschenkt. Insbesondere gilt dies für die Verwendung von Eigennamen,

13. Vielfalt indianischer Typen, festgehalten vom Zeichenstift des Reisenden
C. F. Ph. von Martius

die bestenfalls sporadisch aufgegriffen wurden. Wer sich ein spezifisches
Endonym zulegt, vollzieht damit eine für jedermann sichtbare Abgrenzung von anderen. Ein differenzierteres Unterscheidungsmerkmal gibt es
nicht. Wie wir sahen, verschleiert dagegen der unbedenkliche Gebrauch
von Exonymen (Fremdbezeichnungen) häufig die Identität bestimmter
Gruppen. In diesem Buch werden deshalb konsequent die Eigennamen
amazonischer Völker benutzt und die geläufigsten Exonyme oder abweichende Schreibweisen in Klammer dazugesetzt.

Die Einbürgerung von Eigenbezeichnungen, der früher sicher auch Er-
kenntnislücken entgegenstanden, soll ferner als ein Ausdruck für gewan-
deltes Selbstverständnis der Ethnologie begriffen werden. Es ist men-
schenverachtend, wenn man bis zum heutigen Tag Namen in Umlauf hält,
die, da es sich ja vorwiegend um Benennungen durch unfreundliche
Nachbarn oder um Neuprägungen der Kolonisatoren handelt, in der Regel diskriminierende Konnotationen transportieren. Für Sachverständige,
die in den Völkern der «Vierten Welt» nicht vornehmlich Studienobjekte

sehen, sondern in ihnen Individuen erkennen, deren Andersartigkeit kultureller Gleichwertigkeit und politischer Emanzipation nicht widerspricht, muß es darum Anliegen sein, darauf zu drängen, daß Namen, die übersetzt «Kotfresser», «Feinde», «Schmeißfliegen», «Totschläger», «böse Geister», «Frauenschänder», «Sklaven», «häßliche Leute» und ähnliches bedeuten, unterdrückt werden.

Ausgestattet mit diesen grundsätzlichen Überlegungen können wir uns nun auf die Reise zu den heutigen indianischen Bewohnern Amazoniens begeben. Wir werden ihre Siedlungsgebiete kennenlernen, ihre aktuelle Zahl[1] erfassen und, gegebenenfalls, Probleme ihrer Identifizierung erörtern.

Die Indianer Nordamazoniens und des Orinoco-Beckens

Der hier behandelte Raum umschreibt die Landstriche nördlich des Amazonas von der Atlantikküste bis zu den Ausläufern der kolumbianischen Kordilleren. Er schließt mehrere kulturgeografisch wie ökologisch eigenständige Unterregionen ein. Ausklammern müssen wir freilich die Volksgruppen des Nordwestens, da sie stark vom allgemeinen amazonischen Grundmuster abweichen. Diese Ethnien gehören dem «Zirkumkaribischen Zwischengebiet» an, einer kulturellen Übergangszone von den Anden nach Mesoamerika.

Llanos von Kolumbien und Venezuela. Unsere Rundreise beginnt in den tropischen Grasländern (Llanos), die sich nördlich des kolumbianischen Regenwaldgürtels zwischen Orinoco, Guaviare, Apure und der Cordillera Oriental ausdehnen. Vorherrschender Vegetationstypus ist die sog. «Obstgartensavanne», bei der weitlückige Baumbestände in das Grasmeer eingestreut sind. In den alljährlich überschwemmten Bereichen wie am Rio Apure treten Bäume zurück und weichen dort «Feldschichtsavannen». Entlang der Ströme, die das Gebiet entwässern, trifft man dagegen auf Galeriewälder mit reicher Artenzusammensetzung, und über unterirdischen Wasserzügen auf Palmensümpfe.

Wegen des Wasserreichtums und der vom offenen Gelände vorgegebenen günstigen Bedingungen wurden in den Llanos seit jeder Jagd, Sam-

---

[1] Zuverlässige demografische Angaben sind selten. Zu verschieden fallen die Zähl- oder Schätzverfahren in den einzelnen Ländern aus. Sie richten sich zudem nach abweichenden Definitionen von Indianität, und die Daten stammen aus Erhebungen, die zeitlich oft weit auseinander liegen. Daher ist die hier vertretene Auswahl subjektiv. Es wurden nur die jeweils jüngsten Ziffern der Quellen berücksichtigt, die mir am vertrauenerweckendsten schienen.

melwirtschaft und Fischfang betrieben; Feldbau hat demgegenüber geringere Bedeutung. Die in der Region lebenden Indianer unternehmen zyklische Wanderungen, um das saisonal und örtlich oszillierende Nahrungsangebot optimal nutzen zu können.

Den Völkerreigen eröffnen die Vertreter des Guahibo-Blocks. Mit (1988) 32 802 Individuen in Kolumbien und Venezuela repräsentieren die *Wayapo Píhiwi* oder *Hiwi* (Guahibo i. e. S., Chiricoa) das zahlenstärkste Ethnos der Gruppierung. Sie zerfallen in zehn sozio-territoriale Untereinheiten (Awiri-momowi, Báxu-momowi, Hamarúa-momowi, Húra-momowi, Kabalé-momowi, Káwiri-momowi, Mahá-momowi, Metsáha-momowi, Newíthi-momowi, Okoró-momowi). Früher sonderte man aus diesem Konzert die wanderlustigsten Verbände aus und stellte sie als «Cuiva» den übrigen «Guahibo» gegenüber. Letztere haben Teile der aruakischen Randbevölkerung assimiliert, was ihre Tendenz zur Seßhaftigkeit verstärkte. Das Wohngebiet der Hiwi ist unzusammenhängend. Es erstreckt sich grob zwischen den Flüssen Meta und Vichada in Kolumbien, greift aber auf angrenzende Teile Venezuelas aus. Im Schnittpunkt der kolumbianischen Departements Vaupés, Meta, Guainía und Vichada, am Rio Guaviare, siedeln die verwandten *Mitua* (Guayabero). Sie zählten 1988 650 Personen. Mit nur knapp 500 Angehörigen sind die *Witnu* (Macaguane) das kleinste Glied der Guahibo-Familie. Ihre Heimat ist der Rio Colorado im kolumbianischen Departement Arauca.

Chibcha sprachen früher die *Tame* (Betoi). Ihre Nachkommen, 340 Personen am oberen Rio Cravo im kolumbianischen Departement Arauca, haben die alte Mundart vergessen, verwenden aber viele Tame-Wörter in spanischem Kontext. Die indianische Identität ist trotz abgeschlossener Akkulturation ungebrochen.

2133 Menschen (1988) gehören zum Volk der *Epen-et* (Puinave), dessen Idiom Verwandtschaft mit den am Rio Japurá in Brasilien ansässigen *Nadeb* (s. dort) verrät. Beheimatet sind die Epen-et an den Flüssen Guaviare, Inírida und Nooquéne in Kolumbien sowie um San Fernando de Atabapo in Venezuela.

Zusammen mit den weiter östlich verbreiteten *Wo'tihé* (s. dort) bilden die (1988) 1148 *Kokw* (Sáliva) eine kleine linguistische Einheit. Sie wohnen am Rio Meta, vorwiegend im Mündungsbereich seiner Nebenflüsse Ucomo, Paravare, Tapaojo, Guanapalo, Pauto und Santa Rosalina.

Die periodisch überschwemmten Savannen um die Flüsse Cinaruco, Capanaparo und Cunaviche im venezolanischen Staat Apure sind Lebensraum der (1982) 3859 *Pume'da* (Yaruro). Obwohl seit 1739 in ihrem Gebiet missioniert wird, haben sich traditionelle Wertvorstellungen gut behauptet.

Auch Aruaken bevölkern noch die Llanos. Von den (1988) 2243 *Tsese* oder *Wènaiwičasiwa* (Piapoco) siedelt die Masse als Pflanzer an den Flüssen Tomo, Vichada, Inírida und Guaviare in Kolumbien, eine Minderheit an

Sipapo und Orinoco in Venezuela. Praktisch ausgestorben sind dagegen die *Masiwari* (Achagua). 1988 lebten auf den kolumbianischen Reservationen La Victoria und El Turpial 230 akkulturierte Mischlinge. Was aus ihren freien Stammesgenossen wurde, die eine französische Expedition 1971 nördlich des Meta antraf, ist unbekannt. Den Bodenbau ihrer Vorväter hatte die Gruppe aufgegeben und war zum Wildbeutertum übergegangen. Bedrängt von Viehzüchtern vermeidet sie wahrscheinlich jede Berührung mit der Außenwelt.

Orinoco-Mündung. Das Ästuar des Orinoco in Venezuela bildet ein Labyrinth breiter Strombahnen, stiller Altwasserschleifen und gewundener Seitenkanäle. An den Ufern der Fließgewässer gedeiht üppiger «Feuchter Passatwald», der zur Küste hin von Mangrovedickichten abgelöst wird. In diesem amphibischen Milieu siedelt die Mehrzahl der (1982) 19 723 *Faaraw'te* (Warrau). Flüchtlinge, die der Missionierung ab 1860 entgehen wollten, begründeten die noch heute bestehenden Kolonien an Barama und Berbice (Guyana) sowie am Corantijn (Surinam). Sagogewinnung aus dem Mark der Moriche-Palme *(Mauritia flexuosa)*, Jagd auf Vögel und Seekühe sowie Fischfang sind wirtschaftliche Eckpfeiler. Viele Bereiche der Faaraw'te-Kultur, namentlich das theologische Konzept, blieben aufgrund naturräumlicher Isolation intakt.

Atlantikküste Guayanas. Der Küstenstreifen zwischen Orinoco-Mündung und Amazonasdelta bietet ein abwechslungsreiches Mosaik verschiedener Vegetationstypen. Vorherrschend sind versumpfte Grassavannen mit eingestreuten Palmenbeständen. Von See her treiben Mangroven entlang der Unterläufe von Flüssen Keile ins Grasland. Auf höher gelegenen Flächen gründet Passatwald.

Naturgemäß spielte und spielt an der Küste Fischfang, die Jagd auf Seekühe *(Trichechus manatus)*, Kaimane und Wassergeflügel eine bedeutende Rolle. An Stränden und auf Sandbänken sammelt man Schildkröteneier. Die wohlschmeckenden Herzen und Früchte der Palmitopalmen (*Euterpe* spp.) liefern wertvolle Zusatzkost. Daneben praktizieren die indianischen Einwohner der Gegend Feldbau.

Am Rio Urucauá im brasilianischen Amapá und am unteren Rio Oyapock in Französisch-Guayana liegen die Siedlungsinseln der (1986) 1100 *Paliku'ene* (Palikur) aus der aruakischen Familie. Ausgedehnter ist das Wohngebiet ihrer nahen Verwandten, der *Lokono* (Aruã, Aruak i. e. S.), die zu Beginn der Kolonialzeit von der Einmündung des Rio Caroni in den Orinoco bis zur Ilha do Marajó anzutreffen waren. Heute unterhalten sie Dörfer am Rio Amacuro (Venezuela), an den Flüssen Corantijn, Nickerie, Para und Commewijn (Surinam), am unteren Maroni und nahe Cayenne (Französisch-Guayana) sowie an Barima, Berbice und Corantyne (Guyana). Kenner schätzen ihre Zahl auf etwas über 3000. Als Nachkommen brasilianischer Lokono gelten die ca. 900 «*Galibi*» des mittleren Rio Uaça. Sie wurden von eingefallenen Kariben unterworfen und haben ihre angestammte Sprache gegen *Patoá* (Kreolfranzösisch) oder Portugiesisch eingetauscht.

«Galibi» nennt die nicht-indianische Bevölkerung der Guayana-Staaten auch die *Kalinya* (Küsten-Kariben, Caribes). Mit annähernd 12 000 Personen stellen sie das größte indigene Ethnos der Region. Die äußerst kriegerischen Kalinya breiteten sich im 14. und 15. Jahrhundert auf Kosten der Lokono an der Atlantikküste aus. Doch machte die küstenkaribische Expansion hier keineswegs halt. Pioniertrupps stießen tief nach Venezuela vor, andere eroberten die Kleinen Antillen. Vorbewohner wie die ebenfalls Karibisch sprechenden *Cóto* (Caribano) und *Apalike* (Tamanaco) oder die aruakischen *Eyerí* wurden assimiliert. Gegenwärtig existieren Ansiedlungsflecken' der Kalinya zwischen Oroñato und Supamo, an Güere, Cabrutica und Mapire sowie am Orinoco bei Moitaco (Venezuela), an der Mündung des Oiapoque (Brasilien), nahe Kourou, an Iracoubo, Mana, Maroni (Französisch-Guayana), Cottica, Suriname, Saramacca, Nickerie, Wayambo, Coppename (Surinam), Barama und Barima (Guyana).

Immigranten, entwurzelt von den Wirren der Cabanada (1835/1836), waren die Vorfahren der «*Karipuna*». Am Rio Curipi im brasilianischen Amapá, wo diese Menschen Zuflucht fanden, gesellten sich Paliku'ene zu ihnen, später auch Mulatten und Weiße. Ursprünglich sprachen die «Karipuna» *Nheengatú*, die amazonische Lingua franca, und Portugiesisch. An der Küste ging man zu dem hier üblichen Patoá über. 1986 wurden 1050 Stammesmitglieder registriert.

Wälder Inner-Guayanas. Vom brasilianischen Bundesstaat Amapá im Osten bis zu Orinoco und Amazonas spannt sich ein fast geschlossenes Baumkronendach. Doch das Bild der Hyläa, wie Alexander von Humboldt die tropischen Holzpflanzenformationen nannte, ist nicht einheitlich. Dominieren im Norden noch Passatwaldtypen, so treten weiter südlich Saisonregenwälder und schließlich Immergrüner Regenwald an ihre Stelle. Mancherorts lockert der Baumbestand auf und gibt Raum für Savannen. Das Bodenrelief onduliert. Im Mittelteil der Region schlägt es kräftige Gebirgsfalten.

Ihre Ernährung stellen die Einheimischen im wesentlichen durch Feldbauprodukte sicher. Hinzu kommen Nutzung von Fruchtbäumen, Fischfang und Jagd.

Spät erst überschritten die drei Tupí-Völker Inner-Guayanas den Amazonas. Sie stammen vom Unterlauf des Rio Xingú. Versuche der Jesuiten, die Bewohner dieses Flußabschnitts seßhaft zu machen, standen unter keinem glücklichen Stern. Epidemien rafften viele Indianer dahin, und Überlebende flohen zwischen 1680 und 1720 nach Norden. Die *Teko* (Emerillon) ließen sich an Oyapock, Camopi und Tampock in Franzö-

sisch-Guayana nieder. Dort zählten sie 1982 130 Personen. Ihre Vettern, die
Yane (Waiãpi, Oyampi), sind in mehrere Fraktionen gespalten: Eine
Gruppe siedelt am oberen Oyapock in Französisch-Guayana, eine andere
– sie widersetzt sich bis dato jeder Annäherung – am Rio Ipitinga in Pará.
Dialektverschieden von diesen ist eine weitere Abteilung (Waiãpi-puku),
die sechs Dörfer an den Flüssen Inipukú, Onça und Karapanaty in Amapá
bewohnt. Weiter östlich, am Rio Amapari, lebt eine zweite isolierte Gemeinschaft. 1982 gab es 412 Yane in dem französischen Übersee-Departe-
ment, in Brasilien (1985) wurden 369 Individuen erfaßt. Den *Zoé* (Apama,
Poturu) war 1820 der deutsche Forscher Carl Friedrich Philipp von Martius am Nordufer des Amazonas begegnet. Danach blieben sie mehr als
eineinhalb Jahrhunderte verschollen. Erst 1975 stießen Geologen am Rio
Curuati in Pará auf ihr Dorf, wurden aber mit einem Pfeilhagel fortgejagt.
Heimliche Bekehrungsversuche der amerikanischen *New Tribes Mission*
endeten 1988 im Fiasko: Von 142 Indianern holten sich 45 die Grippe und
starben. FUNAI, Brasiliens Indianerbehörde, erwirkte daraufhin die Ausweisung der Missionare. 1990 gab man die Zahl der Zoé mit 110 an.

Inner-Guayana gehört zum Kernland der Kariben. Entsprechend breit-
gefächert ist das ethnische Spektrum. Einigen Gruppen allerdings droht
Auflösung. Ein solches Schicksal gewärtigen die *Kỳrỳhne nỳmỳrỳ* oder
Apalaí, zu denen sich Mitte der 80er Jahre nur noch 83 Personen bekannten. Sie unterhalten eine Siedlung auf der Insel Maçaranduba im Rio Jari,
mehrheitlich aber bewohnen sie gemeinsame Dörfer mit den *Wayana*
(Urukuyana, Roucouyenne) am Rio Parú de Leste in Pará. Letztere treffen wir auch in Französisch-Guayana, am Zusammenfluß des Litani mit
dem Maroni und am Lawa, sowie in Surinam (oberer Litani, Lawa und
oberer Tapanahoni). 1986 lebten in den drei Ländern 875 Wayana.

Die Brasilien und Surinam scheidenden Grenzgebirge Tumucumaque
und Acaraí waren früher Heimat der *Tarẽna* (Tiriyó). Diese zerfielen in
etliche politisch autonome Lokalgruppen (Aramičó, Aramayana, Oko-
moyana, Maračó, Sakỳta, Pŭropû und Pŭruyana). Gegenwärtig findet man
sie in Missionsdörfern am oberen Parú de Oeste in Pará sowie an den Flüssen Kuruni und Tapanahoni in Surinam. Die Gesamtbevölkerung umfaßte
1986 850 Seelen. Erst 1968 in den Wäldern nördlich des Tumucumaque-
Gebirges aufgespürt, sind die *Tura* (Akuriyó, Wama) jetzt so gut wie ausgestorben. Nach der Kontaktaufnahme brachte man diese Jäger und
Sammler in Tarẽna-Missionen unter, wo sie mit den Ortsansässigen ver-
schmolzen. 1977 bezeichneten sich noch 60 Leute als Tura.

Opfer willkürlicher Umsiedlungspolitik wurden auch die *Karỳhne*
(Warikyana, Maipuritxana) in Brasilien. In mehreren Untergruppen
(Kašuyana, Yaskuryana, Káhyana, Joroáyana, Šikuyana, Kahúyana, Ewar-
hoyana, Pawišiyana) bevölkerten sie einst das Einzugsgebiet des Rio Trom-
betas. 1968 fusionierten die Verbände. Man flog sie an den Parú de Oeste
aus, wo sie ein Dorf am Igarapé Acapú bezogen. Andere verschlug es

an den Rio Nhamundá; dort gründeten sie die Siedlung Porteira. Einige Unbezähmbare hingegen verschanzten sich in Waldverstecken am Rio Cachorro, am Paranápanema, am Agua Fría und am Kaxpakurú. 1981 erfaßten Demografen in den Missionen am Rio Parú 110 Karỳhne. Hinzurechnen müssen wir die 24 Einwohner von Porteira und ungefähr 150 freie Stammesmitglieder.

Wie die meisten Indianer der Region untergliedern sich auch die *Kỳrỳna* (Parukotó, Farukwotho) in zahlreiche Stammesgruppen: Waiwaíyi (Wai-Wai), Hiškaryana, Čiríwiyana (Txeréu, Txaraumare, Xalumã), Kumiyana, Karafawyana, Šãwiyana, Kamarayana, Yukwarayana und Turuwíyana. Ihre jüngere Geschichte steht ganz im Zeichen missionarischer Aktivitäten. Die zusammenfassend «Wabui» genannten Verbände an den Mittel- und Oberläufen von Nhamundá und Jatapú sammelten sich unter dem Einfluß von Werbern des ILV *(Instituto Lingüístico de Verano)* in einem Gemeinschaftsdorf (Cassauá) am Rio Nhamundá. Ähnlich verlief die Entwicklung am oberen und mittleren Mapuera, dessen Bewohner in der älteren Literatur als «Katuêma» oder «Katawian» erscheinen. Dort und am Essequibo in Guyana konzentrierten Katecheten der UFM *(Unevangelized Field Mission)* mehrere Stämme. 1971 verwies die links-nationale Regierung Guyanas die UFM des Landes. Die Masse ihrer Schützlinge folgte den Geistlichen nach Brasilien. Hier gründeten indianische Pastoren die Sprengel «Wai-Wai» am Rio Anauá (Roraima) und «Yxamná» am Mapuera (Pará). Doch beileibe nicht alle Kỳrỳna folgten dem Ruf der Missionare. Überall im einstigen Stammesgebiet verbergen sich kleine Gemeinschaften vor den Weißen: zwischen Baracuxi, Novo und Curupati, am oberen Rio Turunu, am Igarapé Cachorrinho, am Rio Kafuini, am Rio Urucurina, am Igarapé Cidade Encantada sowie zwischen Igarapé Cidade Velha und Rio Jatapú. 1984 zählte man in den kontrollierten Niederlassungen 1186 Kỳrỳna und vermutete, daß etwa 300 weitere in den Wäldern ausharren. Wie alle Indianer an der nördlichen Peripherie Brasiliens sind die dissidenten Gruppen durch das Calha Norte-Projekt gefährdet, einen 150 km breiten und 6500 km langen Streifen, der zum Zwecke der Landesverteidigung mit Panzerstraßen, Landepisten und Kasernen bestückt wird.

Mit Pfeil und Bogen wehrten sich in den 60er und 70er Jahren die *Ki'inya* (Waimirí-Atroari, Jawaperi) gegen den Bau der Nationalstraße Manaus–Boa Vista durch ihr Kernland am Rio Alalaú. Doch der Allianz aus Regierung, Konzernen, Militär und FUNAI waren die Indianer am Ende nicht gewachsen. Nach der «Pazifizierung» dezimierten Ansteckungskrankheiten die Bevölkerung, die immerhin heute (1991) wieder 505 Personen umfaßt. Etwa 10% ihres Reservationsgebietes sind in den Fluten des Balbina-Stausees ertrunken.

Die (1982) 3193 *So'to* (Maquiritare) besiedeln die Quellregion der Flüsse Ventuari, Erebato, Caura, Matacuni, Cuntinamo und Padamo, den

oberen Mittellauf des Paragua und den Rio Cunucunuma sowie die Umgebung von San Juan Manapiare in Venezuela und den oberen Auarís in
Brasilien. Vier Stammesverbände werden unterschieden: Kúnuhana, Yéku-
hana, Dékuhana und Yawahana (Yabarana). In den zurückliegenden Jahren
haben sie manchen Landrechtsstreit für sich entschieden und waren maßgeblich am Zustandekommen einer panvenezolanischen indianischen
Interessenvertretung beteiligt.

Schlecht steht es um die *Wánai* (Mapoyo). In ihrer venezolanischen
Heimat, den Savannen zwischen Caripo und Villacoa, stieß man 1975 auf
75 Stammesmitglieder, von denen lediglich zwei die alte karibische Sprache beherrschten. Besser haben sich die (1982) 2379 *E'nyepá* (Panare) des
Cuchivero-Beckens im Staat Bolívar (Venezuela) behauptet. Trotz ständiger Auseinandersetzungen mit Diamantensuchern sind sie eine vitale,
expandierende Gemeinschaft.

Einer alten, proto-karibischen Bevölkerungsschicht gehören die (1988)
8693 *Wo'tihé* oder *De'aruwã* (Piaroa) an. Sie leben in den Wäldern und
Savannen um die Flüsse Parguaza, Manapiare, Autano, Cuao, Sipapo und
Guayapo (Venezuela), einige wenige auch am Orinoco sowie an den
Unterläufen von Vichada und Guaviare (Kolumbien).

Um engere Verwandte scheint es sich bei den folgenden Ethnien zu
handeln. Den *Hoti* (Waruwaru, Yuana) begegnen wir an Kaima, Iguana,
Zariapo, Majagua, Asita und Parucito in Venezuela. Anfang der 80er Jahre
verteilten sich 398 Personen über das Gebiet. Am Fuß des Marahuaca-
Gebirges saßen in früherer Zeit die *Lukhute* (Maaku). Angriffe indianischer Feinde vertrieben sie aus Venezuela nach Brasilien, wo die Lukhute
allmählich in einheimischen Stämmen aufgingen. 1969 konnte noch ein
Geschwisterpaar ausfindig gemacht werden, das sich am Rio Uraricuera
aufhielt. Ähnlich erging es den *Kina* (Awaké), die sich heute, nach einer
Fremdbezeichnung, auch *Uruak* nennen. Von ihnen traf man 1983 nurmehr 10 Individuen an den Oberläufen von Paragua (Venezuela) und Uraricaá (Brasilien) an. Und von den 23 *Yaakan* (Sapé, Kaliana, Marakaná) an
Paragua und Karún waren lediglich fünf fähig, ihre ursprüngliche Sprache
zu sprechen.

Sanẽma (Shirishana, Guaharibo) und *Ninam* (Parawap) vertreten in Inner-Guayana die Yanoama-Völker. Erstere, um 3300 Personen, siedeln an
den Flüssen Caura, Erebato, Ventuari, Auarís, Aracaça und Padamo entlang
der brasilianisch-venezolanischen Grenze. Unter 200 gesunken ist die Zahl
der Ninam vom oberen Rio Paragua, vom Rio Uraricaá und vom mittleren Rio Uraricuera (Venezuela/Brasilien).

Gran Sabana. Vom oberen Rio Branco in Brasilien erstreckt sich über
benachbarte Teile Guyanas bis tief nach Venezuela eine savannenbedeckte
Hochebene, die Gran Sabana. Aus dem Umland ragen im nördlichen Abschnitt bizarre Tafelberge *(Tepuis)*; sie erreichen Höhen von knapp 3000 m.

Atemberaubende Wasserfälle, darunter der berühmte Salto de Angel, tosen von den «Häusern der Götter» zu Tal.

Die indianischen Bewohner nutzten ausgiebig den früheren Tierreichtum der Hochfläche. Hauptsächlich aber treiben sie Landwirtschaft, manche nun auch Viehzucht. Von herausragender ökonomischer Bedeutung ist die Moriche- oder Buriti-Palme *(Mauritia)*. Ihre Stämme und Blätter stellen wichtige Baumaterialien dar. Die Früchte weisen hohen Vitamin-C-Gehalt auf, und aus dem Fruchtmark wird nach Abpressen des Öls (reich an Vitamin A) Stärke zum Brotbacken gewonnen.

In der Gran Sabana treffen wir wieder mehrere karibische Völker. Demografischer Spitzenreiter mit (1983) 14 397 Angehörigen sind die *Pemonkon* (Makuxí) an Amajari, Tacutú, Cotingo, Ireng/Mau und Rupununi im brasilianischen Roraima sowie in der Rupununi-Provinz Guyanas; weitere 700 leben mit *Wapišana* (s. dort) in gemischten Dörfern. Die verwandte Dialekte sprechenden *Pemonton* (Kamaragotó) am oberen Carrao in Venezuela sowie am Kamarang River in Guyana, die *Pemon dama* (Arekuna) an Kamarata, Carrao, Paragua, Caroni und Urimán (Venezuela) und die *Pemongon* (Taurepang, Taulipang) an Kukenam, Wairén, Wonkén, Waiparu (Venezuela), Amajari und Surumu (Brasilien) zählten 1982 zusammen 11 684 Mitglieder. Bei allen Ethnien der Pemon-Gruppe sind religiöse Synkretismen stark ausgeprägt. In neuester Zeit ist dies vor allem die San Miguel-Bewegung, in deren Mittelpunkt die rituelle Vorbereitung auf das nahende Weltende steht. Hierbei verschmelzen die visionären Elemente des traditionellen Bekenntnisses mit den Inhalten anderer indianisch-christlicher Kulte (Aleluya/Ariroya, Chochimán, Chimiding) und katholischen Symbolen vor dem Hintergrund scharfer Auseinandersetzungen um Landrechte zu einer neuen Glaubensaussage. Seit Bestehen des Canaima-Nationalparks in Venezuela bleibt zumindest dieser Teil des Pemon-Gebietes von unrechtmäßiger Aneignung durch Goldschürfer und Viehzüchter verschont. Der Park bietet zudem einträgliche Beschäftigungsmöglichkeiten als Ranger, Touristenführer und Träger.

Um Kariben handelt es sich auch bei den *Kapon*. Üblicherweise werden drei Regionalgruppen unterschieden. Kawaigok (Akawaio) aus dem oberen Mazaruni-Becken in Guyana, Kwatingok (Ingarikó) an Cotingo und Wailán (Brasilien) und Eremagok (Patamona) zwischen Potaro und Ireng (Guyana). 1983 wurden 6527 Individuen erfaßt. Weltweite Aufmerksamkeit erregten die Kapon durch ihren Kampf gegen den geplanten Mazaruni-Staudamm. Das Projekt würde die Umsetzung etlicher Dörfer erzwingen und zu tiefgreifenden Veränderungen im traditionellen Kulturbild (Kapitalwirtschaft, Lohnarbeit) führen.

Mit 8319 Exponenten tauchten 1988 die aruakischen *Wapišana* (Mawayana) Brasiliens und Guyanas in den Statistiken auf. Dazu kommen noch 80–100 weitere an Tawini und Tacutú, die Fremden aus dem Weg gehen. Hauptverbreitungsräume der Wapišana sind der Rio Amajari sowie die Gegend zwischen dem unteren Uraricuera und dem oberen Rio Branco. Andere Niederlassungen bestehen an Surumu, Rupununi, Kuyuwini und Essequibo. Einige Stammesmitglieder folgten Missionaren an Nhamundá, Anauá und Mapuera. Örtlich findet man Gemeinschaftsdörfer mit den *Pemonkon*. Interessanterweise haben die seit 1810 nach Osten vorrückenden Wapišana ein ganzes Volk, die vom Amazonas stammenden *Anawišana* (Taruma, Aruaki, Atoraí), integriert. Auch Teile der karibischen *Kỳrỳna* (s. dort) verdanken ihre Existenz einer Mischung mit Anawišana.

Fast geisterhaft muten Berichte über die *Amanarawa* (Piriutiti, Repeworiworimo, Araráu) an. Diese Jäger und Sammler durchwandern die Savannen der Oberläufe von Rio Alaláu und Rio Pitinga im äußersten Nordosten des brasilianischen Staates Amazonas. Ihrer Eigenbezeichnung nach zu urteilen, sprechen sie Tupí und mögen mit den sogenannten «Apotó» identisch sein, die 1639 am mittleren Nhamundá siedelten. Wie viele Amanarawa das Grasland birgt, wissen wir nicht, mehr als 150 aber dürften sich dort kaum noch behaupten.

Wasserscheide von Orinoco und Rio Negro. Entlang der brasilianisch-venezolanischen Grenze scheiden Gebirgsketten, die am Pico da Neblina 3045 m emporsteigen, die Wässer von Orinoco und Rio Negro. Mit Ausnahme der höchsten Gipfel, deren Vegetation andinen Pflanzengesellschaften ähnelt, bedeckt Passatwald das Gebiet. An Schwarzwasserflüssen und Quellsümpfen stockt Schwarzwasserwald mit vielen Palmen und blattarmen Bäumen, deren Stämme häufig unförmig aufgetrieben oder – wie ins Gegenteil verkehrt – gertenschlank sind. Südlich der Bergfestungen herrschen Regenwaldtypen vor.

Die Indianer dieser Landstriche kultivieren Bananen, Süßmaniok, Ocuma *(Xanthosoma)* und Yam *(Dioscorea)*, bringen aber auch Waldfrüchte und allerlei Kleintiere ein. Wo es die Wildbestände zulassen, geht man zur Jagd. Auch Fischfang ist eine wirtschaftliche Größe.

Im wesentlichen setzt sich die indigene Bevölkerung aus Yanoama-Gruppen zusammen. Vorbewohner, meist Aruaken, wurden von ihnen ausgerottet. Den Yanoama selbst ist in den vergangenen Jahren übel mitgespielt worden. Die in Brasilien ansässigen Stämme erlebten 1987 eine Invasion weißer Kolonisten und Schürfer, nachdem sich herumgesprochen hatte, daß in ihrer Domäne Gold, Zinn und Diamanten vorkommen. Der damalige Präsident José Sarney verfügte die Zergliederung indianischen Territoriums in 19 auseinandergerissene Gebietsteile und ermunterte Weiße, die Bodenschätze der Region auszubeuten. 1991 hob Sarneys Nachfolger Fernando Collor de Mello entsprechende Verordnungen auf. Etwa 1500 Indianer jedoch opferten dem Goldrausch ihr Leben. Zeitweise schritt sogar Militär ein, um Ortsfremden den Zutritt zum Yanoama-Land zu verwehren. Wie sich das weitere Schicksal der Autochthonen in Brasilien nach Absetzung des indianerfreundlichen Politikers gestaltet, steht in den Sternen.

Das am weitesten verbreitete Volk der Yanoama-Familie sind die *Yanomamïtêpê* (Yanomami, Waika, Xamatari, Araraibo etc.). Etwa 12 000 Personen siedelten Ende der 80er Jahre an den Flüssen Siapa, Maravaca, oberer Orinoco, Ocamo und unterer Padamo in Venezuela sowie am Quellarm des Rio Demini, am oberen Araçá, am Rio Marari, am Marauiá, am Rio Castanhal und im Quellgebiet des Rio Cauabori in Brasilien. Die Bewohner der Sierra de Unturán und des über weite Strecken unerforschten Siapa-Tals leben praktisch ohne Berührung mit Weißen. Weiter östlich, an den Quellen des Orinoco in Venezuela, am Mittellauf des Rio Demini, im Hinterland des Rio Mapulaú, am Rio Tootobi, am oberen Catrimani, am Rio Couto de Magalhães, am oberen Mucajaí, am Rio Cutaibá und nahe dessen Einmündung am Uraricuera sowie am Rio Parima in Brasilien, liegen die Dörfer der (1988) 4800 *Yanowamê* (Yanoama, Surára, Xuríma, Parahuri). Stark abgenommen haben zuletzt die *Yainoma* vom mittleren Catrimani (1988: 205), die *Yanoma* (Jawarí) aus der Gegend von Ajarani und Apiaú (1988: 175) und die *Yanam* (Casapare) vom mittleren Rio Mucajaí (1988: 119).

Bestätigt werden konnte unlängst die Existenz der *Akaino* (Makuqúr, Mainatari), eines Völkchens, das nicht zu den Yanoama gehört, sondern mit den *Kina* und *Yaakan* (s. dort) verwandt scheint. Ursprünglich saßen die Akaino am oberen Siapa in Venezuela, wurden aber von den *Yanomamïtêpê* nach Brasilien vertrieben. Am Südhang der Serra Tapirapeco fanden sie, weiter bedrängt von ihren Widersachern, trügerische Zuflucht. Die genaue Anzahl ist unbekannt; Schätzungen schwanken zwischen 80 und 150 Individuen.

Flußtäler im Einzugsgebiet des oberen Rio Negro. Vom Rio Baria im Osten bis zum Rio Apaporis im Westen spannt sich an der Nordwestgrenze Brasiliens mit Venezuela und Kolumbien ein Gewässernetz, dessen Zubringer die Oberläufe von Rio Negro und Japurá/Caquetá speisen. Dabei kommt es gelegentlich zu scheinbar widernatürlichen Verschlingungen und Umkehrungen der normalen Fließrichtung, auf die bereits Alexander von Humboldt am Beispiel des Casiquiare zwischen Orinoco und Rio Negro aufmerksam machte. Auch der Baria entwässert in zwei Richtungen zum Rio Negro: Da der Fluß während der Regenzeit enorme Wassermassen führt, staut er sich in der Ebene zu einem Binnendelta auf. Aus diesem Labyrinth strömen die Fluten nordwärts über den Pacimoni zum Casiquiare und südwärts über den Maturacá zum Cauabori. Den Indianern waren solche Phänomene vertraut. Sie nutzten die Flußverbindungen als bequeme Abkürzungen bei Fernhandelsreisen.

Allenthalben erstrecken sich lichte Schwarzwasserwälder, bei denen man zwei Typen unterscheidet – den nach Starkregen überschwemmten

Sandbodenwald *(Campinarana)* der «Amazonischen Caatinga» und den vom jährlichen Hochwasser metertief getauchten *Igapó* der Flußrandgebiete. Nach Süden hin werden sie von immergrünem Tropenwald abgelöst. Fischerei spielt hier die dominierende wirtschaftliche Rolle. Dazu tritt in ähnlichem Umfang der Anbau von Feldpflanzen.

Der aruakischen Völkerfamilie gehören die *Baniwá* an. Sie siedeln am Rio Casiquiare, am Guainía und am Orinoco bei Sta. Bárbara in Venezuela. Hier zählten sie 1982 1167 Personen. Im Cauabori/Baria-Flußsystem und am Rio Negro treffen wir die (1982) 1288 *Bale'ene* (Baré, Mandawaka), am Rio Xié in Brasilien, an Casiquiare und Rio Negro (Venezuela) die (1982) 704 *Waléxena* (Warekena). Weiter westlich, an Içana, Ayarí, Cuyarí, Aquío und Guainía im Dreiländereck von Brasilien, Kolumbien und Venezuela, leben die *Wakuénai* (Baniwa do Içana, Curripaco, Karutana). Ihre (1985) 4672 Angehörigen zerfallen in drei Dialektgruppen – Karum, Kúrrim, Ñame – und elf sozio-territoriale Gemeinschaften (Toke Tlakénai, Walipore Dakénai, Turi Mnanai, Kapití Mnanai, Kumada Mnanai, Ayahene, Maúline, Moriwene, Payowaline, Dzawínai, Mapanai). Die 1725 *Taliáseri* (Tariana) sprechen neben ihrer eigenen Mundart noch die Sprache der *Daxsyẽ* (s. dort), als deren Vasallen sie gelten. Ihre Dörfer liegen am mittleren Vaupés in Brasilien und Kolumbien.

Im Becken des Rio Apaporis in Kolumbien befindet sich ein weiterer aruakischer Verbreitungsschwerpunkt, doch haben die hier ansässigen Stämme seit Beginn unseres Jhs. dramatische Bevölkerungseinbußen erlitten. 618 Individuen bezeichneten sich 1988 als *Kamejeya* (Yukuna). Sie siedeln am Mirití Paraná und am Rio Popeyaca. Von den Kamejeya adoptiert wurden Reste der *Inauké* (Jupichiya, Matapí), die ihr Engagement im kolumbianisch-peruanischen Krieg (1933–1934) mit fast völliger Auslöschung bezahlen mußten. So gut wie verschwunden sind auch die *Kabiriari* (Cabre, Cauiari) vom unteren Rio Cananari; zu ihnen bekannten sich 1985 lediglich 45 Menschen, Mischlinge nicht eingerechnet. Die (1988) 70 *Anuša* (Resígaro) finden wir in Gemeinschaft mit den *Ufaínra* (s. dort) an Guayaca, Mirití und Apaporis. Angehörige ihrer Volksgruppe wurden während des Kautschukbooms bis Peru verschleppt, wo sich auch heute noch einige aufhalten mögen.

Einen Keil zwischen die Verbreitungsinseln der Aruaken treiben Stämme, die allesamt der Tukano-Familie angehören. Jeder Stamm bildet eine linguistisch-territoriale Einheit. Diese teilt sich in eine Reihe von Klanen (Sippen), deren Mitglieder untereinander nicht heiraten dürfen. Ehepartner kommen demnach aus anderen Verbänden, sprechen also eine abweichende Sprache.

Heiratsbeziehungen zu benachbarten Aruaken, aber auch zu Vertretern derselben Sprachlinie weiter nördlich, unterhalten die Tukano an Mirití Paraná, Apaporis und Piá Paraná. Dort sind die 25 *Puaimúhâ* (Yahuna, Dêtoana, Letuhama), die 245 *Ufaínra* (Opaina, Tanimuka), die 475 *Buhugá*

Mása (Makuna, Karawatana, Buigana), die 355 *Yebá Masã* (Barasana, Yabahana, Palenoa) und die 98 *Okô Masã* (Taibano, Eduria) zu Hause.

Zu den östlichen Tukano leiten die (1981) 498 *Xéna* oder *Ñemỳrekó Kamahá* (Tatuyo) an den Quellwässern des Pirá und am oberen Caño Yapú sowie die (1981) 929 *Mỳhtá Mahá* (Carapano, Karapana) über; letztere haben sich an Yi, Ti und Papurí niedergelassen. Der Vaupés und seine Seitenarme im brasilianisch-kolumbianischen Grenzland werden von den zahlenmäßig bedeutendsten Ethnien eingenommen. Nennen müssen wir die *Wai Mahá* (Bará, Pokangá) an Tiquié, Pirá Paraná, Yapú, Mitú und Carurú (1981: 591), die *Wai Hiana* (Yurutí, Jurití) an Paca, Yi, Tuy, Fariña und Tatú (1981: 950), die *Kotiria* (Wanâna, Guanano) vom Vaupés zwischen Yawareté und den Uaracapurí-Stromschnellen (1981: 1158), die *Wina* oder *Ẽmẽkho Mahsãn* (Desana) an Cucura, Abiyú, Timbo, Murutinga, Macú Paraná, Virari und Cuyucú (1981: 2054), die *Vina* oder *Umuri Mahsãn* (Siriano, Suriâna) an Vina, Papurí und Caño Ti (1981: 305), die *Doxkapuara* (Tuyuka, Tejuca, Diikâna) an Inambú, Abiyú, Uacaricuara und Tiquié (1981: 1153), die *Wai Kâna* (Pirá-tapuyo) vom unteren Papurí, Macú Paraná, mittleren Vaupés und Tiquié (1981: 1598) und die *Daxsyẽ* oder *Ñamiri Mahsã* (Tucano, Tukâna) an Papuirí, Tiquié, Yapú, Vaupés und (rezent) am Rio Guaviare bei San José (1981: 4116). Die 308 *Konéa Mahsã* (Arapaso) und 92 *Neenoa* (Mirití-tapuyo) sprechen heute ebenfalls Daxsyẽ. Eine Sonderstellung nehmen die (1981) 3067 *Pamíwa* (Cubeo, Kobéwa) vom mittleren Vaupés, Querarí, Cuduyarí und Ayarí ein, denn als einzige Tukano-Gruppe bevorzugen sie Eheschließungen in der eigenen Gemeinschaft.

135 Personen bekräftigten Ende der 80er Jahre ihre Zugehörigkeit zu den *Emeheitè* (Miraña, Imihita). Mit *Ufaínra* und *Anuša* bewohnen sie Streusiedlungen an Mirití Paraná und Apaporis. Unklar ist ihre linguistische Zuordnung. Wahrscheinlich sind sie, wie auch die *Komoenède* (s. dort), Tukano-Verwandte.

Zwischenflußgebiet von Rio Negro und Japurá. Im vorigen Abschnitt haben wir die Indianer aus den Stromtälern von Rio Negro und Apaporis kennengelernt. Zwischen den Flußsystemen liegt höheres Terrain, die sogenannte *Terra firme.* Hier wachsen auf armen Böden Saisonregenwälder und Immergrüner Regenwald. Wegen der Kargheit der bereits im Tertiär ausgewitterten Sande und Tonsedimente finden Pflanzer nur ein begrenztes Auskommen. Selbst nach Brandrodungen, die dem Boden Mineralstoffe zuführen, gedeihen dort weder Bananen noch Erdnüsse oder Mais. Überwiegend sind die Bewohner der Gegend daher Jäger und Sammler. Einige stehen zu den benachbarten Tukano in einem wirtschaftlichen Symbioseverhältnis: Die Waldstämme beliefern die Flußindianer mit Wildbret, Nüssen etc. und erhalten im Austausch Feldbauprodukte oder Fisch. Auch nach Ansiedlung von Teilgruppen bei Missionsstationen wird an diesem Modus vivendi festgehalten.

*14. Lautlos und
tödlich –
das Blasrohr;
Nadeb*

Früher hat man die Indianer der «Terra firme» am Japurá und im
Vaupés-Becken undifferenziert «Makú» genannt und so einen Zusammenhang konstruiert, der in Wirklichkeit nicht existiert. Es sind sechs
Volksgruppen zu unterscheiden. An den Oberläufen von Urubaxi,
Uneiuxi, Marié und Curicuriari sowie am Paraná Boá Boá leben die *Nadeb* oder *Kaború* (Guariba, Caburicena). Bei Kolonisten am Japurá gerieten
sie wegen nun lange zurückliegender Überfälle in Verruf. 1981 galten
180 Personen als «befriedet»; weitere 150–200 Nadeb aber halten sich
noch im Wald verborgen. Eine ganz andere Sprache sprechen die (1989)
72 *Xoti* (Dow, Kamã) zwischen unterem Curicuriari, Rio Mene und Rio
Negro. Das Idiom steht den Mundarten der (1989) 370 *Yehop'dé* (Desana-
Makú) und 1208 *Hup'dâ* (Tukâna-Makú) nahe. Den in die dialektver-
schiedenen Fraktionen Têw Dé (Deu), Nayn Dé und Boyop Mi gespaltenen Yehop'dé begegnet man östlich des Rio Traíra und an den Quellen des
Tiquié, den Hup'dâ (einschließlich Porái Dâ und Menai Dâ) zwischen
Papurí und dem unteren Tiquié, ferner am Vaupés bis Taracuá sowie (re-

zent) am Rio Uneiuxi. Die (1970) 217 *Kakwa* (Bará, Cubeo-Makú) im Hinterland des Rio Querari und die vielleicht 120 *Nukak* (Macusa) vertreten eine weitere, linguistisch eigenständige Abteilung. 1988 beendeten die Nukak mehrheitlich ihre Isolation in den Sumpfwäldern der Oberläufe von Guaviare, Inírida und Pupunaua.

Zuletzt erwähnen wir die karibischen *Kali'ona* (Umaua, Carijona). Wie auch die Nadeb neigen sie eher als die «Makú» des Vaupés-Beckens der Landwirtschaft zu. Ihre Zahl hat seit Beginn unseres Jhs. stark abgenommen. Um La Pedrera und bei Puerto Nare in den kolumbianischen Departements Vaupés und Amazonas ermittelten Forscher 1988 nurmehr 147 Individuen.

Die Indianer am Anden-Osthang und in Westamazonien

Am Ostabfall der südamerikanischen Kordilleren läuft der Hangfuß des Gebirges in einer Reihe tektonischer Stufen aus, die zum Amazonasbecken hin immer flacher werden. Bestimmen im Westen noch tief eingesägte Schluchten, steile Bergflanken und schroffe Grate den Landschaftscharakter, ähnelt die Szenerie weiter östlich, wo nur noch Hügelketten und isolierte Buckel auftreten, dem weniger abwechslungsreichen Tiefland. Das uns hier interessierende Areal greift halbmondförmig nach Ostbolivien und Südkolumbien aus; es schließt den Westen Brasiliens zwischen den Flüssen Japurá und Purús ein.

Durch die ethnografische Brille betrachtet, stechen kulturelle Gemeinsamkeiten mit den Bewohnern des Amazonasbeckens ins Auge, ein Eindruck, der sich verdichtet, je weiter man nach Osten kommt. Abseits der Stromtäler aber neigen die Menschen zu noch stärkerer Vereinzelung. Das Großhaus, das mehreren Familien Platz bietet, ersetzt dort oft die Dorfgemeinschaft. Auch andine Einflüsse sind, wenngleich in unterschiedlicher Ausprägung, festzustellen. In früherer Zeit sorgten rege Handelskontakte zwischen Hoch- und Tiefland für entsprechende Impulse.

Als Spiegelbild naturräumlicher Zerklüftung und Kammerung erscheinen die kulturgeografischen Verhältnisse. Sie finden ihren Niederschlag in regionalen Sonderungen, die wir nun behandeln wollen.

Oberer Amazonas. Der Oberlauf des Amazonas (Solimões) vom Zusammenfluß seiner Quellarme Marañón und Ucayali bis zur Einmündung des Japurá/Caquetá bildet die Achse des Gebietes, das von Immergrünem Regenwald bedeckt ist.

Schon in Peru streckt sich das Bett des Hauptstromes mehrere Kilometer in die Breite. Da der Amazonas aus den geologisch jungen Anden gewaltige Mengen Sedimente heranführt, lagert er seine trübe Fracht, abhängig von Strömung und Korngröße, in Randzonen streifenförmig an.

15. Kopfmaske in Tapirgestalt aus Rindenbast über einem Rohrgeflechtrahmen,
Pu'ina (Yuri)

Bis zum nächsten Hochwasser werden dabei riesige Uferseen vom Fluß
abgeschnitten. Solche unbeständigen Randseen der Überschwemmungs-
zonen *(Várzeas)* sind die wichtigsten Lebensräume für Tiere und Pflanzen,
denn wegen der dauernden Zufuhr mineralischer Nährstoffe ist dort, anders als im Bereich der höher gelegenen *Terra firme*, der Tisch stets reich
gedeckt.

Angelockt von der üppigen Fauna und Flora, siedelten bei Ankunft der
Europäer einige Hunderttausend Indianer in der Várzearegion. Das fruchtbare Schwemmland bot ihnen ausgezeichnete Bedingungen für den Feldbau, und sie schöpften aus einem Überangebot limnischer Ressourcen.
Fischfang bereichert daher am oberen Amazonas seit alters den Speisezettel. Frühere Bewohner legten gar künstliche Bassins an, in denen sie besonders schmackhafte Schuppenträger und Schildkröten vermehrten.

Vor allem im brasilianischen Teil des Areals finden wir mit einer Ausnahme nur noch unbedeutende Reste der Alteingesessenen. Zwangsmis-

16. Rüsselkäfermaske der Pu'ina. Sammelobjekte wie dieses Stück sind oft letzte Erinnerung an längst ausgestorbene Volksgruppen

sionierung und die Widerwärtigkeiten des Kautschukbooms forderten einen hohen Tribut. Von den einst weit verbreiteten Aruaken, den Šimana (Pasé), *Asinani* (Kayuitxâna), *Inabišana* (Wainumá) und *Tewun* (Marawa, Mayoruna), war Mitte der 80er Jahre bis auf 199 Tewun, die in der Niederlassung Marajaí westlich von Tefé lebten, keine Spur mehr zu entdecken. Sie sind ausgestorben oder in der örtlichen Mischbevölkerung aufgegangen.

Besser behaupten konnten sich Angehörige der Tupí-Familie. 1985 zählte man in Peru, Kolumbien und Brasilien 19 918 Ñapisar (Cocama, Cocamilla, Ingano) – die meisten im Mündungsdreieck von Marañón und Ucayali. Dagegen wurden im selben Jahr nur noch 956 Yapisava (Omagua, Kambebá) ausfindig gemacht. Sie wohnten um Omaguas am peruanischen Amazonas sowie zerstreut am Solimões in Brasilien.

Nach neueren Erkenntnissen muß man die (1988) 3466 *Miamuna'a* (Bora, Miranha) dem erweiterten Tupí-Spektrum zurechnen. Als isolierter

Vorposten früherer Tupí-Wanderungen glichen sie sich, wie auch die wahrscheinlich verwandten *Paatsyáxa* (Andoqué) und *Uvo'odsa* (Ando-quero), ihren Huitoto-Nachbarn an. Wir treffen die Miamuna'a an den Flüssen Algondón, Ampiyacu, Cahuinari, Igará Paraná, Manay und Yagu-asyacu im kolumbianisch-peruanischen Grenzland, eine Minderheit in der Umgebung von Uarini und Tefé am brasilianischen Amazonas.

Eine schwer einzuordnende Sprache auf Tupí-Grundlage sprechen die (1985) 169 *Paatsyáxa* (Andoqué) vom Caño Aduche, vom unteren Arara-cuara und vom Rio Pedrera in Kolumbien. Sie stehen zu den *Komoenède* (s. dort) in enger sozialer und wirtschaftlicher Beziehung.

Im Gebiet vertreten (1985) 247 *Maí Huna* (Coto, Orejón) die «echten» Tukano. Ihre Heimat ist die Uferlandschaft an Napo, Algodón, Yanayacu, Sucusari und Putumayo in Peru.

Die *Duuxunagu* oder *Maguta* (Tukuna, Tíkuna) sind Tukano-Verwandte, die während der Missionsperiode aus den Wäldern der «Terra firme» zum Amazonas vorrückten. Dort bewohnen sie in einer Stärke von 23 102 Per-sonen (1987) hauptsächlich die Flußstrecke zwischen den Mündungen von Içá und Yavarí im Gehrungspunkt Brasiliens, Kolumbiens und Perus.

Scheinbar handelt es sich auch bei den *Komoenède* (Huitoto) um Vettern der Tukano-Völker. Wie alle Ethnien im Umkreis des Rio Putumayo lit-ten sie unter den unmenschlichen Arbeitsbedingungen, die ihnen Kaut-schukbarone zu Beginn unseres Jhs. aufzwangen. Viele wurden aus Ko-lumbien nach Peru verschleppt, wo Hunderte ihr Leben ließen. Um so erstaunlicher ist das demografische Comeback der Komoenède: An Ca-quetá, Cara Paraná, Igará Paraná, Putumayo und Ampiyacu hausen heute (1988) 3777 Mitglieder dieser Gruppe, die in vier sozio-territoriale Ein-heiten zerfällt – *Buĕdĕno* (Muruí), *Mĕnĕkatĕno* (Meneca), *Mikatĕno* (Mica) und *Nepodĕno* (Muinane). Zusammen mit den Komoenède be-sprechen wir hier *Añonoša* (Nonuya, Muinane) und *Diokayade* (Ocaina). Von den (1988) 160 Añonoša hält sich die Mehrheit an Cahuinari und Igará Paraná auf; einige wenige fanden bei befreundeten Stämmen in Peru Obdach. Um San Andrés in Kolumbien sowie entlang der Flüsse Am-piyacu, Putumayo und Yaguasyacu in Peru sind die Diokayade zu Hause. Ihre Bevölkerungszahl wurde 1988 mit 380 angegeben, wobei allerdings eine unbestimmte Menge auf die integrierten *Uvo'odsa* (Andoquero) ent-fällt.

Am oberen Amazonas sowie an seinen Zubringern Arambaza, Mo-tahuayo, Oroza, unterer Napo, Mazán, Apayacu, Cajocuara, Corotú, Atacuari, Boyahuasu, Loretoyacu, Nanay, Yaguasyacu, Cotuhé und unterer Yavarí (Peru/Kolumbien) liegen die Dörfer der (1985) 4340 *Ñixámwẽ* (Yagua, Peba). Sie bilden mit den *Tage'iri* (s. dort) eine Spracheinheit, die Beziehungen zum Block der Pano-Völker aufweist.

Echte Pano sind die *Nukunỳbu* (Culino). Sie galten bis vor kurzem als ausgestorben. Anfang der 80er Jahre aber hatten Überlebende südlich von

Benjamin Constant einen Zusammenstoß mit Angestellten der brasilianischen Erdölgesellschaft PETROBRAS, die auf ihrem Territorium Probebohrungen niederbrachten. Nach Schätzungen streifen in dem Raum zwischen unterem Jandiatubá und Itacoaí 200–250 Stammesangehörige umher.

Nördlicher Anden-Ostrand (Montaña). Im Altspanischen bedeutet das Wort *Montaña* «Waldgebirge». Die europäischen Eroberer bezeichneten so den östlichen Andensaum, den sie von nahezu undurchdringlichen Wäldern bewachsen vorfanden. Nur wo die dem oberen Amazonas zustrebenden, oft reißenden Flüsse natürliche Schneisen anboten, gelang die Erkundung der grünen Wildnis.

Bis 1500 m nehmen am Gebirgsrand Regenmenge und -häufigkeit zu. Es ist dies das Habitat tropischer Bergregenwälder mit unvorstellbarer Pflanzenfülle. Die aus dem Tiefland vertrauten Palmen indes fehlen hier weitgehend; sie werden schrittweise durch Baumfarne ersetzt. Oberhalb 1500 m sind heftige Regengüsse seltener. Trotzdem liegt die Zone größter Standortfeuchte höher – bei etwa 2100 m. Dazu kommt es wegen der Kondensation anbrandender Luftmassen in Form von Nebelbänken. In dem dauerfeuchten Milieu gedeiht prächtiger Bergnebelwald, der durch die Anzahl seiner Epiphyten (Moose, Flechten, Farne, Orchideen, Bromeliaceen) auffällt. An Baumstämmen reichen die muffartigen Überzüge der Aufsitzerpflanzen bis zum Waldgrund. Dort gehen sie in eine ebenso reiche Bodenvegetation ähnlicher Lebensformen über.

Die indianischen Bewohner des Areals treiben im Schwerpunkt Landwirtschaft. Ihren Erfolg garantieren fruchtbarere Böden als im Tiefland. Herrschen dort überwiegend beinahe sterile Lateritflächen vor, wird der Untergrund in der Montaña von nur schwach lateritisierten Erden gebildet, örtlich sogar von kräftig entwickelten Mull- und Rohhumusschichten. Wo in Gegenden mit starker Hangneigung schwere Niederschläge herabprasseln, drohen freilich Erosion, Bergstürze und Muren. Auf solchem Gelände arbeitet ein Pflanzer mit hohem Risiko. Mancherorts haben daher Jagd, Sammeltätigkeit und Fischfang Vorrang vor dem Feldbau.

Wegen der ausgeprägten räumlichen Segmentierung ist die Kommunikation zwischen Bevölkerungen verschiedener Täler eingeschränkt. Daraus resultieren enorme linguistische Zersplitterung und großer kultureller Variantenreichtum. Missionierung, verbesserte Infrastrukturen und der Siegeszug des *Runa simi* (Quechua) als Handels- und Verkehrssprache führten allerdings im Zeitlauf zu einer gewissen Vereinheitlichung.

Wir beginnen unsere ethno-demografische Bestandsaufnahme im südlichen Kolumbien und den unmittelbar angrenzenden Gebieten der Nachbarländer. Hier begegnen uns zwei Volksgruppen, die man mit den *Maí Huna* (s. dort) als «West-Tukano» zusammenfaßt. Die Rede ist von den (1988) 1081 *Paín* (Piojé, Encabellado) und den 1077 *Korebahu* (Coreguaje, Tama). Erstere unterteilen sich in zwei dialektverschiedene Sektionen – Gatuya Paín (Siona) und Sekoya Paín (Secoya); sie leben an den Flüssen Angusilla, Aguarico, Yubineto und Putumayo im Dreiländereck von Kolumbien, Peru und Ecuador. Am Rio Orteguaza im kolumbianischen Departement Caquetá liegen die Wohnsitze der Korebahu.

Als Tukanoverwandte muß man die (1988) 945 *Kahefaín* (Kofan) zwischen Aguarico, San Miguel und Putumayo (Kolumbien/Ecuador) ansprechen. Aktivitäten von Erdölgesellschaften sowie ein steter Siedlerzustrom gefährden ihre traditionelle Kultur. Auch *Ite'či* (Taushiro, Pinche), *Itakule* (Urarina) und *Moniči* (Muniche) in Peru ordnen Sprachforscher jetzt dem erweiterten Kreis «tukanoider» Völker zu. Lediglich die (1985) 1590 Itakule an den Flüssen Simbillo, Urituyacu und Chambira können als vitale, prosperierende Gemeinschaft gelten, die einen herben demografischen Rückschlag (1930: ca. 600 Personen) gut verkraftete. Dagegen verzeichneten die Ite'či an Aucayacu und Tigre Mitte der 80er Jahre ganze 125 Stammesangehörige, von denen sich die Mehrzahl in Quechua oder Spanisch verständigte. Nur noch 10 Individuen am Rio Paranapura beherrschen die Mundart der Moniči.

Bei den folgenden drei Gruppierungen war die linguistische Klassifikation lange strittig. Gegenwärtig stellt man sie in die Nähe der Aruaken. 1976 wurden bei Santiago de la Laguna in Peru 160 *Yedi* (Chamicuro) erfaßt. Neuere Erkenntnisse über diese sehr akkulturierte Gruppe liegen nicht vor. Zur selben Zeit gaben sich etwa 140 Menschen um Santa Cruz am unteren Rio Huallaga als Nachfahren der *Koti* (Aguano, Santacrucinos) zu erkennen. Ob noch Leute leben, die der alten Sprache mächtig sind, wissen wir nicht. Bis vor kurzem bewahrten die (1981) 525 *Waorani* (Auca) in Ecuador ihre Unabhängigkeit. Haß und Verachtung schlugen diesem Volk entgegen, weil es Fremde gewaltsam abwehrte. Wirtschaftliche Interessen (Erdöl!) besiegelten schließlich sein Schicksal. Man sperrte die von nordamerikanischen Missionaren «befriedeten» Waorani in ein Reservat zwischen Cononaco und Tiputini, wo seither die Demontage ihrer traditionellen Kultur betrieben wird.

Den 60–80 *Tage'iri* (Awishiri, Tequiraca) an Cononaco und Napo, die man früher aufgrund ähnlicher kultureller Verfassung nicht von den Waorani unterschied, ist deren Los bis dato erspart geblieben. Sie sind grimmige Krieger, deren verzweifelter Verteidigungskampf manche Ecuadorianer das Fürchten lehrt. Nach Ansicht einiger Historiker stammen die Tage'iri ursprünglich aus der Gegend um die Flüsse Tigre und Nanay in Peru, wo man sie unter dem Namen «Yameo» kannte. Tatsächlich verrät ihre panoide Sprache Beziehungen zum Idiom der *Ñixámwẽ* (s. dort), die ehedem Nachbarn der «Yameo» waren.

Auch die etwa 50 Indianer zwischen Tihueno und Curaray im peruanisch-ecuadorianischen Grenzgebiet haben noch keinen Frieden mit den Weißen geschlossen. Vermutlich handelt es sich um jene *Kayapwe* (Záparo), die Ende des vorigen Jhs. Dörfer an Bobonaza und Conambo räumten. Einige dieser Emigrantem verschlug es nach Kolumbien, wo sich ihre Spur verliert; die übrigen aber gelangten zum Curaray, dessen Lauf sie südost-wärts folgten. Wie *Waorani* und *Tage'iri* werden die südlichen Kayapwe in der Region «Auca» oder «Awishiri» genannt, was zu Verwechslungen An-laß gibt. Ihre an Bobonaza und Conambo zurückgebliebenen Stammes-genossen sprechen, wie auch die *Šimigay* (Andoa) vom oberen Pastaza in Peru, heute Quechua. Denselben Weg – Angleichung an die durchsetz-ungsfähigen *Runaguna* (s. dort) und Annahme ihrer Sprache – werden wahrscheinlich alle Angehörigen der Záparo-Familie über kurz oder lang gehen müssen. So können sich weniger als ein Drittel der (1985) 208 *Tap-weyokwaka* (Arabela) an den Flüssen Arabela und Rumiyacu in Peru noch in der überlieferten Mundart unterhalten. Selbst den 125 *Akenoini* (Iquito) an Pintoyacu, Chambira und Nanay, deren Idiom sich neben Quechua und Spanisch behauptet hat, droht sprachliche Erosion.

Besser ist es um die Vertreter der Kawapana-Gruppe bestellt. Immerhin fühlten sich (1985) 2990 Menschen den *Hiwila* (Jébero) an Aipena und Pla-tanoyacu sowie an der Laguna Papayacu verbunden, obwohl bei ihnen vor-nehmlich alte Leute als Hüter der Sprachtradition auftreten. Dagegen sind die konservativen *Šayabit* (Chayahuita) überwiegend monolingual. 1985 zählten sie an Cahuapana und Sillay, Zuflüssen des Rio Marañón, am Sha-nisi und am oberen Paranapura in der peruanischen Waldprovinz Loreto etwa 6200 Personen.

Voller Stolz blicken auch die (1988) 4037 *Šapra* (Candoshi, Antipa, Zapa) an Nucuray, Ungumayo, Pavayacu, unterem Pastaza, Huasaga, Pushaga und Sicuanga sowie die wenig bekannten 1283 *Šiwiyar* (Murato, Maina) am Rio Mancusari in Peru auf ihre Sprache und Kultur. Sie leiten zu einem der zahlenmäßig bedeutendsten Blöcke südamerikanischer Waldindianer über, den zusammenfassend «Jíbaro» (oder neuerdings *Aents*) genannten *Áwaxuñ* (Aguaruna), *Šwar* (Shuara) und *Ačwal* (Achuara), die sich wie folgt verteilen: *Áwaxuñ* (1988: 27 720) an Cenepa, Nieva, Santiago und Chi-riaco, Zuläufen des oberen Marañón, und am Ursprung des Rio Mayo (Peru); *Ačwal* (1988: 14 760) am oberen Pastaza und Huasaga sowie an Corrientes und Tigre (Peru), ferner zwischen Pangui und Bobonaza (Ecuador). Die *Šwar* (1988: ca. 30 300) gliedern Linguisten in zwei Dialektgemeinschaften – Untsuri *Šwar* und Tsumu *Šwar* (Huambiza); er-stere leben in den Tälern von Zamora und Upano, in der Cordillera de Cutucú sowie in den östlich angrenzenden Wäldern zum Rio Pangui (Ecuador), ihre Vettern an Morona und Santiago (Peru). Traditionell in Hunderten von Einzelgehöften siedelnd, wohnen die meisten Aents gegenwärtig in Dörfern zusammen. Ihre um Kopfjagd (nicht bei allen Gruppen), Kriegerideal und Visionssuche zentrierte Kultur ist durch Missionierung und marktwirtschaftliche Einbindung in raschem Wandel begriffen. Seit den 60er Jahren besteht die wachsende Tendenz zur föderativen Selbstorganisation, die vor allem Landraub und Identitätsverlust begegnen will.

Gewöhnlich wird angenommen, daß die Einsprengsel von Quechua-Sprechern in der Montaña auf Verbreitung des *Runa simi* als Lingua franca durch kolonialspanische Missionare zurückgehen. Einige Verbände aber schickten sicher bereits die Inka als Grenzer ins Vorland ihres Reiches, wo diese Wehrbauern aufrührerische Stämme in Schach halten und im Kriegsfall als schnell verfügbare Einsatzreserve die Heere der Andenfürsten auffüllen sollten. Andere mögen sich kolonialer Knechtschaft durch Flucht in das Waldgebirge entzogen haben. Auf dem Wege der Assimilierung von Vorbewohnern entstanden neue Ethnien, deren Kulturen andine, altspanische und autochthone Elemente ineinanderblendeten. Heute (1985) sind an der Ostabdachung der ecuadorianischen und peruanischen Kordilleren 102 856 *Runaguna* (Wald-Quechua, Quichua) ansässig, die vier verschiedene Dialekte sprechen: die Limoncocha-Gruppe (Quijo) am oberen Rio Napo und am Rio Coca (Ecuador), die Yumbo (Tena) in der Umgebung von Tena, Arajuno und Ahuano (Ecuador), die Bobonaza/Tigre-Gruppe an Bobonaza, Puyo, Pastaza, Tigre und Napo (Peru/Ecuador) sowie die Llakwash (Lamista) an Huallaga und Mayo (Peru).

Flußtäler Ost-Perus. Dort, wo die Montaña zu den breiten Flußbahnen Ost-Perus abfällt, treffen wir auf recht gegensätzliche ökologische Verhältnisse. Am oberen Ucayali und an den unteren Abschnitten seiner Seitenarme sorgen abgelagerte Sedimentfrachten aus den Anden für gute landwirtschaftliche Bedingungen. Anders in den Nebentälern, Schluchten und Kesseln des Vorgebirges. Zu reißend ist die Strömung der Fließgewässer, als daß sich hier Schwemmlandstreifen hätten ausbilden können, und die steilen Berghänge sind erosionsanfällig. Die Menschen am Rand des Gebirgswalls oder auf den von versumpften Höhensavannen *(pajonales)* bedeckten Plateaustufen neigen daher eher als ihre Nachbarn in den Auen der Jagd und dem Einbringen von Wildpflanzen zu.

Das Areal ist Heimat einer Reihe aruakischer Völker, die viel von ihrer traditionellen Kultur in die Gegenwart retten konnten. An Sheshea, Ucayali und Pachitea liegen die Niederlassungen der (1985) 10 783 *Aséninka* (Nord-Kampa), einige auch – infolge rezenter Migration – jenseits der peruanischen Grenze im brasilianischen Bundesland Acre. Eine Unterabteilung der Aséninka, Kešisati genannt, siedelt auf der Hochebene des Gran Pajonal zwischen Ucayali, Pichis, Pachitea, Perene und Tambo; eventuell verdient sie linguistische Sonderung. Weiter südlich, an Apurímac, Ene, Tambo, Pichis, Perene und Satipo, leben 22 100 *Ašáninka* (Süd-Kampa). Eingeschlossen sind die sprachlich und kulturell abweichenden Parenisati vom oberen Rio Perene.

Zu den «Kampa» rechneten Ethnografen früher auch die *Atsiri* (Nomachiguenga). 1985 zählten sie an Pangoa, Sanibeni, Añapati, Ene, Mazamari und Kiatari 3250 Personen. Als ihre nächsten Verwandten sieht man die traditionsbewußten *Matsigenka* (Machiguenga) an. Mitte der 80er Jahre wurden an Mishagua, Urubamba, Camisea, Manu und Madre de Dios 8370 Angehörige dieser Gemeinschaft erfaßt. Ein paar hundert Matsigenka, namentlich die Weißen gegenüber äußerst feindseligen Kugapakori, verweigern Kontakte zur Außenwelt. Dasselbe gilt für die meisten der vielleicht 850 *Kakinte* (Kashomashiri, Poyenisati) in den Tälern von Puyene, Shireni, Tireni, Ayeni, Yori, Sepa, Urubamba, Mayapo und Picha. Bei ihnen hat sich ein besonders altertümliches Kulturbild erhalten.

Mit den (1985) 5200 *Yaneša* (Amuesha) und 2555 *Yineri* (Piro, Shimirintsi, Maxineri) schließt sich der Kreis aruakischer Völkerschaften. Die Yaneša, im 18. Jh. maßgeblich am Aufstand des Juan Santos Atahuallpa beteiligt, bewohnen die Ufer von Pozuzo, Chuchuras, Huancabamba, Palcazu, Pichi, Neguachi, Apuracayali und Maíz. Dörfer der Yineri liegen zwischen den Einmündungen von Sepahua und Cohenga in den Ucayali sowie im Einzugsbereich des unteren Rio Urubamba, seit Beginn dieses Jhs. auch am Pachitea. Andere haben sich zwischen Iaco und Acre in Brasilien angesiedelt.

Neben Aruaken sind in der Region Pano-Gruppen ansässig. An Aguatia, San Alejandro, Cushucayo und Manoa begegnen wir den (1985) 1560 *Kakataibo* (Cashibo). Die Nachkommen der *Koníbo* (Conibo), *Honikobo* (Shipibo) und *Wariapana* (Setebo/Panobo) aus dem mittleren Ucayali-Tal betrachten sich heute als ein Volk, das den Namen *Kaibo* angenommen hat. 1985 ermittelten Demografen 14 690 Individuen.

Yungas. Die in Bolivien Yungas genannte Zone zwischen Kordilleren und tropischem Tiefland entspricht in ihrer Ökografie der peruanischen Montaña. Das Vegetationsbild dieses Abschnittes wird im submontanen Bereich (500–1800 m) durch dichte Bergregenwälder mit hohen Niederschlagswerten geprägt. Nach Osten hin schraffieren palmenreiche Regenwälder und Feuchtsavannen mit flußbegleitenden galerieartigen Baumbeständen abwechslungsreiche Übergänge zur ostbolivianischen Senke.

Seit voreuropäischer Zeit sind die Indianer der Region überwiegend seßhafte Bauern, doch besetzen Jagd, Fischfang und Sammelwirtschaft wichtige ökonomische Nischen. Deutlich fallen bei einigen Ethnien Hinweise auf kulturelle Einflüsse aus den nahen Hochanden aus. Auch der linguistische Befund unterstreicht die Überlagerung altertümlicher, panoider Volksgruppen durch andine Elemente.

Wegen der Beteiligung verschiedener Komponenten ist die Sprachtaxonomie im Gebiet noch nicht befriedigend geklärt. Dies gilt insbesondere für den Block der sog. Tacana-Völker. Womöglich bilden die hier üblicherweise zusammengefaßten Gruppierungen gar keine natürliche Einheit. Bei den *Wali* (Araona, Huary) und den *Kuiñyáxi* oder *Bawaxairi*

(Bahuaja, Quinaqui) etwa dürfte es sich eher um Vertreter der Pano-Familie handeln. Erstere leben unweit Monte Cristo am Rio Manupare im bolivianischen Departement La Paz. Nach der Kontaktaufnahme 1964 dezimierten Ansteckungskrankheiten die Wali auf 25 Personen. Seither steigt die Bevölkerungskurve wieder, und 1983 zählte man 65 Stammesangehörige. Die Kuiñyáxi sind am Rio Tambopata in Peru zu Hause. 1985 bekannten sich 721 Menschen zu ihnen.

Die übrigen als «Tacana» bezeichneten Verbände gehören wohl in eine linguistische Sondergruppe. In den bolivianischen Gemeinden Ixiamas, Tumupasa und San Buenaventura sowie entlang der Flüsse Beni, Tuichi und Madidi finden wir die eigentlichen *Tákana*. Mit (1985) 6561 Repräsentanten stellen sie die größte indigene Gemeinschaft der Yungas. Ihre Verwandten, die (1982) 1170 *Ekixati* (Reyesano), konzentrieren sich in Reyes am Rio Beni. Von den knapp 1000 *Ekwitakwana* (Cavineña) an Arroyo Verde, Rio Biata und Rio Cabinas beherrschen lediglich 332 die alte Mundart. Mehrheitlich arbeiten sie als Kautschukzapfer in den Wäldern östlich des Beni. Hunderte von Kilometern auseinander können die Siedlungsstützpunkte der (1985) 669 *Ese'ejja* (Chama, Guarayo) liegen. Sie wohnen massiert am Rio Beni, einige auch am Rio Madre de Dios. Eine Gruppe hat sich im peruanischen Palma Real niedergelassen. Wie alle «Tacana» treiben die Ese'ejja Feldbau. Von Zeit zu Zeit aber verlassen sie ihre Dörfer und gehen über Wochen der Jagd nach oder sammeln Wildkost. Unberührt waren Mitte der 80er Jahre noch die *Sonene* (Toromona). Von Weißen und anderen Indianern gleichermaßen gefürchtet, durchstreifen sie in einer Stärke von vielleicht 180 Personen den Raum zwischen den Quellen des Madidi und dem Rio Heath.

Eine Melange panoiden und andinen Sprachgutes zeichnet auch zwei weitere Völker der Yungas aus − *Tsun* (Chimane, Mosetén) und *Suñe* (Yurakaré). Die Wohnsitze der (1985) 2895 Tsun liegen an den Oberläufen von Yacuma, Rápulo, Chaparico, Civerene, Dumi, Carepo, Apere, Matos, Sécure und Beni. Noch unter spanischer Ägide regierten sakrale Häuptlinge die dichter zusammenlebenden Tsun. Als jedoch der religiöse, politische und bürokratische Druck des Kolonialsystems zunahm, flüchteten viele Indianer ins Bergland, wo das zerklüftete Milieu Dissoziation und Partikularismus begünstigte. Noch heute hält die Tendenz zur Selbstisolierung an − jetzt allerdings als Fluchtbewegung mit antibolivianischem Vorzeichen. Das Brauchtum der (1981) 2437 Suñe ist in weit höherem Maß von christlich-europäischen Vorstellungen durchsetzt. Man trifft diese Gruppe im Mündungsdreieck von Rio Ichilo und Rio Chapare sowie zwischen den Flüssen Sécure und Ute. Die meisten Suñe sind Klienten weißer Patrone. Oft arbeiten sie als Viehtreiber, Holzfäller, Pelztierjäger und Kautschuksammler.

Die (1985) 1478 *Harákmbet* oder *Hate* (Másko) runden den Völkerreigen unseres Areals ab. In mehreren Stämmen (Wačipaeri, Toyoeri, Sirineri,

Amarakaeri, Arasaeri, Kisambaeri, Pukirieri, Šiliveri, Suweri) bevölkern sie das Einzugsgebiet des oberen Madre de Dios im äußersten Osten Perus.

Westamazonien. Der Westrand Amazoniens reicht von der Cordillera Ultraoriental in Ost-Peru bis zum Rio Purús in Brasilien. Er schließt das Juruá-Becken sowie die Region zwischen Javarí und Jandiatubá ein.

Jenseits des Andenvorlandes dominieren bereits die ausgewitterten Böden Zentralamazoniens. Landwirtschaft erfordert daher ständige Ortswechsel, um der nährstoffarmen Krume Zeit zur Regeneration zu gönnen. In solchen Landstrichen stützt sich die Bevölkerung außerdem stärker auf Jagd und Sammelwirtschaft. Nur entlang großer Ströme sind günstigere Bedingungen für Bodenbau gegeben, denn die hohe, bereits am Andensaum aufgenommene Sedimentfracht führt dort zur Ausbildung von Randseen und Schwemmlandstreifen.

Oberflächlich ähneln die Indianer des Areals ihren Nachbarn in den Flußtälern Ost-Perus oder in bestimmten Bereichen der Montaña. Darüberhinaus zeigen sich Übereinstimmungen mit den Bewohnern des Amazonastals und Innerbrasiliens. Das Fehlen von Bittermaniokanbau wie auch der weniger reich entwickelte Zeremonialismus machen jedoch kulturelle Defizite deutlich. Typisch für die Gegend sind oft riesige Gemeinschaftshäuser – die imposantesten indianischen Bauwerke Südamerikas außerhalb der Anden. Örtlich erreichen sie eine Höhe von weit über 20 m und einen Durchmesser von 40 m.

Wir beginnen unseren Streifzug durch Westamazonien mit der Vorstellung der hier beheimateten Pano-Völker, als deren Kernland die Region zu gelten hat. In Nordostbolivien und im Westen des brasilianischen Bundesstaates Rondônia leben die am weitesten nach Osten vorgeschobenen Vertreter dieser Sprachgemeinschaft. Etwa 15–20 *Kaibu* (Karipuna, Kaxarari, Pacahuara) verstecken sich in den Wäldern zwischen den Flüssen Pacahuaras und Negro in der bolivianischen Provinz Pando; weitere 9 Personen siedelten Missionare an den Arroyo Ivón um. In Brasilien sind mit dem oberen Rio Remansinho und dem Mutúm Paraná zwei Verbreitungsschwerpunkte bekannt. 1984 betrug die Zahl der Kaibu dort 135, wobei allerdings isolierte Segmente, um 40 Menschen, unberücksichtigt blieben. Die *No'iria* (Chácobo) unterhalten Dörfer an den Flüssen Ivón, Yata und Benicito. 1985 ermittelte man 232 Stammesangehörige. Es fehlen in der Angabe freilich die – vielleicht 45 – Mitglieder der Yata-Gruppe, die Außenkontakte meidet.

An den Oberläufen von Purús und Juruá im brasilianisch-peruanischen Grenzland häufen sich Pano-Siedlungen. Die meisten Indianer sind seit Anfang des Jhs. in das marktwirtschaftliche System eingebunden, allerdings auf dessen unterster Stufe. Viele bestreiten ihren Lebensunterhalt nach wie vor als Gummisammler. Das umfangreichste Wohngebiet haben die *Yodapo* (Jambinawa, Yaminawa) inne. Sie zerfallen in etliche Stämme (Masrodawa, Čanindawa, Nišidawa, Čitodawa, Šaodawa) im Quellgebiet des Rio Purús sowie an den Flüssen Iaco, Acre, Piedras und Tahuamanu. Die Verbände an Panagua, Cashpajali, Cujar, Mishagua, oberem Iaco, Igarapé Tabocal, Igarapé Xinane und westlich Assis Brasil gehen zu Weißen auf Distanz. 1985 wurden 911 Yodapo erfaßt. Dazu kommen etwa 300 Zivilisationsflüchtlinge. Gemeinsame Dörfer mit den Yodapo am oberen Purús bewohnen die aus Brasilien emigrierten 381 *Onikoinbo* (Sharanawa/Marinawa). Die (1983) 2668 *Hunikuinbu* (Kaxinawa, Kashi) treffen wir am oberen Purús, am Igarapé Humaitá, am Rio Jordão, am Igarapé do Caucho, bei Nova Olinda, am Rio Envira, am Rio Breu, am Rio Acurawa sowie in der Umgebung von Tarauacá. Zwischen Curanja, Inuya und Sepahua, ferner im Tal des oberen Juruá, am Rio Gregorio, am Riozinho do Cruz do Vale und am Igarapé Humaitá sitzen die (1985) 1011 *Hondikoinwo* (Amahuaca, Yaminawa, Arara). 120–140 isolierte Vertreter sorgen im Quellgebiet des Rio Envira und am Igarapé Major Dantas für Unruhe. Die Hondikoinwo sind teilweise mit den (1987) 874 *Nukuinibu* (Katukina, Remo, Poianawa) aus den Auen von Moâ, Campinas und Gregorio verflochten. Eine Lokalgruppe, deren Angehörige sich Iskobakebu nennen, war vom Rio Batã in Brasilien, wo die Nukuinibu zu Anfang des Jhs. als Latexzapfer arbeiteten, ins Quellgebiet des Utiquinía geflohen. Vor wenigen Jahren wurden diese Menschen an den Callaría, einen Nebenfluß des Ucayali in Peru, verpflanzt. Den Nukuinibu stehen die (1985) 455 *Nukenkaibo* (Kapanawa, Buskipani) aus Peru nahe. Dort findet man sie an den Flüssen Maquea, Tapiche, Blanco und Guanache. Aus Peru stammen ursprünglich auch die *Yorãbo* (Marubo, Pisabo) an den Oberläufen von Curuçá und Ituí. 1981 siedelten hier 483 Personen. Weitere 60–80 Vertreter, die erst kürzlich die brasilianische Grenze überschritten, bewohnen zwei Dörfer im Bereich von Rio Batã/Igarapé Hospital und Igarapé Settacha/Igarapé Amburús. Die Neuankömmlinge verweigern Außenkontakte.

Den Sammelnamen «Mayoruna» tragen drei Gruppierungen aus dem Hinterland von Javarí und Itacoaí, dazu die *Tewun* (s. dort) am Solimões. Gewöhnlich hält man die westlichen Mayoruna für Pano, doch weisen ihre Sprachen außerdem aruakische Elemente auf. Insbesondere die Eigennamen sind untypisch für Pano-Gemeinschaften. Ausschlaggebend für die Zusammenfassung war der bizarre Gesichtsschmuck aller Mayoruna, namentlich die mehrfache Perforierung von Mund und Nase zur Aufnahme von Federn, Chontapalmstacheln und Konchylienscheiben. Bisher stehen allein (1983) 962 *Manánuq Matsés* an Igarapé Choba, Rio Javarí und Igarapé Lobo in andauerndem Kontakt zu Nicht-Indianern. Nur die vielleicht 50 Personen starke Gruppe am Oberlauf des Lobo wehrt Fremde noch ab. Offenbar sind die Manánuq Matsés ethnisch gemischt, was mit dem hohen Anteil integrierter Kriegsgefangener zusammenhängen dürfte. Aktuell gehören 21% der Frauen und 6% der Männer zu jenen «Maku» oder «Mayu». Kämpfe mit Ölsuchern und Epidemien zehnteten den Stamm in den 70er Jahren. Viele überquerten darum den Javarí nach Bra-

17. Körperkunst als Identitätsausweis: Bemalung und Schmuck geben Auskunft über Stammeszugehörigkeit, Status und Befinden; Hunikuinbu

silien, wo man sich sicherer fühlte. Ende 1979 schlossen, bis auf einen noch immer ungebeugten Verband am Rio Novo de Cima, die *Matsese* (Matís) Frieden mit den Weißen. Ihr Kerngebiet erstreckt sich zwischen den Flüssen Branco und Ituí. Ohne ihre Schwäger vom Rio Novo registrierten brasilianische Stellen 1983 109 Matsese. Noch ganz unberührt waren Mitte der 80er Jahre die 80−120 *Mai'a* (Morique, Capishto, Grillo). Zu Beginn des letzten Jhs. siedelten sie jenseits des Javarí in Peru. Danach verschwand die Gruppe von der Bildfläche. Erst seit kurzem wissen wir, daß sie nach Brasilien abwanderte. Dank Luftaufklärung kennt man ihre Aufenthaltsorte: zwischen Igarapé do Santana und Igarapé Flecheira sowie an den Waldflüßchen São Salvador, Todos os Santos und Pedro Lopes. Gerüchte sprechen von der Existenz einiger Nachzügler am Yavarí Mirim in Peru.

Als verschollen galten bis 1972 auch die aruakischen *Kaniwá* (Waraiku, Kórubo). Überlebende hatten sich indes an den Zusammenfluß des Rio Ituí mit dem Itacoaí und an südliche Seitenarme des Rio Quixito gerettet, wo sie gegenwärtig zwölf Dörfer mit ca. 500 Einwohnern unterhalten. Gegen Eindringlinge setzen sich die Kaniwá beherzt zur Wehr. Dagegen sind die (1985) 2650 *Kankite* (Apurinã) eine sehr akkulturierte Gemeinschaft. Sie hausen beiderseits des Rio Purús, ferner im Quellfächer des Sepatini, im Zwischenflußgebiet von Purús und Antimari, am Unterlauf des Rio Manicoré und an der Mündung des Remansinho in den Ituxí. Den (1985) 586 *Ỹñeri* (Kanamanti, Mantineri, Iñapari) begegnen wir heute in zwei Ballungsräumen: am mittleren Purús und im brasilianisch-peruanischen Grenzland um die Flüsse Purús und Chandless. Oft werden sie mit den gleichfalls aruakischen *Yineri* (s. dort) verwechselt.

Die folgenden Ethnien weisen Linguisten einer Spracheinheit zu, die eng mit den eigentlichen Aruaken verwandt ist. Zwischen Mamoriazinho, Purús und Pinhuã siedeln die (1985) 246 *Jati* (Jarawara). Dort nennt man sie «Jamamadí» und stiftet dadurch Verwirrung, weil auch die westlich angrenzenden *Dení* (Arawá, Mamorí) diesen Namen tragen. Letztere untergliedern sich in eine Anzahl Stämme (Dimadení, Upanavadení, Kamadení, Tamikuridení, Šivakuedení, Varašdení und Kunivadení) an den Flüssen Santo Antonio, Capanã, Mamoriá, Branco, Babonã, Tapauã und Xiruã. Die Kunivadeni (Kuniba) setzten Ende des vorigen Jhs. über den Juruá und ließen sich zwischen Igarapé São José und oberem Rio Jandiatuba nieder. Fremde werden blutig abgewiesen. 1983 erfaßte ein Zensus 492 Dení. Hinzuaddieren müssen wir 320–360 Personen ohne Berührung mit Weißen. An den Unterläufen von Tapauã und Cuniuã sowie am Mittelabschnitt des Purús liegen Felder der (1985) 294 *Ija'ari* (Paumarí, Yuberi). Als ausgesprochene Flußindianer befahren sie die Gewässer der Region mit Flößen, auf denen ihre Behausungen stehen. Weit verstreut sind die Ansiedlungen der (1987) 2641 *Madijade* (Kulina). Angehörige dieser Volksgruppe trifft man an den Flüssen oberer Purús, Envira, Tarauacá, Acurawa, Juruá, Curuçá, oberer Itacoaí und Cauamirim sowie zwischen Jutaí und Igarapé des Almas. Möglicherweise bilden die kürzlich entdeckten 129 Zuwahã westlich des Rio Branco einen Ableger der Madijade. Ob auch die 30–60 *Maemã* (Marimã) am Riosinho, einem Zufluß des Cuniuã, demselben Verwandtschaftskreis angehören, bedarf der Klärung. Noch verweigert die Gruppe Außenkontakte.

Ein besonders ausgedehntes Territorium beanspruchen die *Tâkâna* mit ihren sozio-regionalen Gliederungen: In Djapá, Tawarí Djapá, Kučá Djapá, Bê Djapá, Were Djapá, Wadjo Paranê Djapá, Kadjekere Djapá, Potso Djapá, Pidá Djapá und Tsomhwak Djapá. Nach kulturellen Gesichtspunkten lassen sich diese Stämme in zwei Abteilungen scheiden – die flußorientierten, wanderfreudigen «Kanamarí» und die im Hinterland ansässigen «Katukina» (Pidá Djapá und Tsomhwak Djapá), deren Subsistenz in hohem Maß von Jagd und Sammeltätigkeit abhängt. Erstere leben am Rio Juruá, am Oberlauf des Itacoaí, am Rio Jutaí, am Rio Irarí, bei São Luíz am Javarí, am Rio Itucumã, am Rio Xiruã, bei Feijó am Envira sowie weitab an den Seen Paricá und Manissuã nahe dem Rio Japurá. Einen weiteren Verband macht man jüngst am Igarapé Canamari zwischen Inauini und Arama ausfindig. Die konservativen Pidá Djapá sind am Rio Biá daheim. Erst vor ein paar Jahren kamen Waldläufer den Tsomhwak Djapá auf die Spur. Abgesondert von Nicht-Indianern streifen sie zwischen Curuena, Jandiatuba, Jutaizinho und Igarapé Uchoa umher. Ohne die ca. 120 Tsomhwak Djapá wurden 1988 1226 Tâkâna ermittelt.

Die Indianer Zentral- und Ostamazoniens

Das Herzstück Amazoniens umfaßt die Landstriche zwischen dem Rio Madeira im Westen und dem Rio Araguaia im Osten. Gegen Süden schließt es die Quellgebiete von Tapajós und Xingú sowie das Tal des Rio Guaporé ein.

Hier stockt immergrüner Tropenwald mit gleichbleibend hohen Temperaturen (22–28 °C) und übers ganze Jahr verteilten Niederschlägen (>1800 mm). Abhängig von Bodenbeschaffenheit, Hangneigung, Höhe über dem Meer oder geografischer Lage sind im scheinbar einheitlichen Habitus der Regenwälder Unterschiede ausgeprägt, die vor allem Artenzahl und Zusammensetzung von Flora und Fauna betreffen.

Die Wipfelzone der Tieflandwälder erscheint treppenartig gegliedert. Dieser Stufenschluß entsteht durch Staffelung der Laubschichten, was den Bäumen optimalen Zugang zum Licht sichert. Auf den flachgründigen Böden müssen die Träger des Kronendaches gut verankert sein. Viele Holzpflanzen bilden daher versteifte Brettwurzeln aus. In die Buchten zwischen den ausgreifenden Verstrebungen fällt kaum ein Sonnenstrahl. Die Vegetation unter dem Laubschirm ist demzufolge eher mäßig entwickelt. Das Bild vom undurchdringlichen «Urwald» stimmt also gerade dort nicht. Nur wo Flüsse Lichtschleusen öffnen, verhüllt ein verwobener Lianenvorhang das Portal zum Waldesinnern und bedient Klischees von der sprichwörtlichen «Grünen Hölle». Erweist sich das Parterre des dauerfeuchten Tropenwaldes auch als bedrückend dämmrig, übersät von modernden Baumleichen und lähmend schwül, entfaltet sein Wipfelbereich eine unglaubliche Pracht. Jeder Ast wird da zum hängenden Garten voller bizarrer Gewächse, bunter Blüten und kurioser Früchte.

Das zentralamazonische Tiefland war nie ein einladender menschlicher Aufenthaltsort. Wegen des kurz geschlossenen natürlichen Nährstoffkreislaufs gelangen existentielle Partikel kaum in die ohnehin meist ausgelaugten Böden, sondern werden durch die etagenartig angeordneten Grünpflanzen wie von Schwämmen bereits vorher abgefangen und energetisch umgewandelt. Daher eignet sich die dünne Erdauflage, wenn überhaupt, nur für kurzfristige Nutzung, oder sie muß nach dem System der Rotationsbranche bewirtschaftet werden. Obwohl die indigene Bevölkerung Zentralamazoniens nachgewiesenermaßen haushälterisch mit den Ressourcen des Waldes umzugehen versteht, muß sie doch selbst in den ökologisch bevorteilten Randzonen immer wieder neue Wohnplätze mit unverbrauchtem Land erschließen. Entsprechend ausgefranst ist die Populationsdecke, und kleine oder kleinste Gemeinschaften bestimmen die Siedlungsstruktur.

Auch der riesige Raum Zentral- und Ostamazoniens kann in mehrere kulturgeografische Subareale zerlegt werden, deren indianische Bewohner heute weitgehend isoliert voneinander leben. Früher existierende Han-

dels- und Verkehrskorridore, die für Austausch sorgten und ein vergleichsweise einheitliches Kulturmuster schaffen halfen, sind in der Gegenwart von Nicht-Indianern verstopft.

Einzugsbereich des oberen Rio Madeira. Der brasilianische Bundesstaat Rondônia deckt den größten Teil des Areals ab. Im Nordwesten markiert der
Rio Madeira die Grenze. Seine Stromschnellen sorgten lange für die rela-
tive Abgeschiedenheit der Region. Nach Westen bilden der Rio Guaporé
und als Tangente der Rio Mamoré in Bolivien einen Riegel. Im Osten ist
das Flußsystem des Aripuanã zugeschaltet. Hochwälder vom Typ der *Terra
firme* überziehen weite Flächen Rondônias. Eingebettet sind ausgedehnte
Savannen, aus denen in der Serra das Pacaás Novas wunderliche Felsfor-
mationen aufragen. Dank der Nähe zum Andenvorland gibt es hier mine-
ralstoffreichere Böden als anderswo. Sie garantieren zufriedenstellende
landwirtschaftliche Erträge.

Rondônia war nach der Jahrhundertwende eine Hochburg der Kau-
tschukgewinnung. Nicht wenige Indianer wurden damals entwurzelt und
als Arbeitskräfte in alle Winde zerstreut. Manche allerdings flüchteten in
Waldverstecke, wo man erst in unseren Tagen wieder mit ihnen zusam-
menstieß. Zur massiven Bedrohung wuchsen zuletzt Straßenbau und eine
neue, agrarbezogene Entwicklungspolitik, die abertausend Kolonisten in
das Gebiet lockten. Gerade die zur Entlastung besonders beanspruchter
Landesteile ins Leben gerufenen Siedlungsprojekte des POLONORO-
ESTE-Programms führten zu ungehemmter Erschließung der Wildnis.

Im Einzugsbereich des oberen Rio Madeira treffen wir eine Fülle linguistisch heterogener Völkerschaften, die sich indes kulturell kaum voneinander unterscheiden. Hauptverantwortlich für derlei Angleichung ist
die vor allem im Mittel- und Ostteil der Region übliche gruppenübergreifende Heirat.

Die Vertreter der mit den Aruaken verwandten Chapakura-Völker
ähneln in mancher Hinsicht den Ethnien der Yungas. Nordöstlich Monte
Azul, am Rio Guaporé in Bolivien, sitzen die (1985) 153 *Moré* (Itenez).
Mehrheitlich arbeiten sie für weiße Viehzüchter. Weiter östlich verbergen
sich zwischen Cerro San Simón und den Quellen des gleichnamigen Flusses etwa 50 Indianer, die wohl zu den sonst ausgestorbenen *Wači* (Chapakura i. e. S.) gehören, von den Bolivianern aber «San Simonianos» genannt
werden. Auf der brasilianischen Seite des Guaporé machten jüngst andere
Eingeborene durch Überfälle Schlagzeilen. Die fragliche Gruppe, wahrscheinlich *Wuarí* (Huanyam) vom Stamm der Oro Namakan, siedelt in einer Stärke von vielleicht 60–80 Personen am oberen Rio Cautario. 997
Angehörige zählten 1989 die *Oro Wari* (Pakaá-Nova), die man nach hefti-
ger Gegenwehr in Reservationen an den Flüssen Ribeirão, Lage, Negro
Ocaio und Guaporé einwies. Allein um 80 Indianer im Quellgebiet von
Lage und Formoso bewahren bis dato ihre Unabhängigkeit. Die Oro Wari

zerfallen in eine Reihe Untergruppen: Oro Mawin, Oro Waramxijeín, Oro Mun, Oro Waram, Oro Nao, Oro Eu und Oro At. Schlecht erging es ihren Vettern, den *Oro Paín* (Urupá, Jupáu) im Rückraum des oberen Rio Urupá. Wie die benachbarten *Mondawa* (s. dort) wurden sie in den 80er Jahren endgültig unter das brasilianische Joch gezwungen. 1991 waren nur noch 54 Personen am Leben.

Auch die höchstens 120 *Bora* (Puruborá) im Einzugsgebiet der Flüsse São Miguel, Bananeiras, Jurupari und Manoel Correia hatten Berührung mit Weißen, entschieden sich dann aber für den Rückzug in unzugängliches Gelände. Sie repräsentieren einen eigenständigen Zweig der Tupí-Familie.

Zu einer weiteren Tupí-Abteilung rechnet man *Mondawa* (Arikêm, Uru-Eu-Wau-Wau) und *Miá* (Karitiâna). Das Schicksal der Mondawa steht stellvertretend für die bewegte und bewegende Geschichte der meisten indigenen Gemeinschaften des Areals. 1913 von der Rondon-Expedition entdeckt, wurde die größte Lokalgruppe in ein Lager am Rio Jamarí überführt, wo viele der Deportierten den Tod fanden. Überlebende flüchteten flußaufwärts zu freien Stammesgenossen. Dort war ihnen eine kurze Zeit des Friedens beschieden. Doch Mitte der 70er Jahre zog sich der Kordon landhungriger Siedler immer enger um die Mondawa. Die Indianer wehrten sich, töteten und entführten etliche Kolonisten. Schließlich gelang FUNAI-Beamten Anfang der 80er Jahre die Kontaktaufnahme. Von etwa 120 Menschen erlagen binnen kurzem mehr als 60 Ansteckungskrankheiten. 1991 war ihre Zahl auf 52 gesunken. Die Miá gaben 1967 ihre selbstgewählte Isolation in den Wäldern südlich des Rio Madeira auf. Sie wohnen jetzt am Rio das Gorgas, einem Nebenfluß des Candeias, und in der «Área Indígena Uru-Eu-Wau-Wau», wohin einige unlängst vom Jací-Paraná umgesiedelt wurden. Amtliche Stellen bezifferten 1984 die Bevölkerung mit 141. Bei den 60–80 freien Indianern am Oberlauf des Candeias dürfte es sich ebenfalls um Miá handeln.

Kurapè (Makurap), *Yora* (Wayoró), *Mbiapè* (Mekêm, Amniapé) und *Kurateg* (Koaiá, Koarategaja) räumen Linguisten den Rang einer dritten Tupí-Unterfamilie ein. 186 Kurapè verteilten sich 1984 auf die Indianergebiete «Rio Guaporé» und «Rio Branco». Als Latexzapfer traten sie recht früh in den Dienst der Weißen. Frauen und Männer heirateten in andere Volksgruppen ein, und ihre Mundart stieg in der Gegend um die Flüsse Branco, Colorado und Verde zur Lingua franca auf. Kaum mehr als drei Dutzend Yora bewahren am oberen Rio Colorado die alte Lebensart, ihre Schwäger wurden an den Rio Guaporé verpflanzt. Kurateg und Mbiapè wohnen seit langem in enger Verbindung an den Quellarmen des Rio Verde. Für (1986) 80 Mitglieder beider Ethnien richtete man hier kürzlich eine Schutzzone ein.

Die folgenden vier Völker sprechen ebenfalls Tupí. Nur noch 32 *Mondé* (Salamãi) wurden 1981 in ihrer einstigen Domäne am unteren Rio Pimenta Bueno registriert, einige dissoziierte Vertreter auch zerstreut am

Rio Guaporé. Bei den *Kire* (Aruã, Tuparí) unterscheidet man vier sozio-
territoriale Einheiten: Arwaèç (Aruashi), Unièç, Kapéaèç und Ikonéèç
(Digut, Gavião). Die (1984) 115 Ikonéèç siedeln gegenwärtig am Igarapé
Lourdes, einem Zufluß des Ji-Paraná. Im selben Jahr identifizierte man
57 Kire in einem Schutzgebiet am mittleren Rio Branco, und weniger als
80 Traditionalisten trotzten nahe der Cachoeira Paulo Saldanha am oberen Branco sowie am Rio Terevinto den Nachstellungen brasilianischer
Kolonisten. Die (1989) 1094 *Panderey* (Cinta Larga) gliedern sich in die
Dialektgruppen der Pangeyẽ (Zoró) an Rio Procopio und Igarapé Lourdes, der Mawey an Rio Roosevelt, Rio Tte. Marques und Rio Aripuanã,
der Kakiney an den Flüssen Aripuanã, Amarelo und Capitão Cardoso
sowie der Kabaney in der Serra Morena. In den 60er Jahren rangen die
Panderey verzweifelt um ihre Unabhängigkeit. Mit ausgesuchten Grau-
samkeiten wurde ihr Widerstand schließlich gebrochen. Bilder einer ver-
gewaltigten, an den Füßen aufgehängten und mit der Machete zerstückelten Frau gingen durch die Weltpresse. Um Kassiterit-Vorkommen auf
Stammesgebiet ausbeuten zu können, warb die Firma *Arruda & Junquiera*
Söldner an, die Panderey-Dörfer bombardierten. Nach Ausrufung des
«Aripuanã-Indianerparks» und benachbarter Schutzzonen besserte sich
die Lage, aber noch immer bedrängen Siedler und Diamantensucher die
Einheimischen. 1969 schlossen auch die *Paiterite* (Suruí, Ndovey) am Rio
Sete de Setembro Frieden mit den Brasilianern. In demografischen Stati-
stiken des Jahres 1986 sind sie mit 390 Personen verzeichnet.

Zwischen Madeirinha und Branco, in die Serra da Providência, haben
sich die freien *Karo* (Arara, Ramarana, Urukú, Itogapuk) zurückgezogen.
Man rechnet dort mit etwa 120 Menschen. Weitere 98 Karo finden wir am
Igarapé Lourdes, wo sie sich nach längerer Diaspora niederließen.

Die Sprachzugehörigkeit von *Kipiu* (Jabotí) und *Arikapu* (Maxubí) ist
ungeklärt. Manche Experten halten sie für Jê, andere für Pano-Verwandte.
18 Kipiu machte man 1983 in den ethnischen Schmelztiegeln an Rio
Branco und Rio Guaporé aus, um 40 verteidigen in der Serra Taquaral ihre
angestammte Kultur. Praktisch ausgestorben sind die detribalisierten Arikapu. Nur am Rio Guaporé hausen noch einige in Mischehen. Neuerdings wird von einer weiteren Gruppe, den *Bakren* (Crením, Cabeça-seca,
Cujubí), berichtet, deren Mundart dem Kipiu nahestehen soll. Die Wohnsitze der Fremden gegenüber äußerst mißtrauischen Bakren liegen zwischen dem oberen Rio São Miguel und dem Branco.

Um Angehörige der Chapada-Familie handelt es sich bei den (1985)
493 *Rikbaktsá* (Canoeiro). Die ursprünglich östlich des Aripuanã ansässige
Gruppe siedelten Missionare nach den kriegerischen Auseinandersetzungen der 60er Jahre zwischen Rio do Sangue und Juruena an.

Abschließend wenden wir uns den (1983) 97 *Aikana* (Masaká, Tubarão)
und ca. 40 *Kanoêé* (Huari) zu. Beide lassen sprachliche Übereinstimmungen mit Nambikwara-Stämmen weiter östlich erkennen. Den Aikana

18. Fingerfertigkeit: Rikbaktsá-Mann flicht Korb

begegnet man am Ribeirão Chupinguai, einem Seitenarm des Pimenta Bueno, wohin Kleinbauern sie aus dem Westen vertrieben. Ein Opfer des Kautschukbooms wurden die Kanoèé. Aus der Gemeinschaftssolidarität gerissene Reste leben an Igarapé Cascata, Rio Corumbiara, Rio Branco und Rio Guaporé.

Südamazonien. Das Areal umschließt Wälder und Savannen Nordostboliviens vom mittleren Rio Mamoré bis zu den Quellen des Guaporé. Es setzt sich jenseits des bolivianisch-brasilianischen Grenzflusses in Mato Grosso fort. Während der Nordosten Boliviens eine Schwemmlandebene ist, die von kleinen Erhebungen unterbrochen wird, steigt in der brasilianischen Exklave das Gelände zum Planalto do Mato Grosso an. Immergrüner Tropenwald, der nach Süden hin Saisonregenwäldern weicht, säumt in wechselnder Ausdehnung die mäandrierenden Flüsse. Dazwischen weiten sich Grasländer, in die flache, häufig wassergefüllte Tonpfannen *(Curiches)* eingestreut sind.

Die Indianer östlich der Yungas zollten früh missionarischem Eifer Tribut. Bis auf wenige Ausnahmen zeigen ihre Kulturen daher die Male christlich-europäischer Verformung. Europäisierung nivellierte auch das ausgeprägte sakrale Häuptlingswesen und gesellschaftliche Schichtung. Überwiegend treibt man Feldbau, seit der Kolonialzeit Rinderzucht. Bittere Not als abhängige Land- und Gelegenheitsarbeiter verleitete einige Gruppen zu chiliastischen Wanderzügen auf der Suche nach dem Glückseligkeit verheißenden «Heiligen Hügel» *(Loma Santa).*

Südamazoniens bunte Sprachenkarte wird im nächsten Jahrhundert vielerorts weiße Flecken aufweisen, denn etliche Idiome drohen zu erlöschen. Von den (1985) 2414 *Ubua* (Itonama) an den Flüssen Machupo, Itonamas und Blanco z. B. besaßen nur noch etwa 140 Personen Kenntnisse der alten Mundart. Ähnlich die Situation bei den (1985) 4118 *Ihixle* (Movima). Hier waren es um 170 Menschen im abgeschiedenen Monte Oro, die der überlieferten Sprache die Treue hielten. Die Gruppe siedelt in weiten Abständen am Rio Apere, am Unterlauf des Yacuma und nördlich des Rogaguado-Sees.

Noch ärger ist es um *Euxalxina* (Canichana) und *Aré Yadsi* (Cayuvava) bestellt. Mitte der 80er Jahre bekannten sich lediglich 28 Individuen zu den Euxalxina, und 55 konnten als Aré Yadsi identifiziert werden. Rechnet man Mischlinge hinzu, umfaßt die Bevölkerung beider Gemeinschaften einige Hundert, viele jedoch bezeichnen sich als Bolivianer und leugnen ihre indianischen Wurzeln. Reste der Aré Yadsi leben heute nahe der Mündung des Rio Iruyani in den Mamoré, Nachkommen der Euxalxina an Irurupuro und Arroyo Yotara.

Besser haben sich die aruakischen Völker der Region behauptet. 1985 zählte man an Rio San Miguel und südlichen Zuflüssen des Rio Baurés 4550 *Bauré*. Im selben Jahr wurden 12 780 *Čaemã* (Mojo, Ignaciano/Trinitario) ermittelt. Sie siedeln in San Ignacio de Moxos sowie in San Javier, Trinidad und Loreto beiderseits des Rio Mamoré. Weiter östlich, in Concepción de Ñuflo de Chávez, treffen wir 199 akkulturierte *Eke'ena* (Paunaca, Paiconeca, Saraveca). Ihre vielleicht 80 Stammesgenossen zwischen Rio Paragua und Rio Pauserna hingegen fliehen bei Annäherung Fremder. In Brasilien, an den Oberläufen von Agua Verde, Verde, Sacre, Papagaio, Juba, Juruena und Cabaçal, sind die (1983) 631 *Haliti* (Parecí) heimisch. Es werden mit den Kašiniti, Waimaré und Kozárene drei Dialektgruppen unterschieden. Obwohl die Haliti heute westliche Kleidung tragen und für den Markt produzieren, bewahrten sie einiges von ihrer traditionellen Sozialordnung und Religionsauffassung. Seit 1974 unterhalten die *Enawêne Nawê* (Salumã) im Umland des Rio Iquê unregelmäßige Kontakte zu Brasilianern. Daß die Gruppe (1986: 164) ihre angestammte Kultur retten konnte, verdankt sie dem Wirken des Jesuiten Vicente Cañas, der unter den Indianern lebte und sich seinen Gastgebern äußerlich anglich. 1987 jedoch verloren die Enawêne Nawê ihren Anwalt. Cañas wurde von Weißen ermordet! An den Flüssen Papagaio und Cravari sitzen die (1985) 190 *Muynkỳ* (Irantxe). Ihre Sprache ist dem Aruakischen nur entfernt verwandt. Während sich die Südgruppe kaum mehr von der brasilianischen Landbevölkerung unterscheidet, war die Kultur der nördlichen Muynkỳ noch bis vor kurzem intakt.

Wieder auf bolivianischem Territorium, stoßen wir auf die vier einander nahestehenden Tupí-Völker der *Mía* (Sirionó), *Biá* (Yuki, Kurukwa), *Mbiar* oder *Ỳvarašug'we* (Pauserna) und *Ava* (Guarayo). Mía und Biá nehmen aufgrund ihrer wildbeuterischen Anpassung eine Sonderstellung ein. Die (1985) 968 Mía wohnen im Quellgebiet des Rio Irurupuro und am Rio Blanco. Ihre schweifende Lebensweise haben sie, abgesehen von gelegentlichen Jagd- und Sammelausflügen, aufgegeben. Bis auf (1985) 73 Neophyten in einer Mission am Rio Chimoré verteidigen indes ca. 150 Biá an den Flüssen Víbora, Arroyo Hediondo und Piray hartnäckig ihre Freiheit. Waldnomaden mit nur wenig Landbau waren auch die Mbiar im Flußdreieck von Paraguá und Guaporé. Eine vierköpfige Familie in Campo Grande und ein paar Individuen am brasilianischen Ufer des Guaporé blieben von ihnen übrig. Den Ava an den Flüssen Blanco und San Miguel erging es nicht so schlecht. 1982 registrierte man dort 6958 Stammesangehörige. Es sind Kleinbauern und Viehhalter, deren Integration in die nationale Gesellschaft weit fortgeschritten ist.

Oberer Rio Xingú. Das Quellgebiet des Xingú bietet ein Vegetationsmosaik trockener Dornwälder, «Obstgartensavannen» und flußbegleitender Saisonregenwälder. Da die Zubringer des Hauptstroms auf dem geologisch alten Brasilianischen Schild entspringen, vermögen sie aus den dort anstehenden harten Graniten und Gneisen kaum Mineralstoffe zu lösen. Der Xingú zählt daher zu den sog. Klarwasserflüssen. Seine Ufer sind relativ nährstoffarm und oft von sterilem, blendend weißem Quarzsand bedeckt. Selbst bei Hochwasser bleibt das Flußbett unverändert. Licht aber dringt im Klarwasser bis zu 7 m Tiefe ein. Es schafft günstige Bedingungen für das Pflanzenwachstum und Gedeihen von Kleinstlebewesen. Diese ernähren riesige Fischschwärme, darunter Süßwasserheringe *(Anchoa, Anchoviella)*, die wiederum zur Beute von Raubsalmlern werden.

Fischfang bildet am oberen Xingú das Maß wirtschaftlicher Versorgung. Hinzu treten der Anbau von Knollengewächsen im Brandrodungsverfahren sowie das Einbringen von Wildfrüchten. Jagd spielt eine untergeordnete Rolle

Die Gegend war bis zum 2. Weltkrieg relativ abgeschieden. Deutsche Völkerkundler, allen voran Karl von den Steinen, aber hatten bereits Ende des vorigen Jhs. Reisen hierher unternommen und wertvolles Grundlagenwissen angehäuft. 1946 erreichte die brasilianische Roncador-Xingú-Expedition den Strom, richtete Kontrollpunkte ein und baute eine Flugpiste. Als Bodenspekulanten damit begannen, das Land zu veräußern, wurde 1961 auf Initiative des Indianerschutzdienstes und nach langwierigen Verhandlungen der Xingú-Nationalpark (heute «Xingú-Indianerpark») aus der Taufe gehoben. Seine Bewohner konnten unter dem Schirm der restriktiven Reservatspolitik stärkere Widerstandskräfte gegen äußere Bedrohung mobilisieren als die meisten Autochthonen Brasiliens. Zwar verändern sich ihre Kulturen langsam durch die selektive Teilhabe an nicht-indianischen Werten, doch angesichts des offen zur Schau getragenen Selbstbewußtseins und des Fortbestehens uralter Traditionen muß man das Experiment als geglückt bezeichnen. Das von kritischen Sozialwissenschaftlern häufig vorgebrachte Argument, der Park degradiere Menschen zu Zooinsassen, ist wegen der Nähe des Konzeptes zu naturschützerischen Maßnahmen nicht völlig aus der Luft gegriffen, jene Moralisten verkennen allerdings die positiven Auswirkungen, die das Projekt gerade in bezug auf die Wahrung der Menschenwürde bei den Betroffenen zeitigte. Seit kurzem steht das Reservat unter indianischer Eigenverwaltung.

Obwohl im Areal Völkerschaften unterschiedlichster linguistischer Provenienz leben, verwischen Einzelkulturen hinter einem universellen Schnittmuster, das auf zeremoniellen Beziehungen von Dorf zu Dorf basiert. Rituelle Wettkämpfe ersetzen kriegerische Konflikte. Derlei Mechanismen, zu denen auch der Austausch ethnospezifischer Handelswaren (Keramik, Salz, Bögen, Schmuck, Kalebassen) und die gruppenübergreifende Heirat gehören, schmieden den Zusammenhalt der Xinguanos. Wer nach tiefgründigeren Erklärungen sucht, wird das harmonische Miteinander aus dem Zwang deuten, die Wirtschaftsoase Oberer Xingú gegen begehrliche Nachbarn aus den umliegenden Dornwäldern und Savannen verteidigen zu müssen. Einige dieser Verbände rückten in den letzten Jahrzehnten näher an den Park, andere hat man im Zuge von Erschließungsmaßnahmen dorthin umgesiedelt. Hier wollen wir nur die ethnische «Kernmannschaft» des Alto Xingú vorstellen, Zugezogene aber erst dann behandeln, wenn ihr Herkunftsgebiet zur Sprache kommt.

Unter den Alteingesessenen treffen wir zwei Tupí-Verbände, die (1990) 239 *Apỳ'ap* (Kamayurá) am Ipavú-See und die 80 *Awetẽ* (Auiti, Arawine) zwischen den mittleren Flußabschnitten von Tuatuari und Kulisehu.

Die (1990) 187 *Waujá* (Waurá) siedeln am unteren Rio Batoví, die 140 *Ye* (Yawalapití) am unteren Tuatuari und die 121 *Mehináku* zwischen den Unterläufen von Kulisehu und Tuatuari. Sie vertreten die aruakische Völkerfamilie. Eine weitere Gruppe, die *Kutanapu* (Kustenahu), ist praktisch ausgestorben. Reste wurden von den Waujá und Mehináku assimiliert.

Auch Kariben gehören dem ethnischen Mikrokosmos des oberen Xingú an. Sie verteilen sich auf zwei Sprachgemeinschaften: *Nahukwa* mit Kalahálo (Kalapalo, Apalakiri) in den Dörfern Äte am unteren Kuluene und Uäto Äte am Mariwaheté-See (1990: 295) sowie *Kuikuro* (1990: 237) zwischen den Unterläufen von Kuluene und Burití.

Eine Sonderstellung nehmen die sprachlich isolierten *Amai* (Trumái) ein. Erst spät fügten sie sich allgemeiner Angleichung. Kämpfe mit anderen Indianern und Krankheiten brachten sie an den Rand der Ausrottung. Überlebende fanden bei befreundeten Stämmen Unterschlupf. Mittlerweile haben sich die Amai jedoch regruppiert. Sie bewohnen jetzt zwei Dörfer am Hauptstrom jenseits des Zusammenflusses von Kuluene, Batoví und Ronuro. 1990 zählte man 78 Personen.

Innerbrasilien. Vom Rio Madeira und seinem Zufluß Ji-Paraná (Machado) bis in den Südosten des Staates Pará erstreckt sich das Waldland Innerbra-

siliens. Dazu gehören die Randgebiete des oberen Xingú, nicht aber die
Tiefländer östlich seines Unterlaufs.

Die Westflanke des Brasilianischen Schildes nimmt den größten Teil des
Areals ein. In süd-nördlicher Richtung streben die Flußadern von Tapajós
und Xingú dem Amazonas zu. Diese Klarwasserströme wälzen sich durch
immergrünen Tropenwald. Nur am Madeira, dessen «weißes» Wasser
fruchtbaren Schlamm absetzt, oder dort, wo über Diabasdurchbrüchen
nährstoffreiche Braunlehme anstehen, erlauben die Verhältnisse intensive
Landwirtschaft. Andernorts sind Bauern zu ständiger Verlagerung ihrer
Felder gezwungen. Die meisten Böden vertragen daher keine hohe Siedlungsdichte, und die wenigen Menschen verlieren sich in der Weite des
geografischen Raumes.

Unumschränkte Herrscher über das gesamte Madeira-Tal waren in
früherer Zeit die Völker der Mura-Familie. Die *Tora* (Matanawí), einst
berüchtigte Flußpiraten, treffen wir heute nur noch am Rio Marmelos,
wo man 1989 lediglich 25 Stammesangehörige registrierte. Verwandte der
Tora sind die (1983) 1403 Nachkommen der *Buxura'en* (Mura, Bohurá).
Ihre Muttersprache hat sich nicht erhalten, wohl aber ihre flußorientierte
Lebensweise, die Fischfang und Jagd auf Wassertiere einschließt. Ansiedlungen findet man hauptsächlich im Flußdreieck von Madeira und Amazonas sowie am Madeira selbst. Dagegen pflegen die (1981) 125 *Hiai Tîîhí*
(Pirahã) noch ihr kulturelles Erbe. Eine der beiden Dorfgemeinschaften
am Rio Maicí öffnet sich erst jetzt zögernd der Außenwelt. Bis zum Bau
der Transamazônica-Straße, die in den 70er Jahren Stammessitze an
den Quellen des Manicoré erreichte, lehnten auch die *Diahói* (Yahãhí)
Fremdkontakte strikt ab. Inzwischen ist die tribale Einheit zerschlagen.
13 Kriegsgefangene wurden 1984 bei den *Pairan'di* (s. dort) lokalisiert,
andere hatten sich dem Troß der Bauarbeiter angeschlossen oder waren an
unzugängliche Orte geflohen.

An den Flüssen Ipixuna und 9 de Janeiro hausen die (1985) 118 *Kagwahív* (Parintintin, Káwahib). Sie eröffnen den Reigen der Tupí-Völker des
Areals. Ihre Vettern, die *Pairan'di* (Tenharim, Boca Prêta), siedeln im Quellgebiet des Rio Marmelos und am Igarapé Prêto, einem Zubringer des Rio
Madeirinha. Dort wurden 1985 249 Individuen ermittelt. Meldungen zufolge gibt es auch weiter südlich, in der Serra Grande zwischen Ji-Paraná
und Madeirinha, noch Stammesangehörige, die Fremden aus dem Weg gehen. Jenseits des Madeira, am Zusammenfluß des Açuã mit dem Jacareúba,
am oberen Jacareúba und am Rio Mari, liegen die Wohnsitze der vielleicht
50 *Bora-hã* (Juma, Catauixi). Allein die Schar am Açuã, die 1984 9 Personen umfaßte, steht in Kontakt mit Nicht-Indianern. Als kürzlich ein Jaguar den einzigen Mann im heiratsfähigen Alter tötete, ließen die Açuã-
Leute in ganz Brasilien nach geeignetem Ersatz fahnden.

Die (?) 100 *Yakarawakta* (Andar-wop) in der Serra do Pacutinga sind
möglicherweise Verwandte der *Kagwahív*. Sie wären dann Ableger eines

von Curt Unkel-Nimuendajú postulierten Tupí-Blocks zwischen Tapajós und Madeira, der im 19. Jh. in mehrere autonome Fraktionen zerfiel. Anscheinend erweitern die Yakarawakta gegenwärtig ihr Siedlungsgebiet. Von Norden kommend drangen sie auf von den *Rikbaktsá* (s. dort) geräumtes Terrain vor. Sie gelten als überaus feindselig und machten jüngst durch Überfälle auf Indianer am Aripuanã von sich reden.

Den *Apiaká* (Pariwate), auch sie ein Segment des vorgenannten Tupí-Blocks, begegnet man am Nordufer des Rio dos Peixes, wo 1984 42 Stammesangehörige ansässig waren, sowie an den Flüssen Ximari und Matrinxã. Im zuletzt angegebenen Gebiet verbergen sich um 40 Personen vor den Weißen. Ob auch die 60–80 freien Indianer in der Serra do Sucunduri und am Rio Maracanã zu den Apiaká zählen oder den Yakarawakta angeschlossen werden müssen, bleibt vorläufig offen. Früher pflegten die Apiaká Heiratsbeziehungen zu den benachbarten *Ap'apats* (Kayabí), doch sind viele Siedlungsplätze dieses Volkes an Rio dos Peixes und São Manoel (Teles Pires) jetzt verwaist. Das Gros der (1984) 718 Ap'apats lebt nun im Xingú-Reservat (am Hauptstrom bei Diauarum und am unteren Manissauá-Miçú).

Eine abweichende Tupí-Mundart sprechen die (1984) 3054 *Midínyẽ* (Mawé, Sateré, Arapium) im Bereich der Flüsse Andirá, Maraú, Mirití, Manjaurú und Urupadi. Ihre nächsten Verwandten, die *Weidjényã* (Mundurukú), mutierten im 18. Jh. von erbitterten Gegnern der Portugiesen zu deren treuesten Vasallen. Auf der Suche nach immer neuen Sklaven für ihre Herren verbreiteten sie bei umwohnenden Indianern Angst und Schrecken. Heute sind die (1985) 3766 Weidjényã stark von der Caboclo-Bauernkultur Amazoniens beeinflußt, stehen dem Christentum aber distanziert gegenüber. Ihre Dörfer befinden sich am Rio Canumã, am Tapajós-Knie südlich Jacareacanga und am Rio Sucunduri. Östlich davon, an der Eimündung des Curuá in den Irirí, kommt man zu den (1984) 157 *Kurwayẽ* (Curuáya). Ständige Attacken der *Me-be-ngó-kre* (s. dort) dezimierten diesen Stamm, der seine Traditionen weitgehend aufgegeben hat.

Reste der am unteren Irirí beheimateten *Šipai* (Xipáia) flohen vor den Weißen an Igarapé Cachoeira Seca und Igarapé Dois Irmãos. 1990 stellten FUNAI-Beamte am erstgenannten Ort 35 Personen. Östlich davon, am mittleren und unteren Xingú, erstreckte sich einst die Domäne der *Awayã* (Juruna). Unter dem Druck indianischer Feinde wichen sie bis auf wenige, die als Latexzapfer bei Paquiçamba arbeiteten, nach Süden aus. Nun leben die Flüchtlinge im Xingú-Indianerpark nördlich der Einmündung des Manissauá-Miçú in den Hauptstrom. Dort wurden 1990 132 Stammesangehörige gezählt. Frei, wegen kriegerischer Auseinandersetzungen mit Nachbarn jedoch arg zusammengeschmolzen, sind die ungefähr 70 *Miayã* (Manitsawá) vom Rio Arraias am Rand des Xingú-Parks. Die Annäherung Fremder lassen sie nicht zu.

Über den Rio Xingú drangen im 20. Jh. einige Jê-Völker weit nach Westen vor. *Mẽ* (Suyá, Tapanhuna, Beiços-de-Pau) siedelten noch um 1800 am

19. Schrecken der Feinde:
Mẽ-Mann mit furchteinflößender
Lippenscheibe

Fuß der Serra Formosa. Im Ansturm weißer Kolonisten brach der Stamm auseinander. Eine Schar wanderte nach Osten. Sie wurde 1959 am Suiá-Miçú «befriedet» und profitiert seither vom Schutz, den das Xingú-Reservat gewährt. Die westlichen Mẽ folgten dem Lauf des São Manoel zum Tapajós. Einige scherten hier südwärts aus und erreichten den Rio do Sangue, wo man sie 1968 kontaktierte. Auch diese Gemeinschaft lebt mittlerweile im Xingú-Park. Dort registrierten Demografen 1990 213 Mẽ. Am Tapajós lieferten sich die übrigen in den 40er Jahren schwere Gefechte mit Gummisammlern. Danach überschritten sie den Fluß. 100–200 Personen fanden am Rio Parauari Asyl, bislang unbehelligt von ihren Häschern. In die ziemlich verworrene Ethnogenese der *Me-be-ngó-kre* oder *Meõre* (Nord-Kayapó, Txukahamãi) ist erst kürzlich Licht gebracht worden. Ständige Teilungen, Regruppierungen und Migrationen begleiten ihre Geschichte. Alle entsprossen sie einer Ursprungsgemeinschaft am Rio Pau d'Arco nahe dem Araguaia. Dieser Verband zersplitterte in die Zweige der 1960 ausgestorbenen Irã-mrári, der zu Bacajá und Cateté abgewanderten Put-karôt (Xikrin) und einer dritten Gruppe, die in das Quellgebiet der Flüsse Fresco und Riosinho zog, wo man um 1900 das Großdorf Pỳkatoti gründete. Von Pỳkatoti gingen in der Folge mehrere Radiationen aus, die Me-be-ngó-kre bis an Xingú, Carajari, Irirí, Baú, Jamanxim und sogar Guajará spülten. 1987 lebten in dem riesigen Areal 2866 Stammesmitglieder in etlichen Lokalgruppen (Gorotíre, Kikretum, Kubén-krã-kêin,

A-Ukre, Kokraimóre, Me-krã-ngó-ti, Kubén-kokre, Pỳkanỳ, Kretíre, Piúhdjam u. a.), dazu etwa 300 weitere (Purô, Pituyarô, Me-ngra-mrári, einige Kararaô) ohne Berührung mit Weißen. Bis in die 60er Jahre leisteten die Me-be-ngó-kre Siedlern und Großgrundbesitzern entschlossenen Widerstand. Sie haben viel von ihrer traditionellen Gesellschaftsordnung (Männerhaus, duale Dorforganisation, Altersklassen) und Wirtschaftsform (Regenzeitfeldbau, Sammeln, Jagd) beibehalten. Ihren Ruf als «Killer» kultivieren sie mit gewissem Stolz, sind aber bereits fest in der Neuzeit verwurzelt. So üben etwa die Gorotíre Kontrolle über die Goldmine María Bonita auf Stammesgebiet aus. Ein Verwalter wurde eingesetzt, und vier Krieger beaufsichtigen die Schürfer. Dank eines Arrangements mit dem brasilianischen Schatzamt erhalten die Indianer den 5%-Anteil der Funde.

Den Leidensweg der *Panara* (Süd-Kayapó, Kren-akróre, Ipewí) schilderten wir an anderer Stelle. Nach ihrer Verpflanzung an den unteren Suiá-Miçú im Xingú-Park stabilisierten sie sich auf 122 Individuen im Jahr 1990. Weitere (?) 30 Personen entgingen der mit enormem Mediengetöse inszenierten Befriedungsaktion. Sie streifen noch immer frei zwischen Huaiá-Miçú, Manissauá-Miçú und Rio Peixoto de Acevedo umher.

Das ethnische Puzzle Innerbrasiliens vervollständigen Kariben. Am unteren Madeira waren früher die *Kura* (Arara) zu Hause. Händel mit den *Weidjényã* (s. dort) vertrieben sie in den Süden. Heute (1989) siedeln 160 sehr akkulturierte Vertreter bei Beiradão am Aripuanã sowie 40–60 zivilisationsflüchtige Dissidenten am oberen Rio Guariba. Weit von den Wohnsitzen der Kura entfernt, verteilten sich Ende der 80er Jahre 415 *Kurè* (Bakairi) auf die Quellfächer von São Manoel und Batoví. Vermutlich haben darüberhinaus am Rio Burití Reste der Xingú-Kurè überlebt. Von Anrainern werden die scheuen Waldbewohner, maximal 50 Menschen, «Agavotogra» genannt. Lange verweigerten auch die *Kukura* (Txikão) Kontakte zur Außenwelt. Kolonisten verjagten die Gruppe aus dem Tal des oberen São Manoel. Orlando und Claudio Villas Boas, bis vor kurzem allmächtige Herrscher über den Xingú-Park, stöberten sie 1964 am Rio Jatobá auf, nachdem die vereinigten Xinguanos ihnen eine empfindliche Niederlage beibrachten. Nun unterhalten die Kukura ein Dorf mit (1990) 146 Einwohnern am Xingú. Den *Aipatsé* (Tsuva, Wayarú, Yarumã) zwischen Kuluene und Rio Tanguro ist ihre Feindschaft mit den *Kuikuro* (s. dort) schlecht bekommen. Man schätzt, daß nur 40–60 Personen den Vernichtungsfeldzügen ihrer Widersacher entkamen. Alle Bemühungen, die verbliebenen Aipatsé in die Gemeinschaft der Xingú-Indianer zu integrieren, schlugen bisher fehl. Indes gelang unlängst die «Befriedung» der *Opinatkom* (Arara, Parirí, Apiacá). Mitte des 19. Jhs. lokalisierte man verschiedene Horden in einem Gebiet, das vom unteren Xingú zum Tocantins reichte. Dort waren sie in blutige Kämpfe mit anderen Waldstämmen verwickelt, und unter Gelehrten bestand Einvernehmen, daß die Opinatkom danach ausgestorben seien. Doch als 1970 die Trassenführung der

Transamazônica festgelegt werden sollte, stießen Erkundungstrupps in der Gegend des unteren Iriri wieder auf ihre Spur. 1990 existierten 92 Angehörige dieses Volkes.

*Ostamazonien.*Vom Ostufer des unteren Xingú bis zum Rio Tocantins breitet sich ein Teppich immergrüner Tropenwälder. Dahinter, in dem Gebiet, das von den Flüssen Pindaré, Gurupi und Mearim durchzogen wird, treten Passatwald und Palmensavanne auf. Wegen der Nähe zur fruchtbaren Amazonasaue herrschen im Westen gute landwirtschaftliche Bedingungen. Östlich des Tocantins gewinnen Jagd und das Einbringen wild wachsender Pflanzen an Bedeutung.

In der Region leben ausschließlich Völker der Tupí-Familie. Drei Gemeinschaften aus dieser Gruppe tragen in der älteren ethnografischen Literatur den Namen «Asuriní», doch handelt es sich um durchaus verschiedene Verbände. Bereits 1953 wurde am Bacajá de Portel und am Fuß der Serra Trocará unweit des Tocantins Verbindung zu den *Akwáwa* (Huriní) aufgenommen. 1990 verzeichneten sie am Igarapé Trocará 191 Mitglieder. 1970 stieß dann der österreichische Missionar Anton Lukesch am Rio Ipiaçava auf die *Awaëté* (Asonéri, Kubén-kamrik-ti), und sechs Jahre darauf traf der Waldläufer João Carvalho die *Bide* (Araweté, Ararawa) am Igarapé Ipixuna. Während man 1990 lediglich 63 Awaëté vorfand, betrug die Zahl der Bide zum gleichen Zeitpunkt 184.

Unangefochten behaupteten bis vor einem Jahrzehnt die *Awareté* (Parakanã, Akokakóre, Kubén-ropre) ihre dominante Stellung unter den Volksgruppen im Westabschnitt unseres Areals. Seit Beginn des 20. Jhs. behinderten die Stämme der Awareté – Apuiterewa, Tapiipỳ (Tapirawa), Wirapî und Mokotiwena – den Bau der Tocantins-Eisenbahn, die deswegen erst 1947 den Betrieb aufnahm. Damals schon beklagten die Indianer viele Tote. Doch erst Transamazônica und die Einweihung des Tucuruí-Staudammes am Tocantins stürzten sie endgültig ins Verderben. Geschlechtskranke Straßenarbeiter vergewaltigten Frauen, deren Kinder blind geboren wurden, und die Männer rieben sich in Scharmützeln auf. Zwischen 1970 und 1984 «befriedete» die FUNAI Verbände an Igarapé Lontra, Rio Anapú, Rio Bacajá, Igarapé São José und Igarapé Bom Jardim. Nachdem das Tucuruí-Reservoir geflutet war, mußte man einige zuvor dorthin verfrachtete Awareté erneut umsiedeln. Sie verloren wertvolle Anbauflächen, Begräbnisstätten und eine Reihe Besitztümer. Epidemien breiteten sich aus. Die Bevölkerung der Gruppe am Paranatĩ sackte innerhalb eines Jahres von 200 auf 82. 1990 gab es an Igarapé Paranatĩ, Rio do Meio und Igarapé Bom Jardim immerhin wieder 451 Awareté. Nicht eingeschlossen sind um 60 Verweigerer zwischen Tapirapé und Tuerê, Seitenarmen des oberen Rio Itacaiunas.

Auch die *Aikewar* (Suruí, Mudjetire) waren lange unversöhnliche Feinde der Brasilianer. Erst 1960 erlaubten sie Fremden den Zutritt zu

*20. Pfeil und Bogen
– die Allzweckwaffen
der Amazonasindianer;
Wirapĩ*

ihrem Dorf am Rio Sororozinho. Nach anfänglichen Verlusten durch In-
fektionskrankheiten stabilisierte sich die demografische Situation, und
1990 wiesen Statistiken 110 Stammesangehörige aus. Jenseits des Tocantins, am Rio Cairari, einem Zufluß des Moju, leben die (1984) 43 *Anambé*
(Turiwara, Cumaru). Ihre engen Verwandten, die *Amanayé* (Manajo, Ara-
randewara), haben die Muttersprache verlernt. Nur 38 Individuen traf man
1986 zwischen den Waldflüßchen Ararandeua und Surubiju. Mit 650 Leuten sind die *Ka'apor-tê* (Urubú) besser für den Existenzkampf gegen Goldsucher, Gummisammler und Kleinbauern, die ihre 14 Dörfer an den Flüssen Guamá, Gurupi und Turiaçú bedrängen, gerüstet. Gar 8388 Personen
zählten 1986 die *Tén'tê-har* oder *Gurašaja* (Guajajara, Tembé) im Quellgebiet des Rio Mearim, am Rio Grajaú, zwischen Zutiua und Buriticupu,
am Rio Pindaré sowie fernab am Acará-Mirim in Pará. Obwohl stark der
umwohnenden neobrasilianischen Landbevölkerung angeglichen, bewahren die Tén'tê-har ihre ethnische Identität. In den letzten Jahren machten
sie wiederholt mit spektakulären Aktionen auf Entrechtung und Landver-
lust aufmerksam.

Zu den wenigen echten Jägern und Sammlern Amazoniens gehören die (1984) 228 *Awá* (Guajá) zwischen dem Nordufer des Tocantins sowie den Flüssen Turiaçú, Pindaré und Gurupi. Einige Verbände halten sich von Weißen fern und hängen der althergebrachten Wirtschaftsform an, die sich im wesentlichen auf das Einbringen von Palmmark und -früchten stützt.

Araguaia. Wie ein grünes Band inmitten trockener Dornwälder und Savannen wirkt aus der Luft das Stromgebiet des Rio Araguaia in Ostbrasilien. Hier gedeihen über Grundwasserzügen Palmenhaine und direkt am Fluß saisonfeuchter Galeriewald.

Die insbesondere auf der Ilha do Bananal, der größten Flußinsel der Erde, siedelnden *Ynã* (Karajá) sind typische Flußindianer, die ihren Proteinbedarf hauptsächlich über Fischfang und das Einsammeln von Schildkröteneiern decken. Auf überschwemmungsfreiem Gelände treiben sie Landwirtschaft. Gute Einnahmen garantiert inzwischen das Tourismusgeschäft, so der Verkauf künstlerisch ansprechender *Litjoko*-Tonpuppen und das Spektakel der Maskentänze, für das man Eintrittsgebühren kassiert. 1984 kamen die *Ynã* auf 1708 Personen.

An der Einmündung des Rio Tapirapé in den Araguaia wohnen die (1984) 202 *Wirapî* (Tapirapé). Dieses Tupí-Volk hat sich von zurückliegenden Überfällen der *Me-be-ngó-kre* (s. dort) gut erholt, läuft nun aber Gefahr, von den sich ausbreitenden *Ynã* aufgesogen zu werden.

Die Indianer Südostamazoniens

Zwischen den ostbolivianischen Llanos, dem Tal des Rio São Francisco und dem Südabschnitt des Staates Maranhão erstrecken sich am Fransenrand geschlossener Regenwälder Trockenlandschaften, die mit abnehmender Niederschlagsmenge immer weniger Bäume aufweisen. Die Brasilianer bezeichnen das flachwellige Hochland im Regenschatten des Küstengebirges als *Sertão.* Auf tropische Feuchtwälder folgt im «Sertão» zunächst Dornwald *(Caatinga, Campo Cerrado),* eine trockenkahle Formation dünnstämmiger Schirmkronenbäume und hoher Sukkulenten mit dürftigem Unterwuchs. Das Laubdach bleibt selbst während der ergiebigen Sommerregen relativ schütter. Dem Dornwald schließt sich «Obstgartensavanne» *(Savanna, Campo Sujo)* an. Diesen Vegetationstyp lernten wir bereits in den kolumbianischen Llanos kennen. Auch der nächste Pflanzengürtel, gebildet von Gras- oder Feldschichtsavannen *(Campos Limpos),* ist uns aus dem Norden vertraut.

Zwar praktizieren die hier ansässigen Menschen noch Landwirtschaft, doch beschränkt sich der Anbau auf die Regenmonate, und er muß durch saisonale Jagd- und Sammelexkursionen ergänzt werden. Jede Volksgruppe beansprucht daher ausgedehnte Subsistenzflächen. Die Siedlungsdichte bleibt dabei gering. Insgesamt wirkt das Kulturbild der Sertão-Bewohner im Vergleich zu ihren Waldnachbarn auffällig verarmt. Wahrscheinlich hängt dies damit zusammen, daß Kulturströme aus den Anden oder dem zirkumkaribischen Zwischengebiet, vermittelt über die Verkehrswege der Urwaldflüsse, Südostamazonien nicht erreichten.

Die Indianer des Sertão gerieten früh in den Radius portugiesischer Sklavenfänger. Am Ostrand der Region sind daher einige Gruppen noch in der Kolonialzeit verschwunden. Andere wurden in Missionsdörfern konzentriert, wo sie allmählich ihre kulturelle Eigenständigkeit einbüßten, oder sie verloren ihr Land an weiße Kleinbauern und Viehzüchter. Eine Minderheit wich vor der näherrückenden Pioniergrenze in entlegene Winkel aus. Bis in die 60er und 70er Jahre des 20. Jhs. boten diese Flüchtlinge den Invasoren Paroli.

Parecis-Plateau. Die Chapada dos Parecis im äußersten Südwesten des brasilianischen Staates Mato Grosso scheidet die Wässer von Juruena und Rio Guaporé. Caatingas und Savannen bedecken die Hochebene; Galeriewald säumt die Flüsse.

Im Areal leben ausnahmslos Vertreter der Nambikwara-Familie. Gruppen im Quellfächer des Juruena pflegen seit 1910 Kontakte zur Außenwelt. Für sie wurde 1969 eine große Reservation östlich Vilhena geschaffen. Dorthin sollten auch die noch freien Indianer des oberen Guaporé-Tals umsiedeln, um die fruchtbare Aue weißer Kolonisierung zu öffnen. Das Vorhaben scheiterte jedoch an der Heimatverbundenheit der Betroffenen. Zusammengepfercht auf inselartige Ausschnitte ihres früheren Territoriums, sehen sie sich nun von Massen landsuchender Bauern aus den Notstandsgebieten Ostbrasiliens eingekesselt.

Am Rio Cabixi, am Rio Pimenta Bueno sowie an den Quellen von Roosevelt und Aripuanã waren die *Nakayandé* (Kabixí) mit den Stämmen der Tawadndé, Lakondé, Taiaté, Yáludndé, Ta'wedndé, Latundé, Točokirú, Mamaindé und Negaroté zu Hause. Bis auf Mamaindé, Negaroté und Točokirú hat man diese Verbände im Nordteil der Nambikwara-Reservation untergebracht. Ein Zensus erfaßte 1981 ohne die erst kürzlich am Igarapé Omerê gestellten Točokirú 154 Nakayandé. Mit ihnen zusammen wohnen 22 überlebende *Kolimisí* (Sabané), die ursprünglich zwischen den Oberläufen von Pimenta Bueno und Machado nomadisierten. Die (1983) 778 *Anūsú* (Nambikwara i. e. S.) treffen wir im südlichen Bereich des Schutzgebietes, ferner bei Utiarití und Tirecatinga sowie entlang der Seitenarme des oberen Guaporé. Auch die Anūsú untergliedern sich in eine Reihe von Stämmen (Si'waihsú, Hingutdesú, Niyalhosú, Kitaunlhú, Sa'wedndesú, Halótesú, Wakalitdesú, Nandesú, Kwalinsadndesú, Yo'dunsú, Erahi'daunsú, Aladndesú, Alakatdesú, Waikatdesú, Wasuhsú, Katditaunlhú). Den Brasilianern friedlos gegenüber stand Mitte der 80er Jahre nurmehr eine Schar am Rio Piolho.

Campos. Das Grasland Ostboliviens und die Savannen von Mato Grosso bevölkerten vor Zeiten wandernde Jäger und Sammler. Manche fanden früh Anschluß an die Pflanzerkulturen Südamazoniens, andere gingen erst im 19. Jh. zum Feldbau über. Von der einstigen ethnischen Vielfalt blieben nach kolonialen Beutezügen, christlicher Unterweisung und Landnahme durch weiße Rancher nur klägliche Reste übrig.

Immerhin gehören die (1985) 48 260 *Ċurapa* (Chiquitano) zu den demografisch bedeutendsten Indianergruppen Südamerikas außerhalb der Anden. Äußerlich angepaßt, stellen sie heute die ländliche Unterschicht in den bolivianischen Ostprovinzen Ñuflo de Chávez, Velasco, Sandoval und Chiquitos. Dagegen sind die *Pokõ* (Umotina) bei Barra do Bugre am oberen Rio Paraguai fast ausgestorben. Mitte der 80er Jahre bekannten sich 60 Menschen zu ihnen, und ganze drei Personen beherrschten noch die alte Mundart. Ihre Vettern, die *Bóe* (Boróro, Coroado), zählten anfangs der Kolonialperiode etwa 50 000. Lediglich die Ostgruppe (Orari Mogorege) an São Lourenço und Rio das Mortes, (1986) 703 Mitglieder stark, entrann den «Säuberungen» brasilianischer Militärs und Viehzüchter.

Pantanal. Mit einer Fläche von 240 000 km² bildet die Sumpfwildnis des Pantanal im Grenzbezirk Brasiliens zu Bolivien und Paraguay die größte Überschwemmungslandschaft unseres Planeten. Auf engstem Raum verbinden sich Dorn- und Galeriewälder, Savannen und die Flutbassins des Rio Paraguai zu einem Mosaik unterschiedlichster Lebensbereiche. Fischfang, Nutzung wild wachsender Pflanzen, Kaiman- und Vogeljagd drängen hier Landbau in den Hintergrund.

Von den früher im Pantanal umherziehenden *Mak'a* (Payaguá), *Maëulëuk* (Guachí) und *Magweo* (Guató) gelang allein letzteren der Sprung in die Gegenwart. Allerdings sind die Magweo eine kleine Gemeinschaft, und ihre Sprache ist dem baldigen Untergang geweiht. 25 Indianer, dazu etliche Mischlinge, siedeln auf der Ilha de Bela Vista nördlich Corumbá. Seitdem Teile der Region zum Nationalpark erklärt wurden, unterbinden Umweltpolizisten die überlieferte Kaimanjagd der Magweo, obwohl der bestandsgefährdende Schmuggel von Krokodilhäuten überwiegend durch organisierte Banden von Paraguay aus erfolgt.

Chapada. Die schier endlosen Savannen und Dornwälder zwischen Rio das Mortes, Tocantins und Rio São Francisco, heute mancherorts in eintönige Viehweiden umgewandelt, sind Heimat von Jê-Völkern. Am Westufer des Tocantins, nahe seiner Mündung in den Araguaia, treffen wir die (1985) 565 *Apinajê*, östlich davon – am Tocantins bei Mãe María, an den Oberläufen von Pindaré, Grajaú und Mearim sowie zwischen Tocantins und Rio Manoel Alves – die (1986) 2885 *Mehĩ* (Tímbira) mit den Stämmen der Parkatêjê (Gaviões), Krikatêjê, Kokuiregatêjê, Krepumkatêjê, Ramko'kamekra (Kanela, Gamella), Apanyekra, Pỳkôbjê und Krahó.

Rings um das Städtchen Tocantinia im nördlichen Goiás leben (1987)
835 *Açwẽ* (Xerente). Sie bieten ein gutes Beispiel, wie nach einer Phase kultureller Desorientierung Rückbesinnung auf traditionelle Werte einsetzt.
Solche Revitalisierungsbestrebungen können wir bei vielen der entwur-
zelten, überfremdeten Autochthonen Ostbrasiliens beobachten. Oft erfolg-
ten sie auf Anregung des «Indianermissionsrates» (CIMI), einer Institution,
die sich im Sinne der Befreiungstheologie engagiert. Das Volk der *Auwẽ-
uptabi* (Xavante) am Rio das Mortes ist ein abgespaltenes Segment der
Açwẽ, das um 1850 eigene Wege einschlug. Den Brasilianern lieferte es beherzte Gefechte. Nach dem Friedensschluß 1946 mündeten Versuche, diese
kämpferischen Menschen bei der Landvergabe zu übervorteilen, Anfang
der 70er Jahre erneut in offene Revolte. Daraufhin wurden für (1984) 4593
Stammesangehörige rechtsverbindliche Reservatsgrenzen festgelegt. Mit
dem Auwẽ Mário Juruna zog erstmals ein Indianer in den brasilianischen
Kongreß ein. Juruna verstand es, durch medienwirksame Auftritte breite
Bevölkerungsschichten für Probleme der Eingeborenen zu interessieren.
Die (1982) 3150 Nachkommen der *Oipredé* (Xakriabá) südlich Manga am
Rio São Francisco haben ihre Muttersprache vergessen. Auch sonst unter-
scheiden sie sich kaum noch von den nichtindianischen Nachbarn.

Beinahe ausgerottet wurden die *Avá* (Canoeiro), eine wildbeuterische
Tupí-Gruppe in Goiás und Minas Gerais, der sich 1985 56 Personen zugehörig fühlten. Zwei Scharen in der Serra da Mesa und am Rio Araguaia hat man nach dramatischer Verfolgung gestellt und seßhaft gemacht,
drei weitere in der Mata do Mamão, am Rio Prêto bei Unaí und am unteren Rio Manoel Alves halten sich noch immer verborgen. In dem ihnen
verbliebenen Lebensraum, der längst unter Großgrundbesitzer aufgeteilt
ist, gingen die Avá zu nächtlicher Jagd auf das Vieh der Rancher über. Da
einige in unmittelbarer Nähe der Hauptstadt Brasília unterkrochen, erfährt
ihr Schicksal größte Aufmerksamkeit.

Die Indianer der atlantischen Randgebiete

Die dem Atlantik zugewandten östlichen Landesteile Brasiliens und seiner
Anrainerstaaten zeichnete früher verschwenderische Vegetationsfülle aus.
Leider sind die meisten Wälder in den zurückliegenden Jahrhunderten ge-
rodet worden. An ihrer Stelle erstreckt sich heute von Weißen genutztes
Agrarland.

Europäische Geschichte hat tiefe Narben hinterlassen. Südamerikas Indianer trafen hier erstmals mit den späteren Kolonisatoren zusammen. Im
unheilvollen Anprall der Völker unterlagen die Einheimischen. Die dem
Genozid entkamen, gerieten unter Kontrolle der Eroberer. Bereits im vorigen Jahrhundert fanden sich viele unter der Herrschaft staatlich ernann-
ter und besoldeter Häuptlinge. Siedler hielten Eingeborene wie Sklaven.

Der Zeitlauf ebnete Unterschiede zu anderen, ins Abseits der Gesellschaft gedrängten Bevölkerungsgruppen ein, und Traditionsbindungen lockerten sich. Fortgeschrittene Erosion kennzeichnet daher heute die Kulturen der Indianer am atlantischen Rand Amazoniens. Um so überraschender ist, daß nicht wenige ethnische Souveränität behaupteten und jetzt nachdrücklich für die Wahrung ihrer Rechte eintreten. Zu dem politischen Ringen gesellen sich zunehmend Bemühungen um die Wiederbelebung verschütteter Überlieferungen. Auch wenn derlei Anstrengungen mitunter fast groteske Züge annehmen, etwa bei der Einstudierung «alter» Tänze durch herbeigerufene Choreografen oder in der Verwendung fantasievoller Theaterkostüme, spricht daraus doch ein dynamisches Kulturverständnis, das Vergangenheit und Gegenwart, Mythos und Alltagsrealität neu zu kombinieren weiß.

Nordostbrasilien. Wasserarme Dornwälder und Savannen flankieren beide Uferbereiche des unteren Rio São Francisco. Sie ähneln den Vegetationsformen der Chapada. Auch ethnografisch kann man Nordostbrasilien als Verlängerung jenes Areals ansehen. Unter dem Sammelnamen «Karirí» werden etwa 23 000 stark mestizisierte Nachkommen der *Anggag* (Massacará, Kaimbé), *Tsohó* (Karirí i. e. S.), *Pikwa* (Natú), *Porkia* (Pankararú), *Ičikile* (Xukurú), *Akonā* (Xokó) und *Moriti* (Katembri, Kirirí) gebündelt. Ethnisch heterogen und polyglott entwickelten sie erst während des Abwehrkampfes gegen die Portugiesen (1676 Bildung einer Karirí-Föderation) und der nachfolgenden Einweisung in Reduktionen gemeinsame kulturelle Merkmale. Heutzutage trennt oft allein die Erinnerung an eine verklärte Vergangenheit und ihre Diskriminierung als «Indios» diese Gemeinschaften von den Brasilianern. Nur die (1987) 3799 *Ya-kotóa* (Fulniô) im Hinterland von Pernambuco pflegen noch ihre alte Sprache und Reste indigener Traditionen.

Atlantisches Bergland. Eingekeilt zwischen küstennahen Tropenwäldern und der Caatinga im Westen liegt Brasiliens atlantisches Bergland, das von Bahía im Norden bis Rio Grande do Sul streicht. In der weitschwingenden Landschaft haben Flüsse canyonartige Schluchten ausgeräumt, in die im Norden Regenwald eindringt, im Süden subtropischer Feuchtwald. Über 500 m NN gedeiht in Nebellagen prächtiger Araukarienwald, der sich mancherorts mit offenem Grasland (Höhensavannen) verzahnt.

Bei Ankunft der Europäer lagen die Völker der Region in Fehde mit den entlang der Küste nordwärts ausschwärmenden *Abaëté* (s. dort). Von den Portugiesen in die Berge zurückgeworfen, wehrten sie sich lange erfolgreich gegen ihre Eingliederung in den Nationalstaat, z. T. bis in die Anfangsjahre unseres Jhs.

2111 Nachkommen der *Grengug* (Pataxó, Gueren, Aimoré) siedelten 1984 um Porto Seguro und am Monte Pascoal im Süden Bahías. 1577 aus der Höhe zur Küste herabgestiegen, plünderten und zerstörten die Grengug 1597 Ilhéus und Porto Seguro. 1673 und 1718 versetzten sie den Portugiesen weitere schmerzhafte Schläge. Endgültig zum Erliegen kamen ihre Aufstände erst um 1800. Heute zeichnet sich die Gruppe durch kräftige demografische Zunahme und ein starkes Interesse an kultureller Revitalisierung aus. Viele arbeiten auf den Kakaopflanzungen der Gegend. Ihre Muttersprache ist erloschen.

Als Stereotypen südamerikanischer Waldbewohner, deren pittoresker Gesichtsschmuck aus untertassengroßen Lippen- und Ohrpflöcken (port. *botoque*: Faßspund) frühe Reisende gleichermaßen faszinierte wie abstieß, wurden die *Borugn* oder *Engrakmuñ* (Botocudos, Aimoré) in der Alten Welt populär. Den Weißen waren sie stets feindlich gesonnen, was offenbar genügt, um ihre unbarmherzige Ausrottung zu rechtfertigen. Selbst nachdem Pokrane, einer der einflußreichsten Anführer, dem zu Ehren das brasilianische Kaiserreich 1841 eine Münze schlagen ließ, um Frieden angehalten hatte, hörten die Massaker nicht auf. Mit Pockenerregern infizierte Kleidungsstücke, hinterlistig als Geschenke verteilt, brachten unzähligen Indianern den Tod. Nur 110 Borugn, die 1987 im Tal des Rio Doce und auf der Fazenda Guaraní bei Conceição do Mato Dentro lebten, sind übrig. Sie gehören den Stämmen der Krenak und Nakrehê an. Einige wenige beherrschen noch die alte Mundart.

Im Quellgebiet des Rio Alcobaça (Minas Gerais) liegen die Dörfer der (1984) 521 *Et-por* (Maxakalí). Ihre Muttersprache konnten sie bewahren. Dasselbe trifft auf die (1986) 8141 *Kãíngãgn* oder *Rangre* (Caingáng, Camé, Bugre) zu, die gegenwärtig etwa 20 Siedlungsflecken in den südbrasilianischen Bundesstaaten São Paulo, Paraná, Santa Catalina und Rio Grande do Sul einnehmen. Ihr Resistancegeist, der den Kãíngãgn half, die Hetzjagden des 18. und 19. Jhs. zu überstehen, hat mittlerweile durch Bestrebungen, Landrechte zu beschneiden, neue Nahrung erhalten. Auf der Flucht vor den Weißen gaben die *Lákranô* (Xokleng), enge Verwandte der Kãíngãgn, ihre Felder auf und ernährten sich fortan allein von Gaben des Waldes. Zwei Lokalgruppen in der Serra Geral von Santa Catalina hängen dieser Lebensform noch immer an. Ihre 270 Stammesgenossen bei Ibirama (Santa Catalina), Barão de Antonina, Laranjinha und Apucarana (Paraná) wurden dagegen schon vor längerer Zeit seßhaft gemacht.

Paraná-Becken und Atlantikküste. Subtropische Feuchtwälder und atlantischer Regenwald prägten die Pflanzenwelt des brasilianischen Küstenstreifens. Südausläufer der Gebirgsketten querend zogen sie bis ins Paraná-Becken im Stoß der modernen Staaten Paraguay, Argentinien und Brasilien hinüber. Nur an einzelnen Stellen, so in den Nationalparks von Sete Quedas oder Iguaçú, kann man heute noch den biologischen Reichtum jener Wälder genießen.

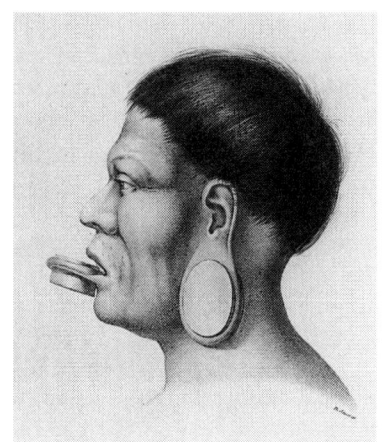

21. Borugn mit Ohr- und Lippenpflöcken aus korkleichtem Barigudo-Holz. Lithographie von Ph. Schmid nach einer Zeichnung des Prinzen Maximilian zu Wied

Von der Amazonasmündung bis in den tiefen Süden Brasiliens saßen am Vorabend der europäischen Kolonisierung Abteilungen der *Abaëté* (Küsten-Tupí), die den Eroberern regional unter verschiedenen Namen (Tupinambá, Tupinikín, Tamuyo, Potiwar, Tapeba) bekannt wurden. Diese Verbände schlossen wechselnde Koalitionen gegen die Fremden, bekämpften sich aber auch untereinander auf das heftigste. Ihre Nachfahren, (1986) 6640 wirtschaftlich wie politisch vollkommen integrierte Fischer und Bauern, sind nach Lebensweise und Sprache nicht von der übrigen Landbevölkerung zu unterscheiden, verweisen aber auf Überbleibsel der ehemaligen Sozialverfassung und eine ungebrochene Ethnizität. Drei Verbreitungsschwerpunkte – südwestlich Fortaleza in Ceará, nördlich João Pessoa in Paraíba und südlich der Mündung des Rio Doce in Espirito Santo – blieben ihnen.

Gemeinsame Abkunft verbindet die Abaëté mit den drei, als östliche Guaraní zusammengefaßten Volksgruppen der *Pãí* (Tavýterâ, Ka'yguã, Cayová) in Nordost-Paraguay und Südost-Brasilien (1985: 20918), der *Mbe'a* (Mbyá, Kaiwá, Monteses) in Nordost-Argentinien, Südost-Paraguay und Südost-Brasilien (1985: 13096) sowie der *Avá Katú-eté* (Chiripá, Nhandéva, Apapocuva) in Ost-Paraguay und angrenzenden Teilen Brasiliens (1985: 7680). Nach Absonderung in jesuitischen Missionsdörfern (1609–1786) hat die bäuerliche Kultur der Ost-Guaraní europäische Elemente aufgenommen, nie jedoch ihre indianische Besonderheit verloren. Vor allem gilt dies für die Religion. Chiliastische Bewegungen führten bis in die Gegenwart zu Wanderungen auf der Suche nach *Yvỳ-Mara Ey*, dem irdischen Paradies. Im Anschluß an die gewaltsame Auflösung der Reduktionen zogen sich die meisten Guaraní in den Wald zurück, wo noch heute einige Gruppen isoliert von Weißen leben. Die übrigen glichen sich mehr oder minder den nicht-indianischen Nachbarn an. Soweit sie nicht für den

Eigenbedarf wirtschaften, verkaufen sie ihre Erzeugnisse auf lokalen Märkten. Saisonale Lohnarbeit als Viehtreiber ist üblich.

Mit der Vorstellung von drei weiteren Ethnien im brasilianisch-paraguayischen Grenzgebiet endet unsere Reise zu den Völkern des tropischen Südamerika östlich der Anden. *Ačé Gatú* (Guayakí), *Eré* (Aré, Calchaquí) und *Héta* (Xetá, Gualachí) sprechen ebenfalls Tupí, doch scheint es, als sei eine ältere Bevölkerungsschicht von eingesickerten Guaraní assimiliert worden. Alle drei Gemeinschaften gaben den früher praktizierten Bodenbau auf und wandten sich der Nutzung von Waldprodukten zu. So gut wie ausgestorben sind jetzt die Héta. Erst 1954 in der Serra de Dourados (Paraná/Brasilien) entdeckt, standen sie der Umwandlung ihres Lebensraums in Kaffeeplantagen im Weg. Mitte der 80er Jahre gab es nur mehr 5 Stammesangehörige. Die Eré waren ursprünglich am Ostufer des Rio Paraná in Brasilien zu Hause. Guaraní drängten sie nach Westen in die Sierra de Mbaracuyú (Alto Paraná/Paraguay) ab. 28 Personen kamen dort 1978 aus ihren Verstecken. Derzeit teilen sie mit Ačé ein Missionsreservat am Rio Jejuimi. Wie viele Eré der seit Flutung des Itaipú-Staubeckens ziemlich geschrumpfte Wald noch birgt, entzieht sich unserer Kenntnis. Um 1980 wurden die letzten freien Ačé Gatú seßhaft gemacht. Vorausgegangen war eine widerliche Menschenjagd, bei der Grundbesitzer, Armee und Missionare unrühmliche Rollen spielten. Suchtrupps, die sich bereits «gezähmter» Indianer als Lockvögel bedienten, brachten Ačé um, nahmen insbesondere Kinder gefangen und steckten andere in ein Lager, wo man die scheuen Waldnomaden zu «guten Paraguayern» erziehen wollte. Einst besiedelten die Stämme der Tõmombútỳ (Barbudo) und Wagi (Pîhtadyováí) Gebiete an den Flüssen Acaray, Monday und Yñaro. Hier zählten sie noch um 1962 über 2000. Nach der rasanten demografischen Talfahrt in den 70er Jahren stabilisierte sich die Bevölkerung, und 1985 registrierte man am Rio Jejuimi, in Cerro Morotí, bei San Juan Nepomuceño und – als Viehhirten, Landarbeiter oder Holzfäller – über die gesamte Gegend versprengt wieder 1228 Ačé.

Wie das bedrückende Schicksal der Ačé und anderer Waldbewohner lehrt, scheiterten Versuche, ein freies Leben nach Art der Vorväter zu führen, immer wieder an der mangelnden Toleranz unserer Zivilisation. Der Wahn von Europäern und ihrer Abkömmlinge, alles auf dieser Erde müsse deren Leitbildern, Wertsetzungen und Entwürfen entsprechen, ist zwangsläufig mit Gegenvorstellungen kollidiert, meist zum Schaden der Schwächeren. Oft wurde zerstört, was man nur unzureichend kannte. Die Rückschau von Ethnologen und Historikern aber zeigt uns, zu welch imponierenden Leistungen die Indianer Amazoniens in Anlehnung an ihre jeweiligen Lebensräume fähig waren, welch enormes Wissen sie anreicherten und wie sie ihr Dasein in verträglichem Umgang mit der Natur meisterten (vgl. Hames & Vickers, 1983). Davon soll in den nächsten Kapiteln die Rede sein.

Viertes Kapitel

Mangel und Fülle

«Wenn ein eben aus Europa angekommener Reisender zum erstenmal die Wälder Südamerikas betritt, so hat er ein ganz unerwartetes Naturbild vor sich. Er weiß nicht zu sagen, was mehr sein Staunen erregt, die feierliche Stille der Einsamkeit oder die Schönheit der einzelnen Gestalten und ihrer Kontraste oder die Kraft und Fülle des vegetabilischen Lebens.»

Alexander von Humboldt
Voyage aux régions équinoxiales du nouveau continent (1805–1834)

Wasser und Wald

Rio Mar – Flußmeer – nennen die Brasilianer respektvoll «ihren» Amazonas. Immerhin bringt es der schlammige Riese bei seiner Einmündung in den Atlantik auf stattliche 250 km Breite. Gezeiten sind wegen des geringen Gefälles bis Óbidos, 800 km landeinwärts, spürbar, und Ozeanschiffe können den Strom 3700 km weit befahren. Von allen Flüssen der Erde hat der Amazonas das größte Einzugsgebiet (etwa 7 Mio. km^2). 1100 Trabanten zieht er auf seiner Reise durch dampfende Urwälder an sich. Aus dem Delta speit das Ungetüm im Scheitel der Regenzeit 310 000 m^3 Wasser pro Sekunde, was ungefähr einem Fünftel der Gesamtleistung irdischer Fließgewässer entspricht. Neueste Berechnungen machen den Amazonas außerdem zum längsten Fluß unseres Planeten. 6677 km mißt er, nachdem die erst 1971 entdeckte Laguna McIntyre am Nordhang des Choquecorrao in den südperuanischen Kordilleren als Urquelle identifiziert wurde (Popescu, 1991).

Neben ungezählten Süßwasserarten tummelt sich im Amazonas eine Fauna, deren eigentlicher Lebensraum das Meer ist. So landen Fischer in Iquitos, unweit der Anden, Haie, Rochen, Sägefische, Plattfische, Sardinen und Garnelen an. Ihre nächsten Verwandten schwimmen aber nicht im Atlantik, wie man annehmen möchte, sondern kommen im Stillen Ozean vor. Lange konnte man dieses Paradox nicht erklären, bis vor einiger Zeit Geologen mit einer überraschenden Erkenntnis aufwarteten. Die Fließrichtung des Amazonas hat sich vor Jahrmillionen umgekehrt (Grabert, 1983). Noch im Erdaltertum, als Südamerika und Afrika mit Australien und der Antarktis den Südkontinent Gondwana bildeten, ergoß er sich in den Pazifik! Und seine Quelle lag im Gebiet der Zentralsahara nahe der heutigen Oase Ounianga Kebir. Als Gondwana vor über 70 Millionen Jahren zerbarst, drifteten Südamerika und Afrika gleich Eisschollen auf einem

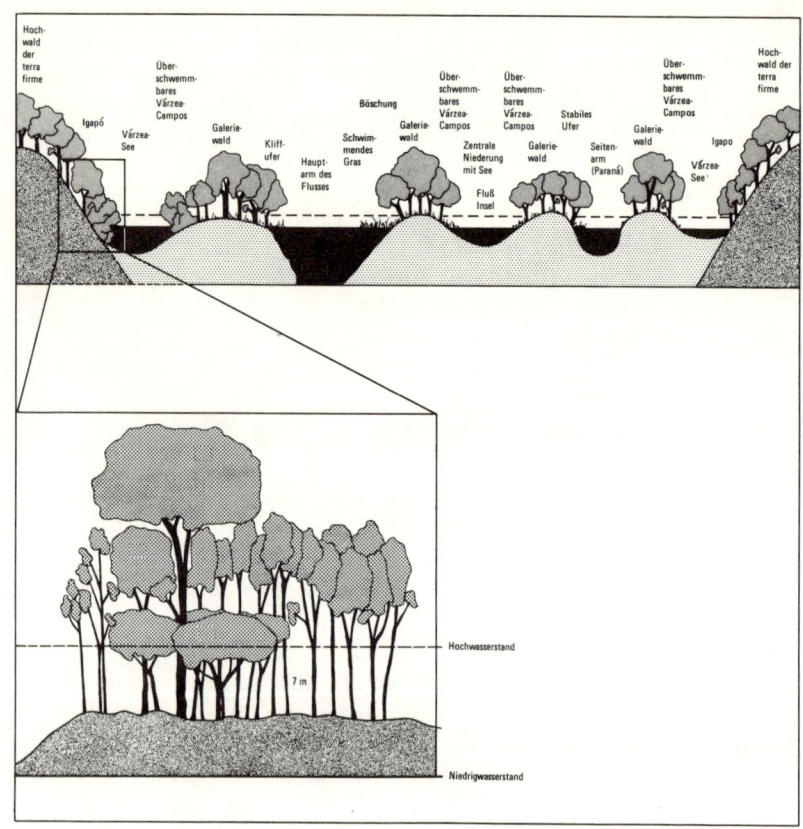

22. Schematische Skizze durch das (untere) Amazonastal

See aus glutflüssigem Magma auseinander. Das westliche Bruchstück, die Südamerikanische Festlandplatte, glitt unter den Ostpazifischen Kraton. Die im Anprall entfesselten Erdkräfte drapierten den Faltenwurf der Anden. Durch das sog. «Tor von Guayaquil», der letzten Öffnung in der Gebirgsbarriere, flutete Meerwasser ins Amazonastal. Doch dann verkorkte der steinerne Wall auch jenen Zugang, der Strom wurde an seinem ehemaligen Unterlauf emporgehoben und fand im gerade entstandenen Atlantik eine neue Mündung.

Wasser ist das beherrschende Element Amazoniens. Im Jahresmittel empfängt die Region 2200–2400 mm Niederschlag. Spitzenwerte, die vor allem am Andenrand gemessen wurden, erreichen gar 8000 mm. In den Tropen kommt es wegen der großen Hitze und der wie ein Schwamm wirkenden Vegetationshülle kaum zu Sickerwasserverlusten. Die niederstürzenden Regengüsse werden von Aufsitzerpflanzen und verfilzten Wurzelmatten aufgesogen oder gelangen als Haftwasser in den Boden. Wurzeln leiten das Bodenwasser zu den oberirdischen Teilen der Gewächse weiter. Durch Verdunstung (Transpiration) kehrt es in die Atmosphäre zurück. Dieser Hydrozyklus hält 75% der Gesamtwassermenge ständig in Umlauf. Regenwälder sind also gigantische Wasser-Recycling-Anlagen, die sich ihre Existenzgrundlage selbst schaffen – ein feuchtes, aber nicht zu heißes Mikroklima.

Flüsse transportieren rund ein Viertel des Niederschlagsaufkommens ins Meer. Es ist für den Wald verloren, düngt aber zuvor dank gelöster Mineralstoffe die Uferbereiche und sorgt in den Fließgewässern selbst für günstige Lebensbedingungen. Freilich hängt die Nährstoffbilanz der Flüsse vom Untergrund ihrer Saumgebiete ab. Nach der Klassifizierung von Sioli (1983) unterscheidet man drei Gewässertypen:

Weißwasserflüsse mit gelblichem oder lehmbraunem Wasser. Hierzu gehören u. a. der Amazonas, der Rio Madeira und der Rio Purús. Alle entspringen sie in den Anden, wo der Regen Verwitterungsmaterial wegspült und in die Flüsse einträgt. Da in das Wasser wegen seiner starken Trübung kaum Sonnenlicht eindringen kann, fehlt dort fast jedes pflanzliche Leben. Das stellt sich um so üppiger im Bereich der unbeständigen, durch Ablagerung entstandenen Randseen ein, die oft von Schwimmrasen aus Seerosen, Gräsern, Wasserhyazinthen und Farnen bedeckt sind. Nur ein geringer Teil Amazoniens, weniger als 4%, wird von diesem fruchtbaren Schwemmland eingenommen.

Klarwasserflüsse mit grünlicher Färbung, z. B. der Rio Tapajós und der Rio Xingú. Sie kommen aus dem alten Bergland des Brasilianischen Schildes. Hier vermögen sie kaum noch Mineralsalze aufzuschließen und als Suspensoide (Trübstoffe) zu verfrachten. Weil Suspensoide fehlen, setzen Klarwasserströme keinen Schlamm ab und bilden daher auch keine Randseen aus. Indes ist die Unterwasserflora wegen der Lichtdurchlässigkeit des Mediums reich entwickelt.

Schwarzwasserflüsse wie der Rio Negro, die teefarbenes, klares Wasser führen. Ihr Ursprung liegt in Waldgebieten, wo Niederschläge fein zerteilte (kolloidale) Huminstoffe auswaschen. Infolge des Huminstoffeintrags sind Schwarzwässer stark sauer. Mit pH-Werten bis 3,6 werden Konzentrationen erreicht, die dem Säuregrad eines schwachen Essigwassers entsprechen. Daß in einem derart nährstoffarmen Milieu dennoch viele Tierarten – vor allem Fische – existieren, ist dem sich seitlich vom eigentlichen Flußbett erstreckenden *Igapó* (Überschwemmungswald) gutzuschreiben. Blätter und Früchte, die von den Bäumen herabregnen, versorgen die Schwarzwasserbewohner mit den notwendigen Ressourcen.

Wegen des nur mäßig bewegten Geländeprofils strömen der Amazonas und seine Zubringer über weite Strecken träge dahin. Extreme Mäanderschlingen sind daher für die Landschaft bezeichnend. Niederschläge fließen zögernd ab, und jede Regenzeit läßt den Wasserspiegel um meh-

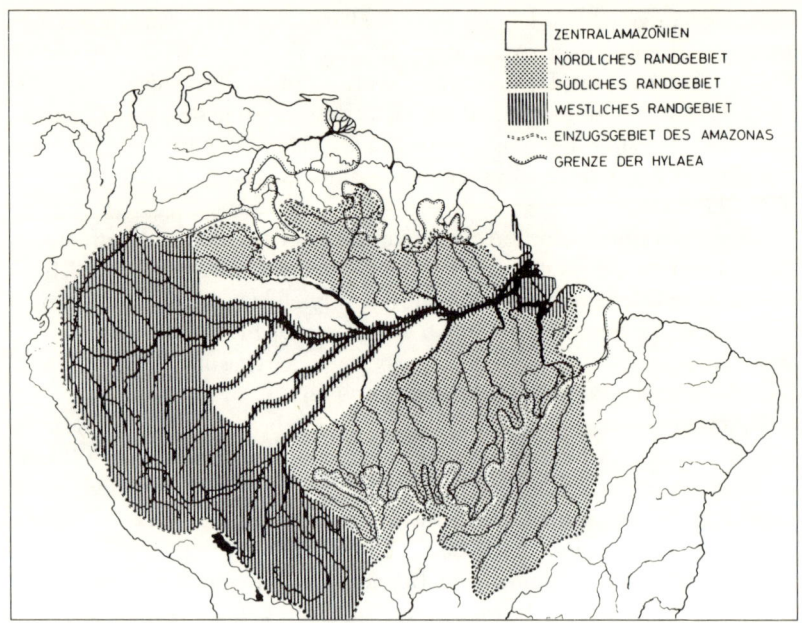

ZENTRALAMAZÕNIEN
NÕRDLICHES RANDGEBIET
SÜDLICHES RANDGEBIET
WESTLICHES RANDGEBIET
EINZUGSGEBIET DES AMAZONAS
GRENZE DER HYLAEA

23. Biogeochemische Gliederung des Amazonasgebietes

	Zentralamazonien	Nördliche und südliche Randgebiete	Westliches Randgebiet
Geologie	Tertiäre Sedimente, Material von präkambrischen Schilden, bereits bei der Ablagerung stark ausgewittert	Präkambrische Schilde z. T. mit mesozoischen, tertiären und pleistozänen Auflagen, stellenweise Diabasdurchbrüchen	Tertiäre und pleistozäne Sedimente, schwach ausgewittertes Material heterogener Herkunft, u. a. vulkanisches und marines Sedimentgestein
Böden	extrem kaolinitisch, extrem nährstoffarme Oxysole, Podsole	kaolinitisch, mäßig nährstoffarm, auf Diabasdurchbrüchen nährstoffreiche Braunlehme	illitisch-kaolinitisch, relativ nährstoffreiche Braunlehme
Gewässer			
Mineralfracht	5 mg/l reich an Humussäuren	5 mg/l	20–300 mg/l
pH	3,7–5,5	5,5–6,5	6,8–7,2
μS_{20}	5–10	10–20	30–200
Ca mg/l	0,02	0,2–1,25	7–18
P (total)/l	2,5–13	3–27	30–100
Wassermolusken mit Kalkschalen	–	+	+

rere Meter anschwellen. Der angrenzende Wald wird überflutet. Doch seit etwa einem Jahrzehnt läuft das Hochwasser nicht mehr regelmäßig ab, und Bäume beginnen abzusterben. Die Ursache? Meteorologen verdächtigen den sog. «Treibhauseffekt»: Der durch menschliche Aktivitäten, namentlich das Verbrennen fossiler Energieträger und die Abholzung der Tropenwälder, verschuldete Anstieg des Kohlendioxidgehalts in der Luft heizt die Atmosphäre auf und bringt globale Erwärmung. Gletscher und die Eiskappen der Pole tauen, und der Ozeanpegel zeigt höhere Meßwerte an. Auch wenn die Zunahme nur wenige Zentimeter im Jahrhundert beträgt, reicht dies wohl aus, um einen stärkeren Rückstau des Flußwassers im Amazonasbecken zu bewirken.

Trotz fortschreitender Waldvernichtung erweckt Amazonien noch weithin den Anschein einer Landschaft, wie sie zu Anfang der Schöpfung bestanden haben mag. Kein Besucher des Regenwaldes kann sich dieser Faszination entziehen, ist doch das Pflanzengewirr so dicht, daß der Blick kaum bis zum Himmel reicht. Die Vorstellung, solch wuchernde Pracht speise sich allein aus grenzenloser Bodenfruchtbarkeit, ist gleichwohl unzutreffend. Gerade am Amazonas finden wir ausgepowerte Böden wie an nur wenigen anderen Stellen der Erde (Fittkau, 1989).

Jüngere Verwitterungsböden sind geochemisch reicher als alte. Insofern erstreckt sich am Absatz der Ostanden ein Saum relativ fruchtbaren Landes. Dagegen bieten die alten Bergländer Guayanas und Ostbrasiliens kaum noch Mineralstoffreserven, weil sie über einen viel längeren Zeitraum der Abtragung ausgesetzt waren. Zentralamazonien weist von allen Gebieten den ärmsten Untergrund auf. Es wurde aus Sedimenten der schon vorher ausgelaugten nördlichen und östlichen Randzonen aufgebaut und ist dem ständigen Entzug existentieller Partikel durch Wasserabfluß ausgeliefert.

Wir sehen uns demnach einem scheinbar nicht zu lösenden Widerspruch gegenüber: Barocker Pflanzenzauber und opulente Artenvielfalt auf Flächen, die partiell so steril sind wie eine Wüste. Und – so paradox es klingt – die pralle Fülle der tropischen Vegetation ist letztlich gar Ausdruck des Nährstoffmangels im Boden.

Für gewöhnlich beziehen Pflanzen Nährsalze aus dem Souterrain. Dort werden sie bei der Zermürbung von Gestein frei und sickern ins Grundwasser, wo die Wurzeln ihrer Nutznießer sie aufnehmen. Praktisch ohne Zufuhr von außen kommt der Amazonas-Regenwald aus. Ein Wirksystem ineinander geschalteter Regelkreise stellt die in der lebenden und toten organischen Substanz der Hyläa gespeicherten Nährstoffe nach ihrer Remineralisierung dem Naturhaushalt neu zur Verfügung. Im Tropenwald fördern bzw. beschleunigen Hitze und Feuchtigkeit die Wiederaufbereitung der Materie ebenso wie deren Abbau. Das Fundament dieses Kreislaufs bilden die Grünpflanzen als Produzenten organischer Verbindungen. Hiervon profitiert die Gruppe der «Konsumenten 1. Ordnung» (Pflanzenverwerter), die aus jenem Reservoir ihre Nahrung schöpft und die Voraussetzung für das Gedeihen der «Konsumenten höherer Ordnung» (Allesesser, Fleischesser, Parasiten) schafft. Pflanzlicher Abfall und die Ausscheidungen der Konsumenten sind Ernährungsbasis der «Reduzenten» (Bakterien, Pilze, Strahlenpilze, Algen, Fadenwürmer, Milben, Springschwänze, Ringelwürmer, Schnecken, Asseln, Termiten, Käferlarven u. a.), die für die Umwandlung des «Bio-Mülls» in mineralische Bausteine sorgen, also in die Substanzen, die wiederum Produzenten zum Leben brauchen. Dabei erfolgt das Abfall-Recycling der meisten Regenwaldbäume über die sog. Mykorrhiza-Symbiose, eine Gemeinschaft mit Wurzelpilzen, die ihren Wirten Stoffwechselprodukte unmittelbar zugänglich machen. Andere Pflanzen, z. B. Epiphyten, filtern Spurenelemente direkt aus dem an Stämmen und Zweigen herabrinnenden Regenwasser oder aus der Luft. So geht kaum etwas verloren, und der Wald erhält sich aus sich selbst (Fittkau, 1973; Reichholf, 1990).

Fast jede wissenschaftliche Erkenntnis über kausale Lebenszusammenhänge in tropischen Ökosystemen ist neueren Datums. Immerhin machten bereits Forschungsreisende des letzten Jhs. auf die Vielschichtigkeit des Regenwaldes aufmerksam. Was sich dem unbefangenen Betrachter als chaotisches Durcheinander präsentiert, stellt in Wahrheit eine Pflanzengemeinschaft dar, die durch Anordnung in Etagen Struktur gewinnt. Obwohl sich abhängig von Hangneigung, Höhe über dem Meer, Temperatur, Feuchtigkeit und geografischer Breite regionale Unterschiede ausprägen, sind im Regelfall sechs horizontale Vegetationszonen (Strata) erkennbar: Die Bodenschicht besteht aus Laubstreu, umgestürzten Bäumen, herabgefallenen Ästen und Zweigen, Mooskissen, den Fruchtkörpern der Erdpilze, kriechenden Pflanzen und Pflanzenkeimlingen. Auf sie folgen die bis zu zwei Meter hohe Krautschicht und die ca. sieben Meter hohe, aus Jungbäumen und Sträuchern aufgebaute Strauchschicht. Die untere Baumschicht (bis 15 m) setzt sich aus niedrigen Baumarten, Baumfarnen oder Palmen zusammen. Zwischen 15 und 30/40 m erstreckt sich die lianendurchflochtene obere Baumschicht, aus der die Kronen einzelner Urwaldriesen (oberste Baumschicht) herausragen. Einfallendes Licht wird durch differenzierte Wipfeltypen – Schirm-, Kugelschirm-, Schmalkegeloder Spindelkronen – optimal genutzt. Es dringt in den seltensten Fällen bis auf den Waldgrund vor, der demgemäß nur eine dürftige Vegetationsdecke aufweist.

Kein anderer Großlebensraum unseres Planeten beherbergt annähernd so viele Pflanzen- und Tierarten wie der Tropenwald. Experten schätzen einen Weltbestand von 20–30 Millionen Spezies, von denen mehr als zwei Drittel in Regenwäldern vorkommen, die meisten davon in Amazonien. 100, 200 oder gar 500 Baumarten auf einem Hektar Feuchtwald sind keine Seltenheit. Mit diesem Formenreichtum kontrastiert eine vergleichsweise geringe Individuendichte. Größere Säugetiere machen sich rar, Vögel

24. Wasser und Wald: Waujá-Männer fahren im Einbaum zum Fischfang

leben in sehr kleinen Populationen, und selbst Bäume ein und derselben Art bilden keineswegs den aus unseren Forsten vertrauten «Schulterschluß», sondern stehen häufig in kilometerweiten Abständen voneinander. Warum ist das so? Die Antwort liegt im überraschend begrenzten Nahrungsangebot. Regenwälder geizen mit ihren Ressourcen, sie produzieren kaum Überschuß, von dem Konsumenten zehren könnten, und investieren alles in die eigene Entwicklung. Der Wald hält und erhält die Substanzen, die er umsetzt, weitergibt, zurückgewinnt und wiederverwertet. «Im amazonischen ‹Meer von Kohlehydraten› … fehlt es an Mineralsalzen und Eiweißverbindungen. Das ‹zwingt›, evolutionsbiologisch gesehen, das … Ökosystem zu extrem haushälterischem Umgang mit den Nährstoffen. Die Zyklen sind nahezu vollständig geschlossen; … Nährstoffe zirkulieren in der lebendigen Biomasse ohne Akkumulation im Boden und ohne nennenswerten Nachschub aus den tiefgründig ausgewitterten Böden» (Reichholf, 1989). Spezialistentum in Konkurrenz um vorhandene Nahrungsquellen und Wachstumsenergie (Licht) führte daher zu steter Verzweigung des Artenspektrums. Zugleich verhindert eben dieser Wettbewerb die Massierung gleichartiger Lebensformen.

Unser Anriß der komplexen Milieuzusammenhänge in Amazonien läßt erahnen, wie empfindlich der Organismus eines Tropenwaldes auf äußere Eingriffe reagieren muß. Durch den Menschen vorgenommene Veränderungen der vernetzten Teile wirken sich zwangsläufig auf das Gesamtgefüge aus. Das geschieht um so mehr, je nachhaltiger und weitreichender die biologische Ausstattung des Landschaftsraumes umgewandelt wird. Leider ist genau dieser Prozeß mittlerweile in vollem Gang. Den Raubbau an der Natur und seine verheerenden Folgen wollen wir später darstellen. Beschäftigen soll uns zunächst der indianische Umgang mit Wasser und Wald. Für die Ureinwohner Amazoniens steht nicht die Erkenntnis ökologischer Gegebenheiten im Vordergrund, sondern deren Unversehrtheit als Voraussetzung, mit dieser Umwelt eine harmonische Bindung einzugehen.

Im Warenhaus der Natur

«Das Glück wollte, daß wir einen alten Indianer trafen, der weniger betrunken als die anderen und eben beschäftigt war, das Curaregift aus den frischen Pflanzen zu bereiten. Der Mann war der Chemiker des Ortes. Wir fanden bei ihm große tönerne Pfannen zum Kochen der Pflanzensäfte, flachere Gefäße, die durch große Oberfläche die Verdunstung beförderten, tütenförmig aufgerollte Bananenblätter zum Durchseihen der mehr oder weniger faserige Substanzen enthaltenden Flüssigkeit. Die größte Ordnung und Reinlichkeit herrschten in dieser als chemisches Laboratorium eingerichteten Hütte. Der Indianer, der uns Auskunft erteilen sollte, heißt in der Mission der Giftmeister; er hatte das steife Wesen und den pedantischen Ton, den man früher in Europa den Apothekern zum Vorwurf machte. ‹Ich weiß›, sagte er, ‹die Weißen verstehen die Kunst, Seife herzustellen, und das schwarze Pulver, bei dem das Ueble ist, daß es Lärm verursacht und die Tiere verscheucht, wenn man sie fehlt. Das Curare, dessen Bereitung bei uns vom Vater auf den Sohn übergeht, ist besser als alles, was ihr dort drüben (über dem Meer) zu machen wißt. Es ist der Saft einer Pflanze, der ganz leise tötet (ohne daß man weiß, woher der Schuß kommt)!›».

Mit diesen Worten schilderte Alexander von Humboldt als erster die Curaregewinnung. Die Wirkung des Pfeilgiftes hatten andere Europäer schon früher am eigenen Leibe erfahren. «Der Pfeil war nicht einmal halb in den Finger eingedrungen, aber weil das Geschoß vergiftet, überantwortete der Mann seine Seele dem Herrn», heißt es in der Chronik von Kapitän Orellanas Amazonasfahrt. Heute sind D-Tubokurarin und andere Alkaloide aus den Curare-Lianen (*Chondrodendron tomentosum* und *Strychnos toxifera*) unverzichtbare Instrumente der modernen Medizin. So werden sie als Relaxantien bei der Behandlung von Multipler Sklerose oder Schüttellähmung eingesetzt. Ohne jene Mittel aus der «Urwaldapotheke» wären zudem Operationen wie Mandelexzision sowie Augen- und Unterleibschirurgie unmöglich.

Curare gab der westlichen Welt erste Hinweise auf das ungeheure Potential an Werkstoffen, therapeutischen Rezepturen und Nahrungsmitteln, mit dem Amazoniens Natur die Einheimischen beschenkt. Während wir gewohnt sind, in Wäldern nichts weiter zu sehen als Holzplantagen, ziehen Indianer daraus jeden erdenklichen Vorteil. Das setzt genaue Naturbeobachtung voraus. Erst allmählich begreifen wir, welch enormes Wissen hier über Generationen angehäuft wurde. Unterwegs in Guyana, staunte etwa der britische Botaniker P. W. Richards über seinen aruakischen Führer, der ihm mehr als 300 verschiedene Baumarten benennen konnte. Dabei erstreckt sich solch intime Kenntnis nicht allein auf den bekannten Nutzen, sondern verrät durchaus Einsicht in ökologische Zusammenhänge. So ist ein Indianer normalerweise imstande aufzuzählen, welche Früchte und Blätter diesem oder jenem Tier schmecken bzw. von ihm gemieden werden.

Völker, die seit Jahrtausenden im Wald daheim sind, wissen selbstverständlich viel mehr über seine Produkte und ihre Verwendung als jeder Fremde. Nach lebenslanger Sammeltätigkeit in Amazonien hat Richard Evans Schultes, Professor an der Harvard-Universität und Direktor des dortigen Botanischen Gartens, über tausend Pflanzen gefunden, die Indianer zu medizinischen Zwecken gebrauchen (Schultes & Raffauf, 1990). *Marcgravia coriacea* etwa lindert Hundertfüßerbisse. Mastruço *(Lepidium bonariense)* hilft bei Wurmerkrankungen, wirkt in höherer Dosierung abortiv. Marapuama *(Acanthes virilis)* enthält einen tonisierenden Stoff und soll Potenzstörungen beseitigen. Aufgüsse aus Blättern von *Cordia* senken Fieber. Ein Tee aus *Renealmia*-Laub kuriert Schnupfen. Jaborandí *(Ottonia anisum)* bekämpft Augenleiden, dient inzwischen in der modernen Medizin als Glaukom-Arznei. Brechwurzel *(Cephaelis ipecacuanha)* wird als Amöben- und Brechmittel verordnet, die Rinde des Weißen Quebracho *(Aspidosperma)* bei Bronchialbeschwerden.

Manche dieser Gewächse entfalten ihre Wirkung erst nach spezieller Behandlung. Wie z. B. die Droge Epena zubereitet wird, hängt von der Applikation des Inhaltsstoffes im Kambium (Schicht zwischen Rinde und Stamm) verschiedener *Virola*-Arten ab. Die *Komoenède* (Huitoto) im kolumbianischen Amazonasgebiet kratzen die kostbare Substanz in eine Kalebasse und kneten sie solange, bis der tryptaminhaltige Saft austritt. Die Flüssigkeit siedet man. Eingedickt können daraus Kügelchen zum Verzehr gerollt werden. Wollen die Komoenède ihr Epena länger als zwei Monate aufheben, überziehen sie es mit konservierendem Pflanzensalz. Dazu verbrennt man wilden Kakao und versetzt die Asche mit Wasser. Die Lauge wird aufgefangen und gekocht, bis ein grauweißer Rückstand, eben das Salz, übrigbleibt. Halluzinationen nach Einnahme von Epena vermitteln das Gefühl, ein Gigant in überdimensionierter Umwelt, die durch ihre Farbigkeit und Exotik euphorisiert, zu sein. Auch die *Sanêma* im brasilianisch-venezolanischen Grenzland nehmen Epena. Sie bevorzugen allerdings ein Pulver, das sich Männer mit Hilfe eines Röhrchens gegenseitig in die Nase pusten. In berauschtem Zustand finden sie Kontakt zu den *híkola*, zwer-

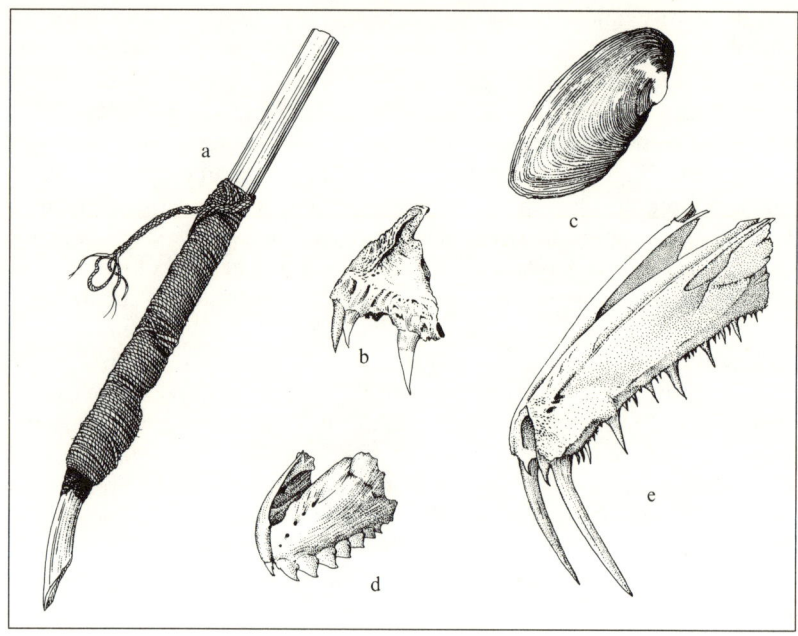

25. *Tiere als Werkzeuglieferanten am oberen Xingú: a) gehefteter Capybara-Zahn,*
b) Pfriem aus dem Oberkiefer eines Raubsalmlers (Cynodon), c) Muschelschaber,
d) Piranhagebiß als Kratzer, e) Cynodon-Unterkiefer zum Anbringen von
Perforierungen und Rillen

genhaften Hilfsgeistern, die ihre Eigenschaften auf den Visionär übertragen – wenn man sie etwa um Jagdglück oder die Vertreibung eines Krankheitsdämons bittet.

Der Tropenwald ist aber nicht nur Drogerie, er liefert auch sonst alles
Lebensnotwendige. Ob Kleidung, Schmuck, Haushaltsgerät oder Werkzeug: das Warenhaus der Natur befriedigt jede Nachfrage.

Wenn ein Indianer am oberen Amazonas sein Dach neu eindecken will,
schneidet er die Blätter der Irapaí-Palme *(Lepidocaryum tessmannii)*. Aus den
gespaltenen Stämmen zweier anderer Palmen, der Faßpalme *Iriartea deltoi-*
des und der Cashapona *(Socratea exorhiza)* errichtet man dort Fußböden
und Wände. Dachträger bestehen aus *Minquartia guianensis*, einem harten,
gegen Insektenfraß und Fäule resistenten Holz, weniger belastete Streben
aus Pfeilrohr *(Gynerium sagittatum)*. Mittels Bast- oder Lianenbindungen
werden die Querbalken des Dachstuhls, für die man biegsame *Guatteria*-
Arten auswählt, am Gerüst verlascht.

Da in Amazonien Flüsse die Haupverkehrswege bilden, benötigen
die Waldbewohner Wasserfahrzeuge. Dabei kann es sich um leichte

Kanus aus der am Stück abgezogenen Rinde von Purpurherz *(Peltogyne paniculata)* oder Jatobá *(Hymenaea courbaril)* handeln. Häufiger noch sind Einbäume, die man aus dem Holz der Laubzeder *(Cedrela odorata)* schlägt.

Neben Keulen, Lanzen und dem vornehmlich im Nordwesten des tropischen Südamerika verbreiteten Blasrohr aus dem Halm einer *Arundinaria*, der für gewöhnlich in das ausgehöhlte Stämmchen einer Paxiuba-Palme geschoben wird, bilden Pfeil und Bogen die Hauptwaffen der Amazonasindianer. Bögen bestehen im Osten des Gebietes überwiegend aus dem Holz des Pau d'Arco *(Tecoma violacea)*, im Norden und Westen aus dem der Pfirsichpalme *(Bactris gasipaes)*. Da Steine Mangelware sind, armieren Waldindianer ihre Pfeile in der Regel mit zugespitzten Knochen, Rochenstacheln und Bambus. Die Befiederung stammt aus dem Federkleid der unterschiedlichsten Vogelarten. Am oberen Xingú spaltet man Federn am Schaft und befestigt sie in Spiraldrehung am Pfeilende, so daß sich das fliegende Projektil durch die Luft schraubt.

Zu den ethnografischen Besonderheiten des südamerikanischen Waldlandes zählt die Hängematte, deren Annehmlichkeiten auch Europäer schätzen lernten. Soweit sie nicht aus angebauter Baumwolle gefertigt wird, verwendet man Palmfasern. Hängematten bestehen aus Lastauflage, die genetzt, gewebt oder in Halbflechterei hergestellt sein kann, und Tragschnüren aus robusterem Material. Schöne Stücke färbt man oder verziert sie mit Federn. Die einfachen Palmfaserschlafnetze sind angesichts der mobilen Lebensweise vieler Indianer äußerst praktisch, da sie schnell trocknen, nicht leicht stockig werden und zusammengedreht kaum Platz in Anspruch nehmen.

Ohne Mühe wäre die Auflistung der Dinge, die der Wald den Einheimischen beschert, fortzusetzen. Unsere Auswahl aber verdeutlicht bereits, wie sehr Waldbewohner auf ein intaktes Ökosystem angewiesen sind. Noch heute, nachdem allenthalben Zivilisationsgüter in indianischen Dörfern Einzug hielten, schöpfen sie aus dieser reichen Quelle. Auch uns, die wir Natur kaufmännisch zu betrachten pflegen, droht ein unschätzbarer Verlust, wenn die Vernichtung der Tropenwälder weiter fortschreitet. Versprechen doch die sogenannten «Forstnebenprodukte» – Wild, Fische, Früchte, Speiseöle, Heilpflanzen, Latex, Harze, Tannine, ätherische Öle etc. – langfristig größere Profite als Edelhölzer, vorausgesetzt, ihre umweltverträgliche Nutzung ist gewährleistet. Entscheidend für das Florieren dieser bislang wenig beachteten Märkte wird sein, daß Regenwaldbewohner ihren Wirtschaftsraum selbst kontrollieren und mitorganisieren, also Reproduktionssphäre und Lebensraum identisch bleiben.

Früchte der Erde

Tabak und Mais, Tomate und Paprika, sind als Geschenke der Neuen an die Alte Welt wohlbekannt. Und welches Schulkind wurde nicht über den Segen der im Andenraum heimischen Kartoffel belehrt, die von Preußen bis Irland den Hunger besiegen half? Weit geringer bewerteten die europäischen Kolonialherrn Südamerikas anfangs ein paar hundert weitere Nutzpflanzen aus den östlichen Wäldern. Einige davon – Ananas, Papaya, Cashew-Nuß, Paranuß, Grenadille (Maracujá), Sternfrucht (Caimito), Süßkartoffel (Batate) und Guave – zieren inzwischen die Obst- und Gemüseregale großstädtischer Supermärkte. Wer aber hat je von Cupuaçú *(Theobroma canumanense)*, Graviola *(Annona muricata)*, Araticum *(Annona montana)*, Ariá *(Calathea allonia)*, Ingá *(Inga edulis)*, Biribá *(Rollina mucosa)*, Araçá *(Psidium arboreum)*, Cacauí *(Theobroma speciosum)* oder Guaraná *(Paullinia cupana)* gehört? Manche Tropengewächse machten das Abendland buchstäblich farbiger – etwa ein Extrakt aus Beeren des Achotestrauches *(Bixa orellana)*, der als Färbemittel in der modernen Lebensmittel- und Kosmetikindustrie eine wichtige Rolle spielt. Und der Saft des Sapotebaumes *(Manilkara zapota)*, aus dem Indianer am Orinoco schon ihr Kaugummi gewannen, spendet noch heute den Grundstoff für die zähen Streifen. Auch koffeinhaltige Erfrischungsgetränke sind keine neu-amerikanische Erfindung: Ein ähnlich wie Coca-Cola schmeckendes Gebräu bereiten Amazoniens Ureinwohner seit alters aus der Seifenbaumfrucht Guaraná.

Kultivierung und Domestizierung wild wachsender Pflanzen setzten im tropischen Südamerika später als in anderen Erdteilen ein. Bereits vor 4000 Jahren jedoch wurden vielerorts Maniok *(Manihot esculenta)*, Riesenkürbis *(Cucurbita maxima)*, Ananas *(Ananas comosus)*, Fingeryam *(Dioscorea trifida)*, Süßkartoffel *(Ipomoea batatas)*, Bohnen *(Phaseolus vulgaris, Phaseolus lunatus)* und Mais *(Zea mays)* angebaut. Diese Kultigene erfreuen sich im Waldland weiter Verbreitung und sind mit zahlreichen Zuchtformen – über 200 allein beim Maniok – vertreten. Nach Kerr und Clement (1980) domestizierten Amazonasindianer in den folgenden 2000 Jahren weitere Spezies, etwa Erdnuß *(Arachis hypogaea)*, Bananen *(Musa spp.)*, Pfirsichpalme, Ariá und Kakao *(Theobroma cacau)*. Arten wie Cupá *(Cissus gongylodes)*, Zapota *(Quararibea cordata)* oder Mapatí *(Pourouma cecropiaefolia)*, die nur wenige Stämme pflanzen, scheint man erst um ca. 1000 n. Chr. züchterisch veredelt zu haben.

In den neuweltlichen Tropen gibt es kaum Völker, die ihre Subsistenz nicht auf Landwirtschaft stützen. Angesichts der armen Böden hat sich dort Brandrodungsfeldbau besonders bewährt: Agrarflächen werden durch Fällen, Ausreißen und Niederbrennen der ursprünglichen Vegetation gewonnen; anfallende Asche dient als Dünger. Grundsätzlich sind drei Spielarten zu unterscheiden. Beim extensiven Wanderfeldbau (Schwendbau) beläßt man in der Säuberungsphase einzelne Bäume und Sträucher als

26. Rot wie Blut ist die Farbe des Lebens: Früchte des Urukú (Bixa orellana)
werden durch ein Sieb passiert. Die Paste dient als Körperbemalung und Schminke

Schattenspender in der Rodung. Die dünne Humusauflage wird so vor
Austrocknung geschützt und durch Wurzelbindung gesichert. Da binnen
kurzem nachwachsendes Gestrüpp überhandnimmt, ist nach einem oder
wenigen Jahren das Verlegen der Pflanzung nötig. Allzu starke Boden-
beanspruchung bleibt hier aus. Im Gegensatz zum relativ schonenden
Schwendbau beruht tropischer Gartenbau auf intensiver Säuberung
(Klärung), bei der man alle Gehölze samt ihren Wurzeln vom Feld entfernt. Vor dem Pflanzvorgang wälzt der Bauer die Krume um. Soll eine Anbaufläche nach der Ernte abermals bestellt werden, hat meist noch keine
nennenswerte Besiedlung durch unerwünschte Waldpflanzen stattgefun-
den. Eine erneute Klärung ist also nicht erforderlich. Deshalb können Gar-
tenbesitzer unter Umständen Jahrzehnte am selben Ort wohnen, ohne –
wie beim Wanderfeldbau – gezwungen zu sein, ständig unverbrauchtes
Land zu erschließen. Zwischen den Extremen liegt als dritte Möglichkeit
der Feldwechsel mit Rotationsbrache (Umlagefeldbau): In zeitlicher
Überschneidung werden mehrere Feldgrundstücke eines Gebietes bewirtschaftet. Aufgelassene Parzellen nimmt man nach unterschiedlich langer Brachruhe wieder in Kultur.

Alle Varianten des Brandrodungsfeldbaus bedingen niedrige Popula-
tionsdichten. Bei anwachsender Bevölkerung wird Land für die Neuan-
lage von Pflanzungen knapp. Besonders Gartenbauer, die länger in der

Nähe ihrer Rodungen siedeln, fügen dann dem Ökosystem, das derlei Dauerbelastung ohnehin nur auf besseren Böden verträgt, Schaden zu. Traditionell wirken Geburtenkontrolle, hohe Sterblichkeit, limitierte Ressourcen und gesellschaftliche Friktion größeren Bevölkerungsballungen entgegen. Gerade interne Konflikte, etwa Hexereiverdächtigungen oder ernste Meinungsverschiedenheiten, führen immer wieder zu Segmentierung und zur Abwanderung von Teilgruppen. Daß dies so problemlos geschieht, verdanken Waldindianer ihrer weitgehenden ökonomischen Autarkie, die die Hilfe von Nachbarn und ein übergreifendes sozio-politisches Dach überflüssig macht.

Weil man jede Pflanze einzeln setzt und betreut, können auf engstem Raum verschiedene Spezies gedeihen. Der Speiseplan wird so abwechslungsreicher. Mangelernährung oder gar Hunger sind unter normalen Umständen ausgeschlossen. Denevan (1971) listet 49 Nutzpflanzen der *Ašéninka* (Nord-Campa) auf, neben Nahrungs- und Genußmitteln allerdings auch Arten, aus denen man Rauschdrogen, Farbstoffe und Gifte gewinnt. Denevans Untersuchungen ergaben, daß die Ašéninka am Tag 2669 Kalorien – vorwiegend in Gestalt von Maniokgerichten – zu sich nehmen. Dazu kommt pro Kopf eine Tagesration von 104,1 g Proteinen, da diese Indianer außerdem viel Fleisch essen. Sie gehören demnach zu den besternährten Völkern der Erde. Wir Deutsche konsumieren fast ein Drittel weniger Eiweiße als die Ašéninka, dafür aber erheblich mehr Kalorien, weil unsere Nahrung in der Regel fetthaltiger ist. Trotzdem liegt der für die Eingeborenen ermittelte Kalorienmeßwert deutlich über den Durchschnittszahlen der meisten lateinamerikanischen Länder.

Während heute bei uns die Kulturlandschaft gewöhnlich von eintönigen Agrarsteppen bestimmt wird und wir einen Teil unserer Nahrung importieren müssen, huldigt man in weiten Bereichen Amazoniens noch einem Ideal, das Selbstversorgung, Vielfalt und standortgerechte Nutzung zu ökonomischen Grundprinzipien erhebt. Indianer klassifizieren die Böden ihres Wohngebietes und belegen sie mit spezifischen Begriffen. Die gesamte Biozönose, also die lokal vorhandene Lebensgemeinschaft aus Pflanzen und Tieren, erfährt hinsichtlich des zu erwartenden Ertrags differenzierte Bewertungen (Posey, 1983; Carneiro, 1986).

Ist ein für den Anbau geeignetes Stück Land gefunden, wird in Gemeinschaftsarbeit der Männer eines Dorfes gerodet. Dabei geht man selektiv vor. Die *Me-be-ngó-kre* (Nord-Kayapó), deren Feldbaupraxis wir beispielhaft erläutern wollen, lassen z.B. Fruchtbäume und Nutzholz unangetastet. Stämme, Äste und ausgerupfte Grünpflanzen bleiben – zu Haufen geschichtet – zwei bis drei Monate liegen. In dieser Zeit trocknen sie. Auf die geräumten Flächen pflanzt man die ersten Knollen (Maniok und Süßkartoffeln). Damit es zu keiner Hitzeexplosion, die Setzlinge und lebenswichtige Bodenorganismen (Edaphon) vernichten würde, kommt, zünden die Me-be-ngó-kre die Holzstöße nacheinander an. Einsetzender

27. *Feuergarten: In ein brandgerodetes Feld werden Stecklinge eingebracht; Mẽ*

Niederschlag zu Beginn der Regenperiode und Aschedüngung fördern die Wüchsigkeit der Süßkartoffeln. Ihre Blätter bilden rasch einen niedrigen Baldachin, der den Untergrund beschattet und vor Erosion schützt. In den Aufwuchs setzen Frauen nun andere Nutzpflanzen, wobei sie deren Ansprüche an Licht, Wasser und Nährstoffe peinlich genau berücksichtigen.

Nach dem zweiten oder dritten Jahr sinkt die Ertragsleistung der Pflanzung dermaßen, daß eine Neubestellung unterbleiben muß. Die Fläche wird aufgelassen und nicht mehr gepflegt. Solche Brachen, auf denen sich postwendend Sekundärvegetation ausbreitet, heißen in Brasilien *Capoeiras*. Sie fallen keineswegs ganz aus der Nutzung, sondern dienen weiterhin als Vorratskammern mit freilich abnehmendem Angebot, als Jagdreviere und «Samenbanken», in denen immer Pflanzgut für neue Felder zur Hand ist. Oft bringen Indianer von Sammelexkursionen Sämlinge wilder Gewächse mit, die sie daheim setzen. Am oberen Xingú geschieht dies häufig mit dem als Öllieferanten geschätzten Piquíbaum *(Caryocar brasiliense)*, und die peruanischen *Hondikoinwo* (Amahuaca) wollen auch zuhause nicht auf ihre geliebte Coconafrucht *(Solanum sessiliflorum)* verzichten. Da die genannten Arten aber Jahre bis zur Reife brauchen, bereichern auch sie das Reservoir der Brachfluren.

Die Me-be-ngó-kre unterhalten gleichzeitig mehrere Anbauflächen von abgestufter Produktivität bis hin zur Capoeira. Dadurch wird die Nahrungsmittelversorgung auf ein breiteres Fundament gestellt und ist leichter berechenbar. Außerdem verringert sich das Risiko von Verlusten durch Schädlingsbefall oder Pflanzenkrankheiten. Daneben betreiben die Indianer, meist entlang öfter begangener Waldpfade, ein Mosaik kleiner Gärten, so daß auf Wanderungen, Jagd- und Sammelausflügen die Mitnahme von Proviant entfällt.

Wie auch andere Gruppen im Übergangsbereich von Wald und Savanne hielt man die Me-be-ngó-kre früher für eingefleischte Wildbeuter, die dem Landbau nur wenig Beachtung schenken. Neuere Arbeiten (Bamberger, 1971; Posey, 1985; Posey, 1986; Brose, 1988) haben mit solchen Vorurteilen aufgeräumt. Es kam sogar heraus, daß diese Indianer im wegen seiner Aluminium-Toxizität berüchtigten Cerrado Bauminseln *(apété)* anlegen, um damit die Bodenqualität zu verbessern. Auch einige Nachbarn der Me-be-ngó-kre sind für derlei Meliorationsmaßnahmen bekannt.

Als Jagdgrund und Fischrevier ernährt der Regenwald zwei bis drei Menschen pro Quadratkilometer. Brandrodungsfeldbau erhöht die ökologische Tragfähigkeit auf vier bis 40 Personen. Auf besseren Böden und im Überschwemmungsgebiet von Weißwasserflüssen können gar 75 bis 230 Nutzer leben. Noch dichtere Konzentrationen erlaubt intensive Landwirtschaft westlichen Zuschnitts. Sie ist allerdings auf Kunstdünger und teure Maschinen angewiesen – und sie ruiniert auf längere Sicht das Ökosystem.

Je «primitiver» eine agrarische Produktionsweise ist, desto mehr Kenntnisse und Fähigkeiten muß der Bauer haben. Menschen, die Feldwechsel, Schwendbau oder Tropen-Gartenbau betreiben, replizieren seit alters Ausschnitte der ökologischen Vielfalt. Anders das Bild bei der zeitgenössischen agro-technischen Bewirtschaftung. Hier regiert Gleichförmigkeit: Monokulturen, so weit das Auge reicht. Der moderne Landwirt verfügt über Mittel – künstliche Bewässerung, Landmaschinen, Energie im Überfluß, Biozide und chemische Dünger –, die homogenisierend wirken. Er verläßt sich nicht auf seine Fähigkeiten, sondern auf seine Werkzeuge (Caufield, 1985).

«Unstet Volk, flüchtig wie scheues Wild …»

So manch oberflächlicher Zeitungs- und Fernsehbericht macht aus Amazoniens Ureinwohnern «Waldnomaden», die, bar fester Behausung, umherschweifen und sich von dem nähren, was das Füllhorn der Natur über ihnen ausschüttet. In Wirklichkeit aber sind die meisten Waldindianer seßhafte Bauern, und nur ein verschwindender Prozentsatz lebt ausschließlich oder überwiegend von Wildkost. Das Klischee vom nackten Nimrod wird aus literarischen Reminiszenzen der Entdeckungszeit gespeist, als blumige

Formulierungen den *locus amoenus* priesen und dessen Bewohner, die «werden alt hundert und fünftzig jar». Nicht die schwieligen Hände des Landmannes teilten dort Nahrung aus, sondern die grazilen Finger des Jägers, der seine Bogensehne schnellen läßt. Denn welch andere Tätigkeit war im neuweltlichen Paradiesgarten denkbar als die, mit der im feudalen Europa Edelleute ihre Langeweile vertrieben?

Auch die Wissenschaft tat sich schwer, als sie begann, reale Wildbeuterkulturen zu studieren. Da Feldbau und Viehzucht fehlten, schwebte den Völkerkundlern anfangs das Bild einer Entwicklungsleiter vor, auf deren unterste Sprosse sie die Jäger und Sammler plazierten. In den Fortschrittsszenarien komparativer und kulturmaterialistischer Ethnografien galten diese Menschen daher als lebendige Zeugen der Humanevolution und «Wilde» par excellence. Anscheinend weder fähig zu planvoller Wirtschaftsführung und deshalb ständig vom Hungergespenst bedroht, noch in der Lage, ein höheres technisches Niveau zu erklimmen, erklärte man sie zu Mängelwesen, deren schöpferischer Geist sich nicht voll entfaltet hatte.

In der einen oder anderen Wissenschaftstradition wurden solch hohle darwinistische Denkhülsen schon früh über Bord geworfen, doch erst in den 60er Jahren unseres Jhs., angestoßen durch eine Reihe aufsehenerregender Feldforschungen, setzte überall radikaler Sinneswandel ein. Man überzeugte sich davon, daß Jäger nicht notwendigerweise jung sterben oder tagtäglich, umgeben von feindseliger Natur, in hartem «Kampf ums Dasein» bestehen müssen. Unter neuer Überschrift, diktiert von kulturökologischem und funktionalem Verständnis, sah man das Verhalten der Jäger-Sammlergesellschaft nunmehr als homöostatische Anpassungsstrategie, Spezialistentum oder Nischennutzung.

Tatsächlich fallen die kulturökologischen Anpassungen von Wildbeutern auch im tropischen Südamerika recht unterschiedlich aus. Einige Bevölkerungen, wie die *Awá* (Guajá) im brasilianischen Maranhão, nutzen schwerpunktmäßig die in ihrem Areal verbreiteten Palmenarten, während andere der Jagd größeres Gewicht zumessen, und dritte außerhalb der Wandersaison kleine Pflanzungen betreuen. Immerhin ist ein vielen Ethnien gemeinsames kulturelles Grundmuster auszumachen. Üblicherweise gehen Männer der Jagd nach, wohingegen Frauen auf kurzen Ausflügen in Lagernähe Früchte, Vogeleier, Reptilien, Insekten, Kleinsäuger und allerlei Wildgemüse einbringen. Obwohl bei dieser geschlechterspezifischen Arbeitsteilung die Jagd den höheren gesellschaftlichen Stellenwert besitzt, steuert die Sammeltätigkeit der Frauen in der Regel das Gros des wirtschaftlichen Ertrags bei. Um diesen weiblichen Anteil zu betonen, verwenden Ethnologen neuerdings gern die Bezeichnung «Sammlerinnen und Jäger». Der sozio-ökonomische und politische Zusammenhalt solcher Gemeinschaften überschreitet selten die Zahl von 50 Personen. In jahreszeitlichem Turnus treffen sich verwandte Scharen anläßlich der Reife bestimmter Früchte, zur Ehebahnung, zu gemeinsamen religiösen Feiern oder zur Bereinigung interner Mißhelligkeiten an festgelegten Orten. Von zentraler religiöser Bedeutung ist ein Naturverständnis, bei dem der Mensch als gleichwertiger Partner brüderlicher Mitgeschöpfe auftritt, und in dem etwa einzelne Tierarten einer Schutzmacht zugeordnet sind, die über Erfolg oder Mißerfolg auf der Pirsch befindet (vgl. Kapitel 6).

Selbstverständlich erlegen und verzehren auch Angehörige bäuerlicher Gemeinschaften Tiere oder unternehmen Sammelexkursionen in den Wald. Manche Savannenbauern wie die *Auwẽ-uptabi* (Xavante) ziehen über Wochen mit Kind und Kegel in den Cerrado, wo sie ausgiebig Wildfrüchte ernten und Beute machen (Maybury-Lewis, 1967). Theodor Koch-Grünberg schrieb 1921 über die von ihm besuchten Stämme am oberen Rio Negro: «Neben der Fischerei, die den hauptsächlichsten Bestandteil der animalischen Kost liefert, tritt die Jagd sehr zurück. Sie wird mehr als Sport betrieben und auch zu dem Zweck, in die etwas monotonen Genüsse der Tafel gelegentlich eine Abwechslung zu bringen. Trotzdem zeigen die Jagdgeräte eine sorgfältige, bisweilen geschmackvolle Ausführung. Der Indianer weiß sie meisterhaft zu handhaben. Er gibt sich der Jagd mit aller Leidenschaft hin und ist äußerst geschickt beim Aufspüren und Verfolgen des Wildes. Er kennt genau die Lebensgewohnheiten der Tiere und versteht es, sie durch täuschende Nachahmung ihrer Laute anzulocken. Die geringste Spur, die dem Auge eines Europäers entgeht, ja häufig nur sein ausgeprägter Geruchssinn bieten ihm natürliche Wegweiser».

Amazoniens Wälder sind bemerkenswert arm an jagdbaren Tieren. Die Gründe dafür haben wir bereits an anderer Stelle dargelegt. Insekten und Früchte bilden die Hauptnahrung der meisten Arten, und sie bleiben demzufolge recht klein. Zudem leben Säuger in geringer Populationsdichte, die erst zu den Randgebieten hin ansteigt. Hinzu kommt, daß die Mehrzahl der Spezies nachtaktiv ist und sich daher der Bejagung entzieht. In Feuchtwäldern bilden Tiefland-Tapir *(Tapirus terrestris)*, Weißbart-Nabelschwein *(Tayassu pecari)*, Jaguar *(Panthera onca)*, Puma *(Puma concolor)*, Roter Duckerhirsch *(Mazama americana)*, Riesengürteltier *(Priodontes giganteus)*, Paka *(Agouti paca)*, Affen, Faultiere und Baumstachler sowie Hühnervögel, Trompetervögel und Tinamus die Hauptbeute. Auf offenen Flächen, in Trockenwäldern oder Sümpfen vervielfacht sich der Artenspiegel. Zu den genannten Vertretern der Fauna gesellen sich Halsband-Nabelschwein *(Tayassu tajacu)*, Chaco-Nabelschwein *(Catagonus wagneri)*, Capybara *(Hydrochoerus hydrochaeris)*, Weißwedelhirsch *(Odocoileus virginianus)*, Kamphirsch *(Ozotoceros bezoarticus)*, Sumpfhirsch *(Blastoceros dichotomus)*, Grauer Duckerhirsch *(Mazama gouazoubira)*, Boróro *(Mazama rufina)*, Großer Ameisenbär *(Myrmecophaga tridactyla)* und Mähnenwolf *(Chrysocyon brachyurus)*, ferner Wassergeflügel, Seriemas und der Ñandú *(Rhea americana)*, ein Verwandter des Afrikanischen Straußes.

Die am häufigsten geübte Jagdpraxis ist der Pirschgang. Er beginnt im Morgengrauen, führt tagsüber kilometerweit durch den Wald und endet gewöhnlich erst bei einsetzender Dämmerung am Lagerplatz. Oft sind es zwei Jäger, die gemeinsam das Dickicht durchkämmen. Um bei schlechten Sichtverhältnissen die Kommunikation untereinander zu gewährleisten, entwickelten einige Gruppe, so die ostbolivianischen *Mía* (Sirionó), eine Pfeifsprache, die gesprochene Wörter in der Tonqualität imitiert (Kelm, 1983). Wenn man mit den Gewohnheiten einer Art gut vertraut ist, also z. B. die Suhle eines Tapirs kennt, werden Tiere auch vom Ansitz aus erlegt. Seltener bringen Jäger das Wild gemeinschaftlich zur Strecke. Vor allem bei wehrhafter Beute kommt diese Methode zur Anwendung. Kleinsäugern und bodenbewohnenden Vögeln rücken die Indianer mit raffinierten Fallen zu Leibe.

Weil der Jagderfolg keineswegs immer feststeht, veranstaltet man nach besonders glücklichen Abschlüssen wahre Freßgelage, bei denen Unmengen Fleisch vertilgt werden. Vier *Mía*, so berichtet Heinz Kelm (1983), verspeisten an einem Tag elf Brüll- und Klammeraffen, einen Kaimanschwanz sowie etliche Hokko-Hühner und Fische, nicht gerechnet die Beilage aus Maniokknollen.

Wildbeuter in tropischen Gebieten sind wegen der herrschenden Hitze und Feuchtigkeit nicht imstande, Fleisch zu bevorraten. Selbst Geräuchertes verdirbt nach etwa achtundvierzig Stunden. Ein gestreckter Tapir, der unausgeschlachtet gut fünf Zentner wiegt, übersteigt aber das Eßvermögen einer Kernfamilie. Um zu verhüten, daß Fleisch umkommt, und als Versicherung gegen ausbleibendes Jagdglück, teilt der erfolgreiche Jäger seine Beute daher mit anderen. Er kann erwarten, bei Gelegenheit in angemessener – reziproker – Weise entschädigt zu werden.

Da Waldindianer mit Ausnahme von Hunden und der Moschusente (*Cairinia moschata*) keine Haustiere halten, nehmen sie oft Vogelnestlinge und Tierbabies, deren Mütter auf der Jagd getötet wurden, zu sich. Solche Heim- und Schoßtiere sind Spielkameraden der Kinder. Man zieht sie aber auch wegen ihrer Federn auf oder mit Blick auf den Kochtopf. Einige Arten, z. B. ausgewachsene Waldschildkröten und Gürteltiere, dienen als lebende Fleischreserve. Angeleint oder unter dem Hausdach aufgehängt, fristen diese Kreaturen ein erbärmliches Dasein, bis man sie eines Tages von ihrem Leiden erlöst.

Im Gegensatz zur Jagd ist das Sammeln von Vegetabilien und Kleintieren vornehmlich Sache der Frauen und Kinder. Nur manchmal, etwa wenn Palmen gefällt werden müssen, um an das Mark zu gelangen, oder wenn man des Honigs wegen ein Bienenvolk ausräuchern will, greifen auch Männer ein.

Besonders Palmen spielen im Subsistenzreigen der Jäger-Sammlergesellgeschaften eine wichtige Rolle. So gewannen die früher am mittleren Orinoco ansässigen *Meta* (Otomaco) aus den Wedeln der Moriche-Palme (*Mauritia flexuosa*) Fasern für die Herstellung diverser Gerätschaften, aus dem Mark Speisestärke, aus fermentiertem Fruchtsaft eine Art Wein und

28. Spiele des Lebens:
Vater und Sohn üben Bogenschießen; Mehĩ

im unvergorenen Zustand ein Erfrischungsgetränk. Auch den *Ačé Gatú* (Guayakí) in Ost-Paraguay bietet eine Palme, die Pindó *(Arecastrum romanzoffianum)*, kulinarische Genüsse. Ihre noch nicht entfalteten Fiedern liefern Palmkohl, die zerquetschten Früchte ergeben mit Honig vermengt eine leckere Süßspeise, und aus dem Mark wird Mehl gestampft (Münzel, 1983).

Wildbeuter wie Ačé und Mía unternehmen übers Jahr verteilt zyklische Wanderungen, die sie dorthin führen, wo mit dem jeweils vielversprechendsten Ressourcenangebot gerechnet wird. In wärmeren Klimaten gibt es normalerweise keine einschneidende Nahrungsmittelverknappung. Daher ist die Neigung, Subsistenzgüter aufzusparen, meist gering. Es genügt, Nahrungsquellen in Lagernähe auszubeuten. Gewöhnlich geschieht dies innerhalb eines Radius, der sich durch zwei- bis dreistündige Fußmärsche bemißt. Sind die Ressourcen erschöpft, verlegt man das Lager. Die Verweildauer der Nomaden richtet sich nach der Produktivität der Umgebung.

Keinesfalls ist in solchen Ortsveränderungen ein zielloses Hin und Her zu sehen, wobei es die Menschen dem Zufall überlassen, ob sie am Ende des Tages hungrig oder gesättigt ihre Hängematte aufsuchen. Vielmehr sind die Wanderungen strategische Unternehmungen, bei denen man auf die eigenen, langjährigen Erfahrungen baut, aber auch das Wissen einbezieht, das vorige Generationen ihren Nachkommen hinterließen.

29. Leckere Kost aus dem Wald:
Frauen der Nadeb reiben und sieben Pupunha-Palmfrüchte

Fischwaid

In Europas Bächen, Flüssen und Seen tummeln sich etwas über 150 Fischarten. Als Louis Agassiz, ein Zoologe des 19. Jhs., unweit Manaus seinen Forschungen nachging, fand er allein im January-See, der nur doppelt so groß wie ein Tennisplatz ist, mehr als 200 Spezies. Hochrechnungen zufolge kommen im gesamten Amazonasbecken ca. 5000 verschiedene Vertreter der Fischfauna vor. Das Spektrum reicht vom riesigen, bis 4,47 m langen und 186 kg schweren Arapaima oder Pirarucú *(Arapaima gigas)* zum winzigen, hierzulande bei Aquarianern beliebten Neonsalmler *(Paracheirodon innesi).*

Da in den Wäldern Amazoniens größere Tiere rar sind, ist Fisch vielerorts die wichtigste Eiweißquelle. Aber auch andere Wasserbewohner – Schnecken, Amphibien, Kaimane, Anakondas, Schildkröten, Seekühe und Flußdelphine – leisten ihren Beitrag zur Nahrungsversorgung. Nach genauem Reglement wurden früher am Orinoco die Gelege der zu Tausenden Sandbänke aufsuchenden Arraú- und Terekay-Schildkröten *(Podocnemis expansa, P. unifilis)* ausgenommen. «Mit Verwunderung hört man den Ertrag der Eierernte gerade wie den Ertrag eines Getreideackers schätzen. Die Indianer graben den Boden mit den Händen aus, legen die Eier in kleine ... Körbe, tragen sie ins Lager und werfen sie in große, mit Wasser gefüllte Holztröge. In diesen Bottichen werden die Eier mit Schaufeln zer-

30. Schleichender Tod:
Jugendliche Waujá schlagen Lianenbündel, damit Fischgift austritt

drückt ... und der Sonne ausgesetzt, bis das Eigelb, das obenauf schwimmt,
dick geworden ist. Dieser ölige Teil wird, wie er sich auf dem Wasser sammelt, abgeschöpft und bei einem starken Feuer gekocht ... Die Missionäre
schätzen [das Öl] dem besten Olivenöl gleich, und man braucht es nicht
nur zum Brennen, sondern auch, und zwar vorzugsweise, zum Kochen ...»
(Humboldt, 1805–1834).

   Beim Fischfang hängt der Erfolg unmittelbar vom Wasserstand des jeweiligen Flusses ab. Herrscht Hochwasser, ist Fischen zwecklos – man findet dann buchstäblich vor lauter Wasser keine Beute. Die Schwärme aber
folgen der Flut zu den Überschwemmungsgebieten, wo sie sich fortpflan-
zen. Solche Laichzüge sind den Indianern bekannt, und sie errichten
an günstigen Stellen Wehre oder versenken dort Reusen. Bei Niedrig-
wasser konzentrieren sich die Schuppenträger in Kolken, wo der Fischer
sie verhältnismäßig leicht speeren oder mit Pfeilen schießen kann. In
Flachwasserzonen setzt man häufig Fischgifte (Barbasco, Timbó, Tingui)
ein: Ein Flußabschnitt wird durch Holzwehre oder Steinmäuerchen ab-
geriegelt. Dann klopft man in Fließrichtung die Stengel bestimmter Pflanzen (*Derris* spp., *Paullinia* spp.) aus. Deren toxische Bestandteile lösen sich
im Medium. Oft verändern sie die Oberflächenspannung des Wassers, was
die Sauerstoffaufnahme der Fische beinträchtigt. Aus Luftmangel oder gar
betäubt und «kieloben» treibend kommen sie zum Vorschein, verfangen
sich im Wehr oder werden einfach mit Körben abgeschöpft.

Genaue Naturbeobachtung ist, wie so oft, der Schlüssel glücklicher Fischzüge. «Die Fische des Rio Negro leben hauptsächlich von den Früchten der am Flußufer wachsenden Bäume», konstatierte 1908 der Botaniker Richard Spruce. «Wenn die reifen Steinfrüchte ins Wasser fallen, ziehen sie ganze Schwärme von Uaracú [verschiedene Kopfsteher der Gattung *Leporinus*] an. Im Morgengrauen steuert der Fischer sein Kanu an eine Stelle im Überschwemmungswald, wo es vom Gebüsch der Uaracú-Tamacoari verborgen wird, und seine Pfeile treffen die Fische, die an der Oberfläche erscheinen, um nach den treibenden Früchten zu schnappen.» Wollen sie der schmackhaften Mühlsteinsalmler oder Tambaquí (*Colossoma* spp.) habhaft werden, wenden die Indianer einen anderen Kniff an. Zum Fang der Riesen bedient man sich eines Geräts, das aus einer kugelartigen Vorrichtung am Ende einer Angelrute besteht. Die Kugel läßt der Fischer immer wieder auf das Wasser klatschen, so, als ob eine Frucht hineinfiele. Taucht der hinters Licht geführte Tambaquí in Erwartung einer fetten Mahlzeit auf, bohrt sich die Harpune des Mannes in sein Fleisch.

Wenn im November über dem Rio Tiquié, einem Zufluß des Negro, das Sternbild «Schlangenschwanz» aufleuchtet, setzt Regen ein, der mit den Laichzügen der Nachtsalmler *(Prochilodus insignis)* und einiger anderer Arten zusammenfällt. Für die am Tiquié lebenden *Daxsyẽ* (Tukána) und *Wina* (Desâna) beginnt dann die Fischsaison. Schon vorher hat man an geeigneten Plätzen Fallen- und Reusensysteme installiert, die nun während des Hochwassers in Betrieb genommen werden. In Trockenintervallen zwischen den Regenperioden, die wiederum unter einem bestimmten Stern stehen, fischen die Indianer mit Gift. Auch die übrigen wirtschaftlichen Aktivitäten der Stämme am oberen Rio Negro orientieren sich an diesem Sternenkalender (Ribeiro, 1988).

Die Laichzüge der Fische in Nordwestamazonien zwingen manche Völker zu zeitweiligem Nomadendasein. Mit dem gesamten Hausrat ziehen Dörfler dann an Stromschnellen oder in die Nähe von Flachwässern, um dort die Beute zu erwarten. Lassen wir noch einmal den Völkerkundler Koch-Grünberg zu Wort kommen: «Rasch sind aus Stangen und Palmwedeln leichte Hütten errichtet, und reges Leben herrscht auf den weiten Sandbänken, die der zurückweichende Fluß entblößt hat. Die Fische werden zum Teil sofort von den Weibern zur Mahlzeit zubereitet; der größere Teil aber wird auf großen Bratrosten aus frischen Holzstäben über langsamem Feuer konserviert, um an Regentagen, die in diesen Gegenden selbst in der Trockenzeit nicht ausbleiben, als Nahrung zu dienen. Ist der Platz ausgebeutet, so zieht die ganze Bande weiter. Durchschnittlich bleiben die Indianer drei Monate auf der Wanderschaft.»

Mit dem Vordringen der westlichen Zivilisation ändern sich allenthalben am Amazonas die Fischereimethoden. Viele Eingeborene haben sich durch den Fang von sonst unbeachteten Zierfischen für den Export eine lukrative Nebeneinnahme erschlossen. Metallene Angelhaken finden

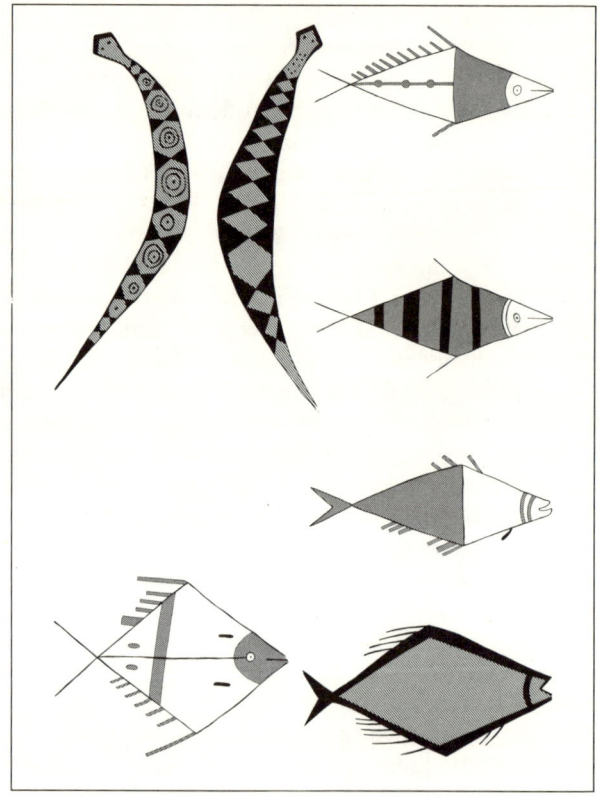

31. Die bunte Vielfalt der Amazonasfische liefert Vorlagen
für diverse Körperbemalungen

immer weitere Verbreitung, und Perlonschnüre halten selbst dem kräftig-
sten Piranha-Biß stand. Neben Sprengstoffladungen, die man in Tümpeln
zündet, verwenden Indianer und Mischlinge nun auch häufig Kiemen-
netze. Es gibt keine wirksame Kontrolle der Netz- und Dynamitfischerei
im Amazonasgebiet, und Experten befürchten, daß einige Arten – allen
voran Gabelbärte, Arapaimas, Tukunaré und Mühlsteinsalmler – bald ausgerottet sein werden.

Fünftes Kapitel

Von der Kunst des Zusammenlebens

«Es hat auch nyemantz nichts sunder sind alle ding gemain. Unnd die mann habendt weyber welche in gefallen, es sey mütter, schwester oder freündt, darinn haben sy kain unterschayd … Sy werden alt hundert und fünftzig jar. Und haben kain regiment.»

Anonyme Flugschrift des 16.Jhs.

Das Zuhause – soziale Umwelt der Familie

«Um einen gereinigten und blankgetretenen Platz herum, der zu Arbeiten und Festlichkeiten dient, stand ein halbes Dutzend großer Gemeinschaftshäuser. Eine solche Hütte war länglich-oval, 15 bis 20 Meter lang, etwa 9 Meter tief und 5 bis 7 Meter hoch, von unten bis oben gleichmäßig wie mit der Maschine von Sapé-Gras gedeckt. An den Längsseiten befand sich je ein sehr kleiner Eingang. Solche Strohdeckung ist außerordentlich dauerhaft. Je nach dem Material – auch die Blätter verschiedener Palmen finden Verwendung … – kann ein Dach drei bis fünfzehn Jahre halten. In der heißen Zeit deckt man die Hütte z. T. ab; es bleibt nur ein Tauschutz. Jedes Haus bewohnt eine Gruppe von näher verwandten Familien, zusammen etwa 30 Personen. Die Indios schlafen in Hängematten, die zwischen den beiden zentral angeordneten Hauptstützen des Hauses und der festverstrebten Hüttenwand fächerförmig ausgespannt werden. Die Ehegatten haben ihre Hängematten direkt übereinander, diejenige der Frau hängt unten. Die ganze Nacht über wird ein Feuerchen geschürt, das die Frau von ihrer Matte aus erreichen kann. Zumindest in der Trockenzeit kühlen die Nächte stark ab, und so würden die Indianer, die ja nichts an Kleidung und Decken haben, erbärmlich frieren … Um die Hängematte herum und an den Wänden wird das persönliche Eigentum aufgehoben, während in der Mitte der Hütte die gemeinsamen Nahrungsvorräte an Mandiok und Mais, auf Gestellen untergebrachte tönerne Kochtöpfe, Reserve an Flaschenkürbissen, Fischreusen usw. Platz finden.»

Wir verdanken diese Beschreibung des Dorfambientes am oberen Xingú dem Zoologen Helmut Sick, der in den 40er und 50er Jahren als Teilnehmer der Roncador-Xingú-Expedition mit zahlreichen, bis dato weitgehend unberührten Indianergruppen Innerbrasiliens zusammentraf. Behausung ist den Ureinwohnern Amazoniens selbstverständlich Obdach, aber auch Zuflucht in einer Umwelt, wo Gefahr nicht nur von Mitmenschen, Tieren oder Naturgewalten droht, sondern ebenso von dämonischen Mächten, die im Wald hausen, ausgeht. Das Dorf stellt insofern eine

Zivilisationsinsel inmitten der Wildnis – der «Un-Kultur» – dar, die man kraft ritueller Vorbeuge nach außen abzuschirmen weiß (vgl. Kapitel 6).

Das Aussehen der Häuser hängt überwiegend von ihrer Bedeutung im Leben der jeweiligen Indianergesellschaft ab. Es ist aber auch geprägt vom Weltbild der Bewohner, vom Grad technologischer Fertigkeiten, von den ökologischen Voraussetzungen und sozialen Erfordernissen. Oft richtet sich die Grundrißgestaltung von Wohnplatz und Gebäuden nach kosmologischen Vorstellungen. Dementsprechend treffen wir in Amazonien auf ganz unterschiedliche architektonische Formgebungen.

In den Hausformen am Anden-Ostrand etwa spiegelt sich die vorherrschende Sozialordnung: Als autonome Wohneinheit fungiert die erweiterte Kernfamilie. Demgemäß vertreten Einhäuser häufig die Stelle ganzer Dörfer. Das bis 20 Meter lange, ovale Großhaus der Šwar (Shuara) im Grenzgebiet von Ecuador zu Peru ruht auf zwei oder drei zentralen Stützpfeilern, über denen der Firstbalken liegt. Von dort laufen Sparren zur fensterlosen Wand aus Chontapalmstöcken oder Bambus. Palmstrohlagen decken die Walm- oder Doppelwalmdächer. Rechteckigen Grundriß weisen die Häuser der *Waorani* (Auca) Ost-Ecuadors auf. Das Dach zieht vom Firstbalken zum Boden. Mit Palmwedeln verblendete Chontastämmchen bauen die Wände der Vorder- und Rückfront auf.

Konstruktive Meisterwerke sind die bis 35 Meter langen, 25 Meter breiten und über 10 Meter hohen, giebelständigen Gemeinschaftshäuser *(Malocas)* Nordwestamazoniens, die mehr als 100 Personen Raum bieten. Vor allem in Guayana begegnet man wesentlich kleineren Rundbauten mit Kegeldach, in die ein lebender Baum als Zentralpfosten integriert sein kann. Nach Auffassung ihrer Bewohner sind solche Bauwerke kosmische Projektionen: Der Mittelpfosten stellt die Weltachse dar, das Dach den Himmel und ein Querbalken die Milchstraße. Eigenartige, oft im Oval angeordnete Dorfhütten *(šapono)* errichten die Yanoama-Völker zwischen Orinoco und nördlichen Zuflüssen des Rio Negro. Mehrere aneinandergereihte Familienhütten mit nach hinten geneigten Pultdächern über Mittelträgern umringen den Dorfplatz, zu dem hin sich die Behausungen öffnen. Bei den *šapono* handelt es sich offenbar um Weiterentwicklungen von Wetterschirmen – behelfsmäßigen, aus Knüppeln, Reisig, Rindenschwarten, Palmwedeln o. ä. rasch zu erstellenden Unterständen wandernder Jäger und Sammler. In krassem Gegensatz hierzu stehen die eingangs erwähnten, wuchtigen Kuppelhütten der Xinguanos. Im benachbarten brasilianischen Bergland bevorzugt man runde, bis unten mit Blättern verkleidete Bienenkorbhütten. Dort bilden die Unterkünfte einen möglichst regelmäßigen Kreis um den dörflichen Festplatz. Von dieser «Nabe» verlaufen Wegeachsen in alle Himmelsrichtungen. Wieder spielen kosmologische Konzepte eine Rolle: Das Dorf ist Abbild der Sonne, und die axiale Anordnung symbolisiert die Sozialgliederung in antagonistische Kultgemeinschaften.

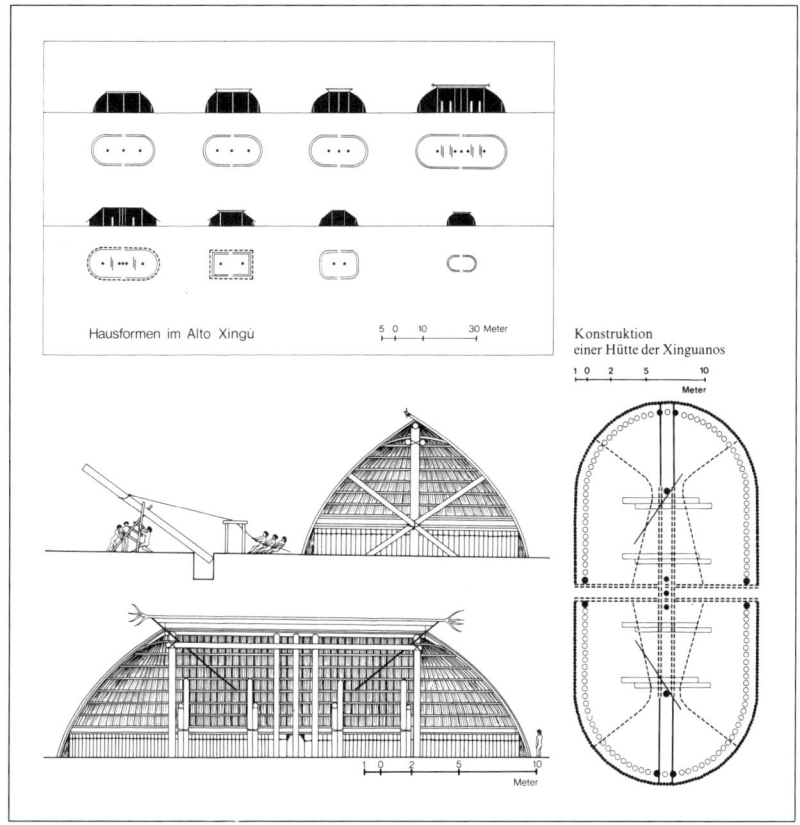

32. Architektur und Hausbau am oberen Xingú

Auch die *Bóe* (Bororo) am Rio Vermelho gaben ihren Siedlungen eine wagenradähnliche Form, bei der die Familienhäuser den Umkreis bildeten, Wege die Speichen und das Männerhaus den Mittelpunkt. Welch überragende Bedeutung dieser kosmische Plan für die Indianer hatte, schildert der französische Ethno-Soziologe Claude Lévi-Strauss (1955). Als nämlich Salesianer-Missionare die Bóe drängten, ihre traditionellen Dörfer zu verlassen und neue zu bauen, wo die Behausungen in parallelen Reihen standen, «verloren die Eingeborenen die Möglichkeit, sich im Raum zu orientieren. Sie gingen des Plans, der ihrem Wissen Argumente und Bestand sichert, verlustig und vergaßen den Sinn der Überlieferungen, als wäre ihr religiöses und gesellschaftliches System zu kompliziert, um des Schemas entbehren zu können, das in der Anlage des Dorfes sichtbar und im Alltagsleben andauernd erneuert wird.» Die Bekehrung der «Heiden» vollzog sich daraufhin reibungslos.

33. «Nestwärme»
durch
Zuwendung:
Mutter und Kind
der Hunikuinbu

Fundament indianischer Gesellschaftsordnungen im tropischen Südamerika ist die Klein- oder Kernfamilie: Vater, Mutter und Kinder.
Im wirtschaftlichen Bereich bildet sie die wichtigste produktive Einheit.
Leben auch verwitwete Großeltern oder unverheiratete Geschwister
eines Elternteils unter demselben Dach, spricht man von einer erweiterten Kernfamilie. Meist aber fallen Hausgemeinschaften umfangreicher
aus. So teilen sich üblicherweise mehrere, miteinander verwandte Kernfamilien – nicht selten über 100 Individuen – eine Unterkunft. Von
Region zu Region wechselnd kann ein solches Großhaus isoliert
stehen, oder es gruppiert sich mit anderen Gebäuden zu einer Dorf-
anlage.

Die Familienmitglieder haben festumrissene Arbeitsfelder. Landwirtschaft – insbesondere die Aussaat bzw. das Setzen von Nutzpflanzen, das
Jäten und Ernten – ist Frauensache, ebenso das Einbringen von Waldprodukten. Töpfern, Flechten, Weben, Kochen und die Bereitung alkoho-
lischer Getränke aus Maniok oder Mais sowie die Erziehung von Kleinkindern sind im allgemeinen zusätzliche weibliche Pflichten. Männer
machen sich nützlich, indem sie Rodungsarbeiten bewältigen und Felder
für die Bestellung herrichten. Ferner obliegt ihnen die Jagd, und sie pflegen das Kriegshandwerk. Außerdem zeichnen sie für den Hausbau verantwortlich. «Auch im Hause selber haben Männer und Weiber ständig etwas zu tun», schrieb 1937 der deutsche Forscher Emil Heinrich Snethlage
über die am Südufer des Rio Guaporé lebenden *Moré*. «In jeder ihrer Hütten steht sehr viel herum, und Abfälle bedecken immer wieder den Boden, obgleich mehrere Male am Tag, sowohl von der Frau wie auch vom
Manne, mit dem Blütenstand der Assahy-Palme gefegt wird. Jeder reinigt
seinen Arbeitsplatz selber. Der Schmutz wird nicht nur durch Essen und
Wohnen … erzeugt, sondern auch durch das mannigfache Handwerk, das

diese Indianer betreiben. So sind im Oktober die Frauen … damit beschäftigt, ihren Vorrat an Koch- und Chichatöpfen sowie flachen Tellern zu ergänzen.» Andere weibliche Stammesmitglieder stellen derweil aus Baumwolle Garn her. Dieses «wird, in Knäuel aufgewickelt, zum größten Teil den Männern überlassen, die es für ihre Pfeile gebrauchen und das Nähen der Rindenstoffhemden für sich und ihre Frauen besorgen.» Daneben führen die Moré-Männer Holzarbeiten aus. «Außer den Einbäumen sind das in erster Linie die Tröge, in denen der Mais zermahlen wird.

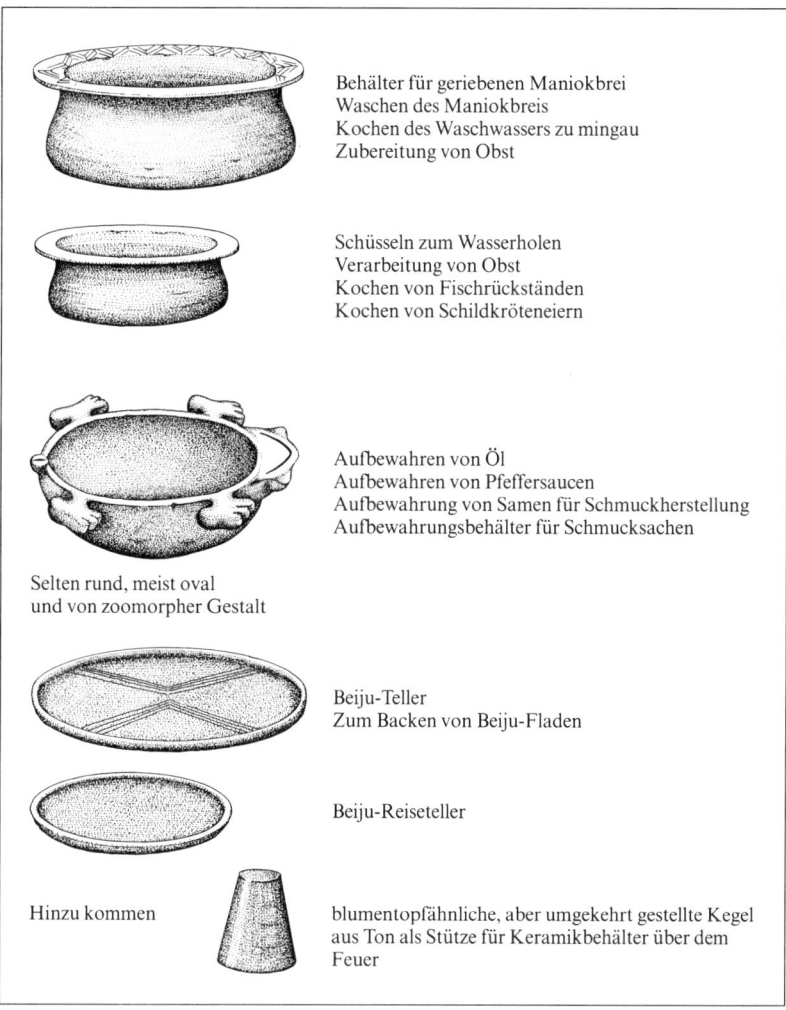

Behälter für geriebenen Maniokbrei
Waschen des Maniokbreis
Kochen des Waschwassers zu mingau
Zubereitung von Obst

Schüsseln zum Wasserholen
Verarbeitung von Obst
Kochen von Fischrückständen
Kochen von Schildkröteneiern

Selten rund, meist oval
und von zoomorpher Gestalt

Aufbewahren von Öl
Aufbewahren von Pfeffersaucen
Aufbewahrung von Samen für Schmuckherstellung
Aufbewahrungsbehälter für Schmucksachen

Beiju-Teller
Zum Backen von Beiju-Fladen

Beiju-Reiseteller

Hinzu kommen

blumentopfähnliche, aber umgekehrt gestellte Kegel
aus Ton als Stütze für Keramikbehälter über dem
Feuer

34. Keramikbehälter und Ihre Verwendung, oberer Xingú

Findet sich kein geeigneter Stein, weiß der Hausvater einen gefälligen Stampfer aus Holz anzufertigen.»

Derlei Aufgabenzuweisung ist traditionsgebunden. Sie in Frage zu stellen oder sich dagegen aufzulehnen, würde auf allergrößtes Unverständnis stoßen und der betreffenden Person die Existenzgrundlage innerhalb ihrer Gemeinschaft entziehen.

Manchmal allerdings kommt es doch zum Geschlechterrollentausch, etwa wenn man am oberen Xingú anläßlich des *sepalukú*-Ritus (Übergabe der Fadentangas, *uluri*, an gereifte Mädchen) zwei ältere Frauen zu Häuptlingen kürt, und andere mit männertypischem Federkopfputz sowie Pfeil und Bogen auf dem Dorfplatz tanzen. Männer müssen sich dann in Acht nehmen, denn sie sind über die Feiertage Freiwild, das unter Gelächter und Gejohle verfolgt, gekitzelt, zu Boden geworfen und auf sonstige Weise genecht werden kann. Die spielerische Umkehr von Rollen und Situationen, die in festlichem Überschwang Alltagsschranken einrißt, ist aber nur von kurzer Dauer. Das Verhalten der Frauen vollzieht sich in den Bahnen gelenkter Normenübertretung. Ihr Treiben, die Utopie des Zeitweiligen, stürzt die traditionelle Ordnung nicht, es gibt ihr vielmehr Bestand, indem es ein Ventil öffnet und Leben in erschlaffte Routine bringt.

Komplementarität und Interdependenz regieren das Verhältnis der Geschlechter. Gleichwohl sind es stets Männer, die politische Macht ausüben und religiöse Geheimnisse vor Frauen und Kindern hüten. Weibliche Stammesangehörige sehen sich demnach männlicher Bevormundung und Kontrolle ausgesetzt. Andererseits hängen die Männer von der reproduktiven Kraft ihrer Partnerinnen ab. Europäische Reisende mißdeuteten gesellschaftliche Rollenzuschreibungen früher als naturgegebene Dissonanz männlicher und weiblicher Gemütsregungen und knüpften daran völkerpsychologische Überlegungen: «Ein eigenthümlicher Fluch lastet selbst auf den Mysterien des Sexuallebens. Er spiegelt sich moralisch auch in dem Verhältnisse der Ehegatten und der gegenseitigen Temperamente. Er ein träger, störrischer, wilder Träumer; – sie eine leichtsinnige, frivole Cokette. Welch unselige Verbindung, wenn sich ein solcher Typus durch die Gesammtheit eines Welttheils geltend macht!» (Martius, 1867).

Herrschaft der Blutsbande

Wenn im folgenden soziale Bindungen der Amazonas-Indianer als komplexes Geflecht verwandtschaftlicher und kooperativ-solidarischer Bezüge dargestellt werden, muß sich der Leser vor Augen halten, daß diese historisch gewachsenen Systeme auch heute noch eine Richtschnur bilden, an der sich das Verhalten des Einzelnen orientiert. Erst in jüngerer und jüngster Zeit haben sich bei manchen Gruppen durch stärkere Integration in die jeweiligen Nationalstaaten und den daraus resultierenden ökonomischen Wandel Verwerfungen ergeben, die die alte Ordnung teilweise oder ganz außer Kraft setzten.

Daß jeder Erwachsene gewöhnlich drei verschiedene Verwandtschaftsbindungen unterhält – die väterliche, die mütterliche und die an seinen Ehepartner –, ist ein Wesenszug, der alle Menschen auszeichnet. Aus wissenschaftlicher Sicht wird dabei zwischen Konsanguinal- oder Blutsverwandtschaft, unter der man die genealogischen Beziehungen eines Individuums zu seinen Eltern und – durch diese vermittelt – zu einer Anzahl weiterer Personen versteht, sowie Affinal-Verwandtschaft, also einem durch Heirat hergestellten Band, unterschieden. Die primär mit den natürlichen Vorgängen von Zeugung und Geburt assoziierte verwandtschaftliche Kerngruppe, die Familie, ist vielerorts in einen erweiterten Rahmen zwischenmenschlicher Interaktion eingepaßt. Unter Umständen können innerhalb derartiger Gebilde auch Personen als Verwandte bezeichnet und behandelt werden, an die keine nachweisbare genealogische Bindung besteht. Solch künstliche Ausweitung unterstreicht den sozialen und den ordnenden Charakter der Verwandtschaftssysteme, die somit als wichtige Organisationsebenen in Gesellschaften fungieren, wo zentrale Strukturorgane wie Staat, Markt und festgeschriebene Rechtsnormen schwach ausgeprägt sind oder fehlen.

Während Residenzgruppen – Lagergemeinschaften, Dörfer – im wesentlichen als Einheiten anzusprechen sind, die den Zugang zu den Ressourcen weisen, liegt im verwandtschaftlichen System ein Ordnungsfaktor vor, der die gesellschaftliche Stellung des Einzelnen durch Geburt und Zugehörigkeit zu einer sozialen Kategorie definiert. Hierbei kommt es oft zu Einschränkungen, etwa dergestalt, daß man allein die Nachfahren eines bestimmten Ahnen (oder einer Ahnin) für die betreffende Statusübernahme in Betracht zieht, oder daß nur Angehörige jeweils eines Geschlechts entsprechende Positionen weitervererben. Handelt es sich im letztgenannten Fall um Männer, entsteht ein *patrilineares* Abstammungsmuster, umgekehrt ein *matrilineares*.

Grundbausteine patri- oder matrilinearer Abstammungsketten sind meist die sogenannten *Lineages*, zu denen jeweils alle männlichen bzw. weiblichen Angehörigen einer Siedlungsgemeinschaft zählen, sofern sie sich zur gemeinsamen Abkunft von einem näher bezeichneten Ahnen in überschaubarer Generationsfolge bekennen. Mögliche Erweiterungen solcher einlinigen Abstammungszweige stellen die nicht notwendigerweise lokal gebundenen *Klane* (Sippen) dar, die von deutlich ausgeprägtem Zusammengehörigkeitsgefühl getragen werden und einen Bezugspunkt aktiver Solidarität ihrer Mitglieder abgeben, auch wenn diese nicht am selben Ort wohnen.

Wie man Verwandte benennt, ist von Kultur zu Kultur verschieden. Entweder erfolgt die Namensgebung *deskriptiv*, d. h. durch Bildungen wie «Vaterbruders Tochter», oder durch Zusammenfassung diverser Verwandtschaftsgrade, wenn etwa ein Indianer alle weiblichen Angehörigen des maternalen Klans als «Mütter», die männlichen Mitglieder seines Vaters Klan als «Väter» bezeichnet. In der Ethnologie werden derartige zusammenfassende Verwandtschaftstermini, die keine Rücksicht auf leibliche (biologische) Abstammung nehmen und Seitenverwandte einschließen, *klassifizierend* genannt. Der Sprachgebrauch der Betroffenen vernachlässigt dabei mitunter die Geschlechtszugehörigkeit. Ein *Mía*-Mann z. B. belegt seine eigenen Brüder und Schwestern sowie Parallelvettern und -kusinen – die Kinder gleichgeschlechtlicher Elterngeschwister (Vaterbruder, Mutterschwester) – mit demselben Namen. Kreuzvettern und -kusinen, also die Sprößlinge ungleichgeschlechtlicher Elterngeschwister (Vaterschwester, Mutterbruder), führen andere Bezeichnungen (Kelm, 1983).

Von größter Wichtigkeit sind Verwandtschaftssysteme bei der Eheschließung. Hierzulande dürfen nur sehr nahe Verwandte nicht heiraten; im übrigen ist es jedem überlassen, wen er zum Mann oder zur Frau nimmt. Anders bei außereuropäischen Völkern. Auch die Indianer Amazoniens kennen ein striktes Heiratsgebot, das freilich kulturspezifisch stark abwandelt. Die ostbolivianischen *Mía* (Sirionó) beispielsweise sind zur Kreuzkusinen- bzw. Kreuzvetternheirat verpflichtet: Ein Mann muß die Tochter des Mutterbruders, eine Frau den Sohn der Vaterschwester ehelichen. Alle anderen möglichen Verbindungen gelten als inzestuös. Damit das System funktioniert, ist jede Residenzgruppe der Mía in drei Matri-Lineages (matrilineare Abstammungszweige) unterteilt, die in reziproker Weise Heiratspartner tauschen. Frauen und Männer werden stets innerhalb derselben Generation abgegeben oder empfangen. Dies bedeutet, daß man in einem bestimmten Zeitrahmen ausgleicht – Hausfrau für Hausfrau, Jäger für Jäger (Kelm, 1983).

Bei den Tukano-Völkern Nordwestamazoniens bildet die Männergemeinschaft – eine Gruppe von Brüdern oder Vettern in väterlicher Linie, die mit ihren Familien ein Großhaus teilen – das beherrschende soziale Element. Solche Haushalte sind in ein Netz von «Stämmen» eingebunden, die jeweils eine etwas andere Sprache sprechen und in hierarchischer Beziehung zueinander stehen. Jeder Stamm führt seinen Ursprung auf einen mythischen Vorfahren zurück. Aufgrund dieser Abstammungsphilosophie betrachten sich alle Stammesangehörigen als Geschwister und dürfen untereinander keine Ehen schließen. Angeheiratete Frauen kommen demnach aus fremden Volksgruppen. Von Ausnahmen abgesehen, gehört jeder Stamm einer sogenannten Allianz (in manchen völkerkundlichen Werken auch «Phratrie» genannt) an. Hierbei handelt es sich um einen Zusammenschluß mehrerer Klane, der mit anderen Allianzen desselben Gebietes Heiratspartner tauscht. Die Gründung der Klane schreiben die Tukano den Söhnen des jeweiligen mythischen Ahnen zu. Der Klan, der vom ältesten Sohn abstammt, gilt als der vornehmste und stellt für gewöhnlich den Häuptling. Das geringste Ansehen genießen die Mitglieder des vom jüngsten Sohn hergeleiteten Klans. Ihr Status entspricht theoretisch dem von Dienern (Århem, 1981; Jackson, 1983).

Anders liegen die Verhältnisse bei den Jê- und einigen Tupí-Gruppen Ostbrasiliens. Ihre Gesellschaftsordnung neigt zu dualer Parteienbildung, wobei «Verwandte» und «Verschwägerte» sich als antagonistische, gleichwohl aber kooperierende und interagierende Dorfhälften *(Moieties)* gegenüberstehen. Ergänzt wird diese Zweiteilung durch Altersklassen und (gegebenenfalls) Klane. So durchschneidet die Runddörfer der *Bóe* (Bororo) eine gedachte Linie, die beide Moieties voneinander trennt. Jede Moiety ist exogam, wählt also Heiratspartner aus der jeweils anderen Dorfhälfte. Hier stellt sich das Problem, daß Kandidaten nicht nur in einem der acht Komplementärklane – vier auf jeder Seite – gesucht werden müssen, sondern, da jeder Klan wiederum in drei matrilineare Segmente zerfällt, in einem der vorgeschriebenen Unterklane (Albisetti & Venturelli, 1962–1976).

Dem Prinzip der dualen Opposition, das in vielen Indianergemeinden des Ostens das Zusammenleben regelt, liegt ein Weltbild zugrunde, welches in der Natur und im menschlichen Wesen erkannte Gegensätze – Sonne/Mond, Tag/Nacht, Trockenzeit/Regenzeit, Mann/Frau, Krieg/Frieden, Freund/Feind etc. – zur dialektischen Tendenz stilisiert.

Bei etlichen Gemeinschaften überlappen sich soziale und religiöse Institutionen in verwirrender Weise. Ein Europäer, für den exotische Gesellschaftsordnungen ohnehin nur mit Mühe zu durchschauen sind, verliert da leicht den Überblick. Die *Mehĩ* (Tímbira) im Nordosten Brasiliens etwa bündeln ihre matrilinearen Verwandtschaftsgruppen, analog der östlichen und westlichen Hälfte des Dorfkreises in zwei (theoretisch) exogame Moieties. Daneben agieren «Regenzeit-Hälften», deren Angehörige zeremonielle Klotzrennen (vgl. Kapitel 6) austragen. Weitere Parteien entstehen durch den Schulterschluß von je zwei männlichen Altersklassen in «Trockenzeit-Hälften», die ebenfalls kultische Wettspiele veranstalten. Schließlich existiert noch eine vierte Gliederung. Auch diese «Festplatz-Hälften», so bezeichnet, weil sie während einiger Zeremonien bestimmte Positionen auf der dörflichen Kultarena einnehmen, variieren das Zweier-Thema. Ihre beiden Sektionen überspannen jeweils drei Untergruppen. Die Aufnahme in eine der sechs Festplatzmannschaften hängt wie im Fall der Regen- und Trockenzeithälften vom Erwerb besonderer Personennamen ab. Zudem gewährt der Platzgruppenname Eintritt in zwei von sechs Männerbünden (Melatti, 1978).

Widmen sich die beschriebenen Gliederungen vorrangig sozio-religiösen Aufgaben oder dienen dem Heirats-Reglement, kommt den Bünden andere Funktion zu. Die vier Männerbünde der *Açwẽ* (Xerente) z. B. gehorchen wie diejenigen der *Me-be-ngó-kre* (Nord-Kayapó) ökonomischen Notwendigkeiten. So obliegt ihnen die Organisation von Jagd- und Sammelexkursionen. Früher traten sie im Kriegsfall als taktische Einheiten auf.

Unser besonderes Interesse fordern die Spaßmacherbünde heraus, die wir u. a. von den *Mehĩ* (Tímbira) kennen. Der festliche Übermut zeremonieller Clowns ist gehalten, mit Possen Abscheu zu erzeugen, etwa wenn die Narren schmatzend und scheinbar voller Behagen Urin trinken oder sich im Kot wälzen. Sie führen aber auch Spottreden, foppen einander und parodieren Mißgeschicke, die dem einen oder anderen zugestoßen sind. Indem sie Geschlechtsakte imitieren oder körperliche Gebrechen veralbern, verletzen sie strenge Tabus. Ihr rüdes Benehmen indes wird toleriert, hält es doch der Gesellschaft den Spiegel vor und schafft durch Heiterkeit ein Ventil, das angestautem Ärger die Spitze bricht. Clownerie, die religiöses Ritual und Unterhaltung verbindet, bietet also eine Möglichkeit, sich mit den Lebenswidersprüchen, die die Spaßmacher verkörpern, auszusöhnen. Gerade in der Gegenwart, wo Alkoholismus und psycho-soziale Probleme die Indianer bedrängen, hilft das kreative Narrenspiel, eigenen Unzulänglichkeiten ins Auge zu blicken und jenen Anfechtungen, die Identität und Überleben gefährden, im gemeinsamen Lachen ein Stück Bedrohlichkeit zu nehmen.

Auch Altersklassen, getrennt nach Frauen und Männern, spielen in weiten Teilen Amazoniens eminente gesellschaftliche Rollen. Die *Auwẽ* (Xavante) unterscheiden acht solcher Klassen für Männer. In jeder Klasse folgen drei Jahrgänge oder Grade aufeinander: Als Heranwachsende *(wapté)* im Alter zwischen 7 und 12 siedeln Knaben für fünf Jahre in die Junggesellenhütte über. Hernach erhalten alle gemeinsam die Erwachsenenweihe und werden gleichzeitig verheiratet. Sie gelten nun als Krieger *(ritéi'wa)*. Weitere fünf Jahre später erlangen sie den Status «reifer» Männer *(ipredu)*, der sie zu Sitz und Stimme in der Dorfversammlung berechtigt (Giaccaria & Heide, 1972). Zwar führen die Auwẽ heute keine Kriege mehr, die *ritéi'wa* aber, die Jungmänner, waren anläßlich der jüngsten Landrechtsauseinandersetzungen stets an vorderster Front zu finden. Gewissermaßen als Ausgleich für entgangenen Schlachtenruhm und neben ihrem Einsatz bei den traditionellen Klotzrennen haben die Krieger seit längerem einen neuen Zeitvertreib entdeckt – den in Brasilien ja bekanntlich besonders populären Fußball! Hier können sie die von ihnen geforderten Tugenden ausreizen, und das Regelwerk des Mannschaftswettkampfes entspricht dem allgemeingesellschaftlichen Hang zur Zweiteilung.

Aus den verwandtschaftlichen Beziehungen und dem Konzert sozialer Kategorien ergibt sich z. T. eine bemerkenswerte Verhaltensetikette für den alltäglichen Umgang. So haben mancherorts Schwiegermutter und Schwiegersohn höflichen Abstand zueinander zu halten, sprechen nur indirekt (über Dritte) miteinander und vermeiden sogar Blickkontakte. Umgekehrt legen bestimmte verwandtschaftliche Gruppierungen ein äußerst respektloses, typischerweise sexuell anzügliches Gebaren an den Tag. Solche «Scherzpartnerschaften», aber auch soziale Meidungsgebote, erklärt man als Vorkehrungen, um Spannungen und Konflikte, die sich aus der

*35. Auch körper-
liche Nähe stiftet
soziale Kontakte:
Karo-Männer
demonstrieren
Eintracht und
Freundschaft*

Beschaffenheit restriktiver Sozialordnungen unausweichlich ergeben, durch Ritualisierung des Verhaltens zu dämpfen.

Wie die wenigen hier skizzierten Beispiele zeigen, ist das Zusammenleben südamerikanischer Waldindianer überaus diffizil. Der Einzelne ist dabei einem Kanon teils recht einschneidender Beschränkungen unterworfen. Ein Ausbrechen verhindern Gruppenräson und soziale Kontrolle. Auf der anderen Seite vermitteln solidarisches Handeln, Verpflichtung zu gegenseitiger Hilfe und zum Teilen sowie verwandtschaftliche Bindung Grundwerte, die Sicherheit und Geborgenheit ausstrahlen.

Der Lebenskreis

«Liebe Mutter, liebe Mutter,
komm schnell, komm schnell!
Dein kleines Kind weint!
Dein kleines Kind weint!
Ohne deine Milch wird es sterben.
Ohne deine Milch wird es sterben.
Liebe Mutter, komm schnell!
Dein kleines Äffchen singt.
Dein kleines Äffchen singt.»

Wie dieses Wiegenlied der *Šwar* (Shuara) anklingen läßt, bringen Indianer ihren Kindern viel Liebe und Zärtlichkeit entgegen. Die Kleinen stehen im Mittelpunkt einer jeden Gemeinschaft, und Geburten werden überall als freudiges Ereignis begrüßt.

Steht ihre Niederkunft bevor, verläßt eine Frau das Haus und gebiert oft im Wald auf dem Boden, häufig assistiert von erfahrenen Gehilfinnen.

*36. Hahn im Korb:
Kinder stehen
im Mittelpunkt
jeder indianischen
Gemeinschaft*

Bei den *Ese'ejja* (Chama) in Bolivien trägt die Schwangere während der Wehen eine Halskette aus Tapirklauen, die bewirken soll, daß sie ihr Baby rasch und kraftvoll zur Welt bringt (Hissink & Hahn, 1988). In der Folgezeit sind Mutter und Vater bestimmten Verhaltensmaßregeln verpflichtet. So gelten beispielsweise ausgesuchte Speisevorschriften. Weit verbreitet ist die Praktik der *Couvade*, des «Männerkindbetts». Couvade war nicht nur in Amazonien üblich, sondern auch in Teilen Asiens sowie in Spanien und auf Korsika. Der Vater schlüpft dabei in die Rolle der Wöchnerin. Geht sie oft schon kurz nach der Geburt wieder ihrer Arbeit nach, nimmt der Partner den Säugling zu sich in die Hängematte. Für Tage oder gar Wochen bleibt er untätig, verzichtet auf das Rauchen, berührt keine Waffe, und Frauen umsorgen ihn, als sei er die von der Niederkunft Genesene. An Versuchen, diesen Brauch zu deuten, ist kein Mangel. Nicht wenige Völkerkundler neigen indes heute der ethno-psychologischen Sicht zu, daß die Couvade ein Statusspiel zwischen den Geschlechtern auf die Spitze treibt. Hiernach sollen die Männer versuchen, Defizite an eigener Identität auszugleichen, indem sie das Weibliche imitieren (Sommer, 1992). Hinweise dafür finden sich in den Mythen etlicher Volksgruppen. Doch dazu später mehr.

Kindersterblichkeit ist unter den herrschenden hygienischen und medizinischen Bedingungen recht häufig. Allerdings hat regional, vor allem in den zugänglicheren Teilen Brasiliens, wo die FUNAI Krankenstationen unterhält und Schwestern Dienst tun, die Wende zum Besseren eingesetzt. Einige Ethnien, so die *Kalinya* (Küsten-Kariben), können gar mit Zuwachsraten aufwarten, die zu den höchsten der Welt gehören.

Stirbt die Mutter eines Säuglings, praktizieren einige Stämme Kindstötung (Infantizid). In der Regel aber gelangen mutterlose Babies in die Obhut einer älteren Frau, bei der es sich gewöhnlich um eine Schwester der Verstorbenen handelt. Selten kommt es zur Beseitigung schwächlicher oder mißgebildeter Kinder aus Einsicht in ihre mangelnde Lebenstüchtigkeit oder aus Abscheu vor dem Abnormen. Wieder andere Gruppen lehnen Abtreibung und Infantizid als Versündigungen an der lebenspendenden Schöpfungsmacht grundsätzlich ab.

Unter dem Schirm der Gemeinschaft wächst das Kind heran. Dort verlebt es unbeschwert seine ersten Jahre. Zunächst steht es noch unter Aufsicht der Mutter. Wird sie erneut schwanger, übernimmt der «Erzeuger» oft allein die Fürsorge. Am Rande sei vermerkt, daß in matrilinearen Gesellschaften der leibliche Vater bei der Erziehung heranwachsender Söhne ausgeschaltet ist. An seiner Statt fungiert ein Oheim (Mutterbruder) als Unterweiser und Mentor seiner Neffen.

Mit Beginn der Pubertät beginnt für Jungen und Mädchen die Aufnahme in den Kreis der Erwachsenen. Weltweit gehen mit dieser Eingliederung Initiationsrituale einher. Was aber bei uns in Gestalt von Konfirmation oder «Reifeprüfung» noch relativ harmlosen Anstrich hat, gerät außerhalb Europas zu Martern, Mutproben und psychischen Horrortrips, die die Kandidaten klaglos überstehen müssen. Vielerorts quält man Jugendliche mit bissigen Ameisen oder stechlustigen Wespen, anderswo

37. Sanfte Schaukel der Mutterliebe: Waujá-Frau stillt Baby in Hängematte

werden schwere Geißelungen vorgenommen, Brandnarben und Haut-
ritzungen (Skarifizierungen) angebracht. Wer Schmerzempfinden äußert,
gefährdet dadurch die Weihe und riskiert, daß sich die ganze Prozedur
wiederholt.

Die völkerkundliche Theorie sieht in der Initiation eine gemeinschaft-
stiftende Erfahrung kollektiven Leidens (Gennep, 1909; Turner, 1964). Es
erfolge eine «Entpersönlichung» durch extreme Körpererfahrung. Dieser
Akt rücke die Initianden in die Nähe des Außergewöhnlichen, einen
Grenzbereich zwischen Leben und Tod, aus dem sie in die Gesellschaft
regelrecht wiedergeboren würden. Hierher zurückgekehrt, erhalten die
Jugendlichen neue Rechte und Pflichten, sie werden gewissermaßen
resozialisiert.

Bezeichnenderweise bleibt solche Grenzerfahrung adoleszenten Mädchen fast gänzlich erspart. Bei den *Duuxunagu* (Tukuna) am oberen
Amazonas zieht sich eine Heranwachsende, sobald sie zum ersten Mal ihre
Tage bekommt, in die Menstruationshütte zurück und wird dort von Ma-
tronen darüber belehrt, was man von ihr als künftige Mutter erwartet. In
den folgenden zwei Monaten treffen ein Vaterbruder und dessen Frau Vor-
bereitungen für die große Weihefeier. Maskierte Festgäste stellen Unter-
weltsdämonen dar. Ihr Auftritt soll die außerordentlichen Gefährdungen
des Menschen durch übernatürliche Mächte während der Daseinskrisen,
so auch in der Pubertät, zum Ausdruck bringen (Zerries, 1974). Nachdem
die Tänzer ihr Inkognito gelüftet haben, unterzieht man die Initiandin der
schmerzhaften Zeremonie des Haarausreißens. Bei den meisten anderen
Stämmen sind Pubertätsriten für junge Frauen schwach entwickelt oder
fehlen vollständig.

Wissenschaftler rätselten lange, warum überall auf der Erde Jungen so
viel häufiger als Mädchen Initiationen unterworfen werden. Wie der An-
thropologe und Theologe Volker Sommer (1992) meint, hänge dies damit
zusammen, «daß Männer ein größeres Problem mit ihrer ‹Selbstfindung›
haben. Dem weiblichen Geschlecht werden klare Vorgaben für die künftige Identität in die Wiege gelegt: Sobald ein Mädchen herangewachsen
ist, setzt seine Monatsblutung sozusagen automatisch ein, und meist folgen
bald Schwangerschaft, Niederkunft und Stillzeit. Mütter können sich in
die Seelenwelt von Töchtern leicht einfinden und ihnen das Gefühl vermitteln, auf dem richtigen Weg zu sein. Die Entwicklung von Söhnen
kann so gradlinig nicht verlaufen – irgendwann müssen sie erkennbar ‹anders› werden, denn ihre Lebensaufgabe ist weit weniger offensichtlich.»
Manchmal, so Sommer, führe die Identitätskrise der Männer gar zu mut-
williger Angleichung an das Feminine, wie im Falle der Couvade, oder be-
wirke genau das Gegenteil – größtmögliche Abgrenzung. Zu jener Logik
paßt, daß man – in Amazonien allerdings selten – Jungen beschneidet.
Damit sie nicht «feucht» wie eine Frau sein müssen, wird ihnen mit der
Vorhaut ein Rest Weiblichkeit entfernt.

*38. Maskenumzug der Duuxunagu. Lithographie von Ph. Schmid
für den Reiseatlas von J. B. von Spix und C. F. Ph. von Martius*

Voreheliche Sexualerfahrungen sind im tropischen Südamerika allgemein üblich. Meist erfolgen sie mit Billigung der jeweiligen Gemeinschaft und sorgen unter Jugendlichen für reichlich Gesprächsstoff. In der Junggesellenhütte der *Açwĕ* (Xerente) z. B. erscheinen ständig unverheiratete Mädchen auf der Suche nach einem geeigneten Ehemann. Selbst wenn sich der passende nicht findet, bieten solche Rendezvous die Chance für allerlei Heimlichkeiten. Wird ein lediges Mädchen freilich schwanger, gewärtigt es drakonische Strafen. Dies gilt insbesondere für patrilineare Gesellschaften, wo nur eindeutige Vaterschaft soziale Identität beschert.

Jugendlieben münden selten in eine Ehe. Wie wir sahen, existiert allenthalben ein strenges Heiratsreglement, das sich aus dem Interesse an Bündnissen und dem Harmoniebedürfnis der Sozialverbände erklärt (vgl. Kensinger, 1984). Außerdem ist durch entsprechende Arrangements gewährleistet, daß jeder Mann und jede Frau einen Partner abbekommt. Wirtschaftliche Versorgung des Einzelnen und Fortbestand der Gruppe werden so gesichert. Derlei Erwägungen lassen indes kaum Platz für liebevolle Regungen. Unterschwellige Spannungen können daher affinale Bindungen der geschilderten Art, wo man Loyalität eher einem Verwandtenkreis als dem eigenen Gatten schuldet, auf eine harte Probe stellen. So reizt denn das mitunter unbehagliche Eheleben zu gelegentlichen Seitensprüngen (Gregor, 1973).

Nun wundern sich aber Ethnologen, daß theoretisch bestehende Heiratsgebote in der Praxis manchmal nicht eingehalten werden. Es ist die Frage, ob diese Vorschriften nur nachträgliche Legitimierungen und Begründungen der jeweiligen Gesellschaftsordnung darstellen, oder ob die Betreffenden aufgrund demografischer Einbrüche, die den normalen Ablauf außer Kraft setzten, gezwungen waren, Ausnahmeregelungen zu gestatten.

Ein probates Mittel, sich dem Diktat des Ehearrangements zu entziehen, ist Brautraub. Der Völkerkundler Kaj Århem (1981) referiert einen Fall aus dem kolumbianischen Amazonasgebiet. Im Zuge der Auseinandersetzungen um eine von ihrem Ehemann mißhandelte Sippenangehörige, unternahm der zuständige Klanchef einen Rachefeldzug gegen die Gruppe, der der Übeltäter angehörte. Dabei wurden zwei Mädchen entführt, von denen der Sippenführer eines als Gattin für seinen jüngeren Bruder vorsah. Dieser Plan mißriet jedoch, weil die Angegriffenen kurz darauf mit einer Übermacht anrückten, um die geraubten Mädchen zurückzufordern. Nur dem Verhandlungsgeschick des Klanoberhauptes war es zu verdanken, daß die Angelegenheit für die Entführer glimpflich ausging. Beide junge Frauen mußten heimkehren, obwohl der Bruder des Anführers die Auserwählte inzwischen hatte überreden können, mit ihm die Nacht zu verbringen.

Heiratszeremonien verlaufen in der Regel schmucklos. Meist genügt es, wenn sich das Paar demonstrativ in einer Hängematte niederläßt oder auf einer «Hochzeitsdecke» Platz nimmt. Bei den *Tsun* (Chimane) werden Hochzeitsdecken von den Brauteltern angefertigt. Den Ehebund besiegelt dort der Austausch geschnitzter Holzfiguren, die man anschließend in Körbe legt und unter dem Dach der späteren Wohnung verwahrt (Hissink & Hahn, 1989).

Nach der Vermählung steht die Gründung des eigenen Hausstandes an. Wo das Paar seinen Wohnsitz nimmt, entscheidet die kulturspezifische Residenzregelung. Diese kann *neolokal* (an einem frei gewählten Ort) sein, *ambilokal* (entweder bei den Eltern des Mannes oder der Frau), *matrilokal* (am Wohnort weiblicher Verwandter der Frau) oder *patrilokal* (am Sitz männlicher Verwandter des Mannes). Darüberhinaus gibt es noch eine Anzahl weiterer Möglichkeiten. Bei den *Mía* (Sirionó) etwa gilt *Avunko-Viri-Lokalität*, d. h. man bezieht Wohnung beim Vater der Frau, der gleichzeitig Mutterbruder des Mannes ist (vgl. die Ausführungen zur Kreuzheirat bei dieser Gruppe).

Frisch verheiratete *Tsun* (Chimane) richten sich zunächst im Haus der Brauteltern ein. Solange das Paar dort lebt, sorgt die Mutter des Ehemannes weiter für ihren Sohn. Aus jener Verpflichtung wird sie erst entlassen, wenn ungefähr ein Jahr verstrichen ist und die Vermählten mit dem Bau eines eigenen Domizils, das oft nahe dem Anwesen der Brauteltern liegt, begonnen haben (Hissink & Hahn, 1989).

Unter südamerikanischen Waldindianern werden üblicherweise monogame Ehen geschlossen. Dennoch ist Polygamie zulässig. Sie beschränkt sich aber im wesentlichen auf wirtschaftlich starke und einflußreiche

39. Schlichtes Heirats-
zeremoniell:
Karo-Paar nimmt Platz
auf Hochzeitsmatte

Stammesangehörige sowie auf diejenigen Männer, die ihr Ansehen durch eine Zweitheirat steigern wollen. Im Falle der von dem schwedischen Wissenschaftler Århem untersuchten 45 Familien der *Buhugá Mása* (Makuna) waren nur drei polygam. *Tsun*-Männer beherzigen bei der Wahl einer Zweitfrau das Gebot *sororaler Polygynie*, geben also einer Schwester ihrer ersten Partnerin den Vorzug. Natürlich bergen polygame Ehen eine Menge Zündstoff, und es kommt mitunter zu Eifersüchteleien, abhängig etwa vom Grad der Zuneigung, die ein Mann seinen Frauen entgegenbringt.

Wir haben die Widersprüche affinaler Verbindungen bei den Ureinwohnern Amazoniens erörtert. Damit sollte indes nicht der Eindruck erweckt werden, daß Kalamitäten allzeit den Hausfrieden stören. Passen die Gatten gar nicht zusammen, trennt man sich. Bei solchen Anlässen muß Kompensation erfolgen, häufig in Form von Geschenken. Hält die Bindung aber bis ins Alter, waltet zunehmende Toleranz und gegenseitiger Respekt. Häusliche Verantwortlichkeiten sind dann an die jüngere Generation übergeben und bieten kein Motiv mehr für Streitereien. Mag auch sein, daß körperliche Liebe am Lebensabend als größere Erfüllung empfunden wird, und die Partner sich deswegen stärker aufeinander beziehen. Indianer halten Sex im Alter, soviel ist sicher, keineswegs für eine moralische Verirrung.

Auch für Waldindianer bedeutet das Dahinscheiden eines lieben Menschen schmerzlichen und unwiederbringlichen Verlust. Daneben aber schenkt man den Umständen, die einen Sterbefall begleiten, größte Aufmerksamkeit. Jeder wünscht sich einen «natürlichen» Tod, d. h. einen Abgang nach erfülltem Leben im Alter. Personen, die einen «schlimmen» Tod erlitten, sei es, daß sie ermordet wurden, freiwillig aus dem Dasein schieden oder fern der Heimat starben, müssen, so fürchtet man, als Wiedergänger erscheinen oder auf der Suche nach dem Totenreich ruhelos umherirren (Cipoletti, 1983).

Jenseitsvorstellungen sind äußerst komplex. In der Regel aber wird die Unterwelt als Aufenthaltsort der Toten angesehen. Um dorthin zu gelangen, unternimmt der Verblichene eine Reise, wobei es Hindernisse zu überwinden und Prüfungen zu bestehen gilt. Bei Totenfeiern steht daher nicht, wie nach unseren Auffassungen zu erwarten wäre, die Trennung im Vordergrund, sondern der Übergang. Die Rituale sollen den Toten helfen, ihr Ziel möglichst glatt zu erreichen. Wie Lebende das postmortale Schicksal beurteilen, ist ganz verschieden. Manchmal erkennt man in der Anderswelt einen Ort fröhlicher Ausgelassenheit, doch gibt es auch Annahmen von allgemeiner Kraftlosigkeit oder fadem Geschmack der Speisen (Cipoletti, 1983).

Keinesfalls herrscht Todessehnsucht, und niemand möchte den Zustand der Hingeschiedenen teilen. In Ostbolivien fürchtet man gar, der Tod könne weiter um sich greifen, ja vermöge es, Lebende zu «infizieren». Darum brennen Hinterbliebene das Sterbehaus oder die ganze Ansiedlung nieder, verwüsten die Pflanzungen und ziehen fort. Für andere hingegen zählen verstorbene Angehörige weiterhin zur Hausgemeinschaft, und man beerdigt sie unter dem gemeinsamen Dach. Wird die Unterkunft geräumt, graben Verwandte die Überreste des Toten aus und bestatten sie im neuen Heim. Anläßlich solcher Umbettungen säubert man häufig die Knochen, bemalt und schmückt sie. Örtlich werden Leichen- und Knochenverbrennungen praktiziert. Selbst das zeremonielle Trinken der mit Bananensuppe bzw. einem anderen Gebräu gemischten Knochenasche Verstorbener oder der Verzehr des Leichnams eines Familienmitglieds gelten als Beisetzungsrituale. Man feiert in dieser Form des «Leichenschmauses» Kommunion mit den Toten und nimmt ihr Andenken buchstäblich in sich auf.

Wo man von der Weiterexistenz Toter ausgeht, fällt deren endgültiges Ausscheiden aus der Welt häufig mit der erwähnten Umbettung (Zweitbestattung) zusammen. Andernorts vollzieht sich der Exitus spätestens dann, wenn der Verblichene vergessen wird, d. h. er «lebt» so lange wie seine ehemaligen Gefährten die Erinnerung an ihn bewahren.

Aus diesem Grund veranstalten einige Volksgruppen Totengedenkzeremonien. Hierzu gehört das *kwaryp*-Fest am oberen Xingú. Es findet zu Beginn der Regenzeit statt und dauert mehrere Tage. Für alle, die im Verlauf eines Jahres gestorben sind, errichtet man Erinnerungspfosten. Nach Meinung der *Ye* (Yawalapití) wird die Seele eines Toten, die sich im Pfosten-

40. Trost für die Sterbenden, Hilfe für die Lebenden:
Waujá-Schamanen bemühen sich um eine todkranke Frau und deren Ehemann

holz inkarniert, durch Setzen des Gedenkpfahles befreit (Zerries, 1974; Hartmann, 1986).

Ihre Offenheit, mit der außereuropäische Völker vom Sterben reden, und wie sie die Unausweichlichkeit, ja Selbstverständlichkeit des Todes akzeptieren, hat Reisende und Wissenschaftler immer wieder verblüfft. «Die Art, wie die Indianer über den Tod denken, ist uns fremd», konstatierte 1924 der schwedische Völkerkundler Erland Nordenskiöld angesichts seiner Erfahrungen unter den *Ekwitakwana* (Cavineña). Und er fährt in Anspielung auf die ihm gestellte Frage, ob seine schwerkranke Frau wohl sterbe, fort: «Die Frage klang so einfach und natürlich, als wäre das Sterben nichts Merkwürdiges – und das ist es eigentlich auch nicht.»

Zwischenmenschliches

Zivilisationsmenschen neigen zu nachdenklicher Nabelschau, wenn sie im Alltag wieder einmal mit den Unzulänglichkeiten ihres Milieus kollidiert sind. Der Trend zur «Zwei-Drittel-Gesellschaft», in der ein Großteil der Bevölkerung nicht mehr die Segnungen von Vollbeschäftigung, gerechter Entlohnung und Sozialleistung genießt, Anonymisierung in städtischen

Ballungszentren, enormer beruflicher Leistungsdruck, Abnutzung politischer Standards, fragwürdige, durch Reklame, Film und Fernsehen stilisierte Identifikationsbilder, sowie die Vergewaltigung der natürlichen Umwelt stehen stellvertretend für Defekte, an denen unser Gemeinwesen leidet.

Wehmütig blickt darum mancher auf die vermeintliche heile Welt der «Naturvölker». Dort lebt man in Kleinverbänden, wo jeder den anderen persönlich kennt und inniger, meist herzlicher Umgang gepflegt wird. Gemeinschaftsgeist, Solidarität und konzertiertes Handeln bestimmen das Sozialklima. Ferner sind klare kulturelle Orientierungspunkte gesetzt, die dem Verhalten des Einzelnen Form und Richtung geben.

Dieses idyllische Gemälde weist jedoch bei genauerem Hinsehen Risse und Kratzer auf. Innerer Zusammenhalt etwa wächst aus Segregation, dem Abstand zu Außenstehenden. Wenn auch nicht wie bei jener pervertierten Variante, wo Bierdunst Fremdenhaß schürt oder Politiker das an sich verständliche menschliche Abgrenzungsbedürfnis in ein nationalistisches Gewand kleiden, so werden mithin auch hier Ressentiments zum gemeinschaftstiftenden Faktor. Man erklärt «die da draußen» zu Opponenten, und deren Kultur verzerrt sich zur Karikatur der eigenen.

Sogar innerhalb der Wir-Gruppe herrscht keineswegs immer eitel Sonnenschein. Über die Beschränkungen, denen das Individuum bei der Wahl des Ehepartners oder durch Festschreibung seiner gesellschaftlichen Rolle unterliegt, haben wir schon gesprochen. Soziale Kontrolle, die Normabweichungen kraft ständiger Beobachtung, Klatsch oder übler Nachrede unmöglich macht, beschneidet darüberhinaus die Entfaltung der Einzelpersönlichkeit. Bereits während der Initiation wird keimende Individualität erstickt und der Gruppenräson geopfert.

Zu den, aus unserer Sicht, ungewöhnlichsten Beeinträchtigungen des Sozialklimas zählt der Hexereivorwurf (Riviere, 1970). Krankheiten, so glaubt man, werden oft durch den Zauberspruch eines mißgünstigen Zeitgenossen hervorgerufen. Das Aufspüren des Unholds ist daher häufig Teil der Diagnose, und Tod durch Hexerei fordert Rachemagie. Natürlich sät die Kette der Verdächtigungen Mißtrauen. Jedermann muß gewärtigen, daß er als Schwarzmagier enttarnt wird, denn schließlich kommen Zerwürfnisse und Eifersüchteleien – mögliche Anlässe entsprechender Anklagen – auch bei Indianern vor. Die ganze Angelegenheit kann so enden, daß der Verdächtige, sofern man ihn der Hexerei für schuldig befindet, mitsamt seinen Angehörigen das Dorf verläßt und anderswo eine neue Existenz gründet.

Das Zusammenleben südamerikanischer Waldindianer ist also mitnichten krisen- und konfliktfrei. Auf der anderen Seite aber haben diese Völker sehr viel Zeit füreinander. Gewiß, nicht alle in gleichem Umfang, die meisten jedoch verbringen den größten Teil des Tages mit der Pflege zwischenmenschlicher Beziehungen.

41. Körperbemalung als kultischer Akt andächtigen Selbstverlustes an fremde Wesen: Waujá posieren als Jaguar und Anakonda

Dies beginnt bereits im Kleinkindalter. «Nestwärme» wird Säuglingen durch reichlich Körperkontakt entgegengebracht. Babies sind selten allein. Nur die Bezugspersonen wechseln.

Selbst die als äußerst rüde im Umgang mit ihresgleichen verschrieenen *Waorani* (Auca) verhalten sich meist sehr freundlich und zart gegenüber Kleinkindern (Broenimann, 1981). Und bei den aggressiven *Yanomamïtẽpẽ* beobachtete der Humanethnologe Irenäus Eibl-Eibesfeldt (1976), wie Paare sich streichelten oder in der Hängematte miteinander schäkerten. Nicht nur bei dieser Gruppe gilt gegenseitige Hautpflege als Ausdruck besonderer Zuwendung. Höchste Aufmerksamkeit beweist derjenige, der einen entdeckten Parasiten dem Partner zum Essen reicht.

Neben ihrer Funktion als visuelles Kommunikationsmittel, als Lektüre, die über Rang, Status und Befindlichkeit einer Person Auskunft erteilt, stiftet auch das Bemalen des menschlichen Körpers innigen Sozialkontakt. Bei den Put-karôt (Xikrin), einer Untergruppe der *Me-be-ngó-kre* (Nord-Kayapó), sind es ausschließlich weibliche Stammesmitglieder, die malen.

Sitzungen, zu denen alle verheirateten Frauen erscheinen, finden regelmäßig – einmal pro Woche – statt. Hierbei verschönern sich die Versammelten gegenseitig. Put-karôt-Frauen bemalen außerdem ihre Männer und Kinder. Indem sie den Säugling zeichnerisch schmückt, drückt die Mutter ihre Zuneigung zu ihm aus. Man kennt Grundmuster bei Erwachsenen und Kindern, aber auch individuelle Gestaltungsmöglichkeiten sowie einen festgelegten Motivkanon, der etwa eine Heirat annonciert, einen gelungenen Kriegszug feiert, eine Geburt bekanntgibt oder einen Sterbefall beklagt. Am Ende steht ein Kunstwerk, «das in seiner Idealform sowohl technisch besticht, als auch ästhetisches Vergnügen bereitet, und eng mit einem Gefühl der Aufwertung von Person und Gruppe verbunden ist» (Vidal, 1988).

Kinder beobachten früh das Leben Erwachsener. An vielen Aktivitäten partizipieren sie in irgendwelcher Weise. Später schließen sie sich einer Spielgruppe an, wo unter Anleitung älterer Gefährten ihre Sozialisation vorgenommen, also das spezifische Kulturmuster eingeübt wird.

Gegenüber existenzwichtigen Tätigkeiten haben Spiel und Kurzweil untergeordnete Bedeutung. Der Muße kann erst dann nachgegeben werden, wenn alles Not-Wendige verrichtet, die Unterkunft bewohnbar geworden, das Feld bestellt, die Ernte eingebracht ist. Gleichwohl schmiedet spielerisches Miteinander das Zusammengehörigkeitsgefühl; es stellt soziale Nähe her.

Ein geflügeltes Wort Friedrich Schillers adelt lustbare Freizeitgestaltung: «Der Mensch ist nur da ganz Mensch, wo er spielt.» Und der holländische Philosoph und Historiker Johan Huizinga (1938) hielt das Spiel gar für den Ursprung aller Kultur. In seinem «Homo ludens» kehrt Huizinga die befreiende Wirkung der Illusion heraus, was – abgeleitet vom lateinischen *inlusio* – nichts anderes bedeutet als «Einspielung». In diesem Zusammenhang erscheint das Spiel als Modell des Lebens, in dem Fantasie und Kreativität sich der Alltagswirklichkeit einprägen können.

Wenn *Yanomamïtẽpẽ*-Kinder spielen, ahmen sie meist die Verrichtungen Erwachsener nach oder treiben Umwelterkundung. Die turnierähnlichen Zweikämpfe der Männer werden ebenso durchgespielt wie Kriegslisten, wobei ältere sich als Anführer erproben (Eibl-Eibesfeldt, 1976). Indianische Frauen beschäftigen sich in ihrer Freizeit häufig mit dem weltweit verbreiteten Fadenspiel. Daneben vergnügen sie sich mit Tanz- und Abzählspielen. Männerspiele hingegen haben nicht selten Wettkampfcharakter. Bei den *Mbiapè* (Amniapé) am Rio Mequens wurde der Forschungsreisende Emil Heinrich Snethlage (1937) Zeuge eines bemerkenswerten Kopfballspiels: «Ein faustgroßer Ball aus Gummi ... wird ... mit dem Kopf einander zugeschlagen. Die Berührung mit anderen Körperteilen gilt als Fehler. Das Spiel erfordert große Gewandtheit. Rollt zum Beispiel der Ball auf dem Boden, so muß sich einer der Teilnehmer niederwerfen, um ihn so aufzufangen und zurückzuschleudern ... Die Mitspielenden leisten

42. Zeremonieller Rundtanz der Abaeté. Kupferstich von T. de Bry (1590–1634)

einen Einsatz: je zwei Pfeile. Auf jeder Seite [der Spielfeldgrenze] werden auf einen Strich sechs Maiskörner gelegt. Fehler [wie ein Auftreffen der Kugel außerhalb des markierten Gevierts] begleicht man durch Abgeben eines Samens. So wankt der Kampf hin und her. Endlich sind alle Maiskörner auf der Seite der Dorfmannschaft Tapuawa's angelangt; noch ein Schlußspiel muß sie siegreich durchfechten, dann sind sechs Pfeile gewonnen.»

Ballspiele sind wie im übrigen auch Rundtänze mit dem Bild der Bewegung und des Kreises verknüpft. Die Kreisfigur von Ball und Reigen hat tiefe symbolische Bedeutung: «Ohne Anfang und Ende, verkörpert sie die Ewigkeit. Unter diesem heiligen Zeichen stehen nahezu alle Feste der Völker – gilt es doch, den Alltag zu vergessen, wenigstens vorübergehend aus der Zeit auszubrechen» (Sommer, 1992).

Macht und Ohnmacht der Häuptlinge

Prestige ist nach Mario Erdheim (1973) Wissen, das die Angehörigen der Bezugsgruppe eines Individuums von dessen Vorbildlichkeit haben. Der Vorbildcharakter kann sich im Verhalten des Prestigeträgers äußern, in seiner außeralltäglichen Befähigung oder gerade in seiner «Normalität», also in der engen Anlehnung an gesellschaftliche Normen. Die politischen Führer südamerikanischer Waldindianer – die wir aus Gewohnheit «Häuptlinge» nennen, obwohl dieser Begriff, wie noch zu zeigen sein wird, Schattierungen aufweist – sind solche Prestigeträger.

Theodor Koch-Grünberg (1921) umreißt das Wirkungsfeld eines *Wakuenai*-Chefs, genauer gesagt eines Dorfvorstehers der Walipore Dakenai (Siusí) am Rio Ayarí, wie folgt: «Er hat hauptsächlich eine repräsentative Stellung, empfängt die Fremden und leitet die Verhandlungen mit ihnen als Vertreter des ganzen Dorfes, dessen Wünsche er vermittelt. Bei allen Beratungen innerhalb der Dorfgemeinschaft, zu denen er Versammlungen einberufen kann, führt er den Vorsitz ... Von Zeit zu Zeit läßt er das Haus ausbessern, den Dorfplatz reinigen und die Wege instand setzen. Bei Tanzfesten präsidiert er als Vortänzer und Tanzordner. Verläßt er das Dorf für längere Zeit, so übergibt er seinem ältesten Bruder die Vertretung seines Amtes in einer längeren, monotonen, häufig von Klagezeremonien unterbrochenen Abschiedsrede. Bei Streitigkeiten unter den Dorfgenossen ... schlichtet der Häuptling mit ermahnenden Worten: ‹Das ist nicht gut, laßt den Lärm!› Strafen kann er nicht.»

Weiterreichende Befugnisse hatten die Sakralhäuptlinge der *Tsun* (Chimane). Diejenigen, die das Amt bekleideten, wohnten in unmittelbarer Nachbarschaft dörflicher Kulthäuser. In San Borja, dem einstigen Hauptsitz der Tsun, residierte der *tamanči*, der Gebietsoberhaupt und ranghöchster Priester gewesen zu sein scheint. Ihm zur Seite stand ein Ratgebergremium, das sich aus würdigen und erfahrenen Vertretern der Gemeinschaft zusammensetzte. Der Rat tagte in besonderen Versammlungshäusern, die sich – wie auch das Heiligtum und die Residenz des Häuptlings – an exponierter Stelle im Siedlungszentrum befanden. Neben seinen Auftritten im Kult, wirkte ein Tsun-Führer mit richterlichen Vollmachten. Das von ihm verhängte Strafmaß reichte, je nach Schwere des Delikts, vom Austeilen einer gewissen Zahl von Stockhieben bis hin zu öffentlicher Anprangerung. Die schlimmste Strafe aber traf, wen man des Mordes bezichtigte bzw. überführte: Es wurde aus der Gemeinschaft verstoßen und hinaus in die Wildnis getrieben (Hissink & Hahn, 1989).

Einen ganz anderen Typ des politischen Funktionsträgers verkörpert der *tenétamo* der *Bide* (Araweté). Das Wort bedeutet «der an der Spitze geht» und spielt auf den Gänsemarsch der Indianer an, zu dem sie auf schmalen Waldpfaden genötigt sind. Der *tenétamo* ist Initiator gemeinschaftlicher Unternehmungen, eines Jagd- oder Fischzuges z. B. Er ruft aber auch die

Stammesgenossen zusammen, wenn wichtige Entscheidungen anstehen, und erteilt, falls man ihn darum bittet, Ratschläge. Als «primus inter pares» in einer weitgehend egalitären Gesellschaft, fühlt sich der *tenétamo* zu seiner Würde berufen. Er wird weder gewählt noch feierlich in seine Stellung eingeführt. Bestätigung erhält er allein durch das Vertrauen der Gruppe, das, sofern sich der Betreffende bewährt, immer wieder bewegt, ihm zu folgen (Lukesch, 1990).

Häuptlingstümer wie das der *Tsun* in Ostbolivien sind Herrschaftsbereiche eines Oberhauptes über eine Reihe von Lokalverbänden. Der Häuptling verwaltet das ganze Territorium allerdings nicht unmittelbar, da ihm hierzu der Stab fehlt. Er ist daher auf die Mitarbeit örtlicher Instanzen (Älteste der Verwandtschaftsgruppen, Dorfvorsteher) angewiesen. Für diese stellt er eine moralisch-politische Integrationsfigur dar und empfängt als solche brauchtumsübliche Dienstleistungen. Inhaber der Häuptlingswürde müssen vorbildhaft agieren, und man erwartet von ihnen schiedsrichterliches Gebaren sowie Generosität. In manchen Fällen kommen Häuptlinge ihren Verpflichtungen der Gesellschaft gegenüber dadurch nach, daß sie im Kult Aufgaben übernehmen, die nur sie – kraft der ihnen zugeschriebenen Begabung zur «Bewältigung des Außergewöhnlichen» – lösen können.

Im Gegensatz hierzu sind Stammespolitiker wie die der *Wakuenai* oder der *Bide* Vertrauenspersonen mit geringer Weisungsbefugnis. Die Einflußsphäre solcher Dorfvorstände und «Anführer» ist lokal begrenzt, beschränkt sich im Regelfall auf eine Residenzgruppe. Ihr Führungsanspruch kann mit einem formalen Sukzessionsmechanismus (Erbfolge) unterlegt sein, gründet sich aber häufiger auf Prestige und Charisma oder beruht auf vermuteten Verbindungen zur übernatürlichen Welt.

Wichtiger noch als der «Häuptling» sind vielerorts beim Zustandekommen eines Meinungsbildes die älteren Männer (seltener auch Frauen), weil sie über die größte Lebenserfahrung verfügen und die Stammestraditionen hüten. In Sonderheit, wenn Veteranen sich im Krieg hervorgetan haben, auf bewunderte Jagderfolge zurückblicken können und zudem an der Spitze kinderreicher Verwandtschaftsgruppen stehen, werfen sie beachtliche Autorität in die Waagschale. Ihr Wort hat Gewicht. Dem offiziellen Führer bleibt oft nur die Bündelung ihrer Anliegen und Anregungen, die er am Ende nach außen vertritt.

Politische Entscheidungen fällen, selbst in matrilinearen Gesellschaften, ausschließlich Männer. Wie jedoch mancher Ethnologe erfuhr, arbeitet das weibliche Geschlecht hinter den Kulissen um so vehementer an der Durchsetzung seiner Interessen und sucht Ehemänner in der einen oder anderen Richtung zu beeinflussen. Zentrum politischer Willensbildung ist üblicherweise das Männerhaus. In oder vor ihm wird meist nach langem Abwägen der Argumente das Notwendige beschlossen. Am oberen Xingú kommen die Verantwortlichen am späten Nachmittag «mit ihren geschnitzten Sitzbänken, hocken sich in der Trockenzeit vor das Männerhaus, palavern, rauchen selbstgedrehte Zigarren, treffen Entscheidungen für den nächsten Tag und schweigen» (Hartmann, 1986).

Die Beschlüsse dieses «Tabakskollegiums», wie Karl von den Steinen die Zusammenkunft der politischen Spitzen am Xingú nannte, werden zwar nach vorherigem Konsens von allen Anwesenden mitgetragen, haben aber eher Empfehlungscharakter. So ist die Ausführung etwaiger Anordnungen keineswegs für jedermann bindend.

Der europäische Hang zur Personalisierung von Geschichte hat stets einzelne Indianer heroisiert und so die Dimension von Häuptlingen in den jeweiligen Gesellschaften überzeichnet. Fakt aber ist auch, daß politische Amtsträger ihre Position im Stamm verbesserten, indem sie mit Weißen Handel trieben oder ihre traditionelle Funktion als «Grenzüberschreiter» nach außen dazu nutzten, mit den Fremden freundschaftliche Beziehungen anzuknüpfen. Große Popularität in Brasilien genießt derzeit Raoni, ein Führer der am oberen Xingú ansässigen *Me-be-ngó-kre* (Nord-Kayapó). Raonis beherztes Eintreten für indianische Rechte, das auch bewaffnete Auseinandersetzungen nicht scheut, verhalf ihm zu Schlagzeilen in der Weltpresse. So wurde er zum idealen Ansprechpartner für den Pop-Sänger Sting und andere Indianerfreunde, die medienwirksam auf die Vernichtung des Regenwaldes und indigener Wohngebiete hinweisen konnten. Damit war allen gedient. Der ohnehin angesehene, wenngleich nicht

43. Sitzschemel mit doppelköpfigem Greifvogel, oberer Xingú

unumstrittene Raoni machte interne Kritiker mundtot, und den Verbündeten gelang es, internationalen Druck auf die Weltbank derart zu verstärken, daß diese bereits bewilligte Kredite für einen Staudammbau am Xingú zurückzog.

Krieg und Frieden

«Ich knurre. Ich fauche. Ich gebrauche die Keule wie er, wenn er die Beute mit einem Schlag seiner fürchterlichen Pranke zerreißt. Und wenn ich meinen Feind getötet habe, muß ich auch sein Blut trinken und von seinem Fleisch kosten, damit der Geist, der in mich gefahren ist, besänftigt wird. Wenn ein Jaguar im Manne wohnt, benimmt sich der wie die Bestie selbst.»

Der hier spricht, ist ein Krieger der *Kalinya* (Küsten-Kariben). Auf die ruhmreiche Vergangenheit des Stammes zurückblickend, diktierte der Veteran dem Forscherehepaar Penard (1907) seine Empfindungen der Verwandlung, die ihn ergriff, wenn *Kaikusi-yumu*, der Jaguargeist, einen Mann beseelte und ihm Stärke für den bevorstehenden Kampf eingab.

Bis in die Gegenwart haben Schlachten das Schicksal von Völkern gewendet, und aus Geschichtsbüchern überliefert sich uns ein Bild, das Kriege wie blutbefleckte Meilensteine die Menschheitsentwicklung markieren läßt. Nicht erst angesichts der drohenden globalen Massenvernichtung im Atomkrieg – eine Gefahr, die (zunächst) gebannt scheint –, stellen wir uns die Frage, warum Menschen einander bekämpfen.

Die leichtfertige Bereitschaft, im Fremden auch den Gegner zu sehen, mag im Wesen der Wir-Solidarität begründet sein und aggressive Motivation teilweise auf biologischen Anpassungen beruhen (Eibl-Eibesfeldt, 1975). Zwischengruppen-Aggression unter Menschen besitzt darüberhinaus aber Eigenschaften einer Kultureinrichtung: gewisse Präliminarien eröffnen den Krieg, er gehorcht pauschalen Regeln und findet seinen rituellen Abschluß. Aus der Biologie entlehnte Modelle zur Erklärung des Phänomens greifen zu kurz, da hier nicht impulsive Aggression, ein notorischer Drang zum Verletzen und Töten, als Motor destruktiven Verhaltens wirkt, sondern eine eher instrumentelle Form – die Konkurrenz verschiedener Gruppen um Raum und Rohstoffe, gegebenenfalls auch das eigensüchtige Vorgehen Einzelner.

Aus phänomenologischer Sicht zeigen sich einige Gestaltungsmerkmale, die den Krieg, gleich welcher Rüstungsstufe, charakterisieren: Zunächst ist er Eroberung der natürlichen wie der sozialen Umwelt. Darin beweist sich seine Verwandtschaft zur Jagd und seine Verwurzelung in der Männerkultur. Weiter sieht man im Krieg oft ein selbsttragendes System ausgleichender Vergeltung (Prinzip der symmetrischen Opposition), die gleichwertige Kontrahenten ausfechten. Da man Rache aufschieben kann,

entstehen «Erbfeindschaften» – stetig sprudelnder Quell männlicher Pre-
stigebestätigung. Rangstreben und Prestigesucht haben nämlich ebenfalls
als Antriebe aggressiv-destruktiven Verhaltens zu gelten. Häufig gewährt
allein der Besitz von Kriegstrophäen Eintritt in bestimmte gesellschaftliche
Bereiche oder entscheidet über die Heiratsfähigkeit eines Mannes.
Schließlich ist Krieg ein Fest, heiliges Spiel um Leben und Tod. Es steigert
das Wir-Gefühl und fördert den Gemeinschaftsgeist. Tanz und Musik umrahmen das Geschehen, das man dem Willen der Götter unterwirft und im
rauschhaften Bewußtsein übernatürlicher Assistenz beginnt (Streck, 1987).

Bestätigung finden diese Thesen, wenn man die Kriegführung südamerikanischer Waldindianer schärfer belichtet. Bei den *Kalinya* etwa stand Er-
weiterung des Siedlungsraums im Mittelpunkt militärischer Erwägungen.
Am Vorabend der europäischen Landnahme kontrollierten sie ein Territorium, das von den Kleinen Antillen bis zur brasilianischen Nordküste
reichte. Ein weiteres Kriegsziel war die Heimführung möglichst vieler Gefangener. Diese *poito* wurden in die Kalinya-Gesellschaft integriert, wo sie
Lücken schlossen, die das Kampfgeschehen gerissen hatte. Bei aller indivi-
duellen Grausamkeit verliefen Konfrontationen in streng ritualisierter, auf
Konvention und Absprache beruhender Form. Die Ideologie des «totalen
Krieges», die verbrannte Erde hinterläßt, ist eine europäische Erfindung.
Sie war den Kalinya ursprünglich fremd. Erst als ihre Kontakte mit Weißen
zunahmen, verinnerlichten auch sie dieses Prinzip. Immerhin begünstigte
es ihren Aufstieg zur beherrschenden Macht an der Nordküste Südamerikas im 16. und 17. Jh. (Whitehead, 1990).

Bei anderen Gruppen waren oder sind Streben nach Ruhm und gesellschaftlicher Anerkennung Auslöser für die Teilnahme an Waffengängen. In
der *Yanomamïtëpë*-Gemeinschaft genießt der *unokai*, ein Mann, der Menschen getötet hat, höchstes Ansehen. *Unokai* können doppelt so viele Frauen
an sich binden und dreimal mehr Kinder in die Welt setzen als Altersgenos-
sen ohne kriegerische Meriten (Chagnon, 1990). Ebenso strebte früher jeder
Śwar-Mann danach, *kakaram* zu werden, ein «Mächtiger». Er erreichte dies,
indem er die Seelenkraft erschlagener Feinde auf sich vereinte, je mehr desto besser. Nach Ansicht der *Śwar* schützte ihn die erworbene Seelenkraft
gar vor dem Tod, sofern er haushälterisch damit umging. *Kakaram* waren zu
besonders energischem und unwirschem Auftreten verpflichtet. Ihrem
Nimbus verdankten es jene Recken, daß nicht nur Freunde, sondern auch
Neutrale oder sonstige Gegner sich ihrer Dienste als Anführer versicherten,
wenn es ein Gefecht gegen Dritte zu bestreiten galt (Harner, 1972).

Nach gelungener Kopfjagd (vgl. Kapitel 6) veranstalteten die *Śwar* ein
großes Siegerfest. Die Trophäe wurde auf eine Lanze gespießt und zur
Schau gestellt. Einen Tag lang umtanzte man den Kopf. Dabei demon-
strierte der Sieger, wie er sein Opfer überwältigt hatte. Gefangene Frauen
der Gegenpartei standen weinend daneben. Fehlten Gefangene, schlüpf-
ten Frauen aus dem Dorf des Kopfjägers in deren Rolle (Zerries, 1974).

44. Kopftrophäe der Weidjényã. Die Augenhöhlen sind mit Harzpfropfen verschlossen. Das hier abgebildete Exponat stammt nicht von einem erschlagenen Feind, sondern von einem im Kampf unterlegenen Angehörigen der eigenen Gruppe. Solche Schädel wurden um den Hals der Mutter, Schwester oder Witwe des Gefallenen gehängt, während die Gefährten Rache schworen

Auf die Gewinnung von Kriegstrophäen hatten es viele Waldindianer abgesehen. Der österreichische Ethnologe Georg Grünberg (1970) schildert den Überfall von Kriegern der *Ap'apats* (Kayabí) auf eine Ansiedlung der *Apiaká*, der die Entführung eines Stammesangehörigen sühnen sollte. Im Verlauf des Scharmützels wurden alle angetroffenen Feinde niedergemacht, die Kinder gefangengenommen. Dann brachte man die Köpfe der Erschlagenen an sich und feierte daheim das *yawotsí*-Fest. Hierbei trugen Kämpen die mit Baumwollfäden geschmückten Schädel auf ihren Schultern. Am Ende der Zeremonie zertrümmerte man die Trophäen und verteilte Splitter an Dorfgenossen.

Bei den *Weidjényã* (Mundurukú) garantierten Witwen der Besitz eines mit den Zähnen getöteter Feinde besetzten Gürtels das Recht, von der Gemeinschaft ernährt zu werden. Die Weidjényã waren übrigens die einzigen, die Kopftrophäen mumifizierten. Andere Völker, so die *Kaguahív* (Parintintin), akzeptierten auch abgetrennte Arme und Beine als Ausweis kriegerischen Mutes.

Feindseligkeiten flammen häufig aus, wie uns scheint, nichtigem Anlaß auf. Napoleon Chagnon (1990) berichtet einen Fall, der sich 1980 unter den *Yanomamïtêpẽ* zutrug: Ein Anführer der Bisaasi-teri wollte den verbündeten Daiyari-teri einen Höflichkeitsbesuch abstatten. Beide Gruppen waren früher erbitterte Gegner, und unter der Tünche frischen Friedens schwelten latente Spannungen. Als sich der Mann dem Dorf der Daiyari-teri näherte, wurde er von Kindern mit Lehmklumpen beworfen, ohne daß Erwachsene einschritten – eine unerhörte Beleidigung. Wutschnaubend kehrte der Gedemütigte zu den Seinen zurück und sann auf Vergeltung. Kurz darauf griffen die Bisaasi-teri einige Daiyari-teri an. Es gab Verwundete. Der Versuch, den Konflikt durch ein Kampf-Turnier beizulegen, scheiterte. Schließlich kam es zu einem hitzigen Gefecht, an dem auch Alliierte beider Dörfer teilnahmen. Die Bisaasi-teri behielten die Oberhand, töteten viele ihrer Widersacher. In der Überzeugung, den Daiyari-teri einen kräftigen Denkzettel verpaßt zu haben, erging der Beschluß, daß ihnen künftig kein Haar mehr gekrümmt werden sollte. Den Mahekodo-teri aber, die sich auf die Seite der Daiyari-teri geschlagen hatten, und denen man die heimtückische Ermordung eines jungen Ehepaars ankreidete, schwor man blutige Rache.

Wie das Beispiel verdeutlicht, dreht sich die Gewaltspirale scheinbar unaufhaltsam weiter. Dennoch haben gerade die *Yanomamïtëpë* Kontrollmechanismen entwickelt, die uns vor Augen führen, daß mindestens ebenso wichtig wie Krieg Versöhnung und Friedenserhaltung sind. Gleichwohl ist der Grat zwischen dominantem Gebaren und freundlichen Appellen schmal. Wir erkennen dies am Begrüßungsritual alliierter Stämme. Bei dem Einzug ins Dorf der Gastgeber präsentieren Krieger ihre Waffen und zielen auf die Einladenden. Das Imponieren geht freilich rasch in Beschwichtigen über. Man umarmt sich beruhigend, und mit den kampffähigen Männern tanzen auch Kinder, die fröhlich Palmwedel schwenken.

Dem Eskalieren von Auseinandersetzungen soll die Vermittlung Dritter entgegenwirken und der «Stellvertreter-Krieg», bei dem ausgesuchte Akteure Stockgefechte austragen oder sich heftige Brustschläge versetzen. Der Friedensprophylaxe und dauerhaften Verbrüderung dient ritueller Geschenkaustausch. Er beruht auf annähernder Gleichwertigkeit der den Besitzer wechselnden Gegenstände und Waren und wird durch formelle Kontraktgesänge besiegelt. Allianzen zwischen Dörfern bekräftigt man durch gegenseitige Festeinladungen, um dann bei reichlicher Bewirtung tüchtig zu feiern (Zerries & Schuster, 1974; Eibl-Eibesfeldt, 1976).

Besonders sinnfällig werden Bemühungen um interethnische Harmonisierung und Konfliktvermeidung am oberen Xingú (Steinen, 1894; Münzel, 1973; Hartmann, 1986; Gregor, 1990). Hier leben auf engstem Raum Stämme verschiedenster Sprachzugehörigkeit (vgl. Kapitel 3). Im Zeitlauf fanden sie einen Modus vivendi, der Ausbrüche offener Gewalt durch ein fein gesponnenes Netz interner Beziehungen und das Öffnen kontrollierter Aggressionsventile im Zaum hält. Der Austausch von Heiratspartnern über ethnische Grenzen hinweg bindet die Gruppen ebenso

45. *Das Anlegen von Schmuck bedarf besonderer Anlässe: Zum yawarí-Kampfspiel herausgeputzter Waujá mit Wurfpfeilen*

aneinander wie ein zeremonieller Handelsverkehr *(moitará)* von Dorf zu Dorf, der hier Produktionsüberschüsse abbaut und da bestehende Güterverknappung entschärft. Feste, weltweit durch ihr überschäumendes Gepräge dazu ausersehen, allfällige Beschränkungen zu lockern, bieten weitere Gelegenheiten zu vertrauensvoller Begegnung. Im gemeinsamen Mahl und Tanz lösen sich Spannungen, und Gegensätze fallen zusammen. Gewöhnlich ist die Anwesenheit von Vertretern befreundeter Gemeinschaften erwünscht oder sogar geboten, etwa bei der feierlichen Bekanntgabe der Heiratsfähigkeit Heranwachsender. Anläßlich solcher Treffen mißt man sich in sportlichen Konkurrenzen. Es sind dies Ringkämpfe und Wurfpfeilduelle *(yawari)*, zu denen die miteinander wetteifernden Parteien ihre besten Athleten ins Rennen schicken. Der alte olympische Geist scheint das pantribale Kräftemessen zu durchwehen, und tatsächlich herrscht eine Art «Gottesfrieden». Nicht Völker schlagen aufeinander ein, sondern Auserwählte – Stellvertreter, die den Aggressionsstau kanalisieren und obendrein Zuschauern spannende Unterhaltung bieten. Zum guten Schluß trösten die Sieger Unterlegene und geben ihnen ein Essen.

Wir alle fürchten die Gewalt. Zugleich aber lassen wir Film und Fernsehen Orgien abstoßender Grausamkeit zelebrieren und verherrlichen
brutales Spektakel. Einige von uns unterscheiden gar zwischen «gerech-
ten» und «ungerechten» Kriegen. Dann wieder suchen wir den Mitmenschen, denn «den Menschen freut der Mensch». Zwiespältig ist unser
Wesen. Nicht anders bei den Indianern Amazoniens. Ihr Verhalten indes
lehrt, wie wichtig Verständigung, Aufeinanderzugehen und Interessenaus-
gleich, vor allem aber gegenseitige Akzeptanz bei der Überwindung
aufgetretener Animositäten sind. All jenen, die – wo auch immer auf
unserem Planeten – diesen Prinzipien zuwiderhandeln, sei es ins Stamm-
buch geschrieben.

Sechstes Kapitel

Das Sein zwischen den Dingen

Ein Truggebilde berührte der Vater *Nainuema*, etwas Geheimnisvolles ergriff er. Kein Stab war vorhanden, um es zu halten. An einem Traumfaden hielt er den Trug mit dem Hauche. Am Traumfaden knüpfte der Vater das Leere an. Mit Tabakrauch festigte er den Truggrund. Dann ließ er sich auf der erträumten Erde nieder und trat sie eben. Nun spuckte er auf sein Werk, damit Wald wachse, und er setzte den blauen und den weißen Himmel darüber.

Aus dem Schöpfungsmythos der Komoenède

Heilige Ordnung in Raum und Zeit

In den Tagen am Anfang der Zeit, sagen die *So'to* (Maquiritare), hungerten die Menschen. Fern, an einem Ort namens Roraima, aber stand ein riesiger Baum, an dem die herrlichsten Früchte wuchsen. Allein, der Baum war so groß, daß niemand ihn erklettern konnte, und so darbten die Menschen weiter. Damals kam *Wanadi*, der Verwalter des Lichts, auf die Erde, um nach dem Rechten zu sehen. Die Menschen umringten ihn und schilderten ihre Not. *Wanadi* sprach: «Ich werde Vögel schicken, die euch helfen. Sie sollen Flügel haben, damit sie zum Baum Marawaka hinaufliegen und euch die Früchte herunterbringen.» *Wanadi* setzte sich vor ein paar Zweigen nieder, rauchte, sang, schüttelte seine magische Rassel – und träumte. Auf diese Weise schuf er die Vögel. Diese flogen sogleich zu den Ästen des Riesenbaumes. Doch die Früchte waren zu schwer für die Geflügelten. Sie fielen herab und erschlugen die Menschen. Nun war guter Rat teuer. Die Tukane mit Schnäbeln wie Äxte erboten sich, Marawaka zu fällen. Doch es gelang ihnen nicht. Dann kamen Spechte. Sie hackten unentwegt, Tag und Nacht, tiefer und tiefer, viele Tage lang. Schließlich war der gewaltige Stamm zerteilt, und man erwartete, daß er stürzte. Marawaka aber wankte nicht. *Kadiio*, das Eichhörnchen, wurde beauftragt, oben nachzusehen, woran das lag. Als *Kadiio* wieder herunterkam, berichtete er: «Die Äste sehen aus wie Wurzeln.» Marawaka war im Himmel verankert! Da gab der Vogelhäuptling dem Eichhörnchen ein Beil. «Laufe noch einmal hoch und schlage die Wurzeln durch.» *Kadiio* fällte Marawaka droben im Himmel. Jetzt endlich zerbarst der Baum. Als er aufschlug, bebte die ganze Erde. Äste, Früchte und Samen, alles kam herab. Und es regnete zum ersten Mal auf der Welt. Das Wasser stammte aus Marawakas durchtrennten Wurzeln. Es bahnte sich unten seinen Weg. Die Flüsse wurden geboren, der Orinoco, der Caura, der Ventuari, der Cunucunuma und all die anderen. Sie bewegten sich wie Schlangen über das Land. *Semania*, der Vogelhäuptling, der lehrte die Menschen, wie man Felder bestellt und Setzlinge in die vom Regen aufgeweichte Erde bringt. Alle Pflanzen, die es heute gibt, entstanden damals. Die Welt wurde grün. Der Wald füllte sich mit Bäumen und begann zu blühen und auch das Feld der Menschen (Civrieux, 1980).

Mythen wie diese sind der Schlüssel zum Verständnis indianischer Glaubenswelten. Bekanntlich bildet in schriftlosen Kulturen das mythische Erzählgut den Speicher des über Jahrhunderte gesammelten Vorrats an Erfahrungen und Erkenntnissen sozio-religiöser Art, dessen Funktion im wesentlichen darin besteht, die Weltordnung samt ihrer Genese zu erklären und zu bestätigen. Jedes Konzept von den Kräften des Universums und ihrer Bändigung oder Kontrolle mittels magisch-ritueller Handlungen ist daher einer alle Lebensbereiche berührenden religiösen Schwingung verbunden. Religion, das «Sein zwischen den Dingen» oder auch der «Urgrund allen Seins», ist fernab unseres eigenen Gesichtskreises demnach kein von anderen kulturellen Ausformungen losgelöstes Phänomen, sondern sorgt – im ursprünglichen Wortsinn – für dauernde «Rückbindung» an die mythischen Wurzeln der Gemeinschaft.

Gleichwohl nimmt das Heilige einen durchaus vom Profanen verschiedenen Erscheinungsaspekt (Hierophanie) an, der sich in bestimmten Gottesvorstellungen, Riten, Weltanschauungen etc. manifestiert und von Kultur zu Kultur abändert. Über die Hierophanie kommuniziert der Gläubige mit dem Heiligen in mystischer Teilhabe.

Auch der Forscher will über die Hierophanie zum Wesenskern exotischer Religionen vordringen, ohne Mystik zwar, aber mit einer gehörigen Portion kreativer Fantasie. Daß es hierbei gelegentlich zu Mißverständnissen kommt, aus Einzelbefragungen allgemeingültige Religionsauffassungen konstruiert werden und der eigene kulturelle Filter mitunter das Ergebnis verfälscht, steht außer Frage.

Um die Schwierigkeiten und möglichen Fehleinschätzungen zu illustrieren, denen europäische Wissenschaftler erliegen können, wenn sie fremde Glaubensäußerungen deuten wollen, hat sich der Marburger Völkerkundler Horst Nachtigall (1972) eine hübsche Geschichte ausgedacht. Er schickt einen südamerikanischen Indianer auf Überseereise und läßt ihn dann im wohlwollend-herablassenden Stil früher Apodemiken über seinen Besuch eines christlichen Gottesdienstes plaudern. «Die Christen in Europa glauben an ein Höchstes Wesen, das sie ‹Gott› nennen. Gott hat alles erschaffen. Er wohnt im Himmel und kann jederzeit in die Geschicke der Welt und der Menschen eingreifen. Die Menschen verehren ihn trotz seiner, grenzenlosen Machtfülle offenbar aber nicht allzusehr, denn sie haben überall Bilder von seinem Sohn und von der Mutter seines Sohnes, die aber nicht Frau des Gottes ist, aufgestellt. Die Christen nennen diese Frau, wie mir mein Dolmetscher immer wieder beteuerte, ‹Mutter

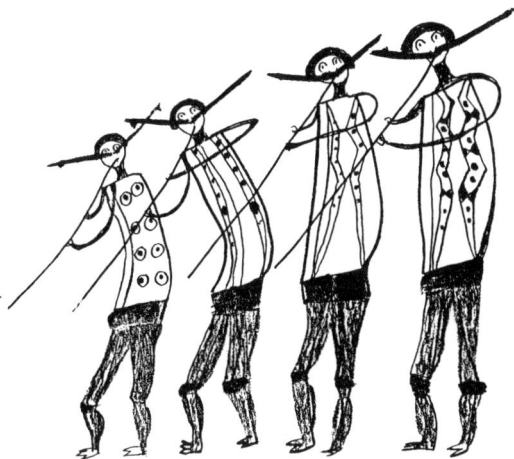

*46. Vier Bambusklarinetten-
bläser spielen zum takwara-
Tanz auf, einer Zeremonie,
die am oberen Xingú viele
Riten eröffnet; Zeichnung
der Mehináku*

Gottes›, obwohl sie nur die Mutter des Sohnes des Gottes, aber nicht die Frau seines Vaters und schon gar nicht dessen Mutter ist, denn Gott hat keine Eltern. Niemand weiß, von wem er abstammt, und die Christen, die auf Genealogien sonst so viel Wert legen, bemerken das scheinbar gar nicht.» Auch die Abendmahlszeremonie dürfte das Interesse des fiktiven Reisenden erregt haben. «Außerdem essen die Christen, wie sie mir stets aufs neue glaubhaft versicherten, zu bestimmten Gelegenheiten – viele sogar jede Woche – das Fleisch des Gottessohns und trinken sein Blut.» Früher oder später würde ein indianischer Theologe die Ausführungen des Berichterstatters interpretieren. Er käme womöglich zu dem Schluß, daß die christliche Religion als Monotheismus mit Zügen eindeutiger Vielgötterei einzuordnen ist. Weiterhin könnten dem Kommentator Einschläge von «Primitiv»-Religionen auffallen – in der Verehrung des Heiligen Geistes etwa Merkmale des Geisterglaubens, im Reliquienkult Formen des Fetischismus, in der christlichen Tiersymbolik (Fisch, Lamm) totemistische Residuen und in der Abendmahlsfeier gar unverhüllter Kannibalismus.

Auch wir stehen, wenn im folgenden die religiösen Äußerungen südamerikanischer Waldindianer behandelt werden sollen, auf schwankendem Boden. Zu den Gefahren, die etwa bei der Übersetzung solcher Äußerungen in unsere Sprache, unsere Verständniswelt lauern, gesellt sich Unsicherheit, genügend Gespür aufzubringen für das geheimnisvoll Sakrale, das in der von Logik beherrschten, entmystifizierten Umgebung, in der wir uns bewegen, kaum noch Nischen findet.

So offenbart sich das Heilige dem Indianer an für uns ganz unerwarteten Orten oder in uns fremden Situationen – im Wispern des Windes, der durch den Schopf einer Palme streicht, im Rauschen eines Wasserfalls, im Farbenspiel des Regenbogens. Im Pflanzenwachstum etwa erkennen die *Šwar* (Shuara) das Wirken einer immateriellen Lebenskraft, die sie *wakani* nennen. Auch der ätherische Atem in den Blättern weist auf dieses Schöpfungsprinzip hin. Die sich im Wind wiegende Palme selbst gilt nicht als heilig, sondern macht auf Heiliges aufmerksam. Ihre Verwendung beim Hausbau bedeutet dem Šwar, daß dieses Heilige das Heim durchdringt. Der hohe Wuchs der Palme ist ihm Fingerzeig für die axiale Verbindung von Erde und Himmel. Der Stamm im Haus gewinnt dementsprechend ähnliche mystische Qualität wie für den mittelalterlichen Menschen der ins transzendente Blau strebende Domturm (Münzel, 1977).

Überall auf Erden unterstützen die be-greifbaren Erscheinungsformen des Heiligen den Gläubigen in dem Bemühen, seine Position in Zeit und Raum festzustellen. Sie bieten Anhalt, enthüllen Mittelpunkte und Achsen in einem zunächst ungegliederten, amorphen Milieu, das orientierungslos macht. Die Sicht, die aus einem Baum die Weltenachse entstehen läßt, zählt ebenso hierzu wie das Heiligtum, das zum Geborgenheit ausstrahlenden Hort und symbolischen «Nabel des Universums» wird, und ein bunter Schirm von transzendentalen Chiffren oder Sinnbildern, den der fantasiebegabte Mensch über dem grauen Alltag aufspannt, um kraft seiner Hilfe in die Sphären einer anderen Wirklichkeit einzutauchen.

Ein religiöses Axiom der Amazonas-Indianer bildet die Annahme, daß unser gewöhnliches Leben nur eine Illusion darstellt, hinter der sich die Realität der Träume verbirgt. Durch Einnahme psychoaktiver Drogen löst man die Eintrittskarte in dieses Reich. Als dessen dämonischer Schwellenhüter, der den Übergang von irdischem Raum und irdischer Zeit in die Anderswelt überwacht, fungiert häufig der Jaguar, Südamerikas «König der Tiere». Bei den *Aćé Gatú* (Guayakí) ist es der mythische Blaue Jaguar, der die ins Jenseits reisenden Totenseelen prüft und, falls sie bei der Probe versagen, nach ihnen schnappt. Auch in dieser Eigenschaft spielt die Raubkatze eine Art Mittler zwischen den Sphären oder, wenn man es plakativ formulieren will, den Grenzbeamten am Scheideweg.

Andere Mittler sind die schillernden Persönlichkeiten der Schamanen. Ihr Betätigungsfeld und das der übrigen Moderatoren zwischen Diesseits und Jenseits ist der Kult, der feierliche Kreis der Riten. Damit aus einer Handlung ein Ritus wird, muß sie von Alltagsroutine abgesetzt und mit der Aura des Weihevollen geadelt sein. Dann erfüllt sie ihren Auftrag, Götter und Geister gnädig zu stimmen und sie anzuhalten, «Heil» zu spenden. So fußt denn auch die geistliche Lehre der Indianer auf der Überzeugung, daß Lebensqualität nicht allein mit körperlichen Anstrengungen gestaltet werden kann, sondern daß zuallererst der Beistand numinoser Mächte erforderlich ist, den es kooperativ und durch Einschalten religiöser Spezialisten zu sichern gilt. Rituelle Aktivitäten, die mythisches Geschehen symbolisch nachvollziehen, apotropäisch wirken sollen, oder die das Zusammenwirken metaphysischer Elemente zum Wohle der Menschen zu steuern meinen, leisten dabei einen fundamentalen Beitrag.

47. Der Dorfplatz als kultischer Mittelpunkt:
Waujá vom oberen Xingú tanzen nach Abschluß des yawarí-Trainings

Riten, Gesänge und Zeremonien helfen den Indianern, Lebenskrisen und die Gefahren der Welt, in die sie gesetzt sind, zu meistern. Die Kenntnis, richtige Anwendung und Ausführung religiöser Handlungen wirken als «kosmoplastische», d. h. welterhaltende Mittel, die Gefährdungen kontrollieren und universale Harmonie herstellen. Darüberhinaus bildet das zeremonielle System eine gesellschaftliche Klammer im Sinne kollektiver Identität.

Der spielerische Sieg über die Dämonen

«Die Tänzer halten große, aus Bast gedrehte Phallen und Testikeln aus den roten Zapfen eines niedrigen Bambus mit beiden Händen an den Leib... Plötzlich springen die Tänzer unter heftigen Coitus-Bewegungen und lautem Stöhnen wild dahin und stellen sich endlich in einer unregelmäßigen Gruppe auf. Sie streichen mit der rechten Hand leicht über die Phallen, klopfen unter schnalzenden Lauten darauf und machen unter Blasen mit der ausgestreckten Hand wehende Bewegungen, wie wenn sie etwas in die Lüfte zerstreuten. Der ruckweise ausströmende Samen wird überallhin verbreitet. So treiben es die Tänzer in jedem Winkel des Hauses, am Rande des Waldes und der naheliegenden Pflanzung. Sie springen zwischen die zuschauenden Frauen und Mädchen, die schreiend und lachend auseinander stieben ...» (Koch-Grünberg, 1910).

Der *Nóèdẽ*-Ritus der *Pamíwa* (Cubeo), der uns hier beschrieben wird, beschwört durch drastische Imitation des Geschlechtsaktes Fruchtbarkeit, will Werden und Gedeihen der gesamten Natur magisch sichern. Seine Protagonisten sind Maskentänzer, Verkörperungen der Vegetationsdämonen, Kräften also, die den Fortbestand des Lebendigen garantieren. Den Lauf der Welt in Gang zu halten, ist der tiefere Sinn aller kultischen Aufführungen. Es gilt, Handlungen der Überirdischen nachzuspielen, sie immer und immer zu wiederholen, damit die Seinsordnung nicht aus den Fugen gerät.

In Pflanzerkulturen ist der Fruchtbarkeitsaspekt noch mit einer anderen Klasse mythischer Wesen verbunden, die man in der Ethnologie als *Dema* bezeichnet. Sie, die sich manchmal selbst opferten oder getötet wurden, lehrten in grauer Vorzeit den Feldbau. Aus ihren Körpern oder zerstückelten und verscharrten Leichnamen wuchsen die ersten Kulturpflanzen. Ein Waldbauer, der seine Knollenfrüchte durch Stecklinge vermehrt, von der Mutterpflanze mithin etwas abschneidet und begräbt, daß neues Leben daraus keime, vollzieht das urzeitliche «Stirb-und-Werde» nach (Jensen, 1966).

Moma oder *Nainuema*, der Deus otiosus der *Komoenède* (Huitoto), ist eine Dema-Gestalt. Alles, was auf Erden wächst, kreucht und feucht, nahm er von seinem Leib (Preuß, 1921). Auch *Kapirú*, eine alte Frau, opferte sich für die Menschen. Ihrem Körper entsprossen die ersten Maniokpflanzen der *Weidjényã* (Mundurukú). Auffälliger freilich als solche Figuren sind im tropischen Südamerika Wesen, die aktiv in die Geschicke der Irdischen eingreifen – Heilbringer, Trickster und das Pandämonium der Geister.

Kurusakaibe, der Heilbringer der *Weidjényã*, zeigte dem Volk einst, wie man jagt und pflanzt. Er verpflichtete die Weidjényã auf einen gesellschaftlichen Normenkodex und ist Urheber ihrer dualistischen Sozialverfassung. *Kurusakaibe* schuf aber auch den Himmel, das Heer der Tiere und Gewächse sowie deren Schutzgeister. Man sagt, er sei allwissend und unsterblich. An ihn richten die Menschen Fürbitte vor der Jagd oder einem Fischzug. In seiner Macht steht es, Krankheiten zu heilen (Murphy, 1958).

Die wohl populärsten Gestalten im Reigen der Überirdischen sind die Trickster, schelmische Antipoden zur moralischen Instanz anderer Mächte. Ein Trickster ist stets Schöpfer und Zerstörer in Personalunion, Geber und Verweigerer, einer, der betrügt und betrogen wird. So auch *Opo*, der Schalk der ostbolivianischen *Tsun* (Chimane). Von menschlichem Körperbau, aber hünenhafter Statur, weist *Opo* manch weltliche Schwäche auf. Lüstern von Natur aus, mischt er sich bei Maskenfesten unter die Tanzenden. Dann greift er – bzw. sein Darsteller – Frauen unter die Basthemden und an den Busen, sehr zum Vergnügen der Zuschauer. Aus *Opos* Garten im Himmel stammen die Nutzpflanzen der Tsun. Er rückte sie allerdings nicht freiwillig heraus; die ersten Menschen mußten sie stehlen (Hissink & Hahn, 1989).

*48. Maskierte Menschen – verkleidete Götter:
Heischegang der tukušen-Masken; Waujá*

Opos Festauftrittc anläßlich einer erfolgreichen Jagd legen einen weiteren Aspekt der numinosen Potenzen südamerikanischer Indianer bloß. *Opo* ist hier «Herr der Tiere», ein Wesen, das dem Jäger das Wild verbirgt oder es ihm in den Schuß führt, wenn er die rechten Formeln gesprochen und sich regelkonform verhalten hat. Daneben sind auch einzelnen Spezies, besonders den jagdlich relevanten, Schutzgeister zugeordnet.

Vor allem Wildbeuter fühlen sich bestimmten Tierarten brüderlich verbunden. Um den gewaltsamen Tod eines solchen «Verwandten» zu sühnen oder um zu verhindern, daß der jeweilige Schutzgeist an dem Jäger Rache nimmt, müssen magische Vorkehrungen getroffen werden. Bei den *Bóe* (Boróro) erfolgt die Einsegnung der gestreckten Großtiere durch den Schamanen. Es ist es auch, der den Ritus des ersten Bissens zelebriert, d. h. die während einer Trance in ihn gefahrenen Naturgeister essen durch seinen Mund als erste von der Beute, ehe diese zum allgemeinen Verzehr freigegeben wird. Die *Mía* (Sirionó) hängen Skeletteile des Jagdwildes in niedrige Bäume und Sträucher. Sie versprechen sich davon, daß eine beim Töten freigesetzte Seelenhälfte des Wildes Artgenossen im Wald aufsucht und ihnen von der guten Behandlung der körperlichen Hülle berichtet, damit die Lebenden den Jäger hinfort nicht meiden, sondern vielmehr bereitwillig aufsuchen (Kelm, 1983). Nach Auffassung anderer Gruppen soll durch Inkarnation aus den Knochen neues Leben entstehen.

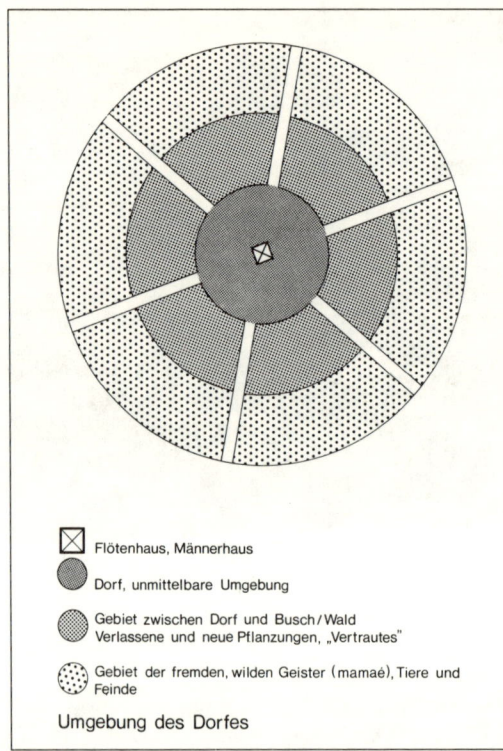

Flötenhaus, Männerhaus

Dorf, unmittelbare Umgebung

Gebiet zwischen Dorf und Busch/Wald
Verlassene und neue Pflanzungen, „Vertrautes"

Gebiet der fremden, wilden Geister (mamaé), Tiere und
Feinde

Umgebung des Dorfes

49. Schematische Darstellung eines Xingú-Dorfes und seiner Umgebung

Das Ensemble der Dämonen sortieren Amazonasindianer nach Gut und Böse. Die Grundbedeutung des Wortes «Dämon» im Griechischen weist auf den Begriff des Teilens, Zuteilens hin. Dämonen sind also Zuteiler des Schicksals, Geister, auch Schutzgeister, und Begleiter des Menschen, übernatürliche Wesen, aber keine Götter. Dämonenglaube trägt zum Verständnis der Welt bei, er erklärt sie und macht individuelle Erfahrung verstehbar. Persönliches Leid, Unbill, aber auch Glück und Erfolg schreibt man ihrem Wirken zu.

Erstaunlicherweise können selbst die wildesten, dem Menschen sonst übel gesonnenen Dämonen «gezähmt» werden. Bei den *Apỳ'ap* (Kamayurá) am oberen Xingú etwa mutiert das allesverschlingende Ungeheuer *añang-u* in kultischem Drama und kraft des Einsatzes von Schamanen zum friedlichen, dienstbereiten *añang-u katú*, der als spiritueller Helfer beim Feldbau den Prozeß der Nahrungsgewinnung positiv beeinflußt. Münzel (1971) sieht im «spielerischen Sieg über die Dämonen» einen Akt der Aufhebung des Gegensatzes von Drinnen und Draußen, von Kultur und Un-Kultur (Natur), Welt und Gegenwelt: Im Wald, ihrem eigentlichen Aufenthaltsort, sind die Geister heimtückisch und unberechenbar, nach ihrer Domestizierung im Dorf, wo sie in Masken oder heiligen Flöten schlummern, lammfromm.

Eine ausnehmend heikle Facette der Dämonenbändigung sprechen die Klotzrennen der ostbrasilianischen Jê-Völker an. Es handelt sich um einen zeremoniellen Wettlauf, bei dem zwei Mannschaften gegeneinander antreten. Der Kurs führt über 4 bis 12 Kilometer und wird mit um 80 kg schweren Palmholzzylindern, die man schultert, zurückgelegt. Vor dem Lauf wässert man die Klötze, nicht nur, um ihr Gewicht zu erhöhen, sondern um Totengeister, deren Heimstätte das Wasser ist, aufzunehmen. So ist denn die Berührung des Holzes für Uneingeweihte recht gefährlich, da der innewohnende Dämon sie «ergreifen» kann. Indem nun aber ein im Vorfeld präparierter, d. h. geheiligter Wettkämpfer seinerseits mit dem Klotz auch den Geist ergreift, verliert der seinen Schrecken, wird manipulierbar (Stähle, 1969).

Die Geisterzähmung paraphrasiert das uns nun schon bekannte Thema antithetischer Aussöhnung. Es schimmert auch durch das Konzept von den Gegenwelten: Irdische Realität ist nur virtuell und ein Spiegel der «wahren» Wirklichkeit, die im Himmel angesiedelt sein kann oder in einer anderen entrückten Sphäre. *Mavutsiné*, der Schöpfer der *Apỳ'ap*, schnitzte am Beginn der Zeit Holzmenschen; die Erdenbürger sind lediglich ihre Schatten, projiziert von der Sonne auf den Hintergrund des Planeten. Oberwelt und Unterwelt, Diesseits und Jenseits, Vergangenheit und Gegenwart aber werden allesamt als Teile eines untrennbaren Ganzen begriffen. So lösen sich die Widersprüche. Einer, der Gegensätze besonders elegant überbrückt und Verbindung zwischen den Teilwelten und Zeitebenen herstellt, ist der Schamane.

Grenzgänger zwischen den Welten

Jedes Volk kennt Spezialisten für den Umgang mit dem Heiligen. Sind es im abendländischen Kulturkreis oder überall dort, wo das geschriebene Wort religiöse Werte überliefert, Amts-Priester, die von der Allmacht und Herrlichkeit der Göttlichen künden, nehmen andernorts «Teilzeit-Funktionäre» – Kultleiter, Opferexperten, Magier, Heiler, Wettermacher und Propheten – ihre Stelle ein. All jene Geistlichen brauchen für ihre Berufung die Jenseitsverbindung, und die meisten stehen unter anhaltendem Erfolgszwang.

Nicht immer ist die Grenze zwischen den Ressorts religiöser Autoritäten scharf zu ziehen. Aufgaben verschränken sich und werden häufig von ein und derselben Person wahrgenommen. Auch der Schamane nutzt seine Begabung in vielfältiger Weise. So tritt er mal als Zeremonienmeister in Erscheinung, bei anderen Gelegenheiten als Medizinmann oder Wahrsager. Was ihn jedoch von Fachleuten ähnlicher Couleur unterscheidet, ist seine Befähigung zur Entrückung. «Das Transzendieren, das Überschreiten des Selbst, kann auf zwei Wegen geschehen. Entweder durch

*50. Die Vogelseele des
Schamanen nimmt
Gestalt an:
Tanzgewand aus Federn
der Sonnenralle
(Eurypyga helias);
Hunikuinbu*

Enthusiasmus, der aus einer Besessenheit erwächst: Der Körper wird begeistert, indem ein Dämon hineinfährt oder ein Gott Besitz von ihm nimmt. Oder durch Ekstase, die als Aus-sich-Heraustreten erfahren wird: Dann entschwindet die Seele aus dem Körper» (Sommer, 1992). Im Stadium der Ekstase begibt sich die Seele des Schamanen auf Wanderschaft (Jenseitsreise), kommuniziert mit überirdischen Mächten, trägt Wünsche vor und erbittet Beistand, empfängt aber auch Weisungen und Gebote.

Im tropischen Südamerika treffen wir Persönlichkeiten, die – wie in Teilen Ostboliviens – mehr dem Priestertum der «Hochreligionen» zuneigen oder die religiöse Fachressorts ausfüllen. Überwiegend jedoch sind es Schamanen, denen die geistliche Versorgung ihrer Gemeinde obliegt.

Zum Schamanenwesen gehört eine Auswahl phänomenologischer Accessoirs. Neben der angesprochenen Trance, die willentlich herbeigeführt wird und verschiedene Intensitätsgrade aufweisen kann, sind dies u. a. Glaube an tiergestaltige Hilfsgeister, Berufung durch einschneidende persönliche Erfahrungen (Krankheit, Träume), Jenseitsreise sowie eine spezielle Ausrüstung, vor allem ein Instrument – in Amazonien die Rassel –, das der Kontaktaufnahme mit den Überirdischen dient. Sinnbildhaft mit schamanistischer Aktivität verbunden ist weiterhin etwa der den Raum zwischen Himmel und Erde überspannende Blitz oder der Donner als Todesmetapher (und damit als Anzeichen dafür, daß sich die Seele vom Körper gelöst hat). In Ost-Peru besitzt der Schamane heilige Kristalle oder andere transparente Objekte, die als Lichtsymbole auf seine Himmelfahrt anspielen (Baer, 1969).

Werden und Wirken eines Schamanen wollen wir am Beispiel der *Awaëté* (Asuriní) vom unteren Xingú darstellen. Dabei stützen wir uns auf die Arbeiten von Anton Lukesch (1990) und Regina Müller (1981).

Einer Berufung zum Schamanen *(paié)* geht bei den Awaëté die Erkrankung des Kandidaten voraus. Der Mann oder – seltener – die Frau winden sich in Schmerzen, Zeichen ihrer Berührung mit dem Übersinnlichen. Sie essen nicht, verlieren sich in tiefem Schlaf und träumen schwer. In visionärer Schau erscheinen ihnen mythische Tiergestalten. Sie werden ihre künftigen Lebensbegleiter, ihre spirituellen Schutzmächte. «Altschamanen» besuchen die Kranken und sorgen dafür, daß sie die außergewöhnlichen Belastungen, denen sie ausgesetzt sind, überleben. Sie beurteilen aber auch, ob sich anhand der Reaktionen ablesen läßt, daß der Kandidat als *paié* aufgenommen werden kann. Aus dem Stupor erwacht, kehrt der angehende Schamane in den Alltag zurück. Nun beginnt seine Ausbildung bei einem Lehrer, die mit der Initiation des Adepten abschließt. Währenddem hat er sexuelle Enthaltsamkeit zu üben, darf bestimmte Speisen nicht anrühren, keine Arbeit verrichten und an keinem Waffengang oder Jagdzug teilnehmen.

Auffällig ist die hohe Zahl praktizierender Schamanen. 1981 waren 50 % aller erwachsenen Awaëté in dieser Weise tätig. Das Ansehen des *paié* in der Gemeinschaft richtet sich nach der spirituellen Kraft, die man ihm zutraut, nach der Bedeutung der übernatürlichen Wesen, deren «Sprache», wie die Awaëté sagen, er spricht, deren Gesänge er singt.

Gesänge – *Mbaraká* – gaben auch dem wichtigsten Ritualkomplex der Awaëté seinen Namen. Hier zeigt sich der Schamane in tragender Rolle. Mit Gesang ruft er die Überirdischen, bereitet er sich auf den Kontakt mit ihnen vor. Auf seinen Schwingen reist der *paié* in den Himmel.

Der *Mbaraká* beginnt mit meditativer Einstimmung des Schamanen. Dabei sitzt er auf seinem Schemel vor dem *ywára*-Altar, zwei kraftgeladenen Balken, die man als «Leitern» zur Anderswelt ansieht und Orte, wo sich das Numinose offenbart. Der *paié* hat den Kopf gesenkt, ist in Konzentration versunken. Hinter ihm hält sich ein Gehilfe oder Lehrling bereit, um dem Meister von Zeit zu Zeit die lange Schamanenzigarre zu reichen. Nach einer Weile erhebt sich der Weise und fängt an zu singen. Es folgen die ersten Tanzschritte, begleitet vom monotonen Rhythmus der Rassel. Den freien Arm hat der Schamane um die Schulter des Assistenten geschlungen.

Tanz, Gesang und Tabakrauch steigern die spirituelle Empfänglichkeit des *paié*. Schlagartig fällt er in Trance und nimmt dabei das Verhalten der Überirdischen an. Er mimt ihre Bewegungen, imitiert ihre Stimmen. Endlich stürzt der Schamane, besiegt von der Anstrengung, starr zu Boden. Aus diesem katalepischen Zustand erwacht er erst nach einiger Zeit, zurückgerufen durch die Bemühungen des Gehilfen.

Wird also der Schamane in einigen Fällen von den herbeizitierten Mächten besessen, die dann durch seinen Mund Anregungen und Befehle äußern, geleiten die Unsichtbaren ein anderes Mal seine Seele an ihren Wohnsitz. Dort kann sie die Anliegen des Dorfes vorbringen, etwa Krankheitsursachen und Therapien erfragen oder Jagdglück erflehen.

Ziel eines *Mbaraká* ist vordringlich die Versicherung übernatürlichen Beistandes bei wirtschaftlichen Tätigkeiten, bei der Förderung des Wachstums von Kleinkindern, insbesondere aber bei der Beseitigung gesundheitlicher Störungen. Zu den größten Herausforderungen eines Schamanen zählt die Bekämpfung der Hexerei. Verwunschene Personen sind schwer zu heilen. Ihre Behandlung erfordert die Applikation exorzistischer Verfahren, z. B. das theatralische Ringen mit der feindlichen Macht oder das Heraussaugen eines in den Körper gehexten Gegenstandes.

Speziell bei psychosomatischen Krankheitsbildern verbuchen der *Mbaraká* der Awaëté und vergleichbare Riten anderer Waldstämme Erfolge, denn es kommen Formen suggestiver Psychotherapie zur Anwendung, die unter Umständen auch organische Beschwerden lindern helfen. Das Prestige des Schamanen und sein Auftreten, das mystische Ambiente der Séance, das Gemeinschaftserlebnis mit Freunden und Verwandten, die bei der Heilung mitwirken, all dies trägt zum Wohlbefinden und zur Genesung des Patienten bei.

Kraft seines Metiers handelt der Schamane «als Repräsentant der Gemeinschaft, die in der treuen Erfüllung seiner Aufgabe ihre Existenz, ihr Wohl gesichert sieht, und die ihn in seiner Funktion bestätigt» (Lukesch). Alle bei einer Sitzung Anwesenden profitieren davon, denn hier verwirklichen sich grundlegende Glaubensaxiome. Als Lebensanker spenden sie Heil und Trost, vermitteln Zuversicht und ein Gefühl des Aufgehobenseins in der Gruppe.

Alle Macht den Drogen

Religiöse Erfahrung prägt sich nicht immer unmittelbar ein. Vielfach bedarf es dazu eines bestimmten Bewußtseinszustandes, wie er etwa in Ahnungen, Träumen, Gesichten, Visionen und Entrückungen zum Ausdruck kommt. Damit der Mensch dieser «anderen Wirklichkeit» teilhaftig wird, erlauben ihm die meisten Religionen den unterstützenden Einsatz von

Stimulanzien, neben Fasten, Musik und Tanz vor allem die Einnahme psychoaktiver Drogen.

Drogen sind Stoffe meist pflanzlichen Ursprungs, die bei Zuführung direkt auf das Zentralnervensystem einwirken und die Befindlichkeit, die Stimmung, das Bewußtsein oder die Wahrnehmung verändern. Außerhalb Europas steht der Gebrauch solcher Substanzen gewöhnlich in einem organisch gewachsenen Kulturzusammenhang. Informelle oder hedonistische Anwendung bleiben Ausnahmen: Nur wenige Drogen werden als Genußmittel konsumiert.

Die Indianer des tropischen Südamerika kennen einen ganzen Strauß psychotroper Pflanzen, deren Eigenschaften von Toxikologen als anregend *(Inebriantia)*, belebend *(Exitantia)*, entspannend und euphorisierend *(Euphorica)*, bewußtseinstrübend *(Hypnotica)* oder halluzinogen *(Phantastica)* beschrieben werden (Lewin, 1927, Schultes, 1981).

Wichtigster Vertreter der ersten Kategorie ist die Bierhefe *(Saccharomyces cerevisiae)*, die – neben anderen Hefepilzen, Schimmelpilzen und Bakterien – der Herstellung von Alkohol, dem am weitesten verbreiteten psychoaktiven Mittel, dient. Alkohol entsteht durch Fermentierung zukkerhaltiger Lösungen, wobei unter dem Einfluß von Hefeenzymen Glucose zu Äthanol (Gärungsalkohol) und Kohlendioxid umgewandelt wird. Die in Amazonien am häufigsten genossenen Alkoholika sind Biere (Chicha, Masato) auf der Grundlage pflanzlicher Stärke (Scheffer, 1981). Der Gärungsprozeß kommt hier durch Kauen bzw. Einspeicheln der Rohmasse (Maniok, Mais) in Gang. Das im menschlichen Speichel vorhandene Enzym Ptyalin sorgt dabei für Verflüssigung und Verzuckerung der Stärke. Dagegen gewinnt man Weine aus pflanzlichen oder tierischen Produkten (Fruchtsäfte, Honig), in denen gärungsfähiger Zucker von Natur aus angereichert ist.

Alkoholkonsum wird in Amazonien, sofern er sich in kulturell vorgezeichneten Bahnen bewegt, als sozial nützlich angesehen. Flächendeckend bezeugt sind Trinkfeste, die sich formalen Regeln beugen und teils der Entspannung und Unterhaltung, aber auch der Festigung und Weihe angesichts bevorstehender Aufgaben (Initiation, Krieg etc.) dienen oder Erntedank abstatten. In jedem Fall entwickeln derlei Veranstaltungen durch soziale Nähe kommunale Solidarität. Völlige Trunkenheit gilt mancherorts als Schande, während man anderswo dem Berauschtsein fast heilige Qualität zumißt (Hartmann, 1981).

Traditionelle Rauschgetränke sind wegen der darin enthaltenen unvergorenen Bestandteile überaus nahrhaft. Um so verheerender waren die gesundheitlichen und psycho-sozialen Folgen, als hochprozentige Alkoholika in Amazonien Einzug hielten, und sich aus Verzweiflung über die im kulturellen Umbruch eingetretene dramatische Verschlechterung der allgemeinen Situation Trinkgewohnheiten radikal änderten.

Zu den «Exitantia» gehören Guayusa *(Ilex guayusa)*, Mate *(Ilex paraguaiensis)*, Guaraná *(Paullinia cupana)*, Yoco *(Paullinia yoco)* und Tabak *(Nicotiana spp.)*.

*51. Mit Tabakqualm
gegen den Kopfschmerz:
Mehĩ beim Exorzieren
eines Krankheitsdämons*

Aus den gekochten oder aufgegossenen Blättern von Guayusa und Mate werden Tees bereitet, denen man belebende und magenentkrampfende Wirkung zuschreibt. Die Indianer am Anden-Ostrand trinken Guayusa-Tee außerdem zur Kräftigung, als rituelles Brechmittel und zur Erlangung von Jagdträumen.

Gemahlene Samen des im zentralen Amazonasgebiet heimischen Kletterstrauches Guaraná verarbeitet man mit Maniokmehl zu wurstartigen Portionen, die, nach Wasserzusatz, ein Erfrischungsgetränk ergeben, das Müdigkeit und Hunger vertreibt. Ähnlich auch die Wirkung von Yoco, einem bitteren Elixier aus der geriebenen Rinde des gleichnamigen Gewächses.

Tabak wird von den Ureinwohnern Amerikas vornehmlich zu therapeutischen Zwecken und in rituellen Zusammenhängen gebraucht (Hartmann, 1981). Bekannt sind verschiedene Applikationen: Rauchen, Schnupfen, Kauen, Trinken und Schlecken von Tabaksaft sowie dessen Anwendung als Klistier.

Viele Amazonasindianer wähnen im Tabak eine mächtige lebensspendende und -erhaltende Potenz. Auch glaubt man, er könne die Widerstandsfähigkeit gegenüber schädlichen Einflüssen stärken, reinigend und erleuchtend wirken. Als Vehikel des Schamanen befördert Tabak die Kontaktaufnahme mit übernatürlichen Wesen: Der ausgestoßene Rauch bildet gewissermaßen eine Himmelsleiter und das Medium, über das religiöse Autoritäten ihre Energie empfangen (Wilbert, 1987). Kaum eine Heilungszeremonie kommt ohne Anblasen mit Tabakrauch oder Auflegen von Tabakblättern aus. Ein Leidender muß darüberhinaus größere Tabakmengen in sich aufnehmen, um kraft solcher Immunisierung erneute Angriffe von Krankheitsdämonen abzuwehren.

In die Reihe der «Euphorica» ist Coca oder Ipadu aus den gerösteten und gemahlenen Blättern des Coca-Strauches *(Erytroxylum coca)* einzuordnen. Es wird entweder als mit Kalk oder Asche versetzter Kaubissen im Mund behalten oder als Pulver auf das Zahnfleisch verteilt, von wo es, mit Speichel angefeuchtet, allmählich in den Magen gelangt. Coca wirkt leistungssteigernd und unterdrückt Hunger wie Müdigkeit. Doch in erster Linie soll die ihm innewohnende Macht jene Visionen herbeizwingen, die näher an die «Realität der Träume» heranführen.

Aus den Blättern des Kletterstrauches *Tanaecium nocturnum* stellen die *Ija'ari* (Paumari) am Rio Purús eine Schnupfdroge her, die sie Koribo nennen. Koribo vertritt in Amazonien die «Hypnotica», Rauschmittel, die somnambule Zustände hervorrufen. Heranwachsenden Mädchen verabreicht man anläßlich ihrer Initiation einen Rindentee aus derselben Pflanze. Er verursacht Schläfrigkeit, Konzentrationsstörungen und Bewußtseinstrübung.

Besonders ausgeprägt ist im tropischen Südamerika der Gebrauch von Halluzinogenen (Kapfhammer, 1995). Pflanzen, die entsprechende Wirkstoffe enthalten, sind u. a. Epena (*Virola* spp.), Yopo (*Anadenanthera peregrina)*, Vinho de Jurema *(Mimosa hostilis)*, Ayahuasca *(Banisteriopsis caapi, B. inebrians)*, Engelstrompete (*Brugmansia* spp.) und Borrachero *(Brunfelsia chiricaspi, B. grandiflora)*.

Die aus den gerösteten Schotensamen des Hülsenfrüchtlers *Anadenanthera* gewonnene Schnupfdroge (Yopo, Cebil, Cahoba) erfreut sich im Orinoco-Becken Kolumbiens und Venezuelas sowie in angrenzenden Teilen Brasiliens großer Beliebtheit. Sie war zur Zeit der Conquista auch auf den Antillen bekannt. Von dort stammt der Bericht eines Augenzeugen: «Das Pulver ist so stark, daß … sie das Bewußtsein verlieren …, ihre Arme und Beine schlaff werden und die Köpfe schwer, und … sie vermeinen, einen Raum umgekehrt zu sehen und auf den Händen … zu gehen» (zit. nach Arrom, 1974). Als weiterer Effekt wird Makropsie geschildert, eine Sehstörung mit falscher Größenwahrnehmung («Größersehen»). Im Yopo-Rausch holt der Schamane die Dämonen des Waldes zu sich. Sie sollen ihm beim Kurieren von Krankheiten helfen und die Seelen von

Feinden heimsuchen, um sie zu vernichten. Ein Gehilfe interpretiert die Visionen, die der Besessene stammelnd oder brüllend mitteilt. Ferner dient die Droge der Mantik: Mit einem kleinen Spiegel betrachtet der Schamane den nach Zuführung der Prise stark austretenden Nasenschleim und folgert aus dessen Fließrichtung das Gelingen oder Mißlingen eines Vorhabens.

Ähnlich wie Yopo wirkt Epena (Paricá), ein Narkotikum, das man in Nordwestamazonien und am oberen Orinoco aus der Kambium-Schicht mehrerer *Virola*-Arten bereitet. Gewöhnlich wird es geschnupft, aber auch in Pillenform gegessen oder unbehandelt auf die Zunge gelegt.

Bei den Yanoama-Völkern nehmen alle erwachsenen Männer das Pulver, das sie sich gegenseitig mit Hilfe eines 50–60 cm langen Pusterohres in die Nase blasen. In der Regel reicht eine Dosis von umgerechnet zwei Teelöffeln für einen Rausch von etwa einer Stunde Dauer. Dabei treten anfangs Reizbarkeit, Taubheit der Lippen, Muskelzuckungen, Übelkeit, auffälliger Speichelfluß und heftige Kopfschmerzen auf, doch bald überdeckt euphorische Stimmung diese Begleiterscheinungen. Visuelle Halluzinationen sind typisch für die Epena-Intoxikation (vgl. Kapitel 4). Makropsie vermittelt dem Benutzer ein Gefühl von Größe und Stärke, was den gesellschaftlichen Idealen der Yanoama entgegenkommt. Dies erklärt wohl den exzessiven Gebrauch der Droge bei den Genannten.

Ayahuasca (= «Seelenliane») lautet die in Ecuador und Peru übliche Quechua-Bezeichnung für psychotrope Pflanzen aus der Familie der Malpighiaceen. Aus der gekochten oder gewässerten Rinde jener Gewächse brauen Indianer östlich der Anden bis zum bolivianischen Tiefland einen Rauschtrank, der regional unter den verschiedensten Namen (Caapi, Cají, Natema, Yajé) bekannt ist. Oft setzt man dem Gebräu noch weitere Wirkstoffe in Form anderer Drogenpflanzen zu.

Auf unmittelbare Effekte wie Brechreiz, Lichtempfindlichkeit der Augen und Taubheit der Glieder folgen nach Einnahme der Droge virtuelle Bilder in zeitrafferartigem Tempo, wobei allenthalben ähnliche Themen auftauchen:

– Die Seele weicht aus dem Körper und begibt sich auf eine Reise in entlegene Gegenden oder in die Welt der Ahnen und Geister. Dabei entsteht der Eindruck, fliegen zu können.
– Es erscheinen mythische Tiere – mal als bedrohliche Wegelagerer, in anderen Fällen als servile Knappen, dank deren Unterstützung man gefährliche Situationen meistert.
– Geister nehmen leibliche Gestalt an und erteilen Ratschläge oder Weisungen.
– Räumlich weit entfernte Orte oder Personen werden sichtbar. Hier durch eröffnet sich die Möglichkeit, das Wohlergehen von Verwandten in Erfahrung zu bringen, künftiges Geschehen zu prognostizieren, Verbrechen aufzuklären und Feinde zu entlarven.

52. Schnupftablett der Midínyẽ. Das in der Vertiefung angehäufte Schnupfpulver wurde mittels eines Röhrchens in die Nase gesogen

Wie die meisten Indianer Amazoniens glauben die Šwar (Shuara), daß das Leben im Wachzustand nichts als eine Sinnestäuschung darstellt. Wesentlicher ist die Realität der Träume und Gesichte, Ursprung aller Mysterien und Heimat der Überirdischen, die von dort aus die Geschicke der Lebenden lenken. Diese Mächte lassen sich nur unter Einfluß von Ayahuasca erfahren und bändigen. Näheren Aufschluß gibt das Beispiel einer Krankenbehandlung. Die therapeutischen Séancen der Šwar beginnen – wie alle Ayahuasca-Sitzungen – bei Einbruch der Dunkelheit, da die Nacht, wie man meint, Visionen fördert. Nachdem sich der behandelnde Schamane in Trance des Beistandes seiner Hilfsgeister versichert hat, stellt er die Diagnose. Hierbei würgt er ein *tsentsak* hervor – für Laien ein Steinchen, Hölzchen oder Insekt, nach Überzeugung der Wissenden aber Dinge, in denen sich die geheimnisvolle Kraft der *wakani*-Seelen manifestiert. Schamanen sammeln solche Objekte während ihrer etwa einjährigen Ausbildung und verschlucken sie, wodurch sie sich die *wakani* dienstbar machen. Mißbraucht ein Medizinmann seine Macht und verfällt der Hexerei, kann er die *tsentsak* wie Pfeile verschießen. Sie sind dann Ursache einer Krankheit. Im Drogenrausch erkennt der Heiler ihre wahre Natur, sieht ihren Urheber und kann Schritte zur Schadensabwehr einleiten (Harner, 1972; Münzel, 1977).

Auch die *Yebá Masã* (Barasana) am Pirá Paraná in Kolumbien schätzen die Ayahuasca, die sie Cají nennen, als Spenderin der höchsten magischen Potenz. Dabei gehorcht ihr rituelles Verhalten ungeschriebenen Gesetzen, die Drogenmißbrauch ausschließen. Der Kölner Ethnologe Florian Deltgen schildert dies so: «... daß man sich unter dem Einfluß von ‹cají› nicht gehen lassen darf, daß man der Drogenwirkung weder geistig noch körperlich unterliegen darf. Wer sich zu Boden wirft und herumwälzt, wer sich entblößt, schreit, vor aller Augen in die Maloca uriniert, wer nicht im Takt weitersingen und -tanzen kann, der macht deutlich, daß seine geistig-seelische Kondition den Anforderungen nicht gewachsen ist, die das ‹cají› an ihn stellt».

Ist der Mensch ins Jenseits entrückt, erlischt im Wirbel der Farben und Formen die «kognitive Trennung von Subjekt und Objekt», wie Deltgen es ausdrückt. «Der Indianer schaut in seinem Geist die Tatsachen seiner Religion; er erlebt in mystischer Schau die Realität, die Wahrheit seiner Mythen, er sieht seine Götter und Heroen, die Ereignisse der mythischen Urzeit, in denen die Regeln wurzeln, nach denen sich auch heute noch sein Leben vollzieht und auf denen sein Weltbild und seine Kultur beruhen. So wird das Übernatürliche durch direkte Wahrnehmung natürlich, denn auch von der natürlichen Welt erlangen wir Gewißheit letztlich nur dadurch, daß wir sie mit unseren Sinnen wahrnehmen.»

Indes hat sich mit den Indianern mancherorts auch die traditionelle Weltsicht verändert. Wenn die mit Armut und Elend geschlagenen *Pume'da* (Yaruro) beim «Nachtgesang» im Yopo-Rausch ihre Seelen zu *Kuma*, der Schöpfergöttin, fliegen lassen, dann reisen sie nun im Auto dorthin. *Kuma, Iči-ai* und all die anderen Traumwesen, so sagen jene, die des himmlischen Paradieses ansichtig wurden, wohnen in einer steinernen Stadt, wo man gut ißt, sich gut kleidet und immer Geld von der Bank abheben kann.

Kannibalismus und Kopfjagd

«Die Einwohner jener Gegenden erzählen von den Cachinauas, daß diese Nekrophagen sind. Stirbt einer, so legt man ihn auf ein Brett. Darüber kommt ein zweites, und alles wird mit Ton abgedichtet. So entsteht eine Art Kochtopf, den man für 10 bis 12 Stunden auf ein großes Feuer setzt. Während sie die Mahlzeit zubereiten, tanzen die Wilden um das Feuer. Wenn die Verschalung geöffnet ist, meist durch die Hand des Häuptlings, teilt dieser den Leichnam unter den nächsten Verwandten des Toten auf, nachher erhalten auch andere Indianer etwas.»

Der vorstehende Bericht stammt aus der Feder eines Arztes, der 1922/23 als Mitglied der peruanisch-brasilianischen Grenzkommission das Quellgebiet des Rio Juruá bereiste (Carvalho, 1931). João Braulino de Carvalho hat die geschilderten Vorgänge nicht persönlich beobachtet, sondern sie, worauf er selbst hinweist, nur nach Hörensagen niedergeschrieben. Trotzdem hielten Zeitgenossen sein Zeugnis, ungeachtet offensichtlicher Ungereimtheiten wie «Dampfkochtopf» und verblüffende Garzeit, für so glaubhaft, daß es im Bulletin des renommierten brasilianischen Nationalmuseums erscheinen konnte.

Seit der europäischen Landnahme rankt sich um das Phänomen der Anthropophagie, der «Menschenfresserei», ein Kranz bizarrer Legenden (vgl. Kapitel 1). Dichtung und Wahrheit sind nur schwer zu trennen, und vieles von dem, was Exotikbegeisterte aus bluttriefenden Abenteuergeschichten und angeblich seriösen Forschungsergebnissen saugen, entpuppt sich bei genauerem Hinsehen als Second-hand-Information oder vorurteilsbeladene Brandschrift wider die Un-Christen. In historischer Perspektive wurde die Kannibalismus-Anklage oft vorgebracht, um die Stigmatisierung eines beliebigen Volkes betreiben und dessen Bekämpfung, ja Ausrottung legitimieren zu können.

Daß Menschen Angehörige der eigenen Art verzehrten, ist Fakt. Allerdings fragen sich nicht wenige, die ernsthaft mit der Materie befaßt sind, ob man unter demselben Stichwort zusammenfassen darf, «wenn da manche Völker unter Tränen und Wehklagen ihre Verstorbenen in ihren Bäuchen ‹beerdigten›, während andere, begleitet von eindeutigen Zeichen der Lust an der Befriedigung ungezügelter Haßgefühle, die Körper ihrer Feinde mit den Zähnen zerrissen? Ist der Titel ‹Kannibale› überhaupt angebracht, wenn wieder andere Völker nur das Kalkpulver, welches nach der zeremonienreichen Kremation ihrer Verstorbenen von deren Gerippe zurückblieb, in Getränken verrührt, im Verlaufe ausgedehnter Gedächtnisfeiern zu Ehren der Toten herunterwürgten?» (Frank, 1987).

Wollen wir uns dem Problem sachlich nähern, empfiehlt sich in der Tat die Entflechtung verschiedener, von früheren Autoren bedenkenlos zusammengefügter Handlungsstränge. Dabei können wir den sog. «kulinarischen Kannibalismus», also die Gier nach Menschenfleisch, das selbst gutmeinende Chronisten zum unverzichtbaren Bestandteil indianischer Cusine erklärten, getrost ins Reich der Fabel verweisen. Freilich sind Fälle bekannt, wo Eingeborene behaupteten, der Geschmack eines solchen Gerichtes sei ihnen über alles gegangen. Zumeist handelt es sich bei derlei Selbstbezichtigungen jedoch um den Versuch christianisierter Indianer, altes Brauchtum in schiefem Licht bis hin zur völligen Verdrehung darzustellen, um ihren missionarischen Hirten zu gefallen. Anderen «Bekenntnissen» ist die deutliche Absicht anzumerken, dem Interviewer einen Bären aufzubinden, «weil der Mann so versessen war, darüber zu erfahren». Weiterhin inkriminierten einige Stämme ihre Feinde, indem sie vorgaben, jene brieten und verschlängen ihre Opfer, was eigentlich nur zeigt, für wie verabscheuenswürdig die Befragten selbst solches Tun hielten.

Bereits 1939 trat der Völkerkundler Ewald Volhard Spekulationen entgegen, «die Eingeborenen äßen Menschenfleisch mit demselben Gefühl, wie wir ein gutes Beefsteak essen». Gleichzeitig widersprach er der These, Kannibalismus habe vorwiegend magische Beweggründe, etwa dergestalt, daß man sich Eigenschaften eines Toten aneignen könne, indem man ihn verzehre. Diese Erklärung sei «dem europäischen Denken am leichtesten verständlich», weil sie «den Kannibalen ein zweckmäßiges ... Denken zuerkennt und an keine anderen als die allzeit geläufigen selbstsüchtigen Bereicherungsabsichten zu denken nötigt».

Ein Motiv, das ritueller Anthropophagie zugrundeliegt, hat indes schon Hans Staden aufgedeckt. Über die Hinrichtung eines Mitgefangenen, den man später verspeiste, schreibt der Hesse: «Dann nimmt der wiederum das Holz, der ihn totschlagen soll und sagt: Ja, hier bin ich, ich will dich töten, denn die Deinen haben auch viele meiner Freunde getötet und gegessen. Der antwortet: Wenn ich tot bin, so hab ich noch viele Freunde, die werden mich rächen. Damit schlägt der andere ihn hinten auf den Kopf, daß ihm das Hirn herausspringt». Und Staden schließt resümierend, daß die *Abaëté* (Küsten-Tupi) Gegner nicht deshalb erschlügen, weil sie Hunger litten, «sondern aus Haß und großer Wut».

Diesen Wut-Kannibalismus belegen sogar Händel im Europa des 18. Jhs.: Bei den letzten Kämpfen zwischen Basel-Stadt und Basel-Land ließ sich die siegreiche Landbevölkerung im Überschwang ihrer Haßgefühle dazu hinreißen, gefangene Städter aufzufressen. Wut-Kannibalismus ist demnach Ventil aufgestauter Aggression und Akt höchster Demütigung, da der Gefangene symbolisch die gesamte feindliche Gruppe vertritt. «Wütend sein» gehört aber auch zur Verhaltensetikette indianischer Elite-Krieger, die – vergleichbar den germanischen Berserkern – in Blutrausch gerieten und sich wie das Raubtier gebärdeten, wenn der Jaguargeist in sie fuhr. Bei den Tõmombútỳ, einer Abteilung der *Aĉé Gatú* (Guayaki), bildeten einige Männer eine gefürchtete Sondergruppe, so wild und mächtig, daß sie es wagen konnten, neben Feinden selbst Leute des eigenen Stammes zu töten und zu verspeisen (Münzel, 1983).

Der Kannibalismus-Forscher Eli Sagan (1974) unterscheidet zwischen solchen «aggressiven» Formen der Menschenfresserei und einer «affektiven» Variante, bei der aus Zuneigung zu Verstorbenen mit dem Verzehr des Leichnams ein letzter Liebesdienst erwiesen wird. So hielten es etwa die Wagi, die andere Sektion der Aĉé Gatú. «Lag ein Mensch dieses Stammes im Sterben, galt seine Sorge der Frage, was nun aus ihm werde. Würde seine *ove*-Seele ins Jenseits gelangen? Oder würde der Geier sie fressen? Es kam vor, daß er seine Verwandten anflehte: ‹Werdet ihr mich auch wirklich essen?› Sie versprachen es ihm und baten ihn seinerseits, sein *jänve* (der un-

53. Kannibalenszene von T. de Bry (1590–1634)
in Anlehnung an die Erlebnisse Hans von Stadens:
Europäische Fantasie treibt wunderliche Blüten

heilschwangere Seelenaspekt eines Menschen) möge sie nicht mit Rachsucht verfolgen. So war es auch eine Art Handel: Ich esse dich auf, und du verschonst mich dafür» (Münzel, 1983).

Komplexe Seelenvorstellungen spielen auch beim endokannibalistischen Bestattungsritus der Yanoama-Völker eine Rolle. Ein als *mẽamo* bezeichneter Seelenaspekt sitzt, so die Auffassung der *Yanomamïtẽpẽ*, in der Leber. Er ist zu Lebzeiten des Menschen stark gefährdet, denn Feinde können ihn aus dem Körper locken und entführen. Der Beraubte müßte sterben, gelänge es dem Schamanen nicht, entführte *mẽamo* aufzuspüren und sie dem Siechen neu einzupflanzen. Anders der Seelenbestandteil, den die Yanomanïtẽpẽ *nobolebe* (= Wolke) nennen. Nach dem Tod fährt diese Freiseele im Rauch des Feuers, das die sterbliche Hülle verzehrte, zum Himmel. Zurück bleibt ein Schemen mit glühenden Augen, *poreana*, der im Wald spukt, Bäume umstößt und Hinterbliebene peinigt. Doch wenn die Knochenasche des Verblichenen, mit Bananensuppe vermengt, von den Angehörigen verspeist worden ist, läßt der Unhold sein Treiben und wandelt sich zum zahmen Bundesgenossen. Kraft des Eingangs in einen fremden Leib wird ferner die Lebensenergie des Verstorbenen konserviert, und man gedenkt seiner in pietätvoller Andacht (Chagnon, 1968).

Schädelkult und Kopfjagd galten Europäern ebenso wie der Kannibalismus als besonders abstoßende Verirrungen der menschlichen Natur. Völker, die solche Handlungen vollzogen, hielt man für äußerst primitiv und gefährlich. Noch heute, Jahrzehnte nachdem in Südamerika der letzte Kopf rollte, brüstet sich fast jeder Reiseautor oder Fernsehberichterstatter mit dem Mut, den er inmitten der Söhne und Enkel von Kopfjägern aufbringen mußte.

Die Motive hinter dem Erbeuten menschlicher Schädel sind vielfältig. Meist ging es allein darum, als Beweis, einen Feind getötet zu haben, dessen Haupt vorzeigen zu können. Außerdem erhöhte die Trophäe des Prestige eines Kämpfers, und ihr Besitz demütigte den Gegner. Ständige Blutfehden, notwendige Begleiterscheinungen der Kopfjagd, boten zudem die Möglichkeit, kriegerisches Image aufzufrischen und gesellschaftliches Ansehen zu mehren (vgl. Kapitel 5).

Gelegentlich mögen auch andere Beweggründe im Spiel gewesen sein. Viele indianische Völker fühlen sich beim Anblick des Mondes an einen Totenschädel erinnert. Daraus sind zahlreiche Mythen entstanden, z. B. jene, die den Mond als Opfer einer früheren Kopfjagd schildern. Vor seiner Himmelfahrt verwandelte sich das Haupt in allerlei nützliche Dinge, um die trauernden Anverwandten zu trösten. Damit sie weiter in den Genuß dieser Güter kamen, mußten die Menschen sich magisch rückversichern: Sie töteten ihre Feinde, schnitten deren Köpfe ab und ehrten mit diesem Hinweis auf mythische Vorgänge den Mond, ihren Wohltäter.

Bei den *Šwar* (Shuara), Südamerikas «klassisches» Kopfjägern, wurden weitere Antriebe wirksam. Nach ihrer Anschauung gebietet jeder Mann (ausnahmsweise auch Frauen) über eine Schutzseele, *arutam*, die er im Alter von etwa 16 Jahren durch Visionssuche gewinnt. Fällt jemand im Kampf, kann dessen *arutam* auf den Sieger übertragen werden. Der aber muß damit rechnen, daß eine Racheseele, *muisak*, aus dem Mund des Getöteten entweicht und ihm in Gestalt eines Buschmeisters *(Lachesis muta)* oder einer Anakonda *(Eunectes murinus)* auflauert. Um dies zu vereiteln, schlägt man Kriegsopfern den Kopf ab, schrumpft ihn und vernäht die Lippen. So ist *muisak* im Haupt gebannt, quasi eingesperrt, und richtet fortan keinen Schaden mehr an. Auch der geschrumpfte Kopf sendet noch positive Energie, Schöpfungsmacht und Seelenkraft, aus, die man nutzbringend anwenden kann, etwa bei Kuren oder zur Förderung der Feldfruchtbarkeit (Harner, 1972; Zerries, 1974; Münzel, 1977).

Ein Schrumpfkopf *(tsantsa)* ist strenggenommen keine Schädel-, sondern eine Hauttrophäe, denn vor dem Präparieren wurde das Cranium entfernt. Die Šwar kochten den Hautsack so lange, bis er auf die gewünschte Größe, den Umfang einer Männerfaust, zusammengefallen war.

Eingefüllte heiße Steine entzogen ihm Feuchtigkeit, und danach räucherte man die *tsantsa*, um sie haltbar zu machen. Schließlich modellierte ein versierter Präparator die Gesichtszüge nach.

Gegenwärtig stellen die Šwar keine menschlichen Schrumpfköpfe mehr her. Um aber das Kernstück ihres Glaubens zu erhalten, entsann man sich einer Mythe. Hiernach war das erste Kopfjagdopfer *uñuši*, das Faultier. Dieser Vorfahr aller Šwar beschloß sein Leben im Kampf mit den Söhnen der Anakonda. Aus seinem Haupt fertigte die Schlangenbrut eine *tsantsa*. Und die Nachkommen *uñušis* tun es ihr gleich. Indem sie Faultiere jagen und deren Köpfe präparieren, spielen sie urzeitliches Geschehen nach, finden wieder Anschluß an die Traditionen. Sie ergreifen damit einen Halt, der die Symptome des Zerfalls einer unterprivilegierten Gesellschaft lindert und zu kultureller Dissidenz ermutigt.

Siebtes Kapitel

Die neuen «Wilden»

Wir wollen nicht, daß jeder von uns isoliert auf seiner Parzelle sitzt und wir auch die nächsten 500 Jahre barfuß durchs Leben laufen. Darum geht es nicht. Unsere Völker fordern ein menschenwürdiges Dasein und eine menschenwürdige Unterkunft, ein Stück Land, ein Leben in Einklang mit unserer Kultur. Sie ist die Wurzel unseres Lebens. Und wir brauchen eine materielle Grundlage, die gute Ausbildung ermöglicht ... Wir wollen Subjekt und nicht länger Objekt der Geschichte sein.

Rigoberta Menchú ·
Trägerin des Friedensnobelpreises

Auf der Fährte des Curupirá

Curupirá ist ein Waldgeist, der Wächter der Bäume und Beschützer aller wilden Tiere. Die Einwohner des Amazonasbeckens schildern ihn als häßlichen Gnom mit Glatze, nur einem Auge und haarigem Körper. Es heißt, er sei sehr kräftig und mache viel Lärm, wenn er mit einer Keule prüfe, ob die Bäume seines Reiches noch gesund sind. Wer dem kleinen Mann nachstellt, verfällt seinem Zauber, geht unweigerlich in die Irre, denn die Füße des Kobolds weisen nach hinten.

Offenbar besitzt Curupirá jedoch große Macht. Wie sonst wäre es überhaupt möglich, daß der Knirps ganze Nationen auf seine Fährte locken konnte? Tatsächlich befindet sich die Geopolitik der Amazonas-Staaten auf einem Irrweg, von dem es kein Zurück mehr zu geben scheint. So hat die sogenannte «Inwertsetzung» der Tropenwälder nicht nur Siedlungs- und Agrargrenzen vorangetrieben und die umfassende Ausbeutung natürlicher Ressourcen eingeleitet, sondern auch Interessenkonflikte der betroffenen Bevölkerungsgruppen hervorgerufen und dadurch zu mit den ökologischen Gegebenheiten unvereinbaren Landnutzungsexperimenten geführt.

Schon ab der Jahrhundertwende wurden in den Tropenstaaten Lateinamerikas lokale Planungsvorhaben zur «Entwicklung» der Regenwaldgebiete auf den Weg gebracht (vgl. Kapitel 1). Doch erst seit Mitte der 60er Jahre setzte die generalstabsmäßige Erschließung dieser Regionen ein. Am Beispiel Brasiliens, das über den größten Waldanteil verfügt, und wo sich ökologische, soziale und wirtschaftliche Probleme wie unter dem Brennglas verdichten, wollen wir die raum-zeitlich gestaffelten Abläufe des Öffnungsprozesses erläutern.

Als erster Schritt erfolgte 1966 die Gründung der Regionalentwicklungsbehörde SUDAM *(Superintendência do Desenvolvimento da Amazônia).* Sie erarbeitete die Rahmenrichtlinien einer an Wirtschaftswachstum orientierten Entwicklungspolitik und zur Struktursanierung. Das 1970 von Präsident Médici verkündete «Programm der nationalen Integration» (PIN – *Programa de Integração Nacional)* stellte mit einem Maßnahmenkatalog zur Infrastrukturbelebung die Weichen in diese Richtung. Entwicklungsachsen und Wirtschaftskorridore sollten im Zuge forcierten Fernstraßenbaus entstehen. Entlang dieser Schneisen würden sich, so die Aussicht, Kolonisten aus anderen Landesteilen ansiedeln und den Wald urbar machen. Mit der ins Auge gefaßten Lösung umging Brasiliens Regierung die Interessenkollision mit einflußreichen Grundbesitzern, die keine Neigung zeigten, einer gerechteren Bodenverteilung in ihrer Domäne zuzustimmen (vgl. Kapitel 1). So hatte PIN vornehmlich Alibifunktion: Entschärfung sozialer Konflikte durch Abzug unzufriedener Bevölkerungsschichten und Neulandvergabe anstatt der eigentlich gebotenen Agrarreform in den Herkunftsgebieten der Siedler (Kohlhepp, 1979; Kohlhepp, 1983).

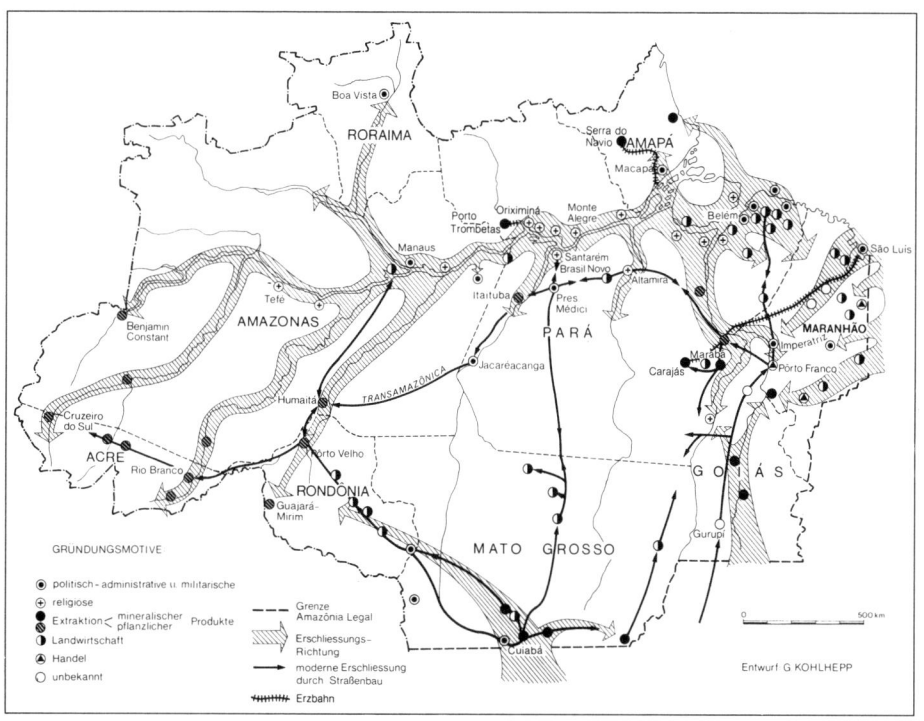

54. Gründungsmotive amazonischer Siedlungen

Bildeten bislang Flüsse den wichtigsten, oft sogar den einzigen Zugang nach Amazonien, sollte nun der Bau von Pionierstraßen neue Maßstäbe setzen. Mit einem Netz solcher Orientierungsmarken glaubte man, die Binnenwanderung in das grüne Herz Brasiliens steuern zu können. Doch diese Hoffnung hat sich nicht erfüllt. Die Böden der für die Agrarkolonisation geöffneten Landstriche erwiesen sich als ungeeignet, wenn sie nach europäischem Schema bewirtschaftet wurden. Bereits nach zwei oder drei Jahren intensiver Nutzung waren sie ausgelaugt. Die Bauern sahen sich gezwungen, unverbrauchtes Gelände zu erschließen. Und so entfernten sie sich Kilometer um Kilometer aus dem Kontrollbereich der Planungsbürokratie, deren Federführung inzwischen INCRA *(Instituto Nacional de Colonização e Reforma Agrária)*, das Nationalinstitut für Kolonisierung und Agrarreform, übernommen hatte. Untereinander konnten die verirrten Pioniertrupps keine Verbindung mehr aufrechterhalten. Nachschub blieb aus. Tropische Regengüsse machten die Naturpisten des Straßensystems unpassierbar. Abseits der geschaffenen Trassen nahm ungezügelte Brandrodung überhand. Das Konzept gelenkter Agrarkolonisation war gescheitert.

Um trotzdem auf dem eingeschlagenen Weg der Erschließung und Strukturverbesserung fortfahren zu können, wurden ab 1974/75 verstärkt Großprojekte mit privatwirtschaftlichem Schwerpunkt gefördert. Das 1974 aufgelegte POLAMAZÔNIA-Programm rückte vom Ansatz der Entwicklungsachsen, der die unerwünschte Streukolonisierung gebracht hatte, ab. Stattdessen vertraute man auf großräumlich sektorale Strukturen, die wirtschaftliche Pole bilden sollten, von denen sich die Planer Magnetwirkung versprachen. Es sei sinnlos, so der damalige Landwirtschaftsminister Paulinelli 1974, «die Ländereien Amazoniens denjenigen zu überlassen, die weder technologisch noch finanziell in der Lage sind, sie zu explorieren». Abhilfe erwarteten die Verantwortlichen daher vom privaten Unternehmertum, mit dessen Kapital man dem Bergbau, der Viehwirtschaft und, zuallererst, der agro-industriellen Nutzung neue Impulse verschaffen wollte.

Ein beträchtliches Stück des Investitionskuchens wanderte in die Fleischproduktion, die nach wie vor als besonders rentable Geldanlage gilt. Doch um welchen Preis: Menschengemachte Feuerwalzen fackeln den Tropenwald ab, Viehbarone erweitern ihre Grasland-Imperien von Tag zu Tag. Wo einst Bäume wuchsen, beweiden heute Zebu-Rinder die Hälfte aller Rodungen Amazoniens. Freilich kommt das Fleisch nicht der unterversorgten Landbevölkerung zugute, sondern ist für den Export nach Nordamerika und Europa bestimmt. Dort werden daraus zumeist die als «Hamburger» bekannten Frikadellen. Der Bulettenboykott, zu dem weltweit Umweltschützer aufriefen, hat indes erste Früchte getragen. *Burger King*, einer der Branchenriesen, beschloß mittlerweile, auf die Einfuhr von Fleisch aus Tropenwaldgebieten zu verzichten.

Unter dem Eindruck der internationalen Ölkrise hob Brasiliens Regierung 1975 im Rahmen des POLAMAZÔNIA-Programms das *Proalcool*-Projekt aus der Taufe. Es sah den großflächigen Anbau von Zuckerrohr vor, aus dem Bioalkohol destilliert werden sollte, um eine Alternative zu Benzin anbieten zu können. Der Staat unterstützte die Automobilindustrie bei der Entwicklung und Herstellung alkoholbetriebener Fahrzeuge, und die Weltbank subventionierte das Vorhaben mit 250 Mio. Dollar. Als Erfolg verbuchte man die Verringerung des Kohlenmonoxidausstoßes um zwei Drittel, gemessen an den Emissionswerten konventioneller Kraftwagen. Aber die Risiken überwiegen: Der Anteil hochgiftiger Aldehyde im Abgas von «Alkoholautos» liegt um das Fünffache höher als in den Schwaden von Benzinern. Weiter fällt bei der Bioalkoholerzeugung als Destillationsrückstand eiweißreiche Schlempe an, die, wenn sie – wie üblich – in Flüsse oder Seen eingeleitet wird, Sauerstoff bindet und so den Erstickungstod von Fischen und anderen Wasserbewohnern verschuldet. Zuckerrohr-Monokultur (bis ins Jahr 2000 sind 20 Mio. Hektar anvisiert) ruiniert darüberhinaus wertvolle Wald- und Anbaugebiete. Wirtschaftsfachleute sehen im Bioalkohol nach dem Ölpreisverfall ohnehin keine ernsthafte Konkurrenz zum herkömmlichen Brennstoff. Trotzdem weisen Regionalplaner noch immer Versuchsflächen aus. Indianer in Paraíba, die Zuckerrohr zu festgesetzten Abnehmerpreisen anpflanzen mußten, gingen auf die Barrikaden. Daraufhin ließ das verantwortliche Unternehmen *Agicam* Häuser anzünden und Rädelsführer verhaften.

Hauptsächlich um das Agrarproletariat aufzufangen, das sich, versehen mit zweifelhaften Besitzurkunden aus der Konkursmasse abgewirtschafteter Gummibarone und daher außerstande, sein in gutem Glauben erworbenes Land nutzen zu können, Anfang der 60er Jahre zunächst in der Stadt Ji-Paraná niedergelassen hatte, wurde bei Ouro Preto ein INCRA-Siedlungsprojekt ins Leben gerufen, das 100 000 Hektar umfaßte. Damals, auf dem Höhepunkt gelenkter Agrarkolonisation, strömten Abertausende landsuchender Bauern in den Bundesstaat Rondônia. Dem ersten Projekt folgten daher in kurzen Abständen weitere, die aber alle der steigenden Nachfrage nach Ackergrund nicht gerecht werden konnten. Der enorme Siedlungsdruck auf Zentralrondônia brachte das sprichwörtliche Faß beinahe zum Überlaufen. Damit es zu keinem Kollaps mit sozialer Sprengwirkung käme, strebte man die Dekonzentration der Kolonisten entlang der Bundesstraße 364 an. Den Rahmen hierfür schuf 1981 das Raumordnungsprogramm POLONOROESTE (Clay, 1981; Otzen, 1991). POLONOROESTE nahm ein Ausweichen der Pioniere auf Grenzertragsböden in Kauf. Dabei ignorierte es eine gesetzliche Maßgabe, die besagt, daß jeder Neusiedler eine ihm überschriebene Parzelle nur halb roden darf. Als Kompromiß bot man an, Waldgrundstücke zum Kahlschlag freizugeben, dafür aber auf 50% der gesamten Erschließungsfläche die ursprüngliche Vegetation zu erhalten. Solche Blockwaldreservate wurden jedoch von den

Kolonisten letztlich als Landreserven angesehen und zunehmend abge-
holzt. Zwischen 1982 und 1985 hatten Pioniere 17000 km² jungfräulichen
Wald eingeäschert, zumal durch den Bau einer Nord-Süd-Tangente zur
BR 364 weiteres Terrain aufgeschlossen worden war. Nun häuften sich
auch Übergriffe auf ortsansässige Indianergruppen (vgl. Kapitel 3).

Über 800000 km², eine Fläche, mehr als dreimal so groß wie die alte
Bundesrepublik Deutschland, im Grenzgebiet der Staaten Pará, Maranhão
und Goiás, ringeln sich die Polypenarme des ehrgeizigsten POLA-
MAZÔNIA-Projektes – *Grande Carajás* (Davis, 1977; Aspelin & Santos,
1981; Caufield, 1987; Grote, 1990). Einbezogen sind gigantische Talsper-
ren, Hüttenwerke, Tonerdefabriken, Holzmühlen, Verladeeinrichtungen
und landwirtschaftliche Betriebe, vor allem aber der Bergbaukomplex
«Ferro Carajás», der allein 411 000 Hektar einnimmt. Um weitere 200000
Hektar bisher unberührten Waldes will die Betreiberin von Ferro Carajás,
der staatseigene Konzern *Companhia Vale do Rio Doce*, ihr Imperium noch
aufrüsten. 17,8 Milliarden Tonnen Eisenerz lagern unter der Krume des
Schürfgebietes, genug, um auf 500 Jahre hinaus den Weltbedarf zu sättigen.
Dazu 60 Mio. Tonnen Manganerze und abbauwürdige Vorkommen an
Kupfer, Nickel und Zink. Auch auf Molybdän, Titan und Wolfram stießen
Prospektoren. Allein 30 profitable Goldminen vermutet die Gesellschaft
auf ihrem Gelände. Kein Wunder, daß die brasilianische Regierung alles
daransetzt, diese Schätze zu heben. Wie anders, so die achselzuckende Be-
gründung, könne man der kolossalen Auslandsverschuldung Herr werden?
Warnungen vor Klimaveränderung, der drohenden Ausrottung vieler
Pflanzen und Tiere, der Entwurzelung und Vertreibung indianischer Anrainer schlägt man in den Wind.

Begonnen hatte tatsächlich alles fast musterhaft. In Tucuruí beispielsweise, einer Stadt, die der in das Projekt eingebundene Energiemonopo-
list *Eletronorte* aus dem Boden stampfte, um seinerzeit den Arbeitern am
nahegelegenen Wasserkraftwerk Unterkunft zu bieten, war auf beein-
druckende Weise für jede Art Annehmlichkeit gesorgt. Es gab eine Klinik
mit 220 Betten, vier Operationssälen und 50 Ärzten. An 22 Schulen un-
terrichtete man insgesamt 15000 Schüler. In den drei Supermärkten Tu-
curuís fanden Hausfrauen ein Angebot, das von Fernseh- und Stereogerä-
ten über Waschmaschinen zu den erlesensten Parfums und Make-ups
reichte. Livrierte Angestellte strichen Bordsteine, fegten Straßen und hielten Parkanlagen in Ordnung.

Als aber das Kraftwerk fertig war, wurden die Arbeiter abgeschoben. Tucuruí fiel ins Elend. Viele versuchten anderswo ihr Glück, in den berüchtigten Goldminen der Serra Pelada etwa, oder sie schlossen sich dem Heer
derer an, die weit im Westen, in Rondônia und Acre, dem brasilianischen
Traum vom Sieg über die Wildnis nachjagten.

Geblieben ist der Damm, das gewaltigste Bauvorhaben, das je Menschen
in den Tropen wagten. Sein Staubecken übertrifft die Wasserfüllung des

Bodensees um das Fünffache. Und die Energie seiner Turbinen – gegenwärtige Leistung: 4000 Megawatt – versorgt Industriestandorte in weitem Umkreis. «Energie» war das Zauberwort, mit dem die Gaukler der technokratischen Zunft Zweifler betörten. Dank Wasserkraftwerken wie Tucuruí sei es möglich, Brasiliens jährliche Ölimportkosten drastisch zu senken, und durch große Mengen preiswerter Energie könne man die Industrieansiedlung in Amazonien fördern. Wirklich profitierte vom produzierten Billigstrom – neben der Erzbahn, die die Abbaugebiete in der Serra dos Carajás mit dem Verladehafen São Luís am Atlantik verbindet – nur das in- und ausländische Gewerbe, das *Grande Carajás* trägt. In den Hütten breiter Bevölkerungsschichten aber glimmen weiterhin Kerosinlampen oder Funzeln, die Generatorstrom erhellt.

So bereichert Tucuruí die einen, während andere sich bescheiden müssen. Betroffen ist zuallererst die Natur, doch auch jene, die hier früher lebten, haben Opfer zu beklagen. Es war bekannt, daß im Einzugsgebiet der Anlage Indianer ansässig sind. Trotzdem machten weder FUNAI noch *Eletronorte* Anstalten, die *Awareté* (Parakanã) umzusiedeln oder zu entschädigen. Erst als ihnen das Wasser buchstäblich bis zum Halse stand, entschloß man sich zu ihrer Evakuierung. Schon vorher, anläßlich der Trassenführung der Transamazônica durch ihr Territorium, litten die Awareté. Die Umsiedlungsaktion demoralisierte sie völlig.

Nicht weniger einschneidend die ökologischen Folgen des Staudammbaus. Nur 10 % des auf 13 Mio. Kubikmeter veranschlagten Baumbestandes im Überflutungsbereich konnten rechtzeitig eingeschlagen werden, nach einer Entlaubungsaktion übrigens, die Erinnerungen an den Einsatz des Herbizids «Agent Orange» im Vietnamkrieg wachrief. Jetzt versuchen Taucher, in bis zu 30 m Tiefe Bäume mit eigens für diesen Zweck konstruierten Motorsägen zu fällen. Denn der Zerfall der Baumleichen im Wasser bindet Sauerstoff und setzt giftige Gase wie Methan oder Schwefelwasserstoff frei. Weiterhin bietet der Stausee beste Voraussetzungen für die Entwicklung der Malaria übertragenden *Anopheles*-Mücken. Und es droht Bilharziose. Diese Krankheit wird durch Pärchenegel der Gattung *Schistosoma* hervorgerufen. Im Lebenszyklus der Egel spielen Zwischenwirte, Stillwässer bewohnende Teller- und Deckelschnecken, eine wichtige Rolle. Die *Schistosoma*-Larven verlassen nach einer gewissen Zeit die Schnecken und dringen in die Haut von Menschen ein, die im Wasser schwimmen, sich damit waschen oder einfach darin stehen. Sind die Parasiten erst einmal in die Blutbahn gelangt, wandern sie zur Leber und siedeln sich dann, je nach Art, in der Blase oder im Darm des Endwirts an.

Aber Tucuruí ist nur ein Teil der Apokalypse, die *Grande Carajás* heraufbeschwor. Gegenwärtig schafft man Platz für zehn neue Städte, die Arbeiter und Zuwanderer aufnehmen sollen. Bei Umweltschützern löst das Projekt Todesängste aus. Für die angestrebten über 600 000 Tonnen Roheisen aus Marabá benötigt man jährlich fast zwei Mio. Kubikmeter Holzkohle.

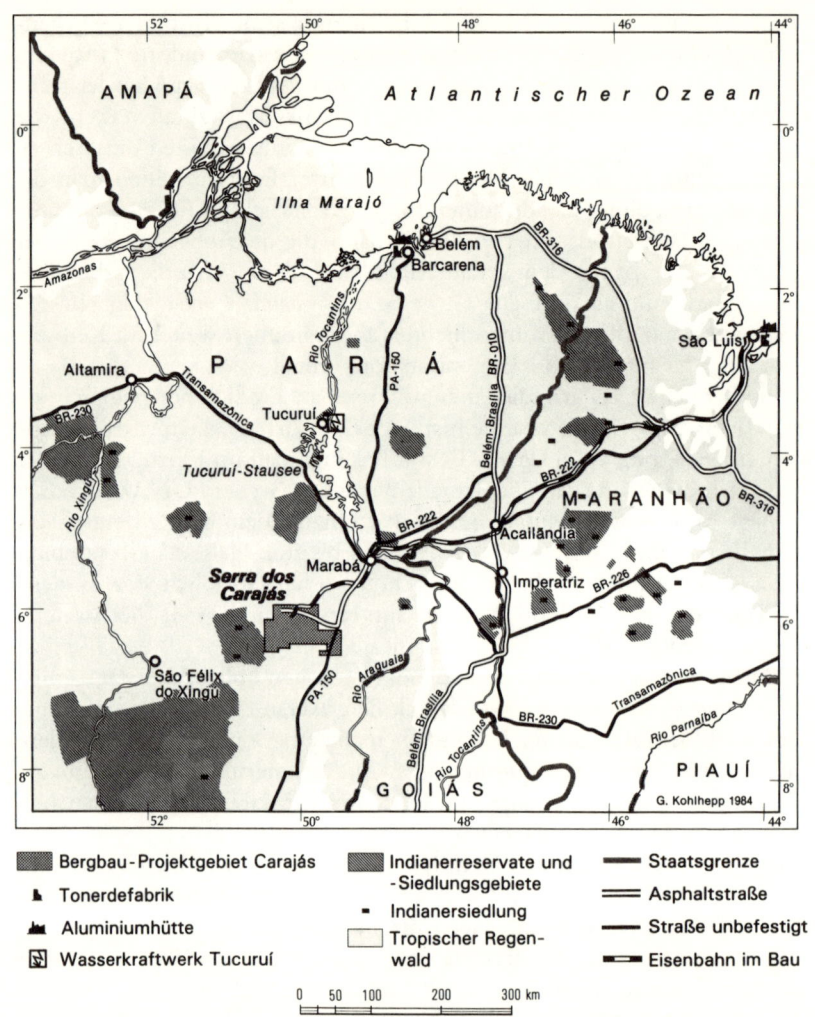

Bergbau-Projektgebiet Carajás

▲ Tonerdefabrik

⛏ Aluminiumhütte

⬚ Wasserkraftwerk Tucuruí

Indianerreservate und -Siedlungsgebiete

▪ Indianersiedlung

Tropischer Regenwald

Staatsgrenze

Asphaltstraße

Straße unbefestigt

Eisenbahn im Bau

0   50   100   200   300 km

55. Die Planungsregion Grande Carajás

Dazu reichen, wie Optimisten glauben, die Abfälle der 357 Sägewerke in der Umgebung Marabás; notfalls soll aus Paranußschalen Brennmaterial gewonnen werden. Indes sind weitere 23 Hütten zur Erz- und Stahlproduktion entlang der Transportachse zum Atlantik vorgesehen. Und wenn Ferro Carajás seine volle Kapazität, 2,5 Mio. Tonnen per annum, erreicht hat, müssen 610000 Hektar Wald weichen. Auf einem Teil der gerodeten Flächen will man Plantagen schnellwüchsiger, standortfremder Bäume anlegen, um den Bedarf an Zellulose, Bau- und Brennholz zu decken. Diese Forst-Monokultur erhält einen noch großzügigeren Zuschnitt als das umstrittene Jarí-Projekt am Nordufer des Amazonas, das Daniel Keith Ludwig, der angeblich reichste Mann der Welt, 1982 mit Verlusten von einer Milliarde US-Dollar aufgab.

Grande Carajás – das ist auch der Ausverkauf Amazoniens an den Rohstoffhunger der Industrienationen. 5,9 Mio. Tonnen Eisenerz, 26% der Förderung von 1987, wurden in die Bundesrepublik verschachert, 56% kauften japanische Firmen auf. Das Gesamtprojekt steht in der Schuld ausländischer Geldgeber – vier japanischer Kreditinstitute, denen 10% der Anteile gehören, verschiedener amerikanischer Banken, die mit 5% beteiligt sind, der Weltbank und der Europäischen Gemeinschaft, die 7 bzw. 10% der Kosten abdecken. Als Entschädigung für das EG-Darlehen erhielt die kränkelnde europäische Stahlindustrie Erzlieferungen zu garantierten Vorzugspreisen.

Was bleibt unter dem Strich? Das Kaliber der angelaufenen Experimente führte unausweichlich zu tiefen, meist irreversiblen Einschnitten in den Naturhaushalt, nicht zu reden von den möglichen Auswirkungen auf die zukünftige Klimaentwicklung. Der Nutzen der «pharaonischen» Pläne, wie es im vollmundigen Jargon der Offiziellen heißt, für die Bevölkerung vor Ort ist gering. Brasiliens Anstrengungen, aus der Verschuldungskrise auszubrechen, verkehrten sich ins Gegenteil. Bis 1982 waren für zehn der größenwahnsinnigen Vorhaben bereits mehr als 27 Milliarden US-Dollar verbraucht, weitere 33 Milliarden wurden bis zu deren Fertigstellung benötigt. Auf dem internen Kapitalmarkt sind solche Summen kaum aufzubringen. Auswärtige Finanzmogule aber lassen sich ihre Hilfe teuer vergelten, sofern sie nicht ohnehin schon direkt Gewinnabschöpfung betreiben. Die *Companhia Vale do Rio Doce* gab an, 1984 zwischen 3% und 16%, 1983 zwischen 4% und 29% Zinsen auf die aufgenommenen Kredite gezahlt zu haben (Altvater, 1989). «Der Bissen war zu groß», bilanziert Hans Otzen (1991), «das Land verschluckte sich daran».

Anfang der 80er Jahre leitete man darum mit der Propagierung grundbedürfnisorientierter Programme zur integrierten ländlichen Entwicklung die Trendwende ein. Die neue Strategie kam allerdings zunächst schleppend voran, weil das herrschende Militär ihre Umsetzung eher halbherzig befolgte. Von der als Hauptfinanzier zeichnenden Weltbank war es nämlich verpflichtet worden, in die Zielvorgabe auch Maßnahmen zum

Schutz des Tropenwaldes und seiner angestammten Bewohner einzube-
ziehen (Kohlhepp & Coy, 1986). Diese Klausel betraf auch alle existieren-
den und künftigen Großprojekte. Ferner sollten unmittelbar betroffenen
Indianern Aufbau- oder Substitutionszahlungen zufließen. Zwischen
Companhia Vale do Rio Doce und FUNAI etwa wurde 1982 eine Vertrags-
vereinbarung erzielt, die 13,6 Mio. US-Dollar aus Mitteln der Weltbank
den in der Planungsregion *Grande Carajás* ansässigen Indianergruppen zur
Verfügung stellte. Aus diesem Fonds waren 28 % der Gesundheitsfürsorge
bestimmt, 23 % der wirtschaftlichen Entwicklung, 13 % dem Schutz der
noch nicht integrierten *Awá* (Guajá), 9,5 % der schulischen Ausbildung,
2 % der Vermessung von Reservationsgrenzen und 24,5 % für FUNAI zur
Anwerbung und Besoldung von Personal, Verbesserung der Wohnsituation
von Mitarbeitern sowie für das innerbehördliche Transport- und Kom-
munikationswesen (Kohlhepp, 1989).

Seit dem Ende der Militärdiktatur und mit Konstituierung einer demokratischen Verwaltung stiegen die Chancen auf Verwirklichung agrar-
reformerischer und ökologisch verträglicher Konzepte. Wie jedoch der
Sturz der Regierung Collor de Mello zeigt, sind die politischen Verhältnisse in Brasilien alles andere als stabil. Und schon vorher gab der Rück-
tritt des ambitionierten Umweltministers José Lutzenberger denen recht,
die behaupteten, viele der eingeleiteten Schritte seien schiere Kosmetik
und schlechterdings gegen den Widerstand potenter Interessengruppen
(Wirtschaft, Großgrundbesitzer) durchzusetzen. Lutzenberger hatte seine
vordringliche Aufgabe darin gesehen, die Lebenszusammenhänge zwischen Mensch und Natur der brasilianischen Öffentlichkeit zu vermitteln
und soziale Spannungen abzubauen.

Die Knebelung

Von dem Moment an, da Cristobal Colón Spaniens Banner auf der Antil-
leninsel Guanahaní entrollte, unterbrach die europäische Conquista die
ungestörte Entwicklung der amerikanischen Ureinwohner. Vernichtet
wurde vielfach die geistige Kultur, und man degradierte die Einheimischen zu Dienern einer fremdbestimmten Wirtschaftsordnung, die die
Arbeitskraft der Unterworfenen schamlos ausbeutete. Gleichzeitig setzte
vor allem im Süden des Doppelkontinentes ethnische Vermischung ein,
die den kulturellen Niedergang weiter beschleunigte. Daß der Kulturwandel aber nicht nur destruktiv war, sondern auch aktive Versuche vitaler menschlicher Gemeinschaften, sich durch innovative Anpassung in
veränderter sozialer und wirtschaftlicher Umgebung neu einzurichten,
hervorbrachte, unterstreicht die Verschmelzung traditioneller Glaubens-
bekenntnisse mit denen der Eroberer ebenso wie die Integration kolonial-
europäischer Elemente in Musik, Tracht und Kunsthandwerk. Dieses

Kulturerbe ist in den ländlichen Gebieten der ehemaligen spanischen Einflußsphäre noch immer lebendig, sei es im Karneval oder in Formen der Sozialorganisation, die zunehmende Zahl der in rurale oder urbane Ballungszentren abwandernden Indianer aber sieht sich mit einer uniformierenden Einheitskultur konfrontiert, deren Umrisse von den politischen und ökonomischen Interessen der herrschenden (nicht-indianischen) Eliten skizziert werden.

Im östlichen Südamerika erlaubte die selbstgenügsame Bedarfdeckungswirtschaft der Waldbewohner nur geringe Bevölkerungsziffern, die seit der Kolonialzeit, z. T. bis in die Gegenwart, durch Pogrome, Völkermord, Vertreibung oder erzwungene Assimilierung weiter drastisch reduziert wurden – in Brasilien von geschätzten 2,5 Mio. um 1500 auf 185000 im Jahr 1980. Die Indianer produzierten hier kaum Überschüsse, die sie an Kolonialherren hätten abführen können. Auch ihre überwiegend egalitäre Sozialverfassung mit großer Unabhängigkeit kleiner und kleinster Einheiten stand der Unterordnung im Kolonialsystem lange entgegen. Schutz boten ferner die undurchdringlichen Wälder, so daß in Amazonien da und dort Gemeinschaften mit fast unberührter Kultur überdauerten.

Die Öffnung weiter Teile des tropischen Südamerika wurde, wie wir sahen, erst in den vergangenen Jahrzehnten in Angriff genommen. Auf eine Phase rigoroser Erschließungspolitik folgten, nicht zuletzt unter internationalem Druck, Bemühungen um integrierte ländliche Entwicklung, die auch indianische Forderungen berücksichtigt. Heute müssen die Ureinwohner Amazoniens nicht mehr unbedingt um ihr physisches Überleben fürchten, obschon sporadische Massaker noch immer gemeldet werden. Der «Indianerjäger» alten Schlages, den man pro Kopf bezahlte, hat ausgedient. Bis an die Zähne bewaffnete Todesschwadronen im Sold weißer Grundeigner bedrohen häufiger noch als Indianer Posseiros und Latexzapfer, wenn diese der Landoligarchie in die Quere kommen. Die Ermordung des weit über die Grenzen seiner Heimat bekannt gewordenen Seringueiros Chico Mendes, Gewerkschaftsführer der Gummisammler in Acre, ist nur ein trauriges Beispiel. Ein Land wie Brasilien, wo interessierte Kreise in den 60er Jahren Befehl gaben, mit Arsen vergiftete Nahrungsmittel auszuteilen oder aus Flugzeugen Dynamit auf friedliche Dörfer zu werfen, läßt nun zum Schutz der Eingeborenen Polizei und Militär aufmarschieren. Dennoch besteht kein Grund zur Entwarnung für die Waldbewohner. Kolonisten, selbst Opfer verfehlter Geopolitik, bedrängen freie Indianer, Erdölgesellschaften und Holzkonzessionäre wildern in verbotenen Revieren, Umweltverbrechen verwüsten intakte Ökosysteme, die de-facto-Rechtssituation stempelt indigene Bevölkerungen zu Bürgern zweiter Klasse, und Missionare höhlen überlieferte Werte aus.

Das schleichende Gift der Akkulturation tut ein übriges. Wo immer Indianer sich Weißen auslieferten, bezahlten sie mit Deprivation ihrer in Jahrtausenden der Anpassung an den Lebensraum gewachsenen Kultur.

Werkzeuge aus Holz, Stein, Knochen oder Bambus wurden gegen Stahl-
äxte, Macheten u. ä. eingetauscht. Aluminiumkochtöpfe und Plastik-
behälter ersetzten einheimische Keramik. Fetzen westlicher Kleidung
kaschierten «unchristliche» Nacktheit, gewannen aber bald Bedeutung als
Prestigeausweis und Beleg dafür, daß ihre Träger das Stadium der ihnen
zugeschriebenen Barbarei durchmessen hatten. Einigen Indianergemeinden bescherten Statistenrollen in Filmen, Pachteinkünfte oder der Zehnte
des aus der Förderung von Bodenschätzen auf Stammesland gezogenen
Profites gewissen Wohlstand. Dort lärmen mittlerweile Motorsägen,
Ghetto-Blaster und Außenborder, knallen Gewehre. Satellitenschüsseln
gewährleisten im tiefsten Dschungel störungsfreien Fernsehempfang, und
man kann sich sogar Kleinflugzeuge leisten, die, bemannt mit angeheuer-
ten Piloten, den Einkaufsbummel in der nächstgelegenen Stadt zum
bequemen Tagestrip verkürzen. Nie gekannte Wunder bestürmten Menschen, die noch vor ein paar Jahrzehnten Steinbeile schliffen oder mit
Grabstöcken den Boden umbrachen. Der Wunsch, den Meistern solcher
Mirakel ähnlicher zu werden, war nicht wenigen Anlaß, das Alte abzutrei-
ben. Indes ist heute vielfach Besinnung eingekehrt. Manches Blendwerk
wurde verworfen, und man nimmt sich aus der Kultur der anderen, was
paßt. So benutzen etwa die *Me-be-ngó-kre* (Nord-Kayapó) Video- und Kas-
settenrecorder, um Zeremonien aufzuzeichnen, damit diese nicht in Ver-
gessenheit geraten.

Empfindlicher treffen das traditionelle Gefüge soziale Abhängigkeiten
wie sie u. a. im *Compadrazgo*-System vorliegen, einer in den vom spanischen Kulturerbe geprägten Teilen Lateinamerikas auftretenden Variante
des Patronats. Der Patron, meist ein Grundbesitzer oder Kolonist, etabliert
zu seiner indianischen Klientel feste Beziehungen, die auf fiktiver Verwandtschaft, einer Art ritueller Patenschaft, gründen. Vergleichbar dem
Oberhaupt einer Mafia-Familie, kann sich der Pate auf die Loyalität seiner
Gefolgsleute verlassen, auch wenn er sie durch Schuldknechtschaft, der üblichen Begleiterscheinung des Compadrazgo, hemmungslos ausbeutet.
Sollte ein Klient seine Schuld, die Differenz zwischen geleisteter Arbeit
und im voraus gewährter Güterversorgung, nicht abtragen können, ist er
auf die Gnade seines Herren angewiesen. Um Außenstände zu tilgen, vermitteln Patrone in der peruanischen Montaña gewöhnlich die Töchter
ihrer Schuldner als Dienstmädchen nach Lima. Durch das Beispiel ihrer
Herrschaft werden diese *muchachas* der eigenen Kultur entfremdet. Kaum
eine kehrt zurück. Da Frauen in den meisten Gesellschaften als Erziehe-
rinnen in hohem Maße für die Bewahrung von Tradition und Sprache verantwortlich sind, reißt der Aderlaß in die Heimatgemeinden schmerzhafte
Lücken, zumal darüberhinaus die weggegebenen Mädchen zu Hause als
Heiratspartnerinnen der jungen Männer fehlen (Dürr, 1986).

Auf der Schaffung von Abhängigkeiten als Instrumenten nationaler wie
gesellschaftlicher Integration fußt(e) auch die offizielle Indianerpolitik in

Brasilien und den Randstaaten Amazoniens. Seit der *Código civil* von 1916 Brasiliens Ureinwohner für (rechtlich) beschränkt handlungsfähig erklärte, sahen diese sich amtlicher Vormundschaft, der *Tutel*, unterstellt. Nur wer in die Stadt zog, also zu erkennen gab, daß er traditionelle Bindungen kappte, befreite sich aus dem Mündelverhältnis und gewann das Privileg individueller Emanzipation (Wellen, 1986; Moser, 1989). Das Indianerstatut von 1973 bestätigte diese Regelung und ergänzte, daß auf Waldbewohner die Landesgesetze Anwendung fänden, sofern dem nicht «Maßnahmen zum Schutz der nationalen Sicherheit oder im Dienst regionaler Entwicklung» entgegenstünden. Daß Brasiliens Regierung alle legalen Mittel zu ihrem Vorteil ausschöpfte, lehrt die jüngere Geschichte. Glücklicherweise eliminierte die 1988 in Kraft getretene neue Bundesverfassung die größten juristischen Fehlgeburten, allen voran die *Tutel*.

Garantierte Landrechte sind für die Indianer Amazoniens von zentraler Bedeutung. Im spanischen Kolonialreich bot die Krondomäne Einheimischen eine gewisse Zuflucht, weil weiße Siedler sich dort nur mit Genehmigung des Monarchen niederlassen durften. Nach der Unabhängigkeit wurde Kronland meist privatisiert und zur Kolonisierung freigegeben. Bisweilen aber blieb es – teils in öffentlicher Hand, als indianisches Privat- oder Kollektiveigentum – im Nutzungsbereich der Alteingesessenen. Dort erhielten sich traditionelle Dorfgemeinschaften, die einen hartnäckigen Kampf um Verwaltungsautonomie und Legalisierung ihres Besitzes führten. Wo dies gelang, entstanden die *reserva* oder *resguardo* genannten Schutzzonen. Brasilien schuf erst 1962, nach nordamerikanischem Vorbild, die erste Reservation. Hier verschleppte behördliche Praxis die Auszeichnung weiterer rechtskräftiger Siedlungsräume. 1981 waren erst 14% der in Frage stehenden Gebiete vermessen. Seither wurden über 50 Auseinandersetzungen zwischen Kolonisten und der indigenen Bevölkerung wegen der unklaren Rechtslage registriert. Ab 1988 kam aber die Demarkierung, Homologierung und Ausweisung von Reservationen zügiger voran.

Ähnlich der weltlichen Macht verlangte die Kirche von Beginn der Kolonialherrschaft an indianischen Konvertiten Untertänigkeit, Gehorsam und Unterwerfung ab. Damit das Reich Gottes auf die Erde komme und die «Wilden» daran teilhätten, mußte aber zunächst missioniert werden. Raison d'être der Mission war und ist die «Sendung», der Auftrag, in Christi Namen allen Menschen das Evangelium zu verkünden. Den geistigen Konzepten der Einheimischen brachte man nur in den seltensten Fällen Respekt entgegen. Dies führte häufig zu Formen synkretistischer Religiosität, etwa zum *Ariroya* («Hallelujah»)-Phänomen, einer schon im 19. Jh. an der Grenze von Guyana zu Brasilien und Venezuela aufgekommenen Erweckungsbewegung unter Indianern der karibischen Sprachfamilie. Ariroya verbindet Protestantismus mit indigenen Glaubensinhalten. Gott nimmt in einem Wirkprinzip Gestalt an, dessen Manifestation das

Licht, dessen Symbol die Sonne darstellt. Beseelt diese Kraft einen Menschen, wird sie zu seinem Lebenselixier (Münzel, 1985).

Auf katholischer Seite weist die Konstitution «Ad Gentes» des 2. Vatikanischen Konzils (1963–65) auf zwei Möglichkeiten der Mission hin: Man erforscht die religiösen Werte eines Volkes und versucht, in ihnen die Gegenwart Christi aufzuzeigen, oder man beschränkt sich darauf, durch beispielhaftes Verhalten christliches Handeln zu bezeugen (Prien, 1989). Schwieriger zu beschreiben ist die protestantische Haltung mit ihrem Spagat zwischen dem engagierten Werben um mehr Verständnis für marginalisierte Kulturen und der Bekehrungswut evangelikaler Sektierer, die im «Heidnischen» nach wie vor den Teufel zu bekämpfen meint. So gehört es zur Strategie des *Summer Institute of Linguistics* (SIL), der *New Tribes Mission* und anderer Fundamentalisten, bestehende Konflikte und Probleme zu nutzen, um die eigene kulturersetzende Botschaft einzuschleusen, das «Paradies des Satans» in ein Musterland nach dem Geschmack amerikanischer Kleinbürger zu verwandeln (Hvalkof & Aaby, 1980). Wer «unreine» Speisen (wie im Flußschlamm verborgene Welse) ißt, alkoholischen Getränken zuspricht, mehr als eine Frau besitzt oder «Fetische» anbetet, hat darin keinen Platz.

500 Jahre der Knechtung, der kulturellen Beraubung und des Genozids mußten die eingeborenen Völker Amazoniens erdulden. Nie aber fanden sie sich mit ihrer Lage ab. Unterschiedliche Formen der Verweigerung wurden erprobt, vom beherzten Verteidigungskampf mit Keule, Pfeil oder Lanze bis zum Widerstand im Rahmen nationaler Institutionen. Insbesondere politische Zusammenschlüsse, erschwert zwar durch eingeschränkten Zugang zu europäischer Bildung, die autoritären Strukturen der meisten lateinamerikanischen Staaten und die Aufsplitterung der Ethnien, feierten zuletzt wachsende Erfolge.

Aufbruch

Februar 1989. Ein Vorhang aus Palmwedeln dämpft die Glut der Tropenhitze, die von draußen in die Turnhalle des brasilianischen Provinzstädtchens Altamira schlägt. Drinnen brodelt das Stimmengewirr einiger hundert Menschen. Kameraverschlüsse klicken. Aufgeregte Spannung beherrscht den kunterbunt gewürfelten Haufen der Anwesenden: Indianer vom unteren und oberen Xingú, Umweltschützer, Politiker, Künstler, Vertreter von Menschenrechtsorganisationen und Journalisten. Die Ureinwohner dominieren die Szene. Überwiegend sind es *Me-be-ngó-kre* (Nord-Kayapó) – Leute aus Capoto und Gorotire, kenntlich an ihren Diademen aus roten, gelben oder grünen Papageien- und Stärlingsfedern, sowie Put-karôt mit ausrasierter Stirn und prächtigem Arafeder-Nackenschmuck. Daneben kauern auf dem mit Blättern ausgelegten Fußboden

Awareté (Parakanã), *Bide* (Araweté) und sogar einige *Opinatkom* (Arara). Mißtrauisch beäugen sich Teilnehmer, die noch vor kurzem gegeneinander die Kriegskeule hoben oder Pfeile sprechen ließen. Den martialisch dreinblickenden *Auuẽ* (Xavante), die als «Saalordner» fungieren, scheint die Unruhe nicht entgangen zu sein. Nervös zupfen sie an ihren Bogensehnen. Was in aller Welt führt diese seit Menschengedenken verfeindeten Stämme hier zusammen? Die Antwort kommt von Paulinho Paiakã, dem Initiator der Kundgebung, der mit anderen Funktionären auf dem Podium vor der Landesflagge Platz genommen hat. Paiakã dankt den Gästen für ihr Erscheinen. Er freue sich, sagt er, daß so viele angereist seien, um hier das erste Mal miteinander zu reden. Schließlich gehe es darum, große Gefahr von den indianischen Völkern abzuwenden. Dem Regenwald, ihrer aller Heimat, drohe Vernichtung. Der brasilianische Staat und ausländische Kreditgeber planten, am unteren Xingú einen gigantischen Staudamm zu errichten, dessen Wassermassen alles Leben verschlängen. Er, Paiakã, sein Stammesbruder Raoni und andere wären angetreten, die Welt wachzurütteln und auf das Unrecht, das an den Ureinwohnern Amazoniens geschehe, hinzuweisen. Die anwesenden Europäer fordert Paiakã auf, ihre Regierungen zur Rede zu stellen, sie zu zwingen, nur solche Projekte zu finanzieren, die die Umwelt nicht zerstörten oder ihr Schaden zufügten. Danach erhält der Direktor der staatlichen Elektrizitätsgesellschaft Gelegenheit zur Erwiderung. Ungerührt verliest der Mann Planungsdaten und Zahlen, beschönigt, beschwichtigt. Da reißt einer Indianerin der Geduldsfaden. Zeternd stürzt sie zur Tribüne, bedroht den erbleichenden Redner mit der Machete. Das Blitzlichtgewitter herbeigeeilter Fotografen hält den Vorfall für die Weltöffentlichkeit fest.

Altamira und seine Folgen: Dem Organisator Paiakã brachte die Veranstaltung ein Gerichtsverfahren wegen staatsfeindlicher Umtriebe ein. Doch im Lande war die Stimmung inzwischen umgeschwenkt. Altamira hatte vielen die Augen geöffnet. Der Pop-Sänger Sting startete mit Raoni, Brasiliens «Sitting Bull», als Aushängeschild eine beispiellose Medienkampagne. Am Ende ließ die Regierung ihre Anklage gegen Paiakã fallen, und sie verzichtete unter ausländischem Druck auf zugesagte Weltbankkredite für den großsprecherisch als «Plano 2010» angekündigten Kraftwerkbau.

Altamira verdeutlicht aber auch, daß Indianergruppen, die in der Vergangenheit auf sich selbst gestellt ihren Strauß mit dem Weißen Mann ausfochten, näher zusammenrücken, sich artikulieren und gemeinsam über Auswege aus der Misere nachdenken. Manchen mag dies überraschen, war er doch der Ansicht, die Stämme seien zur Ausrottung verdammt, mithin zu schwach, ihre Stimmen zu erheben. So hatte es in Zeitungsberichten gestanden, die in den 60er und 70er Jahren die Situation der Indios beiderseits der gerade trassierten Pionierstraßen schilderten. Links und rechts jener «Pforten zur Grünen Hölle» litten die Ureinwohner an der Zivilisation, an Epidemien, an Alkohol, an Prostitution. Ihre Ländereien wurden verwüstet, ihre Siedlungen niedergebrannt, ihre Kinder verschleppt, ihre Kulturen verhöhnt.

Allenthalben im Hinterland hielt sich damals eine Überzeugung, die Indianer Tieren gleichstellte und ihre Verfolgung gewissermaßen zum «hygienischen Akt» verklärte. «Indianer wegputzen, das ist doch normal», rechtfertigten sich Männer, denen man vor einem kolumbianischen Gericht die Ermordung einiger *Wayapo Pihíwi* (Guahibo) zur Last legte. «Die Wilden sind nicht unseresgleichen. Sie sind Affen. Sie sehen uns ähnlich, aber sie sind nicht wie wir. Wir betrachten sie als Schädlinge.»

Wer nicht mit dem Missionar betete noch sich vom Kaufmann übers Ohr hauen ließ, stand außerhalb der gesellschaftlichen Ordnung, war ein Wilder. Die Hybris selbsternannter Herrenmenschen kreuzte sich mit der allseits gehegten Zuversicht, Amazoniens brachliegendes Wirtschaftspotential aufschließen zu können. Schnell identifizierte man die Indianer als Hemmschuh. Ihre scheinbare Rückständigkeit verbot die rasche Eingliederung in angelaufene Entwicklungsprojekte, energisch verteidigte Wohngebiete konnten der Ausplünderung nicht sofort geöffnet werden. Man wolle versuchen, heißt es in einer Erklärung des brasilianischen Innenministers Rangel Reis vom 27. Dezember 1976, «die von Präsident Geisel gesteckten Ziele zu erreichen, auf daß … wir in zehn Jahren die im Lande lebenden Indios von 220000 auf 20000 reduziert haben, und daß in dreißig Jahren alle gebührend in die nationale Gesellschaft integriert sind».

Für die der «Endlösung» empfohlenen Indianer mußte jede Hilfe zu spät kommen. Einem Aufbäumen im Todeskampf gleich, so wollte es scheinen, kramten einige die Waffen hervor: Im Südosten jagten die *Kãíngãg̃n* Eindringlinge von ihrem Land, in Innerbrasilien attackierten *Auuẽ* einen widerrechtlich niedergelassenen Viehzuchtbetrieb. Die Gorotire töteten zwanzig Auswärtige, die mit der Erschließung ihrer Reservation beauftragt worden waren, und die Mẽtuktire (Txukahamãi), ein anderer Stamm der *Me-be-ngó-kre*, machten elf Straßenarbeiter an der Strecke Brasília/Manaus nieder.

Inzwischen war im In- und Ausland ein Sturm der Entrüstung losgebrochen, der sich gegen staatliche Willkür und die blindwütige Zerstörung der Regenwälder richtete. Mit Rückendeckung pro-indianischer Kreise in Brasilien selbst, wo sich der 1973 von der Nationalen Bischofskonferenz als Handlungs- und Koordinierungsinstrument aus der Taufe gehobene Missionsrat *(Conselho Indigenista Missionário,* CIMI*)* rührig um die Förderung eines pan-indianischen Bewußtseins bemühte, ergriffen nun andere Aktivisten, an vorderster Front der *Auuẽ* Mário Juruna, die Initiative. Da Jurunas unablässige Demarchen bei der Indianerbehörde fruchtlos blieben, besetzten unter seiner Führung vierzig Abgesandte von zwölf Stämmen am 17. Juni 1980 die FUNAI-Zentrale in Brasília und reklamierten die Demission der für die repressive Politik Verantwortlichen (Birraux-Ziegler, 1986).

Weitere konzertierte Aktionen folgten. Zögernd räumten Offizielle Fehler ein. Doch erst die Demokratisierung des Landes brachte spürbare Linderung. Brasiliens Ureinwohner indes hatten einen Weg entdeckt, den vor ihnen schon andere mit Erfolg gegangen waren. Eingezwängt zwischen Siedlern, schlossen sich 1961 vereinzelte Gemeinden der *Švar* (Shuara) in Ecuador zu einer Assoziation zusammen, um durch Konzentration der Kräfte gegen drohende Landverluste besser gewappnet zu sein. 1964 wurde diese örtliche Vereinigung zur *Federación de Centros Shuar* ausgebaut, einer Organisation, die ihre Struktur als das Experiment einer Synthese von traditioneller Ordnung und westlich-demokratischen Modellen begreift (Mader, 1992). Die Švar gehören zu den wenigen Stammesvölkern Lateinamerikas, die Lokalautonomie und Selbstbestimmung verwirklichen konnten.

Auch anderswo machte die politische Organisierung Fortschritte. Selbst in Brasilien existiert mittlerweile, begünstigt durch die Krise des amtlichen Indigenismus und strengere Beobachtung der Menschenrechte, eine indianische Fronde, die *União das Nações Indígenas* (UNI). 1984 konstituierte sich die «Koordinationsgruppe der Indianerorganisationen des Amazonasbecken», kurz COICA, unter deren Dach Mitglieder aus fünf Staaten versammelt sind: die «Interethnische Vereinigung für die Entwicklung der peruanischen Wälder»/AIDESP, das «Zentrum der indianischen Gemeinschaften und Völker Ost-Boliviens»/CIDOB, die «Konföderation indianischer Nationalitäten des Amazonasgebietes von Ecuador»/CONFENIAE, die «Nationale Organisation indianischer Völker Kolumbiens»/ONIC sowie die erwähnte brasilianische Gruppierung.

Sicher fehlt es diesen Interessenvertretungen noch an einem stabilen regionalen Unterbau, durch ihr an westliche Organisationsformen angelehntes Profil aber avancierten sie zu weithin ernstgenommenen Gesprächspartnern, die ihre Anliegen nicht mehr nur allein an nationale Institutionen adressieren, sondern auch im Ausland Verbündete suchen. Da in den Industriestaaten die Finanziers und Betreiber amazonischer Großprojekte sitzen, braucht man Bundesgenossen, die die Interessen der indigenen Völker bei ihren Regierungen wahrnehmen. Diese Zusammenarbeit gebar auch die Idee von «Klimabündnissen» zwischen europäischen Kommunen und Regenwaldbewohnern: Städte leisten ihren Beitrag zum Klimaschutz, indem sie Schadstoffemissionen herunterfahren, auf Fluorkohlenwasserstoffe (FCKW) sowie den Import von Tropenholz verzichten. Außerdem verpflichten sie sich zur Unterstützung indianischer Selbsthilfe und der Bemühungen um die Gewinnung von Landrechten. «Im Klima-Bündnis werden Probleme, Themen und Kontinente zusammengebunden», wie Frankfurts Umweltdezernent und Stadtkämmerer Tom Koenigs es ausdrückt. Die Main-Metropole war 1989 als erste der Allianz beigetreten und pflegt seither Partnerschaft mit den *Áwaxuñ* (Aguaruna) und *Tsumu Švar* (Huambiza) in Peru. Der über einzelne

Schritte und Maßnahmen informierten Öffentlichkeit prägt sich so ein kausaler Zusammenhang von Verkehr, Energie, Grünflächenerhaltung, Regenwaldvernichtung und indigener Problematik ein, wird in seiner universalen Tragweite plausibel (Bogenreiter, 1992; Klima-Bündnis, 1993).

Es gehört zu unseren liebgewonnenen Vorstellungen, daß Amazonas-indianer Archivare der Menschheitsentwicklung sind, Exoten mit erstaun-lichen Bräuchen, die in alltäglichem Kampf gegen die Widrigkeiten des heimatlichen Milieus ihren Lebensunterhalt bestreiten. Daß sie dieser Umwelt ihre Kulturen anschmiegten, anstatt sie, wie in Europa oder Nord-amerika üblich, zu unterwerfen, wurde ihnen als Mangel an «Zivilisations-fähigkeit» ausgelegt. In dem Maße aber, wie die Fortschrittsszenarien des Nordens an die Schranke des ökologisch Vertretbaren stießen oder sie gar niederrissen, erweist sich der angebliche Mangel als Segen, und die Wald-bewohner sind als Zeugen alternativen Wirtschaftens aufgerufen worden.

Indes verdienen Indianer beileibe nicht das Prädikat von «Umwelt-engeln». Die *Me-be-ngó-kre*, von europäischen Schwärmern als Fleischwer-dung der Naturschutzidee schlechthin auf den Schild gehoben, treiben Handel mit Edelhölzern, feilschen derzeit mit dem brasilianischen Um-weltministerium über die Konzession zur Rodung einiger Urwaldteile auf Reservationsgebiet. Andere Autochthone machen Geschäfte mit selbstgeschürftem Gold oder arbeiten als Holzfäller, Kaimanjäger und Zierfischfänger. Natur ist selbst traditionell lebenden Waldbewohnern kein erbauender Ort beschaulicher Idylle, sondern wird als von Geistern be-herrscht begriffen. In jedem Baum kann ein heimtückischer Dämon lauern, ein scheinbar harmloses Jakú-Huhn sich im Handumdrehen in ein Jaguar-Monster verwandeln. So unterscheidet sich denn die Naturinter-pretation der Indios nicht nur durch mehr lebendiges Wissen von unseren Einsichten, sondern auch und gerade durch die Einordnung in ein völlig anderes Bezugssystem, in dem virtuelle Realitäten zentrale Rollen spielen. Solche oft als bedrohlich eingeschätzten Kräfte muß man bezwingen, überlisten, zähmen. Aus dieser Einstellung spricht nicht Liebe zur Kreatur, noch ist sie Aufruf zur Bewahrung der Schöpfung. Vielmehr wird daraus der Wille deutlich, Natur zu kontrollieren, freilich auch, sich ihr anzupas-sen, falls die Umstände es verlangen (Münzel, 1989).

Wir können nicht wie die Indianer mit dem Wild, den Fischen und Bie-nen «reden», noch taugen ihre Landbaupraktiken zur europäischen Nach-ahmung. Angezeigt jedoch wäre ein nachdenklicherer Umgang mit den Ressourcen, die wir allzu verschwenderisch verbrauchen. Hier sind uns die Waldbewohner weit voraus. Wir können manches von ihnen lernen, soll-ten sie aber nicht in holzschnittartige Ideale pressen.

Unsere Regierungen sind zu einem ehrlichen Bekenntnis aufgefordert, daß die physische und kulturelle Auslöschung der Ureinwohner Ama-zoniens nicht als Preis des Fortschritts hingenommen werden darf. Voraussetzung für das Fortbestehen indigener Traditionen ist die Sicherung tropischer Ökosysteme. Aber auch hier genügt nicht der erhobene Zeigefinger gegenüber Drittweltländern, die nur das nachäffen, was die Industrienationen der Natur antaten. Vielmehr müssen wir eingestehen, daß Schutz nur greift, wenn zugleich ökonomisch rentable Nutzung stattfindet. Menschenrechtsorganisationen wie *Cultural Survival* beherzigen dies, indem sie den Absatz von Paranüssen und Eiscreme mit Fruchtsorten aus dem Regenwald fördern. Alternativen zum Raubbau gibt es genügend (vgl. etwa Goodland & Irwin, 1975; oder die Projekte, die regelmäßig in der Zeitschrift «Regenwald Report» vorgestellt werden). Soll Umwelt nicht zur Un-Welt verkommen, darf dem Wald nur das entzogen werden, was er entbehren kann und was dessen Bewohner selbst einbringen und vertreiben. Ob die Einbindung indigener Bevölkerungen in entsprechende Vorhaben gelingt, hängt davon ab, ob sie weiterhin über angestammte Reproduktionsflächen verfügen dürfen. Die definitive Klärung der Landfrage genießt daher bei allen Forderungen Vorrang. In den neuen Verfassungen Brasiliens (1988), Kolumbiens (1991) und Perus (1993) wird indianische Eigenart anerkannt. Rechtschutzgarantien sollen Greueln der Vergangenheit den Riegel vorschieben, und man eröffnet den Ureinwohnern Möglichkeiten der demokratischen Teilhabe an politischen Entscheidungsprozessen. Die Betroffenen nahmen das Verfassungsgeschenk mit dankbarer Skepsis entgegen. Der Weiße Mann muß beweisen, daß er Zusicherungen dieses Mal einhält.

Amazoniens Indianer sind aufgestanden. Ihre Anklagen klingen in den Ohren derjenigen, die, allein Profit vor Augen, zur Hinrichtung der Natur schreiten. Die Indios wollen und werden überleben. Unterstützen wir sie dabei, indem wir Hilfe zur Selbsthilfe leisten, unsere Politiker an ihre Verpflichtung zur Einhaltung der Menschenrechte wie zur Wahrung des natürlichen Erbes erinnern, und vergegenwärtigen wir uns, daß jede Klangfarbe im vielstimmigen Weltkonzert der Kulturen, wenn sie verstummt, unwiederbringlichen Verlust bedeutet, uns alle ärmer macht!

Anhang

Kontaktadressen

Einige Organisationen, die sich für den Schutz tropischer Wälder und der indigenen Bevölkerung einsetzen

Brasilien Nachrichten
An der Illoshöhe 30
49078 Osnabrück

Gesellschaft für bedrohte Völker
Groner Str. 40
37073 Göttingen

INCOMINDIOS
Postfach
4303 Kaiseraugst, Schweiz

Kampagne für das Leben in Amazonien
Lotharstr. 14
53115 Bonn

Brasilien Initiative e. V.
In den Weihermatten 27
79108 Freiburg

BUND
Mühlbachstr. 2
78315 Radolfzell

Friends of the Earth
26–28 Underwood Str.,
London N17JQ, UK

Global 2000
Hahngasse 14/15
1090 Wien

Klima-Bündnis e. V.
Philipp-Reis-Str. 17
60468 Frankfurt/Main

Oro Verde
Bodenstedtstr. 4
60594 Frankfurt/Main

Projekt Tropischer Regenwald
GEO
20444 Hamburg

Pro Regenwald e. V.
Frohschammerstr. 14
80807 München

SURVIVAL INTERNATIONAL
310 Edgware Road,
London W21DY, UK

Tropicaverde
Klüberstr. 12
60325 Frankfurt/Main

Robin Wood Tropenwaldgruppe
Nernstweg 32
22765 Hamburg

Umweltstiftung WWF-Deutschland
Hedderichstr. 110
60596 Frankfurt/Main

Glossar

Abri (Balme), Felsschutzdach; Wohnstätte vorgeschichtlicher Menschen

Abschlag, von einem → Kernstein durch Druck oder Schlag gewonnenes Spaltstück

affinal, Verhältnis zwischen Personen, die durch Heirat verbunden sind, oder deren Verwandtschaft sich aus Heiratsbeziehungen ergibt

Akkulturation, Angleichung an eine fremde Kultur

Alkaloide, meist aus Aminosäuren gebildete, i. d. R. alkalisch (basisch) reagierende Naturstoffe

Allianz (Phratrie), menschliche Sozialgruppe, die aus mehreren → Klanen zusammengesetzt ist und hauptsächlich dem Austausch von Heiratspartnern dient

allotypisch, von der Norm abweichend

Altersklasse, üblicherweise nach Männern und Frauen getrennte gesellschaftliche Organisationseinheit, die von einem feststehenden Termin an im sozialen, wirtschaftlichen oder militärischen Milieu bestimmte Aufgaben erfüllt

Amazonien, aus geografischer Sicht das Einzugsgebiet des Amazonas, aus ökologischer das Areal feucht-heißer → neotropischer Wälder. Nach ethnografischer Definition umfaßt A. den Kulturraum zwischen Atlantikküste, Anden und Gran Chaco

anthropogen, menschengemacht

Apodemik, Bildungsreise

apotropäisch, Unheil abwehrend

Applik → Applikation

Applikation, 1) die Anwendung oder Verordnung von Heilmitteln und Heilverfahren; 2) das Anbringen zusätzlicher Materialteile *(Appliken)* an Textilien, Keramik, Metallgegenständen etc. zu Schmuckzwecken

Artefakt, jeder von Menschenhand hergestellte, künstlich veränderte oder konstruierte Gegenstand

Assemblage, Vergesellschaftung von → Artefakten unterschiedlichen Typs in örtlichen archäologischen Fundzusammenhängen

Assimilierung, Prozeß rassischer Angleichung

Ästuar, dem Einfluß der Gezeitenströme unterworfenes Flußdelta, in dem Süß- und Salzwasser sich mischen

Aventurin, dunkelgrüner Quarz

Bandeirantes, Teilnehmer an den von São Paulo ausgehenden kolonialzeitlichen Sklavenjagden und Erkundungen

Befreiungstheologie, von kritischen Theologen entworfene Lehre, die Aussöhnung des Christentums mit fremden religiösen Werten predigt und sich engagiert mit Armut, Hunger, Überbevölkerung, ökonomischer und politischer Unterdrückung in Drittweltländern auseinandersetzt

Berserker, wörtl. «Bärenhemdige», alt-nordische Elitekrieger, die im *berserksgangr* (Berserkerwut) zu außergewöhnlicher Tapferkeit fähig waren

Braunlehme, unter warmen und feuchten Klimabedingungen gebildete sandig-tonige Verwitterungsprodukte verschiedener Ursprungsgesteine. B. aus vulkanischem Ausgangsmaterial sind nährstoffreich und entsprechend fruchtbar

Brigantine (Schonerbrigg), zweimastiges, mit Schrat- und Rahsegel getakeltes Schiff

Bünde, Zusammenschlüsse gesellschaftlicher Gruppen, die, meist unter Geheimhaltung interner Regularien, soziale, politische oder religiöse Aufgaben versehen. Ist der Zugang zu solchen Einrichtungen beschränkt, spricht man von *Logen*

Caboclos (Ribereños), in Armut lebende Flußrandbewohner Amazoniens, v. a. die aus der Verbindung europäischer und afro-amerikanischer Siedler mit Indianerinnen hervorgegangenen Mischlinge

Capoeira, aufgelassenes Feld mit Sekundärvegetation

Chicha, Maisbier

Chiliasmus, Heilserwartung, die vom Glauben an ein glückliches Zeitalter, aber auch von Messias-Vorstellungen *(Messianismus)* oder kataklystischen (Katastrophen-) Ahnungen getragen sein kann

Dema (aus der Sprache der *Anim-he* in Neuguinea), Klasse gottähnlicher Urzeitwesen, die durch ihren Tod schöpferische Energie freisetzten

Deprivation, Verlust, Mangel, Entzug

detribalisiert, der Stammesgemeinschaft entfremdet oder verlustig

Diabas, alter, paläozoischer Basalt von grünlicher Farbe (Grünstein)

disjunkt, unzusammenhängend

Dissoziation, Auflösung gesellschaftlicher Zusammenhänge

Dolinen, schüssel- bis trichterförmige Erdfälle in Kalkgebieten, als Einsturz-D. über Deckenverstürzen unterirdischer Hohlräume

Dualismus, Zweiheit, Gegensätzlichkeit; Annahme zweier gleichrangiger, häufig interagierender Prinzipien

emisch, aus der Sicht Handelnder – im Gegensatz zu *etisch,* der Einschätzung durch einen fremden Betrachter

Endokannibalismus, das Verzehren von Leichenteilen eines Verwandten oder Angehörigen der eigenen Gruppe – im Gegensatz zu *Exokannibalismus,* der Außenstehende betrifft

Endonym, Eigenbezeichnung

Enzyme, in allen lebenden Organismen vorkommende, intrazellulär gebildete Eiweißmoleküle, die körpereigene chemische Reaktionen in Gang setzen oder beschleunigen (Biokatalysatoren)

Epiphyten, Aufsitzerpflanzen, die sich durch Verankerung auf anderen Gewächsen Standortvorteile verschaffen

Ethnie (Ethnos), Bevölkerungsgruppe mit einheitlicher Sprache und Kultur, die sich zusammengehörig fühlt

Ethnonym, Volksgruppenname

evangelikal, fundamentalistische, d. h. buchstabengetreue und autoritäre Auslegung des Evangeliums

Exogamie, Außenheirat. Gegensatz: *Endogamie,* die Verpflichtung zur Wahl des Ehepartners in der eigenen Gruppe

Exonym, Fremdbezeichnung

Exorzismus, die Beschwörung von Dämonen durch Wort und Geste, um sie herbeizuholen, fernzuhalten oder auszutreiben

Friktion, Reibung, Spannungsmoment innerhalb gesellschaftlicher Systeme

FUNAI, Brasiliens Indianerbehörde, Nachfolgerin des 1967 aufgelösten Indianerschutzdienstes SPI

Galeriewald, flußbegleitender Saumwald in Savannengebieten

Genozid, Völkermord

Geopolitik, auf einen geografischen Raum bezogene Politikanweisung

Glottochronologie, Verfahren zur Bestimmung sprachverwandtschaftlicher Differenzierung. Es geht von der nicht unumstrittenen Annahme aus, daß der ererbte Grundwortschatz einer Sprache sich in konstanten Raten verändert. Idiome mit derselben Beharrungsfrequenz werden demzufolge als Zweige einer Ur-Sprache angesehen, die sich etwa um die gleiche Zeit von ihr trennten

Grabstock, zum Umbrechen oder Auflockern des Bodens verwendetes Holz

Habitat, Lebensraum, Nische eines → Ökosystems

Heilbringer (Kulturheros), übernatürliches Wesen, der Urheber von Institutionen und Kulturgütern einer → Ethnie

Hierophanie, Erscheinungsbild einer Religion mit ihren spezifischen Äußerungen

Homologierung, Akt offiziellen Anerkennens

Homöostase, das Gleichgewicht zwischen aufeinander eingespielten Funktionen

Hütte, architektonische Bezeichnung für Gebäude, bei denen Wand- und Dachhaut eine Einheit bilden oder ineinander übergehen. Das *Haus* zeigt eine klare Gliederung dieser konstruktiven Elemente

Hydrozyklus, Wasserkreislauf

Hyläa, Synonym für den tropischen Feuchtwald

Igapó (= Ort, wo das Wasser steht), saisonal überschwemmter Flußwald in Schwarz- und Klarwassergebieten

Igarapé (Quebrada), kleiner Waldfluß

indigen (autochthon), eingeboren, bodenständig

Indigenismus, zunächst als intellektuelle Strömung zur Bewahrung und Förderung → indigener Traditionen entstandene Bewegung in den ibero-amerikanischen Staaten, nunmehr Politikrichtung mit dem Ziel der Integration indianischer Bevölkerungen durch gelenkten → Kulturwandel

Industrie, Komplex ortsverschiedener archäologischer Funde, die lediglich eine bestimmte Artefaktklasse (etwa Waffenspitzen) enthalten

Intoxikation, Vergiftung

Kalebasse, ausgehöhlte Fruchtschale der Flaschenkürbisse, meist als Behälter verwendet

Kassiterit, Zinnstein

Katalepsie, Muskelstarre

Katechet, Verkünder der christlichen Botschaft

Kern(stein), Steinknolle, von der → Abschläge hergestellt werden

Klan (Sippe), Verwandtschaftsverband, dessen Mitglieder nicht notwendigerweise am selben Ort leben, und die ihre Abstammung von einem meist in mythische Ferne gerückten Ahnen (Tier, Pflanze, Naturerscheinung) herleiten

Klinge, langer, schmaler → Abschlag

Konvertit, Bekehrter

Kosmologie, Vorstellung oder Theorie vom Aufbau des Universums

Kraton, durch Faltung und Vulkanismus verfestigter Teil der Erdkruste

Kultigen, von Züchterhand geschaffene Nutzpflanze

Kultivar, Zuchtform (Sorte) einer Nutzpflanze

Kulturökologie, Forschungsrichtung, die sich mit der Interdependenz von Kultur und natürlicher Umwelt beschäftigt

Kulturwandel (Transkulturation), qualitative Veränderung eines gesamtkulturellen Organismus oder wesentlicher Aspekte. Der Wandel kann durch externe Faktoren, Anpassungsprozesse oder von innovativen Kräften innerhalb der Gemeinschaft selbst angestoßen werden

Laterit (Plinthit), eisen- und aluminiumreicher Verwitterungsboden der tropischen Klimazonen. Entstanden unter Stau- und Grundwassereinfluß, bildet L. nach Austrocknung (Vernichtung der Pflanzendecke, Erosion des Oberbodens) panzerartige Krusten, die landwirtschaftlicher Bearbeitung widerstehen

Latex, wäßriger Ausfluß der Gummibäume

Lexikostatistik, Verfahren zur Ermittlung linguistischer Verwandtschaft durch den statistisch ausgewerteten Massenvergleich (Ähnlichkeitsmethode) von Wörtern aus verschiedenen Sprachen

limnisch, Binnengewässern eigen

Lineage, ortsgebundene Verwandtschaftsgruppe, deren Angehörige von einem Ahnen in direkter und bekannter männlicher oder weiblicher Linie abstammen

Lingua franca, Handels- und Verkehrssprache

Litoral, Küsten- bzw. Strandzone

Lokalgruppe, kleine, aus einer oder mehreren Kernfamilien gebildete Residenz- und Wirtschaftseinheit, die an einem (auch veränderlichen) Ort zusammenlebt

Magie, Praktiken, kraft derer der Mensch seinen Willen auf die Umwelt übertragen, andere Personen und übernatürliche Mächte bezwingen oder sich dienstbar machen will. Gewöhnlich wird zwischen heilspendender («weißer») und schädigender («schwarzer») M. unterschieden

Makropsie, Wahrnehmungsstörung, bei der Objekte größer als in Wirklichkeit erscheinen

Maloca, Großhütte oder -haus südamerikanischer Waldbewohner, Unterkunft mehrerer verwandter Kernfamilien. Oft abgeschlossene Siedlungseinheit (Hausdorf)

Mangrove, tropischer Gezeitenwald, in dem Stelzwurzelpflanzen, insbesondere die namengebenden Mangroven dominieren

Mantik (Divination), Wahrsagerei, Zukunftsschau

Masato (Caissoma), Maniokbier

Megafauna, Tierarten, die sich durch ungewöhnliche Größe auszeichnen

Melioration, künstliche Verbesserung der Bodenqualität

Mitochondrien, Zellorganellen, die in der Lage sind, selbst Eiweiße zu synthetisieren und eigenes genetisches Material (DNS) enthalten

Moiety, Hälfte einer dual (→ Dualismus) organisierten sozialen oder → ethnischen Gemeinschaft

muchacha, Dienstmädchen

Mure, Schlammlawine

Mythe, märchenhafte Erzählung mit sakral-weltanschaulicher Komponente, die dazu dient, die Daseinsproblematik zu deuten und zu bestätigen

Nekropole, Totenstadt, ausgedehntes Gräberfeld

Neophyt, ein neu in religiöse Mysterien oder Institutionen Aufgenommener; nach christlicher Vorstellung Bezeichnung für Personen, die erst im Erwachsenenalter die Taufe empfingen

neotropisch, den neuweltlichen Tropen, i. w. S. der süd- und mittelamerikanischen Biosphäre zugehörig

Nheengatú (Lingoa geral), amazonische Verkehrssprache auf der Grundlage eines im 17. Jh. durch Missionare veränderten Tupí-Dialektes

numinos, göttlich

Ökosystem, vielschichtiger Regelkreis von unbelebter Natur – Boden, Wasser, Luft als Lebensraum *(Biotop)* – und einer darauf abgestimmten Lebensgemeinschaft *(Biozönose)* aus Pflanzendecke, Tierwelt und Mensch

Oligarchie, die Herrschaft einer kleinen, durch persönliche (oft verwandtschaftliche) Bindung gefügten Gruppe

Patoá, im Küstengebiet Ost-Guayanas verbreitete Kontaktsprache auf der Grundlage des Französischen mit afro-karibischen und indianischen Einschlägen

Patronat, schutzherrschaftliches Verhältnis einer Bezugsperson zu den von ihr Abhängigen

Paraná, Seitenarm eines Flusses oder natürliche Verbindung zwischen zwei Flußsystemen

Passatwald, Waldform im Strich der Passatwinde, die in Anpassung an ein ausgeprägtes Jahreszeitenklima aus laubwerfenden und immergrünen Bäumen zusammengesetzt ist und starkem Aspektwechsel unterliegt

phänomenologisch, die äußere Erscheinung (Phänomen) beschreibend oder darauf bezogen

Phylum, sprachwissenschaftliches Konstrukt, das linguistische Untereinheiten bündelt, um Verwandtschaften zu verdeutlichen

pH-Wert, Maßzahl für die in Lösungen (z. B. Wasser) enthaltenen Wasserstoffionen, um auf den Charakter der Flüssigkeit – sauer oder basisch – schließen zu können

Piktogramm, Bildzeichen

Polygamie, Heiratsbindung an mehr als eine Person. Schließt der Mann mehrere Ehen, spricht man von *Polygynie*, umgekehrt von *Polyandrie*

polyphyletisch, aus verschiedenen Wurzeln entstanden

Posseiro, Kleinbauer ohne Rechtstitel auf das von ihm genutzte Land, die *Posse*

Postglazial, Nacheiszeit

psychoaktiv, den Geist anregend

psychotrop, auf die Psyche wirkend

Reduktionen, von Missionaren geschaffene und geleitete kolonialzeitliche Indianersiedlungen mit begrenzter Selbstverwaltung und wirtschaftlicher Autarkie, wo Bekehrte «zur Kirche und zur Zivilisation zurückgeführt» werden sollten

Revitalisierung, Wiederbelebung

rezent, gegenwärtig, noch existent

reziprok, auf Gegenseitigkeit beruhend

Ritus, von Alltagsroutine abgesetzter kultischer Handlungsablauf, dessen Anweisungen feststehenden Regeln (→ Zeremonie) folgen; in seiner erstarrten, auch kodifizierten Form als *Ritual* bezeichnet

Rotationsbrache, regelmäßiger Feldwechsel, bei dem die jeweils ungenutzte Anbaufläche der vorübergehenden Brache anheimfällt, um die Erholung des Bodens zu gewährleisten

Runa simi, die Sprache der *Runaguna* (Quechua); am Anden-Ostrand als → Lingua franca in Gebrauch

rural, ländlich

Sago, aus Palmmark gewonnene, besonders quellfähige Stärke

Schelf, der vom Meer überspülte Festlandsockel

Schuldknechtschaft, Form abhängiger Arbeit, bei der ein Kreditgeber die Verschuldungssituation seines Klienten ausnutzt, um dessen Produktivkraft weiter an sich zu binden und um sich zu bereichern

Seringueiro, Latexzapfer

sinodontes Muster, im Zahnbau der Indianer und Nordostasiaten erkannte identische Merkmalskombination: im Obergebiß gegenständig doppelschaufelige (konkave) innere Schneidezähne sowie einwurzelige erste Vorbackenzähne, im Untergebiß dreiwurzelige erste Molaren

somnambul, hypnotischer Zustand, in dem komplexe, später nicht erinnerte Reaktionen erfolgen

Sprachbereich, referentielle Großgliederung sprachlicher Einheiten über die Ebene des → Phylums hinaus. Umfang und Zusammensetzung eines S. sind aufgrund nur noch rudimentär faßbarer Gemeinsamkeiten meist umstritten

Stratigrafie, i. d. R. vertikale archäologische Fundlagersequenz, die auf der Beobachtung beruht, daß durch Ablagerung jüngere Erd- und Fundschichten über ältere zu liegen kommen

Stupor, Zustand innerer und äußerer Reglosigkeit bei vollem Bewußtsein

Symbiose, Lebensgemeinschaft zum Vorteil aller beteiligten Parteien

Synkretismus, die Verbindung oder Verschmelzung selektiver Elemente verschiedener religiöser Traditionen

Tanga, von Schnüren gehaltene knappe Genitalbedeckung, beim *uluri* (Fadentanga) auf ein winziges Dreieck oberhalb der weiblichen Scham reduziert

Tannine (Gallusgerbsäuren), in Holz, Rinde, Blättern und Galläpfeln enthaltene Stoffe, die mit Eiweiß reagieren. Sie finden daher beim Gerben (Gerbsäure) und als Adstringens Verwendung

Tapioka, Maniokgries

Tautonomie, sprachliche Fügung, die verschiedenen Dingen denselben Namen überstülpt

Tecomate, halsloses Kugelgefäß mit verengtem Mund

Terras devolutas, in Staatsbesitz befindliches, unbewirtschaftetes Land

Terra firme, nicht überschwemmtes «festes Land» im Amazonasbecken

Tipití, hebelbetriebener Flecht-Preßschlauch zur Entsaftung von Bittermaniok

Transamazônica, ab 1970 erbaute, rd. 5600 km lange, in Ost-West-Richtung durch Brasilianisch-Amazonien verlaufende Fernstraße

Trickster, mythische Figur mit schelmischen Zügen, deren annekdotisch aufbereitete Taten zwischen Gut und Böse auf die Lebenswidersprüche anspielen

Várzea, Überschwemmungsgebiet von Weißwasserflüssen

Vernetzung, wechselseitige Verknüpfung und Beeinflussung der Elemente eines komplexen, z. B. ökologischen Gefüges

virtuell, nicht wirklich, scheinbar

Walmdach, giebelseitig abgeschrägtes (geböschtes) Dach; ist diese Fläche winkelig gegliedert – oben Dreieck, unten Trapez – spricht man von einem *Doppelwalm*

Ware, Keramik

Wiedergänger, im Volksglauben ein Verstorbener, der wegen einer Schuld oder aus anderen Gründen als dämonischer Toter, meist in der Gestalt, die er zu Lebzeiten hatte, umgehen muß

Wildbeuter, menschliche Gemeinschaften, die ihre Umwelt als Jäger und Sammler (Sammlerinnen und Jäger) nutzen, also weder Bodenbau noch Viehhaltung betreiben

Zeremonie, im → Ritus eingebettete religiöse Handlungen, die häufig genau vorgeschrieben und bis in alle Einzelheiten zu beachten sind *(Zeremoniell)*

Gliederung der altamerikanischen Sprachen
Entwurf: Verfasser

I. Athapaskisch-penutoider Sprachbereich

A. Jenisejisch-athapaskisches Phylum
- (A) Ket-Isolat (Jenisejisch)
- (B) Na-Dene-Stamm
  1. Haade/Xaaydegay (Haida)
  2. Liingit/Dene-Makrofamilie
     - (1) Liingit-Isolat
     - (2) Daxuhyu-Isolat (Eyak)
     - (3) Hetan/Dinee-Familie (Athapaskische Fam.)

B. Penutoides Phylum
- (A) Ochotskischer Stamm
  1. Ainu-Isolat
  2. Niwx-Isolat (Giljakisch)
- (B) Algosal-Stamm
  1. Axoqúlo-Makrofamilie (Chimakum)
  2. Algosal-Makrofamilie
     - (1) Ritwan-Familie
        - a. Sulátelek-Isolat (Wiyut)
        - b. Pelikw-Isolat (Yurok)
     - (2) Nikw/Kituneqa-Familie
        - a. Nikw/Sèlst-Unterfam. (Salish)
        - b. Kituneqa-Isolat (Kutenai)
     - (3) Hetaniw/Inunaina-Familie (Algonkin)
- (C) Penuti-Stamm
  1. Nordpenuti-Makrofamilie
     - (1) Čmsyan/Kitxsan-Familie (Tsimshian)
     - (2) Nordwestpenuti-Familie
        - a. Télxam-Unterfam. (Chinuk)
        - b. Šlem/Amim-Unterfam. (Oregon)
        - c. Taakelma'n/Laatgaawa
        - d. Lema/Pum-Unterfam. (Plateau)
     - (3) Maklaks-Isolat (Klamath/Modoc)
     - (4) Kalifornische Familie
        - a. Maidẽ/Yokhots-Unterfam.
        - b. Koča/Miwĕk-Unterfam.
        - c. Win-Unterfam.
  2. Zentralpenuti-Makrofamilie
     - (1) Óntilka/Ona'čatis-Familie (Yuki)
     - (2) K'iñago/Teweš-Familie (Kiowa/Tano)
     - (3) Rio Grande-Familie
        - a. Titska-Isolat (Tonkawa)
        - b. Tedexa/Pakam-Unterfam. (Coahuilteco)

(4) Golf-Familie
   a. Yukhiti-Isolat (Atakapa)
   b. Tunika-Isolat
   c. Šati/Čači-Unterfam. (Maskogi)
   d. Yujiha-Isolat (Yuchi)
3. A'šiwi-Isolat
4. Südpenuti-Makrofamilie
   (1) Taatikilhaati/Limakalkama (Totonakisch)
   (2) Ayuuk/Homšuk-Familie (Mizoque)
   (3) Tenek/Yokhot'an-Familie (Maya)
   (4) Šinka-Isolat
(D) Amazonischer Stamm
  1. Nordamazonische Makrofamilie
    (1) Monai-Familie (Timote)
    (2) Zirkumkaribische Familie
      a. Tawasa-Isolat (Timukua)
      b. Faaraw'te-Isolat (Warrau)
      c. Pume'da/Meta (Yaruro/Otomaco)
    (3) Intefluviale Familie
      a. Hoti-Isolat (Waruwaru)
      b. Lukhute-Isolat (Maaku)
      c. Kina-Isolat (Awaké)
      d. Yaakan-Isolat (Sapé)
      e. Akaino-Isolat (Mainatari)
    (4) Xoti/Hup'da-Familie (Macú)
  2. Ičikile/Akona-Makrofamilie (Xukurú/Xokó)
  3. Ihixle-Isolat (Movima)
  4. Äquatoriale Makrofamilie
    (1) Solimões-Familie
      a. Tâkâna/Čeči-Unterfam. (Katukina)
      b. Duuxunagu-Isolat (Tukuna)
      c. Pu'ina-Isolat (Yurí)
    (2) Marañón-Familie
      a. Ite'či-Isolat (Taushiro)
      b. Itakule-Isolat (Urarina)
      c. Moniči-Isolat (Muniche)
    (3) Šwar/Šiwiyar-Familie (Jíbaro/Kandoshi)
    (4) Esmeraldas-Familie
      a. Áwua/Čačiya-Unterfam. (Barbacoa)
      b. Asats/Šeč-Unterfam. (Catacao/Tallán)
    (5) Kayapwe/Akenoini-Familie (Záparo)
    (6) Putumayo-Familie
      a. Diokayade/Komoenède-Unterfam. (Huitoto)
      b. Emeheitè/Fa'aí (Miranya)
    (7) Tukanoide Familie
      a. Paín/Wina-Unterfam. (Tukano)
      b. Kahefaín-Isolat (Kofan)
    (8) Kamsa-Isolat (Coche)
  5. Aruakoide Makrofamilie
    (1) Pukina/Khotsun (Uru/Chipaya)
    (2) Euxalxina-Isolat (Canichana)

(3) Yadsi-Isolat (Cayuvava)
(4) Moré/Wuarí-Familie (Chapakura)
(5) Aruakische Familie
    a. Moriti-Isolat (Katembri)
    b. Tsese/Kakinte-Unterfam. (Aruakisch i. e. S.)
    c. Dení/Madijade-Unterfam. (Arawa)
    d. Matsese-Unterfam. (Mayoruna)
    e. Yedi/Koti (Chamicuro/Aguano)
    f. Mainu-Isolat (Maina)
    g. Waorani-Isolat (Auca)
    h. Čone/Eten-Unterfam. (Yunka/Puruhá)
(6) Muynku-Isolat (Iranche)
6. Alto Guaporé-Makrofamilie
  (1) Aikana-Isolat (Masaká)
  (2) Kanoèé/Anũsú-Familie
    a. Kanoèé-Isolat (Huari)
    b. Hatep-Isolat (Sabané)
    c. Anũsú/Nakayandé (Nambikwara)
7. Ama'i-Isolat (Trumai)
(E) Andiner Stamm
  1. Yungas-Makrofamilie
    (1) Suñe-Isolat (Yurakaré)
    (2) Tsun-Isolat (Chimane)
    (3) Tákana/Sonene-Familie (Takana)
    (4) Hate-Isolat (Masko)
  2. Haqen-Makrofamilie (Aymara)
  3. Südkonus-Makrofamilie
    (1) Enlhit-Familie (Mascoi)
    (2) Likan/Qaqan-Familie (Atacameño/Diaguita)
    (3) Mapuče-Isolat (Araukanisch)
    (4) Genaken/Čečehet (Puelche)
    (5) Fuego-patagonische Familie
      a. Qawašqar-Isolat (Alakalúf)
      b. Tsoneka/Tewšn (Tehuelche)
      c. Šelk'nam/Manekenk'n (Ona/Haush)
    (6) Yámana-Isolat (Yahgan)

II. Nordpazifisch-altindianischer Sprachbereich

A. Nordpazifisches Phylum
  (A) Beringia-Stamm
    1. Westberingia-Makrofamilie
      (1) Wadul-Isolat (Jukagirisch)
      (2) Nordostsibirische Familie
        a. Lỳgoravetlan/Nỳmỳlỳn (Tschuktschisch/Korjakisch)
        b. Itel'men-Isolat (Kamtschadalisch)
    2. Ostberingia-Makrofamilie
      (1) Angagin-Isolat (Alëutisch)
      (2) Yúpigỳt/Iivit-Familie (Eskimoisch)
  (B) Kwakwake'wakw/Enoqw-Stamm (Wakash)

B. *Altindianisches Phylum*
  (A) Ost-nordamerikanischer Stamm
    1. St. Laurent/Mississippi-Makrofamilie
      (1) Akwehã/Tsalagi-Familie (Irokesisch)
      (2) Waldland/Plains-Familie
        a. Iyeye-Isolat (Catawba)
        b. Wičaša/Ãngkwa-Unterfam. (Sioux)
      (3) Čahiks/Wičita-Familie (Caddo)
    2. Koinkaki-Isolat (Karankawa)
  (B) Hoka/Otomangue-Stamm
    1. Hoka-Makrofamilie
      (1) Árar-Isolat (Karok)
      (2) Zentralhoka-Familie
        a. Iši-Unterfam. (Shasta/Palaihnihan)
        b. Čimaliko-Isolat
        c. Yaana/Yaaxi
        d. Phoma/Mfo-Unterfam. (Pomo)
      (3) Wašišiw-Isolat (Washo)
      (4) Pipaas/Tipai-Familie (Yuma)
      (5) Litorale Familie
        a. Ughuigh/Oxoix-Unterfam. (Chumash)
        b. Koñkáak-Isolat (Seri)
        c. Niederkalifornische Unterfam.
    2. Mittelamerikanische Makrofamilie
      (1) Yopi/Maribio (Tlappaneco/Subtiaba)
      (2) Otomangue-Familie
        a. Uzaa/Hñahñu-Unterfam. (Otopame)
        b. Ñuiñe-Unterfam. (Popomaza)
        c. Ñutha/Ñuudzavui-Unterfam. (Mixtekisch)
        d. Penizaa-Unterfam. (Zapotekisch)
        e. Dzahmi-Unterfam. (Chinantekisch)
        f. Ya-Unterfam. (Chiapaneco/Mangue)
      (3) Asans-Isolat (Tequistlateco)
      (4) Tolupan-Isolat (Jicaque)
  (C) Mets'ha/Mešika-Stamm
    1. Mets'ha-Isolat (Keres)
    2. Uto-aztekische Makrofamilie
      (1) Nordamerikanische Familie
        a. Nẽmẽne/Nuumme-Unterfam. (Schoschonisch)
        b. Hopísinom-Isolat (Hopi)
        c. Kumivit/Taqtam-Unterfam. (Kalifornische Unterfam.)
        d. Tuvatol-Isolat (Tubatulabal)
      (2) Mexikanische Familie
        a. Yoreme/Ódami-Unterfam. (Sonorische Unterfam.)
        b. Tameši-Isolat (Tamaulipeco)
        c. Nayariit/Vijaaritaari (Corachol)
        d. Mešika-Unterfam. (Nahua)
  (D) Chibchoider Stamm
    1. Phorépeča-Isolat (Taraskisch)
    2. Chibcha-Makrofamilie
      (1) Westmexikanische Familie

(2) Wawe-Isolat (Huave)
(3) Mišu-Isolat (Lenka)
(4) Transisthmische Familie
    a. Peska-Isolat (Paya)
    b. Mískitu/Mayangna-Unterfam. (Misumalpa)
    c. Maleku-Isolat (Guatuso)
    d. Rama/Olotulemar-Unterfam. (Isthmische Unterfam.)
    e. Ngawbe-Unterfam. (Guaymí)
    f. Wiwi/Muiska-Unterfam. (Chibcha i. e. S.)
(5) Maracaibo-Familie
    a. Baríra-Isolat (Motilón)
    b. Kibor-Unterfam. (Jirajara)
(6) Llano-Familie
    a. Tame-Isolat (Betoi)
    b. Híwi/Witnu-Unterfam. (Guahibo)
    c. Pikska-Unterfam. (Pamigua)
(7) Interandine Familie
    a. Misiha-Isolat (Andaquí)
    b. Nabsa/Tolima-Unterfam. (Magdalena)
    c. Nasa/Misag-Unterfam. (Páez)
    d. Pile-Isolat (Yurumanki)
    e. Daule/Muisne-Unterfam. (Esmeraldeño)
    f. Naska/Piska-Unterfam. (Chinchay)
(8) Subandine Familie
    a. Híwitu-Unterfam. (Hibito/Cholona)
    b. Híwila/Šayabit-Unterfam. (Kawapana)
(9) Čaya-Isolat (Leco)

(E) Ost-südamerikanischer Stamm
  1. Nordamazonische Makrofamilie
    (1) Êpera/Wonaan-Familie (Chocó)
    (2) Yukpa/Kurè-Familie (Karibische Fam.)
    (3) Tsanema/Yanoma-Familie (Yanoama)
    (4) Nadeb/Epen-et-Familie
      a. Nadeb-Isolat (Kaborí)
      b. Epen-et-Isolat (Puinave)
    (5) Orinoco/Guaviare-Familie
      a. Wo'tihé/Kokw-Unterfam. (Piaroa)
      b. Kakwa/Nukak (Macusa)
  2. Tíihí/Tora-Makrofamilie (Mura)
  3. Südamazonische Makrofamilie
    (1) Miamuna'a/Paatsyaxa-Familie
      a. Miamuna'a-Isolat (Bora)
      b. Paatsyaxa/Uvo'odsa (Andoqué)
    (2) Tupí-Familie
      a. Zoé/Biá-Unterfam. (Tupí i. e. S.)
      b. Awetĕ-Isolat
      c. Awayã/Miayã-Unterfam. (Juruna)
      d. Weidjényã/Kurwayẽ (Mundurukú)
      e. Midínyĕ-Isolat (Mawé)
      f. Karo-Isolat (Ramarama)
      g. Mondawa/Miá (Arikêm)

    h. Kire/Panderey-Unterfam. (Mondé)
    i. Kurateg/Yorá-Unterfam. (Makurap)
    j. Borá-Isolat (Puruborá)
  (3) Jê-Familie
    a. Tsohó/Čehó-Unterfam. (Kariří)
    b. Porkia/Ya-kotóa-Unterfam. (São Francisco)
    c. Anggag/Kamakã
    d. Akwẽ/Kãíngãgn-Unterfam. (Jê i. e. S.)
    e. Grengug/Et-por-Unterfam. (Maxakalí)
    f. Waéma/Cumema (Coroado)
    g. Borugn/Waya (Botocudo)
  (4) Chapada-Familie
    a. Rikbaktsá-Isolat
    b. Bóe-Unterfam. (Boróro)
    c. Magweo-Isolat (Guató)
    d. Op'ayé-Isolat
  (5) Ẏšẏrẏ/Ayoweode-Familie (Zamuco)
4. Panoide Makrofamilie
  (1) Ñixámwẽ/Tage'iri-Familie (Yagua)
  (2) Hunikuinbu/No'iria-Familie (Pano)
  (3) Kipiu/Arikapu
  (4) Ubua-Isolat (Itonama)
  (5) Ño'ñẏka-Isolat (Chiquitano)
  (6) Transparaná-Familie
    a. Indama-Unterfam. (Sanavirón)
    b. Youle/Namqom-Unterfam. (Toba)
    c. Uneleïgwa/Elëuk (Guaykurú/Guachí)
    d. Niwakle/Mak'á-Unterfam. (Mátako)
    e. Yookle/Lule-Unterfam. (Vilela)
    f. Kuinwa-Isolat (Charrua)
  (7) Ede-Isolat (Otí)
  (8) Ẏnã-Isolat (Karajá)
5. Runakuna-Makrofamilie (Quechua)

Bibliographie

Albisetti, C./Venturelli, A. J.: Enciclopédia Bororo. 3 Bde. 1962–1976

Altvater, E.: Regionale Auswirkungen der globalen Verschuldungskrise am Beispiel von Pará. In: Hartmann, G. (Hg): a. a. O. 1986

Ans, A.-M. d': L' Amazonie péruvienne indigène. Anthropologie écologique – Ethno-histoire – Perspectives contemporaires. 1982

Arango Montoya, F.: Colombia, Atlas indigenista. 1977

Århem, K.: Makuna Social Organization. *Acta Univ. Uppsala*, 4. 1981

Arrom, J. J. (Hg): Fray Ramón Pané: Relación acerca de las Antigüidades de los Indios. 1974

Aspelin, P. L./Santos, S. C. dos: Indian Areas Threatened by Hydroelectric Projects in Brazil. *IWGIA*, 44. 1981

Baer, G.: Ein besonderes Merkmal des südamerikanischen Schamanen. *Zeitschrift f. Ethnologie* 94 (2). 1969

Bahn, P.: Dating the first American. *New Scientist*, 20. Juli 1991

Bamberger, J.: The Adequacy of Kayapó Ecological Adjustment. *Verhandlungen des XVIII Internationalen Amerikanistenkongresses 1968*, 3. 1971

Basso, E. B. (Hg): Carib-Speaking Culture, Society, and Language. 1977

Birraux-Ziegler, P.: Indianer Brasiliens. Von lokalen Kämpfen um das Land bis zur Gründung einer nationalen Union (1974–1984). In: Gerber, P. R. (Hg): a. a. O. 1986

Bischof, H.: Nördliches Andengebiet (Ecuador, Kolumbien). In: Köhler, U. (Hg): a. a. O. 1990

Bitterli, U.: Die «Wilden» und die «Zivilisierten». 1991

Blüchel, K. G. (Hg): Der Garten Eden darf nicht sterben. o. J.

Bogenreiter, J.: Mit COICA gegen Profit & Co. In: Gesellschaft für bedrohte Völker (Hg): a. a. O. 1992

Branco, J. M. B.: Caminhos do Acre. *Revista do Instituto Histórico e Geográfico Brasileiro*, 196. 1950

Broenimann, P.: Auca on the Cononaco. 1981

Brooks, E./Fuerst, R./Hemming, J./Huxley, F.: Tribes of the Amazon Basin 1972. 1973

Brose, M.: Vielfalt als Grundkonzept standortgerechten Landbaus Zentralbrasiliens. 1988

Buisson, I./Mols, M. (Hg): Entwicklungsstrategien in Lateinamerika in Vergangenheit und Gegenwart. 1983

Campbell, L./Mithun, M. (Hg): The Languages of Native America. 1979

Carlisle, R.: Americans before Columbus: Ice Age Origins. *Ethnology Monographs* 12, Dept. of Anthropology. University of Pittsburgh. 1988

Carneiro, R.: Uso do solo e clasificação da floresta (Kuikuro). In: Ribeiro, D. (Hg): a. a. O. 1986

Carvalho, J. B. de: Breve noticia sobre os indígenas que habitam a fronteira do Brasíl com o Peru elaborado pelo medico da comissão, Dr. João Braulino de Carvalho, e calcada em observações pessoais. *Boletim do Museu Nacional* 7 (3). 1931

Caufield, C.: In the Rainforest. 1985 (dtsch. Der Regenwald. 1987)

CEDI (Hg): Povos indígenas no Brasil. 1981 ff.

Chagnon, N.: Yanomamö. The Fierce People. 1968

Ders.: Reproductive and somatic conflicts of interest in the genesis of violence and warfare among tribesmen. In: Haas, J. (Hg): a. a. O. 1990

Chrif Tirado, A./Moran, C.: Atlas de comunidades nativas. 1977

CIMI (Hg): *Porantim*. 1978 ff.

Cipoletti, M. S.: Jenseitsvorstellungen bei den Indianern Südamerikas. 1983

Civrieux, M. de: Watunna. An Orinoco Creation Cycle. 1980

Clay, J. W.: The Polonoroeste Project. In: Maybury-Lewis, D. H. P. (Hg): a. a. O. 1981

Coín Cuenca, L. M.: Auf den Spuren von Kolumbus und Pinzón: Nautische Aspekte der Entdeckung Amerikas. In: Stiftung preußischer Kulturbesitz (Hg): a. a. O. 1992

Coppens, W. (Hg): Los aborígenes de Venezuela. 1983 ff.

Correa, F.: Por el camino de la Anaconda Ancestral. *Revista Colombiana de Antropología* XXIII. 1980–81

Cruxent, J. M./Rouse, I.: An Archaeological Chronology of Venezuela. 2 Bde. *Pan American Union Social Science Monographs 6.* 1958–59

Davis, I.: Some Macro-Jê-Relationships. In: Klein, H. M./Stark, L. R. (Hg): a. a. O. 1985

Davis, S.: Victims of the Miracle. 1977

Degenhard, U. (Hg): Exotische Welten – Europäische Phantasien. Entdeckungs- und Forschungsreisen im Spiegel alter Bücher. 1987

Denevan, W. M.: Campa Substistence in the Gran Pajonal, Eastern Peru. *The Geografical Review* 61 (4). 1971

Denslow, J. S./Padoch, C. (Hg): People of the Tropical Rain Forest. 1988

Derbyshire, D. C./Pullum, G. K.: Handbook of Amazonian Languages (1). 1986

Dillehay, T.: How New is the New World? *Antiquity* 62. 1988

Dillehay, T./Collins, M.: Early Cultural Evidence from Monte Verde in Chile. *Nature* 332. 1988

Dostal, W. (Hg): Die Situation der Indios in Südamerika. 3 Bde. 1975–76

Douglas, M. (Hg): Witchcraft Confessions and Accusations. 1970

Duerr, H. P. (Hg): Authentizität und Betrug in der Ethnologie. 1987

Durbin, M.: A Survey of the Carib Language Family. In: Klein, H. M./Stark, L. R. (Hg): a. a. O. 1985

Dürr, A.: Land- und Menschenrechte in der peruanischen Selva. In: Gerber, P. R. (Hg): a. a. O. 1986

Eibl-Eibesfeldt, I.: Krieg und Frieden. 1975

Ders.: Menschenforschung auf neuen Wegen. 1976

Elsenhans, H. (Hg): Agrarreform in der Dritten Welt. 1979

Erdheim, M.: Prestige und Kulturwandel. 1973

Ders.: Xenophobie und Exotismus. In: Degenhard, U. (Hg): a. a. O. 1987

Fagan, B. M.: In the Beginning. 1987

Ders.: Aufbruch aus dem Paradies. 1991

Ders.: Das frühe Nordamerika. Archäologie eines Kontinents. 1993

Fiedel, S. J.: Prehistory of the Americas. 1987

Fischer, H. (Hg): Ethnologie. Einführung und Überblick. 1992³

Fischer, H. J.: Der heilige Kampf. Geschichte und Gegenwart der Jesuiten. 1987

Fittkau, E. J.: Urwälder der Tropen. In: Illies, J./Klausewitz, W. (Hg): Unsere Umwelt als Lebensraum. 1973

Ders.: Grundlagen der Ökologie Amazoniens. *Spixiana* Suppl. 9. 1983

Ders.: Ökologische Voraussetzungen Amazoniens für die Besiedlung durch indianische Ethnien. In: Hartmann, G. (Hg): a. a. O. 1989

Ford, R. I. (Hg): Prehistoric Food Production in North America. 1985

Frank, E.: «… y se lo comen». Kritische Studie der Schriftquellen zum Kannibalismus der panosprachigen Indianer Ost-Perus und Brasiliens. 1987

Ders.: «Sie fressen Menschen, wie ihr scheußliches Aussehen beweist ...» In: Duerr, H. P. (Hg): a. a. O. 1987

Friede, J.: Los Welser en la Conquista de Venezuela. 1950

Frikel, P.: Zur linguistisch-ethnologischen Gliederung der Indianerstämme von Nord-Pará (Brasilien) und der anliegenden Gebiete. *Anthropos* 52. 1957

Gennep, A. van: Übergangsriten – Les rites de passage. 1986 (Orig. 1909)

Gerber, P. R. (Hg): Vom Recht Indianer zu sein. *Ethnologische Schriften Zürich* 4. 1986

George, U.: Regenwald. 1985

Ders.: Inseln in der Zeit. 1988

Gesellschaft für bedrohte Völker (Hg): Unser Amerika. 500 Jahre indianischer Widerstand. 1992

Gewecke, F.: Von «guten Wilden» und «nacketen grimmigen menschenfresserleuthen» – das Bild des Amerikaners als Fiktion. In: Stiftung preußischer Kulturbesitz (Hg): a. a. O. 1992

Giaccaria, B./Heide, A.: Xavante, povo autêntico. 1972

Gippelhauser, R.: Die Conquista. In: Gesellschaft für bedrohte Völker (Hg): a. a. O. 1992

Goodland, R. J. A./Irwin, H. S.: Amazon jungle – green hell to red desert? 1975

Grabert, H.: Der Amazonas. Geschichte eines Stromes zwischen Pazifik und Atlantik. *Natur und Museum* 13 (3). 1983

Ders.: Eldorado und das Gold aus den Wäldern Amazoniens. *Natur und Museum* 125 (1). 1995

Greenberg, J.: Language in the Americas. 1987

Greenberg, J. et al.: The Settlement of the Americas: A Comparison of Linguistic, Dental, and Genetic Evidence. *Current Anthropology* 27. 1986

Gregor, T.: Privacy and Extra-Marital Affairs in a Tropical Forest Community. In: Gross, D. R. (Hg): a. a. O. 1973

Ders.: Uneasy peace: intertribal relations in Brasil's Upper Xingu. In: Haas, J. (Hg): a. a. O. 1990

Gross, D. R. (Hg): Peoples and Cultures of Native South America. 1973

Grote, P. G.: Der Traum von großer Beute. *GEO* 3. 1990

Gruhn, R./Bryan, A. L.: The Record of Pleistocene Megafaunal Extinction of Taima-Taima, Northern Venezuela. In: Martin, P./Klein, R. (Hg): a. a. O. 1984

Grünberg, G.: Beiträge zur Ethnographie der Kayabi Zentralbrasiliens. *Archiv für Völkerkunde*, 24. 1970

Guidon, N./Delibrias, J.: Carbon-14 Dates point to Man in the Americas 33 000 years ago. *Nature* 321. 1986

Haas, J. (Hg): The anthropology of war. 1990

Haberland, W.: Amerikanische Archäologie. 1991

Hames, R. B./Vickers, W. T. (Hg): Adaptive Responses of Native Amazonians. 1983

Harner, M.: The Jivaro. People of the Sacred Waterfalls. 1972

Hartmann, G.: Masken südamerikanischer Naturvölker. *Veröffentl. des Museums f. Völkerkunde Berlin*, 13. 1967

Ders.: Tabak bei südamerikanischen Indianern. In: Völger, G. (Hg):. a. a. O. 1981

Ders.: Xingu. 1986

Ders. (Hg): Amazonien im Umbruch. 1989

Helbig, J. (Hg): Brasilianische Reise 1817–1820. Carl Friedrich Philipp von Martius zum 200. Geburtstag. 1994

Hemming, J.: The Search for El Dorado. 1978

Ders.: Red Gold. 1978

Hilbert, P. P.: Archäologische Untersuchungen am Mittleren Amazonas. *Marburger Studien zur Völkerkunde* 1. 1968

Hissink, K./Hahn, A.: Chama-Indianer. 1989

Dies.: Chimane. 1989

Hoffecker et al.: The Colonization of Beringia and the Peopling of the New World. *Science* 259. 1993

Hopper, J. (Hg): Indians of Brazil in the Twentieth Century. 1967

Huizinga, J.: Homo ludens. 1938

Humboldt, A. von: Voyage aux régions équinoxiales du nouveau continent. 1805–1834

Hvalkof, S./Aaby, P. (Hg): Ist Gott Amerikaner? 1980

Jackson, J.: The Fish People: Linguistic Exogamy and Tukanoan Identity in Northwest Amazonia. 1979

Jennings, J. D. (Hg): Ancient South Americans. 1983

Jensen, A. E.: Mythos und Kult bei Naturvölkern. 1966

Josephy, A. M. (Hg): Amerika 1492. Die Indianervölker vor der Entdeckung. 1992

Kapfhammer, W.: Schnupfriten in Südamerika. In: Helbig, J. (Hg): a. a. O. 1994

Kästner, K.-P.: Kulturgeschichtliche und ethnohistorische Betrachtungen zur ethnographischen Sammlung von J. B. von Spix und C. F. P. von Martius. In: Helbig, J. (Hg): a. a. O. 1994

Kauffmann Doig, F.: Manual de Arqueología Peruana. 1983

Kelm, H.: Gejagte Jäger (2): Die Mbía in Ostbolivien. *Museum für Völkerkunde Frankfurt/Main, 6.* 1983

Klein, H. M./Stark, L. R. (Hg): South American Indian Languages. 1985

Kensinger, K. (Hg): Marriage Practices in Lowland South America. 1984

Kerr, W. E./Clement, C. R.: Práticas agrícolas de conseqüências genéticas que possibilitaram aos índios da Amazônia uma melhor adaptação ás condições ecológicas da região. *Acta Amazônica* 10 (2). 1980

Key, M. R.: The Grouping of South American Indian Languages. 1985

Klima-Bündnis (Hg): Amazonasindianer am Main. 1994

Koch-Grünberg, T.: Zwei Jahre unter den Indianern. Reisen in Nordwestbrasilien. 2 Bde. 1909/10 (gekürzte Fassung, 1921)

Ders.: Vom Roraima zum Orinoco. 5 Bde. 1916–1921

Kohl, H.-H.: Mythen der Neuen Welt. 1982

Köhler, U. (Hg): Altamerikanistik. 1990

Kohlepp, G.: Brasiliens problematische Antithese zur Agrarreform: Agrarkolonisation in Amazonien. In: Elsenhans, H. (Hg): a. a. O. 1979

Ders.: Strategien zur Raumerschließung und Regionalentwicklung im Amazonasgebiet. In: Buisson, I./Mols, M. (Hg): a. a. O. 1983

Ders.: Verkehrs-, Siedlungs- und Wirtschaftsentwicklung und Probleme der regionalen Entwicklungsplanung im brasilianischen Amazonien. In: Hartmann, G. (Hg): a. a. O. 1989

Kohlhepp, G./Coy, M.: Conflicts of interests and regional development planning in colonizing the Brazilian Amazon: The case of Rondônia. 1986

Krickeberg, W. et al. (Hg): Die Religionen des alten Amerika. 1961

Lathrap, D. W.: Our father the cayman, our mother the gourd: Spinden revisited, or a unitary model for the emergence of agriculture in the New World. In: Reed, C. A. (Hg): a. a. O. 1977

Layrisse, M./Wilbert, J.: Indian Societies of Venezuela: Their Blood Group Types. *Instituto Caribe de Antropología y Sociología, 13.* 1966

Lévi-Strauss, C.: Tristes Tropiques. 1955 (dtsch. Traurige Tropen. 1974)

Lewin, L.: Phantastica. Die betäubenden und erregenden Genußmittel. 1927

Lewin, R.: Spuren der Menschwerdung. 1992

Lindig, W./Münzel, M. (Hg): Die Indianer. 2 Bde. 1985[3]

Loukotka, C.: Classification of South American Indian Languages. *LAC Reference Series*, 7. 1968

Lukesch, A.: Schamanen am Rio Xingu. 1990

Lynch, T. F.: Glacial Age Man in South America? A Critical Review. *American Antiquity* 55 (1). 1990

Lyon, P. J. (Hg): Native South Americans. 1974

Mader, E.: Zur Geschichte des Widerstandes der Shuar. In: Gesellschaft für bedrohte Völker (Hg): a. a. O. 1992

Magaña, E.: Hombres Salvajes y Razas Monstruosas de los Indios Kaliña de Surinam. *Journal of Latin American Lore* 8 (1). 1982

Martin, P. S./Klein, R. (Hg): Quaternary Extinctions: A Prehistoric Revolution. 1984

Martinez Rivas, J.: Descubrimiento y conquista de los chibchas. *Historia* 16 (119). 1986

Martius, C. F. P. von: Beiträge zur Ethnographie und Sprachenkunde Amerikas. 2 Bde. 1867

Matta, R. da: Um mundo dividido. A estrutura social dos índios Apinayé. 1976

Matteson, E. et al.: Comparative Studies in Amerindian Languages. 1972

Maybury-Lewis, D. H. P.: Akwe-Shavante Society. 1967

Ders. (Hg): In the Path of Polonoroeste. Endangered People of Western Brazil. 1979

Meggers, B. J.: Environment and Culture in Amazonia. In: Wagley, C. (Hg): a. a. O. 1974

Meggers, B. J./Evans, C.: Lowland South America and the Antilles. In: Jennings, J. D. (Hg): a. a. O. 1983

Melatti, J. C.: Ritos de uma tribo Timbira. *Ensaios* 53. 1978

Ders.: Indios do Brasil. 1983[4]

Meltzer, D.: Why Don't We Know When the First People came to North America? *American Antiquity* 54. 1989

Métraux, A.: Migrations historiques des Tupí-Guaraní. *Journal de la Société des Américanistes de Paris* 19. 1927

Migliazza, E. C.: Languages of the Orinoco-Amazon Basin. *Antropológica* 53. 1980

Miller Bailey, H./Nasatir, A. P.: Latin America. The Development of its Civilization. 1968

Montaño Aragón, M.: Guía etnográfica lingüistica de Bolivia. 1987

Moran, E.: Developing the Amazon. 1981

Moran, E./Herera, R. (Hg): Human Ecology in the Amazon. 1984

Moreira Neto, C. A.: Einige Daten bezüglich der neueren Geschichte der Kaingang-Indianer. In: Dostal, W. (Hg): a. a. O. 1975–76

Morey, N.: Ethnohistory of the Colombian and Venezuelan Llanos. 1975

Moser, R.: Der brasilianische Indianerschutz in Gesetzgebung und Praxis. In: Hartmann, G. (Hg): a. a. O. 1989

Müller, K. E.: Geschichte der Ethnologie. In: Fischer, H. (Hg): a. a. O. 1992

Müller, W.: Die Indianer Lateinamerikas. Ein ethnostatistischer Überblick. 1984

Müller, R. A. P.: Catálogo da exposição Asuriní. 1981

Münzel, M.: Medizinmannwesen und Geistervorstellungen der Kamayurá. 1971

Ders.: Erzählungen der Kamayurá. *Studien zur Kulturkunde*, 30. 1973

Ders.: Schrumpfkopf-Macher. Jibaro-Indianer in Südamerika. *Museum für Völkerkunde Frankfurt/Main*, 4. 1977

Ders. (Hg): Die indianische Verweigerung. 1978

Ders.: Gejagte Jäger (1): Die Aché in Ostparaguay. *Museum für Völkerkunde Frankfurt/Main*, 6. 1983

Ders.: Mittel- und Südamerika. In: Lindig, W./Münzel, M. (Hg): a. a. O. 1985

Ders.: Kulturökologie, Ethnoökologie und Ethnodesarollo im Amazonasgebiet. *entwicklungsperspektiven* 29. 1987

Ders. (Hg): Die Mythen Sehen. Bilder und Zeichen vom Amazonas. *Museum für Völkerkunde Frankfurt/Main* 14/15. 1988

Ders.: Bemerkungen zum indianischen Umweltbewußtsein im Amazonasgebiet. *Geographische Rundschau* 41 (7/8). 1989

Murphy, R. F.: Mundurucú Religion. *Univ. Calif. Publ. Amer. Archaeol. Ethnol.* 49 (1). 1958

Nachtigall, H.: Völkerkunde – von Herodot bis Che Guevara. 1972

Nimuendajú, C.: Mapa Etno-histórico de Curt Nimuendajú. 1981

Nordenskiöld, E.: Forschungen und Abenteuer in Südamerika. 1924

O. C. E. I.: Censo Indigena de Venezuela. *Boletín Indigenista Venezolano* XXI (18). 1982 bis 1983

Olson, J. S.: The Indians of Central and South America. An Ethnohistorical Dictionary. 1991

Otzen, H.: Amazonien. 1991

Penard, A. P./Penard, F. P.: De Menschetende Aanbidders van de Zonneslang. 1907

Plaza Martinez, P./Carvajal Carvajal, J.: Étnias y lenguas de Bolivia. 1985

Popescu, P.: Amazonas. 1991

Posey, D.: Indigenous knowledge and development: an ideological bridge to the future. *Ciéncia e Cultura* 35 (7). 1983

Ders.: Indigenous management of tropical forest ecosystems: the case of the Kayapó indians of the Brazilian Amazon. *Agroforestry Systems* 3. 1985

Ders.: Manejo da floresta secundária, capoeiras, campos e cerrados (Kayapo). In: Ribeiro, D. (Hg): a. a. O. 1986

Preuß, K. T.: Religion und Mythologie der Uitoto (1). 1921

Prien, H.-J.: Mission und Indianer in ihrer gegenwärtigen Problematik. In: Hartmann, G. (Hg): a. a. O. 1989

Projektgruppe Ökologie und Entwicklung der GhK (Hg): Amazonien – eine indianische Kulturlandschaft. 1988

Raleigh, W.: The discoverie of the large, rich, and bewtiful empire of Guiana. 1595

Reed, C. A. (Hg): Origins of Agriculture. 1977

Reichholf, J. H.: Die Säugetiere Amazoniens. In: Hartmann, G. (Hg): a. a. O. 1989

Ders.: Das Rätsel der Menschwerdung. 1991

Ribeiro, B. G.: O índio na história do Brasil. 1983

Dies.: Regenfälle und Sternbilder: der Wirtschaftskalender der Desâna. In: Projektgruppe Ökologie und Entwicklung der GhK (Hg): a. a. O. 1988

Ribeiro, D. (Hg): Suma Etnológica Brasileira (1). 1986

Ribeiro, D./Wise, M. R.: Los grupos étnicos de la amazonia peruana. 1978

Riester, J.: En busca de loma santa. 1976

Riviere, P.: Factions and Exclusions in Two South American Village Systems. In: Douglas, M. (Hg): a. a. O. 1970

Rodrigues, A. D.: Evidence for Tupi-Carib Relationship. In: Klein, H. M./Stark, L. R. (Hg): a. a. O. 1985

Ders.: Línguas Brasileiras. 1986

Rodriguez, N.: La Población Indígena Actual en América Latina. 1991

Rondon, C. M. da S.: Conferencias realizadas nos dias 5,7 e 9 de outubro de 1915 pelo Sr. Coronel … no teatro Phenix do Rio de Janeiro. *Publicação n. 42 da Comissão de Linhas Telegraphicas Estrategicas de Matto Grosso ao Amazonas.* 1916

Roquette-Pinto, E.: Rondonia. Eine Reise in das Herzstück Südamerikas. 1954

Ruhlen, M.: A Guide to the World's Languages (1). 1991

Sagan, E.: Cannibalism: Human Aggression and Cultural Form. 1974

San Román, J. V.: Perfiles históricos de la Amazonia Peruana. 1975

Scheffer, K.-G.: Chicha in Südamerika. In: Völger, G. (Hg): a. a. O. 1981

Schultes, R. E.: Einführung in die Botanik der wichtigsten pflanzlichen Drogen. In: Völger, G. (Hg): a. a. O. 1981

Schultes, R. E./Raffauf, R. F.: The Healing Forest. Medicinal and Toxic Plants of Northwest Amazonia. *Historical, Ethno- and Economic Botany Series* 2. 1990

Schumann, D. A./Partridge, W. L. (Hg): The Human Ecology of Tropical Land Settlement in Latin America. 1989

Shevoroshkin, V. (Hg): Proto-Languages and Proto-Cultures. *Materials from the First International Interdisciplinary Symposium on Language and Prehistory.* 1988

Sick, H.: Tukaní. 1958

Simpson, G. G./Haffer, J.: Speciation Pattern in the Amazonia Forest Biota. *Ann. Rev. Ecol. Syst.* 9. 1978

Sioli, H.: Amazonien. Grundlagen der Ökologie des größten tropischen Waldlandes. 1983

Sklar, H. O./Salomon, F. (Hg): Natives and Neighbors in South America. 1987

Snethlage, E. H.: Atiko y. Meine Erlebnisse bei den Indianern des Guaporé. 1937

Sommer, V.: Feste, Mythen, Rituale. 1992

Spruce, R.: Notes of a Botanist on the Amazon and Andes. 1908

Staden, H.: Brasilien. Die wahrhaftige Historia der wilden, nacketen, grimmigen Menschenfresser-Leute. 1984 (Orig. 1557)

Stähle, V.-D.: Dorforganisation und Kulturwandel bei den Bororo. *Staden-Jahrbuch* 14. 1966

Dies.: Klotzrennen brasilianischer Indianer. 1969

Steinen, K. v. d.: Unter den Naturvölkern Zentral-Brasiliens. 1894

Steward, J. H. (Hg): Handbook of South American Indians. 7 Bde. *Smithsonian Inst. Bureau of American Ethnology* 143. 1963[2]

Stiftung preußischer Kulturbesitz (Hg): Amerika 1492–1992. Neue Welten – Neue Wirklichkeiten. 1992

Streck, B. (Hg): Wörterbuch der Ethnologie. 1987

Stüben, P. E. (Hg): Die neuen «Wilden». ökozid 4. 1988

Suarez, B. K. et al.: Genetic Variation in North American Populations: The Geography of Gene Frequencies. *American Journal of Physical Anthropology* 67. 1985

Telban, B.: Grupos étnicos de Colombia. 1987

Turner, V. (Hg): The Forest of Symbols. 1964

Urton, G. (Hg): Animal Myths and Metaphors in South America. 1985

Vareschi, V.: Vegetationsökologie der Tropen. 1980

Verswijver, G.: Os Kayapo: separações e junções dos grupos do norte. *Revista de Atualidade Indígena* 11 (12). 1978

Vidal, L. B.: Die Körperbemalung und die Zeichenkunst der Xikrín-Kayapo von Cateté. In: Münzel, M. (Hg): a. a. O. 1988

Villas-Boas, C. & O.: Indios ainda desconhecidos vivem isolados no Xingu. *Revista de Atualidade Indígena* 3 (15). 1979

Voegelin, C. F./Voegelin, F. M.: Classification and Index of the World's Languages. 1977

Völger, G. (Hg): Rausch und Realität. Drogen im Kulturvergleich. 2 Bde. 1981

Volhard, E.: Kannibalismus. 1939

Wagley, C. (Hg): Man in the Amazon. 1974

Wahlgren, E.: The Vikings and America. 1986

Wellen, A. I.: Indianische Rechte in Brasilien. *Aspekte der Brasilienkunde* 9. 1986

Wendt, A.: Kannibalismus in Brasilien. Eine Analyse europäischer Reiseberichte und Amerika-Darstellungen für die Zeit zwischen 1500 und 1654. *Europäische Hochschulschriften* XIX (15). 1989

Whitehead, N.: The Snake Warriors – Sons of the Tiger's Teeth: a descriptive analysis of Carib warfare ca. 1500–1820. In: Haas, J. (Hg): a. a. O. 1990

Whitten, N. E. (Hg): Cultural Transformation and Ethnicity in Modern Ecuador. 1981

Wilbert, J.: Tobacco and Shamanism in South America. 1987

Wilbert, J./Simoneau, K. (Hg): Folk Literature of the Yanomami Indians. 1990

Dies. (Hg): Folk Literature of the Sikuani Indians. 1992

Wurster, W. W.: Die Schatz-Gräber. 1991

Zerries, O.: Die Religionen der Naturvölker Südamerikas und Westindiens. In: Krickeberg, W. et al. (Hg): a. a. O. 1961

Ders.: Waika. Die kulturgeschichtliche Stellung der Waika-Indianer des oberen Orinoco im Rahmen der Völkerkunde Südamerikas. 1964

Ders.: Die Indianer der Wälder und Savannen. In: Disselhoff, H. D./Zerries, O.: Die Erben des Inkareiches und die Indianer der Wälder. 1974

Zerries, O./Schuster, M.: Mahekodotedi. Monographie eines Dorfes der Waika-Indianer (Yanoama) am oberen Orinoco (Venezuela). 1974

Bildquellennachweis

Register

Mẽ 114 f., 141
Me-be-ngo-kre 115, 140 ff., 159, 171 f.,
   176, 216, 218, 220, 222
Megafauna 52
Mehî 121, 146, 159 f., 196
Mehináku 112, 185
Meidungsgebote 160, 162
Mekêm s. Mbiapè
Me-kra-ngo-ti s. Me-be-ngo-kre
Menai Dâ s. Hup'dâ
Mendes, Chico 215
Mendonça Furtado, Francisco Xavier 41 f.
Mẽnẽkatẽno s. Komoenède
Me-ngra-mrári s. Me-be-ngo-kre
Mẽore s. Me-be-ngo-kre
Meta 145
Metsáha-momowi s. Hiwi
Mía 110 f., 145, 158, 189
Miá 107
Miamuna'a 93 f.
Miayã 114
Midínyẽ 37, 114, 199
Mikatẽno s. Komoenède
Mikroklingen-Industrie 53
Miraña s. Emeheitè
Miranha s. Miamuna'a
Mirití-tapuyo s. Neenoá
Mission in der Gegenwart 217 f.
Mitochondrien-DNS 55
Mitwa 79
Moieties 159
moitará 181
Mojo s. Čaemã
Mokotiwena s. Awareté
Mondawa 107
Mondé 107
Moniči 96
Monsú 64
Monteses s. Mbe'a
Monte Verde 52, 59, 61
Moose Creck s. Nenana-Komplex
Moré 106, 154 f.
Morichepalme 80, 85, 145
Morique s. Mai'a
Moriti 123
Moritz von Nassau 24
Moriwene s. Wakuénai
Mosetén s. Tsun
Movima s. Ihixle
Mudjetíre s. Aikewar
Muinane s. Añonoša, Komoenède

muisak 204
Muiska 25, 68
Mundurukú s. Weidjényã
Muniche s. Moniči
Münzel, Mark 34
Mura s. Buxura'en
Muruí s. Komoenède
Muynkỳ 110
Mỳhta Mahá 89
Mykorrhiza-Symbiose 132
Mythen 183 f.

Nachtigall, Horst 184
Nadeb 90, 147
Na-Dene-Völker 56
Nahukwa 112
Nainuema 188
Nakayandé 73, 120
Nakrehê s. Borugn
Nambikwara s. Anũsú, Kolimisí,
   Ñakayandé
Ñame s. Wakuénai
Ñamiri Mahsã s. Daxsyẽ
Nandesú s. Anũsú
Ñapisar 35, 93
Natema s. Ayahuasca
Natú s. Pikwa
Nayn Dé s. Yehop'dé
Ndovey s. Paiterite
Neenoá 89
Negaroté s. Nakayandé
Ñemỳrekó s. Xéna
Nenana-Komplex 53, 56
Nepodẽno s. Komoenède
Newíthi-momowi s. Hiwi
New Tribes Mission 82, 218
Ngahív 32
Nhandéva s. Avá Katú-eté
Nheengatú 42, 81
Nimuendajú 70
Ninam 84
Nišidawa s. Yodapo
Ñixámwẽ 36, 94
Niyalhosú s. Anũsú
Nóèdẽ-Ritus 188
No'iria 101
Nomachiguenga s. Atsiri
Nonuya s. Añonoša
Nordenskiöld, Erland 169
Nukak 91
Nukenkaibo 102

Bücher über Indianer

Von den Mbía gejagte Tiere – eine Auswahl

1 Harpyie
(Harpia harpyia)

2 Gelb-blauer Papagei (Ara)
(Ara ararauna)

3 Rot-blauer Papagei (Ara)
(Ara chloroptera)

4 Pfefferfresser (Tukan)
(Rhamphastos discolorus)

5 Pfefferfresser (Tukan)
(Rhamphastos sp.)

6 Spießhirsch
(Mazama simplicicornis)

7 Sumpfhirsch
(Odocoileus dichotomus)

8 Pampashirsch
(Odocoileus becoarticus)

9 Südamerik. „Rebhuhn"
(Crypturellus undulatus)

10 Hokko-Huhn
(Crax sp.)

11 Hokko-Huhn
(Penelope sp.)

12 Königsgeier
(Sarcoramphus papa)

13 Moschus-Ente
(Cairina moschata)

14 Witwen-Ente
(Dendrocygna viudata)

15 Otter
(Lutra paranensis)

16 Otter
(Pteronura brasiliensis)

17 Mähnenwolf
(Chrysocyon brachyurus)

18 Graufuchs
(Urocyon cineroargenteus)

19 Waldhund
(Speothos venaticus)

20 Wieselkatze (Jaguarundi)
(Felis yaguarundi)

21 Jaguar
(Felis onca)

22 Puma
(Felis concolor)

23 Ozelot
(Felis paradalis)

24 Wasserschwein
(Hydrochoeros hydrochä

25 Sattelstorch
(Jabiru mycteria)

26 Storch
(Euxenura maguani)

27 Kormoran
(Phalacrocorax olivaceu

28 Schlangenhalskormora
(Anhinga anhinga)

29 Anaconda
(Eunectes murinus)

30 Echse (Iguan)
(Tupinambis teguixim)